21世纪高等院校财经类专业核心课程规划教材

政府会计

ZHENGFU KUAIJI

曾尚梅 / 主 编

中国财经出版传媒集团

经济科学出版社
Economic Science Press

图书在版编目（CIP）数据

政府会计/曾尚梅主编. —北京：经济科学出版社，2018.6（2021.2重印）

21世纪高等院校财经类专业核心课程规划教材

ISBN 978-7-5141-9465-4

Ⅰ.①政… Ⅱ.①曾… Ⅲ.①单位预算会计－高等学校－教材 Ⅳ.①F810.6

中国版本图书馆CIP数据核字（2018）第136605号

责任编辑：杜 鹏 张 燕 刘 悦 常家凤
责任校对：刘 昕
责任印制：邱 天

政 府 会 计

主 编 曾尚梅

经济科学出版社出版、发行 新华书店经销
社址：北京市海淀区阜成路甲28号 邮编：100142
编辑部电话：010-88191441 发行部电话：010-88191522
网址：www.esp.com.cn
电子邮箱：esp_bj@163.com
天猫网店：经济科学出版社旗舰店
网址：http://jjkxcbs.tmall.com
固安华明印业有限公司印装
787×1092 16开 27.75印张 640000字
2018年8月第1版 2021年2月第5次印刷
印数：16001—19000册
ISBN 978-7-5141-9465-4 定价：58.00元
（图书出现印装问题，本社负责调换。电话：010-88191510）
（版权所有 侵权必究 打击盗版 举报热线：010-88191661）
QQ：2242791300 营销中心电话：010-88191537
电子邮箱：dbts@esp.com.cn）

总　策　划：刘天佐

主　　　编：曾尚梅

副　主　编：黄　冰　谢思旺　李　坤　钟文胜

编写组成员（按姓氏笔画排名）：
　　　　　　刘天佐　李　坤　刘锦怡　陈良凤　周　萍
　　　　　　钟文胜　卿玲丽　黄　冰　曾尚梅　谢思旺

前 言
INTRODUCTION

  政府会计改革是党的十八届三中全会通过的《中共中央关于全面深化改革若干重大问题的决定》确立的重要改革任务，也是深化财税体制改革的一项重要内容。推进政府会计改革，对于建立现代财政制度、建设法治政府以及提升国家治理体系和治理能力的现代化具有重要意义。在此背景下，财政部自2015年起先后颁布了《政府会计准则——基本准则》《政府会计准则——存货、投资、固定资产、无形资产、公共基础设施、政府储备物资》《政府会计制度——行政事业单位会计科目和报表》等准则与制度，本教材以此为依据结合我国政府会计体系中应用最广的行政事业单位会计业务特点，在系统分析政府会计基本原理、基本方法及发展历程的基础上，从财务会计、预算会计、平行记账、会计报表及新旧制度衔接等方面，系统地对政府会计相关理论与实务操作进行阐述，以真实的综合案例引导阅读者进行学习与思考，使会计理论、会计准则、会计制度和会计实务融为一体。

  本教材可作为高等院校会计学、财政学、国民经济管理、公共管理（包括行政管理、卫生事业管理、教育经济管理、土地资源管理、劳动与社会保障）等经济管理类专业本、专科生教材，也可作为MPAcc、MPA、MBA等专业的研究生教学参考用书。财政部门、行政、事业单位及中介机构的会计实务工作者，可借鉴本教材进行业务处理，也可为行政事业单位开展人员培训提供帮助。

  本教材由曾尚梅担任主编，黄冰、谢思旺、李坤、钟文胜担任副主编，参加编写的还有刘天佐、卿玲丽、陈良凤、周萍、刘锦怡。编写分工如下：曾尚梅与刘天佐确定编写提纲，曾尚梅编写第一章、第二章及整个教材的统稿、修改与导入案例，黄冰编写第三章、第四章，谢思旺编写第五章、第六章，卿玲丽编写第七章，李坤与刘天佐编写第八章、第九章、第十章，钟文胜编写第十一章、第十二章；教材中所有科目业务处理汇总表和平行记账模块图由刘天佐提供。最后由曾尚梅与刘天佐编撰定稿。陈良凤对整个教材的例题进行了校对。

  在编写过程中，我们参考了许多中外会计学者专家的论著和教材，并将主要阅读文献目录附在教材后面。在此，谨向这些论著和教材的作者表示衷心感谢。本教材得到了湖南省财政厅会计处与政府会计咨询专家的指导，在此诚挚致谢！

  尽管我们付出巨大努力追求教材稿件的质量与内涵，但是由于编者水平有限，加之时间仓促，教材中如有不当之处，恳请广大读者、各位同仁不吝指正，以便得以日臻完善。

《政府会计》编写组
2018年6月

第四次印刷说明

2020 年一场突如其来的新冠肺炎疫情给各行各业的人们带来了严重的影响，打乱了大部分人的计划，学校的教学被迫从面对面的传统教学方式改为线上远距离教学方式，出版社与教材编写组及时地将教材的电子稿公开，供读者们使用。

《政府会计》自出版以来受到了广大高校师生及政府单位的认可，疫情前每次印刷的书籍都销售一空，这让我们有了紧跟政策变化的机会，在每学期一次的印刷前，按照准则、制度及解释进行及时修订。利用宅家进行线上教学的空余时间，编写组的老师们对教材进行了一次全面的勘正与修订。

本次修改的地方主要有：按照《政府会计准则制度解释第 2 号》增加了单位归垫资金、自零余额账户划转资金至实有资金账户、从财政科研项目中计提项目间接费用或管理费、长期股权投资持有期间取得的投资收益上缴财政、接待单位收取差旅伙食费和市内交通费、发生专利权维护费、公费医疗经费、单位基本建设等业务的账务处理，进一步明确了部门（单位）合并财务报表的范围，精炼了语言表述，调整了部分例题，纠正了一些错误，完善了科目主要账户处理汇总表，并根据广大师生的要求，增加了配套习题。

《政府会计》编写组
2020 年 7 月

第三次印刷说明

政府会计的改革如火如荼,财政部在陆续颁布政府会计系列准则与政府会计制度的基础上,于 2019 年 7 月 16 日又印发了《政府会计准则制度解释第 1 号》。适逢教材第三次印刷,因而有机会据此解释修改了货币资金与应收款项、投资、固定资产、保障性住房、业务活动费用与单位管理费用、会计报表附注等相关章节的内容。

同时,再次征求了使用教材的老师、学生与实务工作者的意见,纠正了存在的一些错误,调整了一些例题,以期教材的日趋完善。

《政府会计》编写组
2019 年 8 月

再印说明

2018年6月至2018年年底,财政部又陆续颁布了《政府会计准则第7号——会计调整》《政府会计准则第8号——负债》《政府会计准则第9号——财务报表编制和列报》。为了让教师、学生及政府会计的实务工作者在使用教材时能紧跟财政部的政策步伐,掌握最新政府会计准则体系的各项规定,在此重印之际,教材编写组按照新颁布的《政府会计准则第8号——负债》修改了教材的第四章,按照新颁布的《政府会计准则第9号——财务报表编制和列报》修改了第十一章,按照新颁布的《政府会计准则第7号——会计调整》编写增加了第十三章。在广泛征求教材使用老师、学生与实务工作者的意见后,纠正了教材的一些错误,删除、增加或调整了部分章节的内容,以求教材的日益好用。

《政府会计》编写组
2019年1月

目 录
CONTENTS

第一篇 政府会计总论

案例导入 2

第一章 政府会计概述 3
本章预览 3
学习目标 3
第一节 政府组织与政府会计 3
第二节 政府会计的发展与改革 10
第三节 政府会计的规范体系 15
第四节 会计职业道德 17
思考题 19

第二章 政府会计的基本理论与方法 20
本章预览 20
学习目标 20
第一节 政府会计的概念框架与目标 21
第二节 政府会计的基本前提与核算基础 22
第三节 政府会计信息质量要求 24
第四节 政府会计要素及其确认与计量 27
第五节 政府会计科目 32
第六节 政府会计报告 41
思考题 43

第二篇 政府会计
——行政事业单位财务会计

第三章 行政事业单位的资产 ·· 47

本章预览 ··· 47
学习目标 ··· 48
案例导入 ··· 48
第一节 货币资金与应收款项 ··· 49
第二节 存货 ·· 84
第三节 投资 ·· 96
第四节 固定资产 ··· 112
第五节 无形资产 ··· 136
第六节 公共基础设施 ··· 149
第七节 政府储备物资 ··· 158
第八节 文物文化资产 ··· 164
第九节 保障性住房 ·· 168
第十节 其他资产 ··· 171
思考题 ··· 178

第四章 行政事业单位的负债 ·· 179

本章预览 ··· 179
学习目标 ··· 179
案例导入 ··· 180
第一节 负债概述 ··· 180
第二节 流动负债 ··· 182
第三节 非流动负债 ·· 209
第四节 负债的披露 ·· 217
思考题 ··· 218

第五章 行政事业单位的收入 ·· 219

本章预览 ··· 219
学习目标 ··· 219
案例导入 ··· 219
第一节 收入概述 ··· 220

第二节 财政拨款收入 222

第三节 事业收入 225

第四节 上级补助收入与附属单位上缴收入 229

第五节 经营收入 232

第六节 非同级财政拨款收入 234

第七节 投资收益 235

第八节 捐赠收入、利息收入与租金收入 239

第九节 其他收入 244

思考题 246

第六章 行政事业单位的费用 247

本章预览 247

学习目标 247

案例导入 247

第一节 费用概述 248

第二节 业务活动费用 249

第三节 单位管理费用 255

第四节 经营费用 259

第五节 资产处置费用 263

第六节 上缴上级费用与对附属单位补助费用 267

第七节 所得税费用 269

第八节 其他费用 271

思考题 273

第七章 行政事业单位的净资产 274

本章预览 274

学习目标 274

第一节 净资产概述 274

第二节 累计盈余 276

第三节 专用基金 278

第四节 权益法调整 280

第五节 本期盈余 282

第六节 本年盈余分配 284

第七节 无偿调拨净资产 285

第八节 以前年度盈余调整 288

思考题 290

第三篇　政 府 会 计
——行政事业单位预算会计

第八章　行政事业单位的预算收入 293

本章预览 293
学习目标 293
案例导入 293
第一节　预算收入概述 294
第二节　财政拨款预算收入 296
第三节　事业预算收入 299
第四节　上级补助预算收入 300
第五节　附属单位上缴预算收入 301
第六节　经营预算收入 302
第七节　债务预算收入 303
第八节　非同级财政拨款预算收入 304
第九节　投资预算收益 305
第十节　其他预算收入 307
思考题 308

第九章　行政事业单位的预算支出 309

本章预览 309
学习目标 309
案例导入 309
第一节　预算支出概述 310
第二节　行政支出 311
第三节　事业支出 315
第四节　经营支出 318
第五节　上缴上级支出 321
第六节　对附属单位补助支出 322
第七节　投资支出 323
第八节　债务还本支出 324
第九节　其他支出 325
思考题 328

第十章 行政事业单位的预算结余 ... 329

本章预览 ... 329
学习目标 ... 329
第一节 预算结余概述 ... 329
第二节 资金结存 ... 330
第三节 财政拨款结转 ... 337
第四节 财政拨款结余 ... 342
第五节 非财政拨款结转 ... 345
第六节 非财政拨款结余 ... 349
第七节 专用结余 ... 352
第八节 经营结余 ... 354
第九节 其他结余 ... 355
第十节 非财政拨款结余分配 ... 357
思考题 ... 359

第四篇 政府会计
——行政事业单位财务报表与预算会计报表、新旧制度衔接及会计调整

第十一章 行政事业单位财务报表与预算会计报表 ... 363

本章预览 ... 363
学习目标 ... 363
第一节 报表概述 ... 364
第二节 资产负债表 ... 366
第三节 收入费用表 ... 376
第四节 净资产变动表 ... 379
第五节 现金流量表 ... 382
第六节 会计报表附注 ... 387
第七节 预算收入支出表 ... 400
第八节 预算结转结余变动表 ... 404
第九节 财政拨款预算收入支出表 ... 407
第十节 合并财务报表 ... 409

第十二章 会计调整 ... 417

本章预览 ... 417

学习目标 ·· 417
　　第一节　会计调整概述 ·· 418
　　第二节　会计政策及其变更 ··· 419
　　第三节　会计估计变更 ·· 420
　　第四节　会计差错更正 ·· 420
　　第五节　报告日后事项 ·· 422
　　第六节　会计调整的披露 ·· 422
　　思考题 ·· 423

参考文献 ·· 424

第一篇

政府会计总论

【案例导入】

未来经济发展的最大风险点是"效率"问题

国家发展改革委员会国际合作中心首席经济学家万喆在《中国新闻周刊》2018年第1期发表的文章中提出：未来经济发展的最大风险点是"效率"问题。

2017年中央经济工作报告指出，我国经济已由高速增长阶段转向高质量发展阶段。党的十九大报告也指出，"把提高供给体系质量作为主攻方向，显著增强我国经济质量优势。"这其中包含了一个要点，即：未来经济发展的最大风险点其实是"效率"问题。

"效率"是"供给侧结构性改革"中的关键。在当前中国经济内外部皆处于复杂背景的状态下，任何微观政策都不可能是完全单向性和一劳永逸的，需要充分考虑市场的需求、市场的反馈、市场的波动，并且不断加以引导、修正和调整。

无疑，在我国取得巨大经济建设成就的同时，一些部委及地方政策制定者与管理者的治理水平、思路仍未完全跟上，"拍脑袋""拍胸脯""拍屁股"的政策出台和执行方式仍然存在，"简单粗暴"显然已不能适应当前经济发展需要，也不利于改革深化。

改革要想继续深入推进，必须解决"低效"问题，要"有效"推进，才能"高效"推进。2017年的中央经济工作会议提出多项深度改革举措，着眼于效率平衡和长远发展。要想建立新时代的现代化经济发展模式，需要在"效率"上狠下功夫。这种"效率"，绝不是过去那种无视投入效益比的效率，也不是过去那种只重数量的效率，更不是只顾眼前的效率。

新时代的经济发展，需要从局部效率转向全局效率。全局效率需要观大势、谋全局、干实事。

中央经济工作会议首次提出习近平新时代中国特色社会主义经济思想。相信这将为正在进行现代化建设的发展中国家提供全新路径，为解决世界经济难题提供中国智慧和中国方案。

（资料来源：万喆，《中国新闻周刊》2018年第1期，编者整理）

请思考：

1. 政府会计改革与经济发展的关系。
2. 政府会计信息在评价经济工作效率中的作用。

第一章　政府会计概述

【本章预览】

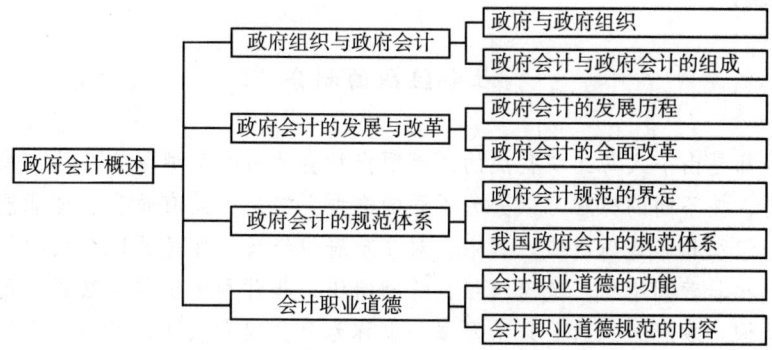

【学习目标】

知识目标：

1. 清楚政府组织与政府会计的概念
2. 了解政府会计的发展历程与改革方向
3. 掌握政府会计的规范体系
4. 熟悉会计职业道德

能力目标：

1. 理解权责发生制与收付实现制经济结果的区别
2. 遵守法律法规进行会计处理
3. 遵守职业道德从事会计工作
4. 推动政府会计改革的顺利进行

第一节　政府组织与政府会计

一、政府与政府组织

（一）政府

政府，一般是以国家的存在为基本前提、与国家密切联系在一起的政治学概念。政府是指接受国家公民委托，利用公共资源提供各种公共物品或服务，且不以营利为目的的管理机构。政府的概念有广义和狭义之分。广义的政府是指国家公共权力的所有执掌机构,包括按照立法、司法、行政三权分立的原则建立起来的各级立法机关、行政机关和司法机关,其中,国家立法机关是指各级人民代表大会及其所属机构;国家行政机关是指从国务院到省、自治区、直辖市以及下属的市、地、县、乡的各级人民政府及其所属机构;国家司法机关是指各级公安、司法和检察机关。而狭义的政府是仅指各级国家行政管理机关,即上述三类机关中的行政机关,包括中央和地方的行政机关。

【延伸阅读】

社会组织的划分

社会都是由个人与组织构成的,而现代社会的组织类型复杂多样,需要对其进行分类,按不同的标准可以分为不同的类型。按是否具有政府管理职能,可以分为政府组织和非政府组织。其中,对非政府组织又可按是否以营利为目的分为营利组织和非营利组织。政府组织、营利组织、非营利组织共同组成了现代社会的三元结构。政府组织属于政治领域,也称为公共权力领域,其活动主体拥有行政资源;营利组织即通常所说的企业,属于市场或经济领域,也称为私人领域,其活动主体拥有经营资源;非营利组织属于公共领域,也称为狭义的社会领域,其活动主体拥有社会资源。政府组织、营利组织、非营利组织分属于政治、经济、社会三个不同的领域,在社会生活中发挥着不同的作用,三者相互分工合作,使现代社会处于和谐、平稳的状态。

(二)政府组织

政府组织,一般是经济学意义的概念,是指管理和使用公共经济资源、履行政府职能的组织体系。政府组织比政府的范围要广,政府组织除了包括全部政府权力机构,还包括公立非营利组织(在我国又称为事业单位)。

(三)政府组织的特征

考虑一个组织的特征就是将它与相对应的组织进行对比分析,它们之间存在哪些相同或相似性,更重要的是分析还有哪些不一样的方面。

1. 政府组织和企业组织的相似性。

(1)两种组织在相同的时期处于相同的社会经济环境中,都是经济体系中不可分割的组成部分,使用相同或相似的财务、资本、人力与经济资源以实现它们各自的目标;

(2)两种组织都要努力取得稀缺的资源,并将其转化为尽可能多或好的产品或服务,向社会提供,满足其不断增长的需求;

(3)两种组织都需要采用核算分析与评价控制技术来确保资源使用的经济

性、有用性和高效性；

（4）两种组织大都采用相同或相似的方法进行财务管理，都要建立完整的会计信息系统，为管理者、资源提供者、监督机构等提供决策所需要的信息，以便对资源的使用进行计划、指导、控制与评价；

（5）两种组织提供的物品或服务在某些情况下是相同或相似的。

2. 政府组织的独特性。政府组织与企业组织之间也存在明显的区别。这些区别主要体现在组织目标、财务资金来源与运用、受托责任和运营业绩考核等方面。

（1）政府组织的目标具有非营利性。营利性企业的组织目标是获取利润，这体现在它们向社会公众提供物品或服务时总是以"成本＋利润"作为定价基础，并遵循市场经济中获得与衡量利润的自然法则。如果无利可图，企业将不愿意从事提供物品或服务的活动。企业资源提供者向企业提供资源属于投资范畴，其提供经济资源的主要动因是获取尽可能高的投资回报，为此，企业必须最大限度地追求利润，使投资者投入的资本增值。

政府组织的目标具有非营利性，是以服务社会、服务公众为宗旨，在其经济资源许可的前提下提供尽可能多的公共物品和或更好的服务。它们的资源大部分来自纳税人缴纳的税收或接受私人、机构捐赠，资源提供者向政府组织提供资源不属于投资性质，所以这些组织就没有获利动机。政府组织提供公共产品是人民生活和社会发展活动必不可少的，因此，不能仅考虑所收取的费用能否弥补其提供货物或服务成本的盈亏问题，而是更注重社会责任，很多服务只是象征性地收取部分费用甚至免费。政府组织管理财务资源，主要是为了保证其活动的连续性，持续地为社会公众提供各项公共产品。

（2）政府组织的资源运用具有限定性。社会分配给政府组织的资源大部分是消费性的，它一旦被耗用了就无法收回，所以其财务资源运用具有独特的控制程序，即它不是根据纳税人、捐赠人等提供的资源与享用服务之间的关系进行的，而是按照资源提供者（如提供补助的上级政府、捐赠人）或其代表（如立法机构或董事会）的"限定"用途分配的。这要求对具有特定用途的财务资源在财政年度初期或上期期末由政府组织确定在此期间提供物品或服务必须流出的资源，然后才考虑如何取得与期望值相等的资源流入即资源的来源，并据此进行分项目或用途的预算提案，交由代表民意的立法机构或资源提供者选举的代表（如董事会）根据国家法律、政府法令、合同协议及其他约定对政府管理当局的预算提案进行审议、批准，以确保财务资源按照与外部限定和年度预算一致的方式使用。

（3）政府组织的受托责任具有广泛性。政府组织的受托责任通常指资源或活动从公众或其他资源提供者那里转移给政府组织管理者而应负责任的一种转换，或政府组织所承担的向社会公众及服务对象提供公共产品的责任。政府代表国家意志行使公共财政资源筹集、使用和管理的权力，必须受到资源提供者及其代表、国家法律、行政法令、合同协议以及其他约定的限制。各级政府受托使用公共财政资源，对资源使用的经济性、有效性和使用效果负有责任。这种受托责任不仅表现为经济或财务的责任，而且还表现为政治和社会的责任，其受托责任的重点应包括依从预算、有效使用财务资源和资本资产保全等方面。

（4）对政府组织的业绩考核具有多样性。运营业绩反映各级政府受托责任的履行情况和结果。由于政府组织不以营利为目的，它没有追求利润的动机，因而其运营业绩就不能以净利润或每股收益等企业标准来衡量。由于各级政府、各部门、各单位分别被赋予了行政资源和社会资源，承担着为社会服务的社会职能，因此，对其受托责任的评价和运营业绩的衡量，不仅要从财务的、经济的、定量的角度来评价和衡量，更需要从非财务的、非经济的、非定量的角度来评价和衡量其社会责任的履行。

（四）政府组织的重要性

在社会生活中，人们无时无刻不在消费各类组织提供的各种各样的物品和服务，如衣食住行、安全、健康、文化、休闲娱乐等。在消费这些物品与服务时，有些需要全额付费，比如从市场购买的商品房、电视、衣服、食品等；有些不需要付费，比如国防、社会治安、安全保障、基础研究、优美的环境、洁净的空气、路灯、公园等；有些只需要支付部分费用，比如教育、医疗等。需要全额付费的物品与服务称为"私人物品"，由企业提供；不需要付费的物品与服务称为"纯公共物品"，通常由政府提供；只需要支付部分费用的物品与服务称为"准公共物品"，我国一般由事业单位提供。

由于纯公共物品人人都要消费但没有人愿意为之付费，准公共物品虽然不是人人都要消费，但提供这些物品或服务无利可图，所以企业组织不愿提供这两类物品或服务。但是，随着社会的进步、经济的发展，人们对这些物品与服务的需求正在不断增长，使得政府组织近年来在全球范围内持续迅速发展，其活动的广度和深度达到前所未有的水平。我国社会主义市场经济建立和发展后，社会公共服务体系得到了不断发展壮大，从事国家事务管理和提供公共服务的人数以及政府组织消耗的经济资源都在不断增长，并成为促进社会经济发展的重要力量，使政府组织的重要性日益彰显。

二、政府会计与政府会计的组成

（一）政府会计

政府会计是会计体系的重要分支，它是运用会计专门方法对政府及其组成主体的财务状况、运行情况（含运行成本，下同）、现金流量、预算执行等情况进行全面核算、监督和报告。

（二）政府会计的适用范围

政府会计的适用范围主要包括各级政府、各部门、各单位。各级政府指各级政府财政部门，具体负责财政总会计的核算。各部门、各单位是指与本级政府财政部门直接或者间接发生预算拨款关系的国家机关、军队、政党组织、社会团体、事业单位和其他单位。政府会计包括政府财政会计与政府单位会计。政府会计准则制度于2019年1月1日起在各级行政事业单位执行，因此本教材仅针对政府单位会计，暂不涉及政府财政会计。政府单位会计的适用范围如下：

(1) 行政机构，包括中央和地方各级人民政府。

(2) 立法机构，包括全国和地方各级人民代表大会的常设机构。

(3) 司法机构，包括最高及地方各级人民法院和人民检察院。

(4) 政党和政治协商机构，包括中央和地方各级中国共产党、各民主党派的中央和地方组织，全国和地方各级人民政治协商会议的常设机构等。

(5) 事业单位，包括教育、医疗卫生、科学研究、勘察设计、勘探、文化、新闻出版、广播影视、体育、农林牧水、交通、气象、地震、海洋、环境保护、测绘、信息咨询、标准计量和质量技术监督、知识产权、物资仓储和供销、房地产服务和城市公用、社会福利等行业的事业单位。

(6) 由政府出资举办的社会团体。

军队、已纳入企业财务管理体系的单位和执行《民间非营利组织会计制度》的社会团体，其会计核算不适用政府会计准则制度。

社会组织结构与会计体系如图 1-1 所示。

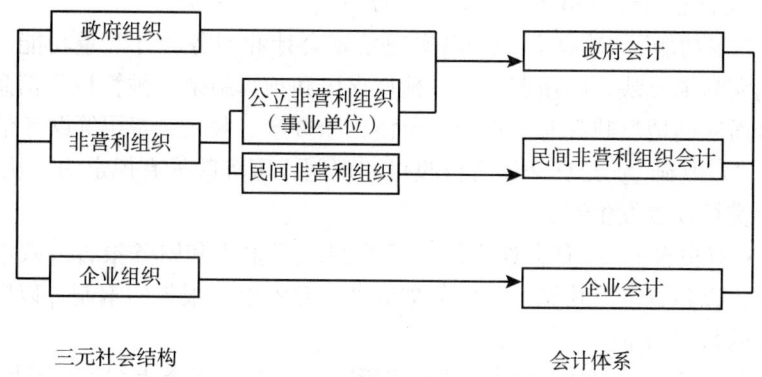

图 1-1 社会组织结构与会计体系

(三) 政府会计的组成

会计的组成体系，是指特定会计学科包括的内容与划分。按照《政府会计准则——基本准则》的规定，我国的政府会计核算体系由预算会计和财务会计构成。

预算会计，是指以收付实现制为基础，对政府会计主体预算执行过程中发生的全部收入和全部支出进行会计核算，主要反映和监督预算收支执行情况的会计。

财务会计，是指以权责发生制为基础，对政府会计主体发生的各项经济业务或者事项进行会计核算，主要反映和监督政府会计主体财务状况、运行情况和现金流量等的会计。

政府会计的构成体系如图 1-2 所示。

(四) 政府会计的核算模式

政府会计由预算会计和财务会计构成。政府会计核算应当实现预算会计与财

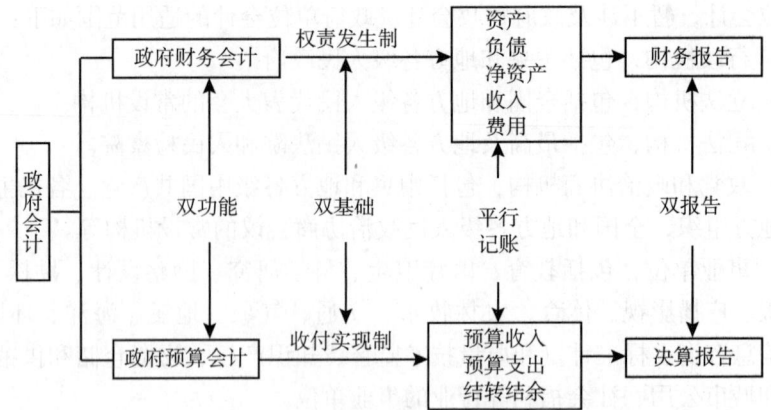

图1-2 政府会计的构成体系

务会计适度分离并相互衔接,全面、清晰地反映政府财务信息和预算执行信息,为开展政府信用评级、加强资产负债管理、改进政府绩效监督考核、防范财政风险等提供支持,促进政府财务管理水平的提高和财政经济的可持续发展。

1. 政府预算会计和财务会计的"适度分离"。

(1)"双功能"。政府会计应当实现预算会计和财务会计双重功能。预算会计应准确完整地反映政府预算收入、预算支出和预算结余等预算执行信息,财务会计应全面准确地反映政府的资产、负债、净资产、收入、费用等财务信息。

(2)"双基础"。预算会计实行收付实现制,国务院另有规定的,从其规定;财务会计实行权责发生制。

(3)"双报告"。政府会计主体应当编制决算报告和财务报告。政府决算报告的编制,以预算会计核算生成的数据为准;政府财务报告的编制,以财务会计核算生成的数据为准。

2. 政府预算会计和财务会计的"相互衔接"。政府预算会计和财务会计"适度分离",并不是要求政府会计主体分别建立预算会计和财务会计两套账,对同一笔经济业务或事项进行会计核算,而是要求政府预算会计要素和财务会计要素相互协调,决算报告和财务报告相互补充,共同反映政府会计主体的预算执行信息和财务信息。

通过这种适度分离又相互衔接的政府会计核算模式,使公共资金管理中预算管理、财务管理和绩效管理相互联结、融合,全面提高管理水平和资金使用效率,对于规范政府会计行为,夯实政府会计主体预算和财务管理基础,强化政府绩效管理,具有深远的影响。

3. 平行记账。政府会计在会计核算中采用平行式记账法,也称平行核算法。平行核算法就是基于纳入部门预算管理现金收支业务的同一会计事项,在采用权责发生制进行财务会计核算的同时,也需采用收付实现制进行预算会计核算。对其他业务,大多数仅需要进行财务会计核算,但是,有些业务虽然不涉及现金收支业务,也需要进行双分录核算。

平行记账可以通过以下四个模块实现:一是目标功能分解模块;二是核算方法识别模块;三是信息支持整合模块;四是业务流程再造模块。具体如图1-3所示。

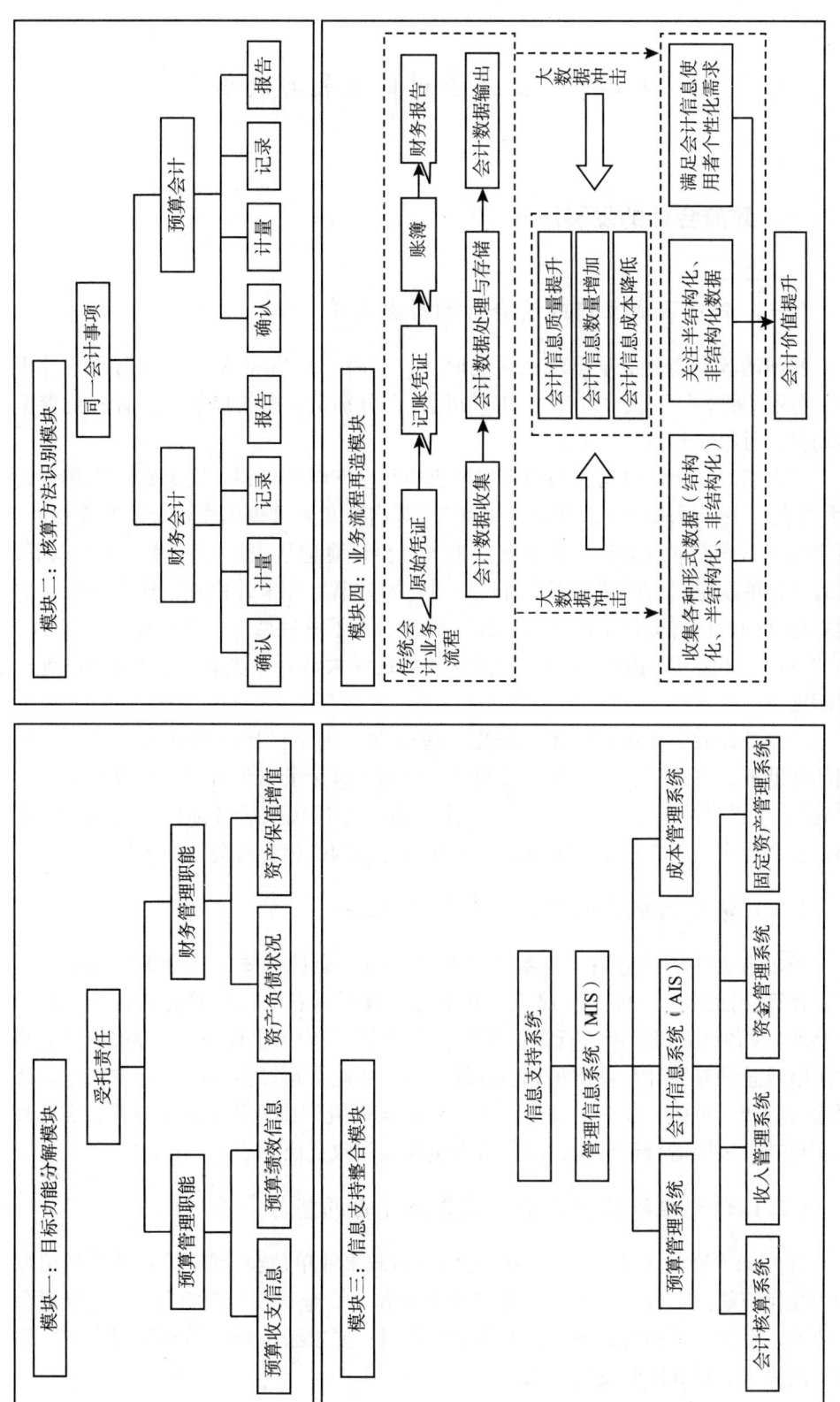

图1-3 平行记账的四大模块

第二节 政府会计的发展与改革

一、政府会计的发展历程

（一）新中国成立前政府会计的历史沿革

我国的政府会计最早出现在西周时期，当时"天官冢宰"总揽财政会计事务。"天官冢宰"下设"小宰"和"司会"，分别负责财物保管、会计；要求呈报旬报、月报、年报。

到汉朝时，会计机构分为国家财政机构和皇室财政机构。国家财政机构设置"大司农"主管国家财政，下设"平准""都内"负责管理国库资金、收支核算。唐宋时期，户部掌管会计，负责物产出入、会计簿记呈报，会计设置到县以下，并有严格的制定。宋朝建立了审计院，进行财政监督和审计检查，这是我国首次设立独立的机构对会计工作进行审计。清朝引入了一些西方会计，编制"岁入"和"岁出"相结合的财政预算，宣统年间出现《大清商律法案》《会计法》等法律制度。

辛亥革命后，采用超然主计制度。1931年，南京国民政府在美国专家顾问团的帮助下，设立了一套超然会计制度，成立了直接隶属于南京国民政府的"主计处"，下设"岁计、会计、统计"三局。在南京国民政府各部门和各省市政府都设置会计人员以掌握主计大权，另设有审计机构，负责对会计的监督。

（二）新中国成立初期预算会计的建立

1949年新中国成立后，借鉴当时苏联的预算会计模式，结合工作需要，建立了预算会计制度。1950年12月，财政部颁发了《各级人民政府暂行总预算会计制度》《各级人民政府暂行单位预算会计制度》《中央金库条例实施细则》，确立了财政总预算会计与单位预算会计的职责，明确了预算会计的核算方法。会计要素为资产、负债、岁入、岁出，以"资产＝负债"作为基本会计等式，实行收付实现制，采用借贷记账法，编报资产负债表和收支决算表。

（三）计划经济体制背景下预算会计的调整与完善

自1966年始，在行政事业单位实施《行政事业单位会计制度》：改借贷记账法为收付记账法；资金平衡公式为"资金来源－资金运用＝资金结存"；取消会计要素，在资金平衡等式下，直接设会计科目；要求编报资金活动情况表、财政收支决算表、预算外收支决算表。

（四）社会主义市场经济体制改革背景下预算会计的改革与发展

党的十一届三中全会后，财政部为适应改革开放后的新环境，于 1988 年颁发了新的《事业行政单位会计制度》。党的十四大进一步明确了建立社会主义市场经济体制的改革目标后，1992 年实施了《企业财务通则》《企业会计准则》。在企业会计改革成功的基础上，1996 年 12 月财政部颁发了《预算会计核算制度改革要点》。1997 年财政部陆续颁发了《财政总预算会计制度》《事业单位会计准则（试行）》《事业单位会计制度》《行政单位会计制度》等，从 1998 年 1 月 1 日起实施，改会计要素为资产、负债、净资产、收入、支出五大要素，建立了"资产＝负债＋净资产"的平衡等式，采用借贷记账法，改进会计报表体系，编制资产负债表、预算执行情况表、收支表以及基本数字表等附表与预算情况说明书。

（五）政府预算管理制度改革背景下的预算会计改革

我国自 2000 年起按照公共财政理论进行了预算管理制度的改革，以财政支出管理为核心，逐步推行部门预算、国库集中收付制度、政府采购制度、政府收支科目的分类等改革措施，这些改革对预算资金管理产生了很大的影响，涉及预算观念、预算体系、预算管理方式的改变。

1. 以部门预算为主的预算编制改革。部门预算自 2000 年始在教育、农业、科技、劳动和社会保障四个部门试点，2001 年推广至全部中央部门。在总结地方部门预算改革多年经验的基础上，2006 年印发《关于完善和推进地方部门预算改革的意见》，进一步完善和规范了地方部门预算编制的主要内容、方法。这项改革在许多方面取得了丰硕的成果，为财政管理体制的改革和完善做出了重大的贡献，为公共财政体制的建设奠定了坚实的基础。

部门预算是政府部门依据国家有关政策规定及其行使职能的需要，由基层预算单位编制，逐级上报、审核、汇总，经财政部门综合与审核后提交立法机关依法批准的涵盖部门各项收支的综合财政计划。它是市场经济国家实行财政预算管理的基本组织形式，以每个部门为预算编制的基本单位，通过"一个部门一本账""预算内外资金统筹"等举措全面详细地反映了各政府部门的各项收支情况，是政府预算的重要组成部分。部门预算还引入零基预算、绩效预算、综合管理定额和支出标准等概念与方法，使得预算更科学、合理、客观。部门预算的实施严格了预算管理，增加了政府工作的透明度，是防止腐败的重要手段和预防措施，也是财政改革的重要内容。

2. 以实行国库单一账户为核心的国库管理制度改革。国库集中收付制度包括国库集中收付制度和收入收缴管理制度，它由财政部门代表政府设置国库单一账户体系，所有的财政性资金通过国库单一账户体系收缴、支付和管理，这从根本上改变了财政资金管理分散以及各支出部门和支出单位多头开户、重复开户的混乱局面，加强了财政部门对资金的统一调度和管理。

【延伸阅读】

国库单一账户体系的构成

国库单一账户体系,是由财政部门开设的银行账户、财政部门为预算单位开设的银行账户以及特设银行账户组成的。

一、财政部门开设的银行账户

1. 国库存款账户。该账户是在中国人民银行开设的国库单一账户,用于记录、核算、反映纳入预算管理的财政收入和支出活动,并用于财政部门在商业银行开设的财政零余额账户以及财政部门为预算单位在商业银行开设的预算单位零余额账户进行清算,实现支付。

2. 财政部门零余额账户。该账户简称财政零余额账户,即在商业银行开设的财政零余额账户,用于财政直接支付以及与国库单一账户进行清算。该账户为过渡性质的账户。在代理银行根据财政部门开具的支付指令向有关货品或劳务供应商支付款项并按日向国库单一账户申请清算后,该账户的余额即为零。

3. 财政专户。该账户在商业银行开设,用于记录、核算、反映实行财政专户管理的资金收入和支出,并用于财政专户管理资金日常收支清算。

二、财政部门为预算单位开设的银行账户

1. 预算单位零余额账户。该账户主要是财政部门为预算单位在商业银行开设的零余额账户,用于财政授权支付,以及与国库单一账户进行清算。该账户为过渡性质的账户,是预算单位的一个授权支付用款额度。在代理银行根据预算单位开具的支付指令向有关货品或劳务供应商支付款项并按日向国库单一账户申请清算后,该账户的余额即为零。

2. 财政汇缴零余额账户。该账户也可简称为财政汇缴专户,是财政部门为预算单位在商业银行开设的零余额账户,用于反映预算单位作为执收单位收取的应当汇缴财政国库或财政专户的财政性资金收入。由于执收单位收取的相关收费等财政性资金收入应当在汇总缴入财政汇缴零余额账户后的当日即转入财政国库存款账户或财政专户,财政汇缴零余额账户每日汇缴后的余额为零。

3. 特设银行账户。该账户是指经国务院和省级人民政府批准或授权财政部门开设的特殊过渡性专户。该账户用于核算和反映预算单位的特殊专项支出活动,并用于与国库单一账户进行清算。一般情况下,该账户为实存资金账户。

在以上相关账户中,财政部门零余额账户和财政汇缴零余额账户的性质为专用存款账户。预算单位零余额账户的性质为基本存款账户或者专用存款账户。预算单位未开立基本存款账户,或原基本存款账户在国库集中支付改革后已经按财政部门要求撤销的,经同级财政部门批准,预算单位零余额账户作为基本存款账户。除上述情况外,预算单位零余额账户作为专用存款账户。

国库集中收付，是指以国库单一账户体系为基础，以健全的财政支付信息系统和银行间实时清算系统为依托，将所有财政性资金都纳入国库单一账户体系管理，收入直接缴入国库和财政专户，支出通过国库单一账户体系支付到商品和劳务供应者或用款单位的一项国库管理制度。实行国库集中支付的单位，财政资金的支付方式包括财政直接支付和财政授权支付。

（1）财政直接支付。在财政直接支付方式下，单位在需要使用财政资金时，按照批复的部门预算和资金使用计划，向财政国库支付执行机构提出支付申请。财政国库支付执行机构根据批复的部门预算和资金使用计划及相关要求对支付申请审核无误后，向代理银行发出支付令，并通知中国人民银行国库部门，通过代理银行进入全国银行清算系统实时清算，财政资金从国库单一账户划拨到收款人的银行账户。简而言之，是由财政部门开具支付令，通过国库单一账户体系，直接将财政资金支付给收款人或用款单位账户。实行财政直接支付的支出主要包括：工资支出、工程采购支出、物品和服务采购支出，以及适宜实行财政直接支付的其他支出。

（2）财政授权支付。在财政授权支付方式下，单位按照批复的部门预算和资金使用计划，向财政国库支出执行机构申请授权支付的月度用款限额，财政国库支付执行机构将批准后的限额通知代理银行和单位，并通知中国人民银行国库部门。单位在月度用款限额内，自行开具支付令，通过财政国库支付执行机构转由代理银行向收款人付款，并与国库单一账户清算。简而言之，是单位根据财政授权自行开具支付令，通过国库单一账户体系将资金支付给收款人账户。实行财政授权支付的支出为未纳入财政直接支付管理的购买支出和零星支出。

国库管理制度的改革，改变了过去通过预算级次层层下拨、最后由用款单位支付的用款方式，让预算单位使用资金但见不到资金；未支用的资金均保留在国库单一账户，由财政部门代表政府进行管理运作，增强了政府对整个财政收支的监管，为实施宏观调控政策提供了可选择的手段。

3. 以推进政府采购为主的财政支出管理改革。政府采购制度是财政支出管理的一项重要制度，是指各级政府及其所属机构为了开展日常政务活动或为公众提供公共服务的需要，在财政监督下，以法定的形式、方法和程序，对货物、工程或服务的购买。

作为向社会提供公共物品和公共服务的行政事业单位，应当严格执行政府采购制度的各项规定。行政事业单位应当按照财政部门的要求，编制政府采购预算，并按经批准的政府采购预算组织货物、工程或服务的采购。对于纳入批量集中采购范围的办公设备、办公用品等品目，应当按照财政部门的要求采用集中采购的方式。行政事业单位的政府采购预算是其单位预算的组成部分。

4. 政府收支分类改革。政府收支分类就是对政府收入和支出进行类别与层次划分，以全面、准确、清晰地反映政府收支活动。政府收支分类科目是编制政府预决算、组织预算执行以及预算单位进行会计明细核算的重要依据，是财政预算管理的一项重要基础性工作，直接关系到财政预算管理的透明度，关系到财政预算管理的科学化和规范化,是公共财政体制建设的一个重要环节。

新的政府收支分类体系以"体系完善、反映全面、分类明细、口径可比、便于操作"为目标,主要包括收入分类、支出功能分类、支出经济分类三方面内容。其中,支出功能分类和支出经济分类是从不同侧面、用不同方式来反映政府支出活动,它们是相对独立的体系,既可以分别使用,又可以结合使用,相互间存在关联,还与部门分类编码和基本支出预算、项目支出预算相配合,在财政信息管理系统的有力支持下,可对任何一项财政收支进行"多维"定位,清晰地说明政府的钱是怎么来的,做了什么事,怎么做的,为预算管理、统计分析、宏观决策和财政监督等提供全面、真实、准确的经济信息。

在政府收支分类改革中,借鉴了国际通行做法,收入分类从大的分类框架方面设置了相应的收入科目,并增加了财政预算外收入和社会保险基金收入;支出功能分类参考了国际货币基金组织(IMF)的功能分类类级科目,保持了与其总体框架和基本原则的基本一致,同时,支出科目从三级增加为四级,并设置了社会各方面普遍关注的支出事项;支出经济分类设置进一步细化了各级科目。这项改革,既可充分满足细化预算编制、加强预算单位财务会计核算和经济分析、增强财政资金的透明度等方面的要求,又能与国外口径具有可比性,为进行国际比较分析创造了良好的条件。

(六)会计国际化趋势下构建政府与非营利组织会计体系的尝试

1. 民间非营利组织会计制度的实施。财政部于2004年8月18日颁布《民间非营利组织会计制度》,并于2005年起在全国所有适用的民间非营利组织中实施。该制度填补了当时我国会计规范领域的空白。

【国际视野】

美国的政府与非营利组织会计体系

1. 政府会计。包括联邦政府会计、地方政府会计(州政府、市政府、县政府、镇政府和特别目的政府会计)和公立非营利组织会计。

2. 基金会计。美国政府会计采用基金会计模式。联邦政府会计一般设两类基金,即联邦基金和信托基金。州和地方政府会计通常设政府基金、权益基金和受托基金三类基金。

3. 私立非营利组织会计。私立非营利组织一般根据资源提供者的限定即业务运营活动的需要对每一项具有特定用途的资源分别设立相应的基金,并给予不同的基金名称,如非限定性基金、限定留本基金等。

2. 事业单位会计准则、制度与财务通则的修订。2011年7月实施《医院会计制度》，2013 年 1 月实施《单位会计准则》《事业单位会计制度》，2014 年 1 月实施《行政单位会计制度》《高等学校会计制度》《中小学会计制度》《科学事业单位会计制度》《彩票机构会计制度》，2016 年 1 月实施《财政总预算会计制度》。这些会计制度改变了 1998 年的预算会计制度，主要有：明确双重会计目标；使用双分录核算方法；拓展细化资产负债项目的核算；对固定资产与无形资产计提折旧和摊销；合并基建会计账；改进会计报表；等等。

二、政府会计的全面改革

自出台《权责发生制政府综合财务报告制度改革方案》以后，我国政府会计改革进入一个新的历史阶段，构建了国际化与中国特色皆具的政府会计体系。

财政部于 2015 年 10 月印发了《政府会计准则——基本准则》；2015 年发布了《政府财务报告编制办法（试行）》《政府综合财务报告编制操作指南（试行）》《政府部门财务报告编制操作指南（试行）》；2016 年颁布《政府会计准则第 1 号——存货》《政府会计准则第 2 号——投资》《政府会计准则第 3 号——固定资产》《政府会计准则第 4 号——无形资产》。这些准则都从 2017 年 1 月起实施。

2017 年颁布《政府会计准则第 5 号——公共基础设施》《政府会计准则第 6 号——政府储备物资》，从 2018 年 1 月起实施。

2017 年印发的《政府会计制度——行政事业单位会计科目和报表》《政府会计准则第 7 号——会计调整》《政府会计准则第 8 号——负债》《政府会计准则第 9 号——财务报表编制和列报》均从 2019 年 1 月起实施。

第三节 政府会计的规范体系

一、政府会计规范的界定

会计规范是国家管理会计工作的法律、条例、规则、章程、制度等的总称。它是以会计理论为指导，将会计工作所应遵循的各项原则和方法用法规的形式肯定下来，保证会计工作正常进行，以达到一定目标的经济管理法规。其主要内容包括会计事务的处理以及有关会计机构和会计人员的规定。

政府组织所提供的信息要满足使用者的需要，并符合一定的质量要求，就必须对其会计体系与财务报告行为进行规范。政府受托于人民，代表国家意志，以税收的形式向纳税人无偿地、强制地征集到财政资源，并将其用于满足社会共同需要，因此，这些财政资源的收入或支出就必须依据国家的法律规章进行，其会计行为当然也必须以相应的法律规章进行规范。

二、我国政府会计的规范体系

我国政府与非营利组织现行的会计规范主要包括会计法律法规和会计准则。

（一）会计法律

法律制度是一个国家上层建筑的重要组成部分，是国家意志的体现，也是调整社会政治经济活动中法律关系的基本规范。财务会计法律是调整社会经济活动中财务、会计关系的法律规范的总称。在我国，规范政府与非营利组织会计的法律主要有《中华人民共和国会计法》《中华人民共和国预算法》。

《中华人民共和国会计法》是规范会计活动行为的基本法律，是其他会计法规的"母法"，任何会计规范都必须以《中华人民共和国会计法》为准绳，不能与之抵触或与之相违背。这是我国企业、政府与非营利组织会计都要遵守的基本法律。

由于政府资金来源具有特殊性，除了会计规范外，还必须对其资金活动进行规范，因此，政府会计还应遵循《中华人民共和国预算法》。《中华人民共和国预算法》是规范政府财务活动行为的基本法律，各级政府、行政单位与事业单位都必须按照《中华人民共和国预算法》的规定组织财务收支活动，并接受立法机构的监督。

（二）政府会计准则体系

我国的政府会计准则体系由政府会计基本准则、具体准则及应用指南和政府会计制度等组成。

1. 政府会计基本准则。政府会计基本准则用于规范政府会计目标、政府会计主体、政府会计信息质量要求、政府会计核算基础，以及政府会计要素定义、确认和计量原则、列报要求等原则事项。基本准则指导具体准则和制度的制定，并为政府会计实务问题提供处理原则。2015年10月，财政部印发了《政府会计准则——基本准则》。

2. 政府会计具体准则及应用指南。政府会计具体准则依据《政府会计准则——基本准则》制定，用于规范政府发生的经济业务或事项的会计处理原则，详细规定经济业务或事项引起的会计要素变动的确认、计量和报告。应用指南是对具体准则的实际应用作出的操作性规定。自2016年以来，财政部相继出台了存货、投资、固定资产、无形资产、公共基础设施、政府储备物资等政府会计具体准则和固定资产准则应用指南。

3. 政府会计制度。政府会计制度依据基本准则制定，主要规定政府会计科目及账务处理、报表体系及编制说明等。按照政府会计主体不同，政府会计制度主要由政府财政会计制度和政府单位会计制度组成。2017年财政部印发的《政府会计制度——行政事业单位会计科目和报表》（以下简称《政府会计制度》），适用于各级行政事业单位。各级行政事业单位应当根据政府会计准则（包括基本准则和具体准则）规定的原则和该制度的要求，对其发生的各项经济业务或事项进行会计核算。

第四节　会计职业道德

一、会计职业道德的功能

会计职业道德是指在会计职业活动中应当遵循的、体现会计职业特征的、调整会计职业关系的职业行为准则和规范。会计职业道德是规范会计行为的基础，是实现会计目标的保证，是对会计法律制度的重要补充，是提高会计人员职业素养的内在要求。

道德的功能在于揭示对人自身生存、发展和完善的功效。会计职业道德具有指导、评价和教化三个主要功能。

指导功能是促进会计人员选择有利于消除各种矛盾、调整相互关系的会计行为，改善会计领域内个人与国家、个人与单位、个人与个人之间的关系，促使会计人员协调一致，保证会计工作正常、稳定、高效的运行。

评价功能是指会计职业道德能够通过"评价—命令"方式，激发会计人员的内在积极性和主动性，促使会计人员自我肯定、自我发展、自我完善，推动会计人员的会计行为从"现有行为"向"应有行为"转化，从而实现对会计领域各种会计关系的调解。

教化功能基于道德的劝善戒恶，借助舆论影响人的道德、良心和情感，进而在形成会计职业道德风尚的过程中，影响会计人员的职业道德观念和行为，培养会计职业道德行为的自觉性和主动性。

【延伸阅读】

会计职业道德规范的新动向

2018年4月，国际会计师职业道德准则委员会（IESBA）发布新版《国际职业会计师职业道德守则》，简化了守则的阅读、理解和执行，向职业会计师提供了如何处理职业道德和独立性问题的清晰指导。新《守则》自2019年6月15日起施行。

2018年3月19日，财政部会计司发布了《关于会计人员职业道德规范研究征询意向公告》，旨在立足我国经济社会发展现状和实际需要，借鉴国际有益经验，研究提出建立健全我国会计人员职业道德规范体系的意见建议。

二、会计职业道德规范的内容

会计职业道德规范是根据会计职业特点提出的、要求会计人员在会计活动中应普遍遵循的职业道德要求。它贯穿于整个会计规范体系之中。我国会计职业道德规范的主要内容包括八个方面。

1. 爱岗敬业。爱岗敬业是指忠于职守的事业精神，是会计职业道德的基础。爱岗就是会计人员热爱本职工作，安心本职岗位，并为做好本职工作尽心尽力、尽职尽责。敬业是指会计人员对其所从事的会计职业的正确认识和恭敬态度，并用这种严肃恭敬的态度认真地对待本职工作，将身心与本职工作融为一体。

2. 诚实守信。诚实守信是做人的基本准则，是人们在古往今来的交往中产生的最基本的道德规范，也是会计职业道德的精髓。诚实守信要求会计人员做老实人、说老实话、办老实事，不被利益所诱惑，不伪造账目，不弄虚作假，如实反映单位经济业务事项。同时，还应当保守本单位的商业秘密，除法律规定和单位领导人同意外，不得私自向外界提供或者泄露本单位的会计信息。

3. 廉洁自律。廉洁就是不贪污钱财，不收受贿赂，保持清白；自律是指按照一定的标准自我约束、自我控制，规范自己言行和思想的过程。自律的核心就是用道德观念自觉抵御不良欲望和诱惑。廉洁自律要求会计人员公私分明、不贪不占、遵纪守法、清正廉洁。

4. 客观公正。客观是指按照事物的本来面目去反映，不掺杂个人的主观意愿，也不为他人意见所左右，包含真实性和可靠性两层含义。公平就是公平、公正，不偏不倚，保持应有的独立性，以维护会计主体和社会公众的利益。

5. 坚持准则。坚持准则是会计职业道德的核心，是指会计人员在处理业务过程中，要严格按照会计法律制度办事，不为主观或者他人意志左右。这里的准则不仅仅指会计准则，还泛指会计法律、法规、国家统一的会计制度，以及与会计工作相关的法律制度。

6. 提高技能。提高技能要求会计人员通过学习、培训和实践等途径，不断提高会计理论水平、会计实务能力、职业判断能力、自动更新知识的能力，提高会计信息能力、沟通交流能力以及职业经验。运用所掌握的知识、技能和经验，开展会计工作，履行会计职责，以适应深化会计改革和会计国际化的需要。

7. 参与管理。会计管理是组织管理的重要组成部分，在组织管理中具有十分重要的作用。参与管理要求会计人员在做好本职工作的同时，树立参与管理的意识，努力钻研相关业务，全面熟悉本单位经营活动和业务流程，主动向领导反映经营管理活动中的情况和存在的问题，主动提出合理化建议，协助领导决策，参与管理活动，做好领导的参谋。

8. 强化服务。会计工作虽不是窗口行业，但工作涉及面广，强调与其他部门的协作配合，且工作本身政策性强，容易与其他部门及服务对象发生利益冲突和意见分歧，强化服务就是要求会计人员具有文明的服务态度、强烈的服务意识，是职业道德的归宿点。

【小资料】

国务院前总理朱镕基为国家会计学院题写校训

国务院前总理朱镕基严于律己举世皆知。2002年11月19日，朱镕基在香港举行的第16届会计师大会开幕式上发表演讲时说，中国政府特别重视会计职业道德建设，要求所有会计、审计人员必须做到：诚信为本、操守为重、坚持准则、不做假账，并恪守独立、客观、公正的原则，不屈从和迎合任何压力与不合理要求，不以职务之便谋取一己私利，不提供虚假会计信息。

朱镕基后来为先后成立的北京、上海、厦门三个国家会计学院题写了校训：不做假账。要求国家会计学院要把诚信教育放在首位，培养出来的人才不仅要有一流的专业知识水平，更要有一流的职业道德水平，绝对不做假账；希望每一个从国家会计学院毕业的学生都要永远牢记这四个字的校训。

思 考 题

1. 简述政府会计的发展历程与社会发展阶段的特性。
2. 政府组织有何重要作用？
3. 政府组织与企业组织有何相似之处？差异何在？
4. 我国政府会计体系是如何构成的？
5. 政府会计的概念是什么？
6. 我国政府会计规范体系包括哪些？

第二章　政府会计的基本理论与方法

【本章预览】

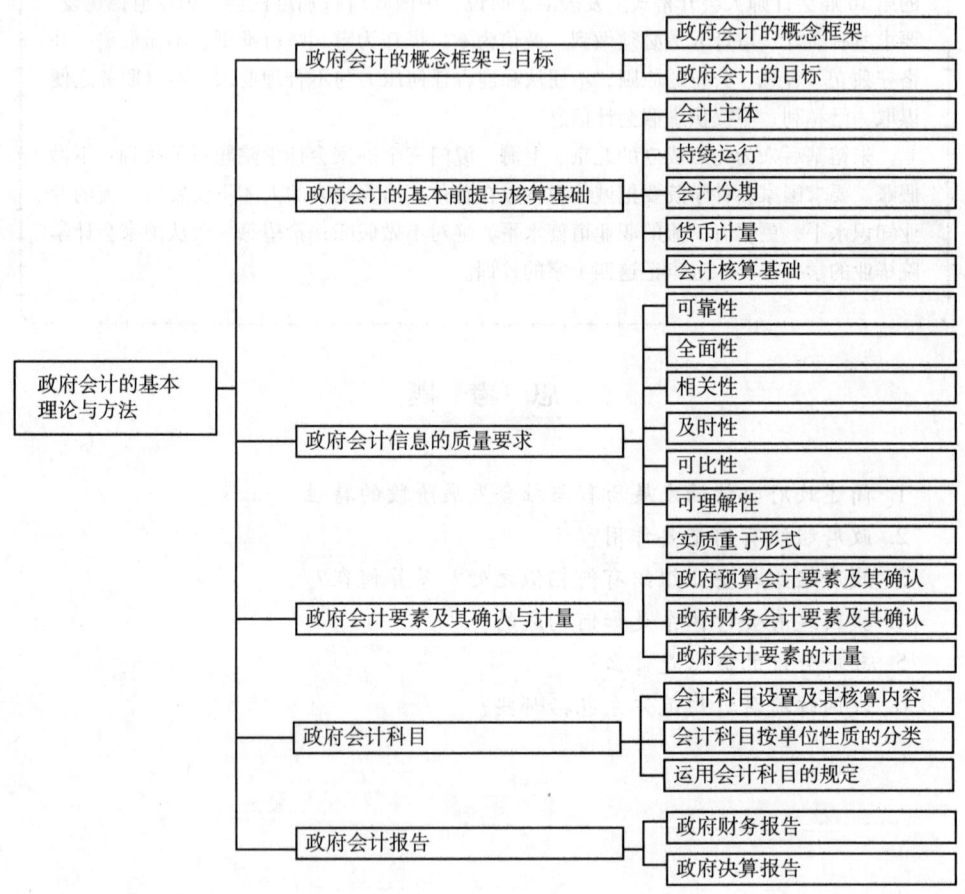

【学习目标】

知识目标：

1. 理解政府会计的概念框架与目标
2. 掌握政府会计核算的基本前提与双核算基础
3. 了解政府会计信息的质量要求
4. 掌握政府会计要素及其确认与计量方法
5. 了解政府财务报告的构成

能力目标：
1. 能用政府会计的概念框架进行职业判断
2. 掌握会计计量属性的基本应用
3. 熟练运用权责发生制与收付实现制

第一节 政府会计的概念框架与目标

一、政府会计的概念框架

政府会计概念框架是一些相互紧密联系的目标与基本原则所构成的内在一致的体系，它为建立一个前后一致的会计准则体系奠定基础，并指明了政府会计和政府综合财务报告的性质、职能与局限性。

政府会计概念框架统驭了具体会计准则的制定。一个完备的政府会计概念框架确立了为会计信息使用者编报财务报告所依据的概念，使会计准则制定者能够在未来制定出更多有用的、前后一致的具体会计准则，有助于增进财务报告使用者对财务报告的理解和信任，提高财务报告的可比性。

政府会计概念框架为新出现的实务问题的解决提供了指南。由于新业务层出不穷，会计准则制定者很难事先制定所有新兴业务的合理会计处理方法，然而，会计实务工作者必须及时处理日常业务，因此，实务工作者需要基于政府会计概念框架以及良好的职业判断，及时作出合适的处理方法。会计准则制定者也能够随后制定出逻辑一致、可接受的会计处理方法。

我国政府会计概念框架主要体现在《政府会计准则——基本准则》中。基本准则规范了政府综合财务报告的目标、会计基本假设、会计信息质量要求、会计要素的定义及其确认与计量原则、综合财务报告等基本问题。

二、政府会计的目标

政府会计的目标是政府会计概念框架的出发点，也是政府会计工作的落脚点。政府会计采用了双目标，包括决算报告目标和财务报告目标。

（一）决算报告目标

决算报告目标是向决算报告使用者提供与政府预算执行情况有关的信息，综合反映政府会计主体预算收支的年度执行结果，有助于决算报告使用者进行监督和管理，并为编制后续年度预算提供参考和依据。政府决算报告使用者包括各级人民代表大会及其常务委员会、各级政府及其有关部门、政府会计主体自身、社会公众和其他利益相关者。

(二) 财务报告目标

财务报告目标是向财务报告使用者提供政府的财务状况、运行情况（含运行成本，下同）和现金流量等有关信息，反映政府会计主体公共受托责任履行情况，有助于财务报告使用者作出决策或者进行监督和管理。政府财务报告使用者包括各级人民代表大会常务委员会、债权人、各级政府及其有关部门、政府会计主体自身和其他利益相关者。

第二节 政府会计的基本前提与核算基础

政府会计的基本前提也称政府会计的基本假设，是指组织政府会计核算工作必须具备的前提条件，是会计人员对会计工作所处的变化不定的环境作出的合理判断。政府会计核算的前提条件有会计主体、持续运行、会计分期和货币计量。

一、会计主体

会计主体是指会计工作为之服务的特定单位或组织，实质是规定会计活动的空间范围。会计主体是建立会计理论和进行会计实务处理的基础，因为它限定了哪些交易或事项应当纳入会计核算的空间范围，也限定了会计人员是站在什么立场来处理交易或事项的。作为一个会计主体应该具备独立性、整体性和不同于法律主体等特征。

政府会计主体是指各级政府、各部门、各单位的会计确认、计量和报告的空间范围。各部门、各单位是指与本级政府财政部门直接或者间接发生预算拨款关系的国家机关、军队、政党组织、社会团体、事业单位和其他单位。

政府会计主体应当对自身发生的经济业务或者事项进行会计核算。

二、持续运行

持续运行假设政府会计主体的经济业务活动将无限期地延续下去，是针对非持续经济业务活动而言的。持续运行是指在可以预见的将来，政府会计主体将会按当前的规模和状态继续运行下去，不会停业，也不会大规模削减业务。企业会计是持续经营前提，经营与运营两字的区别，也很好地表达了营利与非营利的特点。

政府会计核算所采取的会计程序和一系列会计处理方法都是建立在持续运行前提基础上的。若没有持续运行的前提条件，一些公认的会计处理方法将失去存在的基础而无法采用。

在持续运营假设下，政府会计主体将按照既定用途使用资产，按照既定的合约条件清偿债务，会计人员可以在此基础上选择恰当的会计政策和估计方法。比如，资产采用历史成本计量，并在使用过程中进行折旧或摊销的计提。

三、会计分期

会计分期是指将政府会计主体持续运行的时间人为地划分为一定的期间，据以结算账目、编制会计报表，从而及时向有关方面提供会计信息。

会计期间的划分对政府会计主体核算有着重要的影响。由于有了会计期间，才产生了本期与非本期的区别，才产生了权责发生制和收付实现制，才有了政府预算会计与财务会计不同的记账基础。会计期间的划分，有利于及时提供反映政府会计主体经济活动情况的预算信息与财务信息，能够及时满足各会计信息使用者的需要。

政府会计核算应当划分会计期间，分期结算账目，按规定编制决算报告和财务报告。

会计期间至少分为年度和月度。会计年度、月度等会计期间的起讫日期采用公历日期。

四、货币计量

货币计量是指政府会计主体的核算应该通过货币予以综合反映政府组织的业务、管理活动及其结果。这是现代会计最基本的前提条件，如果没有这个前提条件，会计也就失去了其基本特征——价值的核算。

政府会计核算应当以人民币作为记账本位币。发生外币业务时，应当将有关外币金额折算为人民币金额计量，同时登记外币金额。

但单一的货币计量也有缺陷，比如，政府部门或单位的运行战略、科研院校的研发能力与市场竞争力等，往往难以用货币来计量，但是这些信息对于信息使用者的决策又非常重要，因此，在对外披露财务信息时可以通过增加非财务信息以弥补缺陷。

五、会计核算基础

我国政府会计采用双基础进行会计核算，预算会计采用收付实现制，财务会计采用权责发生制。

收付实现制，是指以现金的实际收付为标志来确定本期收入和支出的会计核算基础。凡在当期实际收到的现金收入和支出，均应作为当期的收入和支出；凡是不属于当期的现金收入和支出，均不应当作为当期的收入和支出。

权责发生制，是指以取得收取款项的权利或支付款项的义务为标志来确定本期收入和费用的会计核算基础。凡是当期已经实现的收入和已经发生的或应当负担的费用，不论款项是否收付，都应当作为当期的收入和费用；凡是不属于当期的收入和费用，即使款项已在当期收付，也不应当作为当期的收入和费用。

第三节 政府会计信息质量要求

一、可靠性

可靠性要求政府会计主体应当以实际发生的经济业务或者事项为依据进行会计核算，如实反映各项会计要素的情况和结果，保证会计信息真实可靠。

可靠性是政府会计信息质量中最重要的要求。信息的可靠性包括可验证性、反映真实性和中立性三个方面。

（一）可验证性

可验证性是指具有相近背景的不同个人，分别采用同一计量方法，对同一事项加以计量，就能得出相同的结果。

（二）反映真实性

反映真实性是指一项计量或者叙述，与其所要表达的现象或状况应一致。政府会计主体应当以实际发生的交易或者事项为依据进行确认、计量和报告，不能以虚构的、没有发生的或尚未发生的交易或者事项为依据进行确认、计量和报告。

（三）中立性

中立性是指会计信息应不偏不倚，不带主观成分，将真实如实和盘托出，结论让信息使用者自己去判断。会计人员不能为了某些特定利益者的意愿而对会计信息做出特殊安排，故意选用不恰当的确认与计量方法，隐瞒和歪曲部分事实，来诱使特定的行为发生。

二、全面性

全面性要求政府会计主体应当将发生的各项经济业务或者事项统一纳入会计核算，确保会计信息能够全面反映政府会计主体预算执行情况和财务状况、运行情况、现金流量等。

政府会计主体应当在符合重要性和成本效益原则的前提下，保证会计信息的完整性，其中包括应当编报的报表及其附注内容等应当保持完整，不能随意遗漏或者减少应予披露的信息，与使用者决策相关的有用信息都应当充分披露。

三、相关性

相关性要求政府会计主体提供的会计信息，应当与反映政府会计主体公共受托责任履行情况以及报告使用者决策或者监督、管理的需要相关，有助于报告使用者对政府会计主体过去、现在或未来的情况作出评价或者预测。

会计信息是否有价值，关键是看其与使用者的决策需要是否相关，是否有助于决策或者提高决策水平。会计信息相关性取决于两个因素：预测价值与反馈价值。

（一）预测价值

如果一项信息能有助于使用者根据财务报告所提供的会计信息预测政府会计主体未来的财务状况、运行成果和现金流量，则此项信息具有预测价值。决策者可根据预测的可能结果，做出其认为最佳的选择。因此，预测价值是相关性的重要因素，具有改变决策的能力。

（二）反馈价值

一项信息如能有助于使用者评价政府会计主体过去的决策，证实或者修正过去的有关预测，则具有反馈价值。因此，反馈价值也有助于未来决策。

可靠性与相关性是政府会计信息应具备的两项主要质量特征。如果能同时增进最为理想，但有时提高可靠性会降低相关性；反之亦然。两者如何权衡，取决于决策者对两者重要性的评价。但如果其中之一完全缺失，则该信息无用处。

四、及时性

政府会计主体对已经发生的经济业务或者事项应当及时进行会计核算，不得提前或者延后。

会计信息的价值在于帮助信息使用者做出经济决策，具有时效性。任何信息如果要影响决策，就必须在决策之前提供，相关信息如果不能及时提供，该信息就变成不相关或无用的了。当然，及时提供的会计信息，如果不相关，也是无用的信息。

在政府会计核算过程中贯彻及时性要做到：一是及时收集会计信息，即在经济交易或者事项发生后，及时收集整理各种原始单据或者凭证；二是及时处理会计信息，即按照会计准则的规定，及时对经济交易或者事项进行确认或者计量，并编制出预算报告和财务报告；三是及时传递会计信息，即按照国家规定的有关时限，及时地将编制的财务报告传递给财务报告使用者，便于其及时使用和决策。

五、可比性

同一政府会计主体不同时期发生的相同或相似的经济业务或者事项，应当采用一致的会计政策，不得随意变更。确需变更的，应当将变更的内容、理由及其影响在附注中予以说明。

不同政府会计主体发生的相同或相似的经济业务或者事项，应当采用一致的会计政策，确保政府会计信息口径一致、相互可比。

可比性要求政府会计主体提供的会计信息应当具有可比性。具体包括下列要求。

1. 同一政府会计主体对于不同时期发生的相同或相似的交易或者事项，应当采用一致的会计政策，不得随意变更。当然，满足会计信息可比性的要求，并不表明不允许政府会计主体变更会计政策，政府会计主体按照规定变更会计政策或者会计政策变更后可以提供更可靠、更相关的会计信息时，就有必要变更会计政策，以向使用者提供更为有用的信息。但是，有关会计政策变更的情况，应当在附注中予以说明。

2. 不同政府会计主体发生的相同或相似的交易或者事项，应当采用规定的会计政策，确保会计信息口径一致、相互可比，即对于相同或相似的交易或者事项，不同政府会计主体应当采用一致的会计政策，以使不同政府会计主体按照一致的确认、计量和报告基础提供有关会计信息。

六、可理解性

可理解性要求政府会计主体提供的会计信息应当清晰明了，便于财务报告使用者理解和使用。

可理解性是决策者与决策有用性的连接点，因此，可理解性不仅是信息的一种质量标准，也是一个与使用者有关的质量标准。

政府会计主体编制财务报告、提供会计信息的目的在于使用，而要使使用者有效使用会计信息，应当能让其了解会计信息的内涵，弄懂会计信息的内容。这就要求财务报告所提供的会计信息应当清晰明了，易于理解。只有这样，才能提高会计信息的有用性，实现决算报告与财务报告的目标，满足向使用者提供决策有用信息的要求。

七、实质重于形式

实质重于形式要求政府会计主体应当按照经济业务或者事项的经济实质进行会计核算，不限于以经济业务或者事项的法律形式为依据。如果政府会计主体仅仅以交易或者事项的法律形式为依据进行会计确认、计量和报告，那么就容易导致会计信息失真，无法如实反映经济现实和实际情况。

【延伸阅读】

企业财务会计信息质量特征的国际比较

根据我国《企业会计准则——基本准则》的规定，企业会计信息质量要求包括可靠性、相关性、可理解性、可比性、实质重于形式、重要性、谨慎性和及时性等八个方面。

美国财务会计准则委员会（FASB）在1980年5月发布的《财务会计概念公告》第二辑《会计信息质量特征》中，将决策的有用性作为最重要的质量特征，并在这一最基本质量特征的前提下，构建了会计信息质量的层次结构。将相关性和可靠性并列为首要的质量特征，可比性则属于次要的信息质量特征。

国际会计准则委员会（IASC）在1989年7月发布的《编制和提供财务报告表的框架》中，以财务报表的质量特征为题，提出了会计信息的10个质量特征，包括可理解性、相关性、可比性、重要性、如实反映、中立性、谨慎性、完整性、实质重于形式等，并把可理解性、相关性、可靠性和可比性作为四个主要的质量特征，把及时性和效益成本作为限制因素。

英国会计准则理事会（ASB）于1999年2月发布的《财务报告原则公告》中将财务信息的质量特征分为两类：一是与财务报告中的信息内容有关，主要包括相关性和可靠性两个质量特征，其中，可靠性又包括了如实反映、稳健性、完整性、中立性和公允披露等次要质量特征；二是与财务报告中信息的表述有关，主要包括可理解性、可比性等。将重大性作为最低的信息质量标准，不符合重大性的信息，一般不再进一步考虑其他质量特征。

第四节　政府会计要素及其确认与计量

会计要素就是会计对象的构成要素，是对会计对象的基本分类。研究会计要素，有助于设置会计科目，有助于设计会计报表的格式和列示方式。

政府会计要素，是指按照政府会计主体经济活动事项的经济特征所作的基本分类。在政府会计的双系统体系下，设置了3+5的会计要素，政府预算会计设置了预算收入、预算支出与预算结余三个会计要素；政府财务会计设置了资产、负债、净资产、收入和费用五个会计要素。

一、政府预算会计要素及其确认

政府预算会计要素包括预算收入、预算支出与预算结余。

（一）预算收入

预算收入是指政府会计主体在预算年度内依法取得的并纳入预算管理的现金流入。预算收入一般在实际收到时予以确认，以实际收到的金额计量。

预算收入的类别主要包括财政拨款预算收入、事业预算收入、上级补助预算收入、附属单位上缴预算收入、经营预算收入、债务预算收入、非同级财政拨款预算收入、投资预算收益、其他预算收入等。

（二）预算支出

预算支出是指政府会计主体在预算年度内依法发生并纳入预算管理的现金流出。预算支出一般在实际支付时予以确认，以实际支付的金额计量。

预算支出的类别主要包括行政支出、事业支出、经营支出、上缴上级支出、对附属单位补助支出、投资支出、债务还本支出、其他支出等。

（三）预算结余

预算结余是指政府会计主体预算年度内预算收入扣除预算支出后的资金余额，以及历年滚存的资金余额。

预算结余包括结余资金和结转资金。结余资金是指年度预算执行终了，预算收入实际完成数扣除预算支出和结转资金后剩余的资金。结转资金是指预算安排项目的支出年终尚未执行完毕或者因故未执行且下年需要按原用途继续使用的资金。

预算结余的类别主要包括资金结存、财政拨款结转、财政拨款结余、非财政拨款结转、非财政拨款结余、专用结余、经营结余、其他结余、非财政拨款结余分配等。

二、政府财务会计要素及其确认

政府财务会计要素包括资产、负债、净资产、收入和费用。

（一）资产

1. 资产的定义与分类。资产是指政府会计主体过去的经济业务或者事项形成的、由政府会计主体控制的、预期能够产生服务潜力或者带来经济利益流入的经济资源。

服务潜力是指政府会计主体利用资产提供公共产品和服务以履行政府职能的潜在能力。经济利益流入表现为现金及现金等价物的流入，或者现金及现金等价物流出的减少。

政府会计主体的资产按照流动性分为流动资产和非流动资产。

流动资产是指预计在1年内（含1年）耗用或者可以变现的资产，包括货币资金、短期投资、应收及预付款项、存货等。

非流动资产是指流动资产以外的资产，包括固定资产、在建工程、无形资产、长期投资、公共基础设施、政府储备资产、文物文化资产、保障性住房和自然资源资产等。

2. 资产的确认条件。符合政府资产定义的经济资源，在同时满足以下条件时，确认为资产：一是与该经济资源相关的服务潜力很可能实现或者经济利益很可能流入政府会计主体；二是该经济资源的成本或者价值能够可靠地计量。

（二）负债

1. 负债的定义与分类。负债是指政府会计主体过去的经济业务或者事项形成的、预期会导致经济资源流出政府会计主体的现时义务。

现时义务是指政府会计主体在现行条件下已承担的义务。未来发生的经济业务或者事项形成的义务不属于现时义务，不应当确认为负债。

政府会计主体的负债按照流动性分为流动负债和非流动负债。

流动负债是指预计在1年内（含1年）偿还的负债，包括短期借款、应付短期政府债券、应付及预收款项、应付职工薪酬、应缴款项等。

非流动负债是指流动负债以外的负债，包括长期借款、长期应付款、应付长期政府债券等。政府会计主体的负债包括偿还时间与金额基本确定的负债和由或有事项形成的预计负债。

偿还时间与金额基本确定的负债按政府会计主体的业务性质及风险程度，分为融资活动形成的举借债务及其应付利息、运营活动形成的应付及预收款项和暂收性负债。

2. 负债的确认条件。符合政府负债定义的义务，在同时满足以下条件时，确认为负债：一是履行该义务很可能导致含有服务潜力或者经济利益的经济资源流出政府会计主体；二是该义务的金额能够可靠地计量。

（三）净资产

净资产是指政府会计主体资产扣除负债后的净额，其金额取决于资产和负债的计量。

政府会计主体的净资产主要包括累计盈余、专用基金、权益法调整、本期盈余、本年盈余分配、无偿调拨净资产和以前年度盈余调整等。

（四）收入

1. 收入的定义与分类。收入是指报告期内导致政府会计主体净资产增加的、含有服务潜力或经济利益的经济资源的流入。

政府会计主体收入的类别主要包括财政拨款收入、事业收入、上级补助收入、附属单位上缴收入、经营收入、非同级财政拨款收入、投资收益、捐赠收入、利息收入、租金收入、其他收入等。

2. 收入的确认条件。收入的确认应当同时满足以下条件：一是与收入相关的含有服务潜力或者经济利益的经济资源很可能流入政府会计主体；二是含有服务潜力或者经济利益的经济资源流入会导致政府会计主体资产增加或者负债减少；三是流入金额能够可靠地计量。

（五）费用

1. 费用的定义与分类。费用是指报告期内导致政府会计主体净资产减少的、含有服务潜力或者经济利益的经济资源的流出。

政府会计主体费用的类别主要包括业务活动费用、单位管理费用、经营费用、资产处置费用、上缴上级费用、对附属单位补助费用、所得税费用、其他费用等。

2. 费用的确认条件。费用的确认应当同时满足以下条件：一是与费用相关的含有服务潜力或者经济利益的经济资源很可能流出政府会计主体；二是含有服务潜力或者经济利益的经济资源流出会导致政府会计主体资产减少或者负债增加；三是流出金额能够可靠地计量。

总之，对于政府财务会计要素的确认取决于它是否同时符合三个标准。首先，符合政府财务会计要素的定义。一项政府会计主体的资源只有符合资产的定义，一项政府会计主体的义务只有符合负债的定义，才能正式列入政府财务报表。其次，与该项目有关的未来经济利益将很可能流入或流出政府会计主体。这里的"很可能"与政府会计主体所处环境特点的不确定性联系在一起。评估未来经济利益流量带有的不确定性程度，依据的是编制政府财务报表时能够得到的证据。最后，该项目的成本或价值能够可靠地计量。在许多情况下，使用不降低财务报告可靠性的、合理的估计是财务报表编制过程必不可少的部分。但是，如果无法做出合理的估计，就不能在资产负债表或利润表内确认项目。

【延伸阅读】

企业会计要素体系的差异

会计要素是财务会计理论的基石，是构建会计准则的核心。但不同准则的要素体系确立却不尽相同。

我国颁布的《企业会计准则》中，将企业会计要素划分为资产、负债、所有者权益、收入、费用、利润六大类。

国际会计准则委员会（IASC）在1989年发布的《编制和提供财务报告表的框架》中，将会计要素划分为资产、负债、产权、收益、费用五大类。

美国财务会计准则委员会（FASB）在1985年12月发表的第6号《财务会计概念公告》中，将会计要素划分为资产、负债、权益或净资产、业主投资、派给业主款、收入、费用、利润、损失、综合收益十大类。

三、政府会计要素的计量

(一) 会计要素的计量属性

会计计量是为了将符合会计确认条件的会计要素登记入账并列报于财务报告而确定其金额的过程。会计计量包括确定计量单位和选择计量属性两个方面。根据货币计量的会计假设,政府会计的计量单位都是货币。从会计角度,计量属性反映的是会计要素金额的确定基础。政府资产的计量属性主要包括历史成本、重置成本、现值、公允价值和名义金额五种,而政府负债的计量属性主要运用公允价值、现值、历史成本三种。

1. 历史成本。历史成本又称为实际成本,就是取得或制作某项财产物资时所实际支付的现金或者其他等价物,是会计计量的基本属性之一。

在历史成本计量下,资产按照购置时支付的现金或者现金等价物的金额或者按照购置资产时所付出的对价计量;负债按照因承担现时义务而实际收到的款项或者资产的金额,或者承担现实义务的合同金额,或者按照日常活动中为偿还负债预期需要支付的现金或者现金等价物的金额计量。大多数固定资产、无形资产都按照历史成本计量。

2. 重置成本。重置成本又称现行成本,是指按照当前市场条件重新取得同样一项资产所需支付的现金或现金等价物金额。

在重置成本计量下,资产按照现在购买相同或者相似资产所需支付的现金金额计量。

3. 现值。现值是指对未来现金流量以恰当的折现率进行折现后的价值,是考虑货币时间价值因素等的一种计量属性。

在现值计量下,资产按照预计从其持续使用和最终处置中所产生的未来净现金流入量的折现金额计量;负债按照预计期限内需要偿还的未来净现金流出量的折现金额计量。

4. 公允价值。在公允价值计量下,资产按照市场参与者在计量日发生的有序交易中出售资产所能收到的价格计量;负债按照市场参与者在计量日发生的有序交易中转移负债所需支付的价格计量。

市场参与者,是指在相关资产或负债的主要市场(或最有利市场)中同时具备下列特征的买方和卖方:(1)市场参与者应当互相独立,不存在关联方关系;(2)市场参与者应当熟悉情况,能够根据可取得的信息对相关资产或负债以及交易具备合理认知;(3)市场参与者应当有能力并自愿进行相关资产或负债交易。

有序交易,是指在计量日前一段时期内相关资产或负债具有惯常市场活动的交易。清算等被迫交易不属于有序交易。

主要市场,是指相关资产或负债交易量最大或交易活跃程度最高的市场。最有利市场,是指在考虑交易费用和运输费用后能够以最高金额出售相关资产或者以最低金额转移相关负债的市场。其中，交易费用是指在相关资产或负债的主要市场（或最有利市场）中发生的可直接归属于资产出售或者负债转移的费用。交易费用是直接由交易引起的、交易所必需的而且不出售资产或者不转移负债就不会发生的费用。

5. 名义金额。当一项资产无法采用上述计量属性的，采用名义金额（即人民币1元）计量。

（二）计量属性间的关系

在各会计要素计量属性中，历史成本通常反映的是资产或者负债过去的价值，而重置成本、现值以及公允价值通常反映的是资产或者负债的现实成本或现时价值，是与历史成本相对应的计量属性。当然这种关系也并不是绝对的。比如资产或者负债的历史成本许多就是根据交易时的有关资产或者负债的公允价值确定的。再比如，在应用公允价值时，当相关资产或者负债不存在活跃市场的报价或者不存在同类或者类似资产的活跃市场报价时，需要采用估值技术来确定相关资产或者负债的公允价值，而在采用估值技术估计相关资产或者负债的公允价值时，现值往往是比较普遍采用的一种估值方法，在这种情况下，公允价值就是以现值为基础确定的。另外，公允价值相对于历史成本而言，具有很强的时间概念，也就是说，当前环境下某项资产或者负债的历史成本可能是过去环境下该项资产或者负债的公允价值，而当前环境下某项资产或者负债的公允价值也许就是未来环境下该项资产或者负债的历史成本。

在计量属性中，历史成本的最大优势在于其可靠性。在事项或者交易发生时获取的发票或凭证，即比较容易验证又反映了经济事项发生当时的真实情况，具有可靠性。但是，历史成本在计量的相关性方面可能不如其他计量属性。例如，一项准备近期出售的房地产，报表使用者可能并不关注其历史成本，而是关注其公允价值，即目前市价，那么对该项房地产相关的计量应该是公允价值。因此，现代会计计量中，常将多种计量属性结合起来使用。

（三）计量属性的应用原则

政府会计主体在计量时一般应当采用历史成本。采用重置成本、现值、公允价值计量的，应当保证所确定的资产金额能够持续、可靠计量。无法采用历史成本、重置成本、现值和公允价值计量属性的，采用名义金额（即人民币1元）计量。

第五节 政府会计科目

会计科目是对政府会计要素按其经济内容或用途所作出的进一步分类。每个会计科目都要规定一定的名称、编号和核算内容。会计科目是设置账户、归集和核算各项经济业务的依据。科学地设置和正确地使用会计科目，是做好政府组织会计核算工作的重要条件。

一、会计科目的设置及其核算内容

政府会计分为财务会计与预算会计，财务会计科目按其会计要素分为资产类、支出类、负债类、收入类及净资产类五大类。行政事业单位财务会计具体的会计科目及科目说明如表2-1所示。预算会计科目按其要素分为预算收入类、预算支出类和预算结余类三大类，行政事业单位预算会计具体的会计科目及科目说明如表2-2所示。

表2-1　　　　　行政事业单位财务会计科目及科目说明

序号	科目编码	科目名称	说明
一、资产类（35个）			
1	1001	库存现金	核算单位的库存现金
2	1002	银行存款	核算单位存入银行或者其他金融机构的各种存款
3	1011	零余额账户用款额度	核算实行国库集中支付的单位根据财政部门批复的用款计划收到和支用的零余额账户用款额度
4	1021	其他货币资金	核算单位的外埠存款、银行本票存款、银行汇票存款、信用卡存款等各种其他货币资金
5	1101	短期投资	核算事业单位按照规定取得的持有时间不超过1年（含1年）的投资
6	1201	财政应返还额度	核算实行国库集中支付的单位应收财政返还的资金额度，包括可以使用的以前年度财政直接支付资金额度和财政应返还的财政授权支付资金额度
7	1211	应收票据	核算事业单位因开展经营活动销售产品、提供有偿服务等而收到的商业汇票，包括银行承兑汇票和商业承兑汇票
8	1212	应收账款	核算事业单位提供服务、销售产品等应收取的款项，以及单位因出租资产、出售物资等应收取的款项
9	1214	预付账款	核算单位按照购货、服务合同或协议规定预付给供应单位（或个人）的款项，以及按照合同规定向承包工程的施工企业预付的备料款和工程款
10	1215	应收股利	核算事业单位持有长期股权投资应当收取的现金股利或应当分得的利润
11	1216	应收利息	核算事业单位长期债券投资应当收取的利息

续表

序号	科目编码	科目名称	说明
12	1218	其他应收款	核算单位除财政应返还额度、应收票据、应收账款、预付账款、应收股利、应收利息以外的其他各项应收及暂付款项，如职工预借的差旅费、已经偿还银行尚未报销的本单位公务卡欠款、拨付给内部有关部门的备用金、应向职工收取的各种垫付款项、支付的可以收回的订金或押金、应收的上级补助和附属单位上缴款项等
13	1219	坏账准备	核算事业单位对收回后不需上缴财政的应收账款和其他应收款提取的坏账准备
14	1301	在途物品	核算单位采购材料等物资时货款已付或已开出商业汇票但尚未验收入库的在途物品的采购成本
15	1302	库存物品	核算单位在开展业务活动及其他活动中为耗用或出售而储存的各种材料、产品、包装物、低值易耗品，以及达不到固定资产标准的用具、装具、动植物等的成本
16	1303	加工物品	核算单位自制或委托外单位加工的各种物品的实际成本
17	1401	待摊费用	核算单位已经支付，但应当由本期和以后各期分别负担的分摊期在1年以内（含1年）的各项费用，如预付航空保险费、预付租金等
18	1501	长期股权投资	核算事业单位按照规定取得的持有时间超过1年（不含1年）的股权性质的投资
19	1502	长期债券投资	核算事业单位按照规定取得的持有时间超过1年（不含1年）的债券投资
20	1601	固定资产	核算单位固定资产的原值
21	1602	固定资产累计折旧	核算单位计提的固定资产累计折旧
22	1611	工程物资	核算单位为在建工程准备的各种物资的成本，包括工程用材料、设备等
23	1613	在建工程	核算单位在建的建设项目工程的实际成本
24	1701	无形资产	核算单位无形资产的原值
25	1702	无形资产累计摊销	核算单位对使用年限有限的无形资产计提的累计摊销
26	1703	研发支出	核算单位自行研究开发项目研究阶段和开发阶段发生的各项支出
27	1801	公共基础设施	核算单位控制的公共基础设施的原值
28	1802	公共基础设施累计折旧（摊销）	核算单位计提的公共基础设施累计折旧和累计摊销
29	1811	政府储备物资	核算单位控制的政府储备物资的成本
30	1821	文物文化资产	核算单位为满足社会公共需求而控制的文物文化资产的成本

续表

序号	科目编码	科目名称	说明
31	1831	保障性住房	核算单位为满足社会公共需求而控制的保障性住房的原值
32	1832	保障性住房累计折旧	核算单位计提的保障性住房的累计折旧
33	1891	受托代理资产	核算单位接受委托方委托管理的各项资产，包括受托指定转赠的物资、受托存储保管的物资等的成本
34	1901	长期待摊费用	核算单位已经支出，但应由本期和以后各期负担的分摊期限在1年以上（不含1年）的各项费用，如以经营租赁方式租入的固定资产发生的改良支出等
35	1902	待处理财产损溢	核算单位在资产清查过程中查明的各种资产盘盈、盘亏和报废、毁损的价值
二、负债类（16个）			
1	2001	短期借款	核算事业单位经批准向银行或其他金融机构等借入的期限在1年内（含1年）的各种借款
2	2101	应交增值税	核算单位按照税法规定计算应交纳的增值税
3	2102	其他应交税费	核算单位按照税法等规定计算应交纳的除增值税以外的各种税费，包括城市维护建设税、教育费附加、地方教育费附加、车船税、房产税、城镇土地使用税和企业所得税等（单位应交纳的印花税不需要预提应交税费，直接通过"业务活动费用""单位管理费用""经营费用"等科目核算）
4	2103	应缴财政款	核算单位取得或应收的按照规定应当上缴财政的款项，包括应缴国库的款项和应缴财政专户的款项
5	2201	应付职工薪酬	核算单位按照有关规定应付给职工（含长期聘用人员）及为职工支付的各种薪酬，包括基本工资、国家统一规定的津贴补贴、规范津贴补贴（绩效工资）、改革性补贴、社会保险费（如职工基本养老保险费、职业年金、基本医疗保险费等）、住房公积金等
6	2301	应付票据	核算事业单位因购买材料和物资等而开出、承兑的商业汇票，包括银行承兑汇票和商业承兑汇票
7	2302	应付账款	核算单位因购买物资、接受服务、开展工程建设等而应付的偿还期限在1年以内（含1年）的款项
8	2303	应付政府补贴款	核算负责发放政府补贴的行政单位，按照规定应当支付给政府补贴接受者的各种政府补贴款
9	2304	应付利息	核算事业单位按照合同约定应支付的借款利息，包括短期借款、分期付息到期还本的长期借款等应支付的利息
10	2305	预收账款	核算事业单位预先收取但尚未结算的款项

续表

序号	科目编码	科目名称	说明
11	2307	其他应付款	核算单位除应交增值税、其他应交税费、应缴财政款、应付职工薪酬、应付票据、应付账款、应付政府补贴款、应付利息、预收账款以外,其他各项偿还期限在1年内(含1年)的应付及暂收款项,如收取的押金、存入保证金、已经报销但尚未偿还银行的本单位公务卡欠款等
12	2401	预提费用	核算单位预先提取的已经发生但尚未支付的费用,如预提租金费用等
13	2501	长期借款	核算事业单位经批准向银行或其他金融机构等借入的期限超过1年(不含1年)的各种借款本息
14	2502	长期应付款	核算单位发生的偿还期限超过1年(不含1年)的应付款项,如以融资租赁方式取得固定资产应付的租赁费等
15	2601	预计负债	核算单位对因或有事项所产生的现时义务而确认的负债,如对未决诉讼等确认的负债
16	2901	受托代理负债	核算单位接受委托取得受托代理资产时形成的负债
三、收入类(11个)			
1	4001	财政拨款收入	核算单位从同级政府财政部门取得的各类财政拨款
2	4101	事业收入	核算事业单位开展专业业务活动及其辅助活动实现的收入,不包括从同级政府财政部门取得的各类财政拨款
3	4201	上级补助收入	核算事业单位从主管部门和上级单位取得的非财政拨款收入
4	4301	附属单位上缴收入	核算事业单位取得的附属独立核算单位按照有关规定上缴的收入
5	4401	经营收入	核算事业单位在专业业务活动及其辅助活动之外开展非独立核算经营活动取得的收入
6	4601	非同级财政拨款收入	核算单位从非同级政府财政部门取得的经费拨款,包括从同级政府其他部门取得的横向转拨财政款、从上级或下级政府财政部门取得的经费拨款等
7	4602	投资收益	核算事业单位股权投资和债券投资所实现的收益或发生的损失
8	4603	捐赠收入	核算单位接受其他单位或者个人捐赠取得的收入
9	4604	利息收入	核算单位取得的银行存款利息收入
10	4605	租金收入	核算单位经批准利用国有资产出租取得并按照规定纳入本单位预算管理的租金收入

续表

序号	科目编码	科目名称	说明
11	4609	其他收入	核算单位取得的除财政拨款收入、事业收入、上级补助收入、附属单位上缴收入、经营收入、非同级财政拨款收入、投资收益、捐赠收入、利息收入、租金收入以外的各项收入,包括现金盘盈收入、按照规定纳入单位预算管理的科技成果转化收入、行政单位收回已核销的其他应收款、无法偿付的应付及预收款项、置换换出资产评估增值等
四、费用类(8个)			
1	5001	业务活动费用	核算单位为实现其职能目标,依法履职或开展专业业务活动及其辅助活动所发生的各项费用
2	5101	单位管理费用	核算事业单位本级行政及后勤管理部门开展管理活动发生的各项费用,包括单位行政及后勤管理部门发生的人员经费、公用经费、资产折旧(摊销)等费用,以及由单位统一负担的离退休人员经费、工会经费、诉讼费、中介费等
3	5201	经营费用	核算事业单位在专业业务活动及其辅助活动之外开展非独立核算经营活动发生的各项费用
4	5301	资产处置费用	核算单位经批准处置资产时发生的费用,包括转销的被处置资产价值,以及在处置过程中发生的相关费用或者处置收入小于相关费用形成的净支出
5	5401	上缴上级费用	核算事业单位按照财政部门和主管部门的规定上缴上级单位款项发生的费用
6	5501	对附属单位补助费用	核算事业单位用财政拨款收入之外的收入对附属单位补助发生的费用
7	5801	所得税费用	核算有企业所得税缴纳义务的事业单位按规定缴纳企业所得税所形成的费用
8	5901	其他费用	核算单位发生的除业务活动费用、单位管理费用、经营费用、资产处置费用、上缴上级费用、附属单位补助费用、所得税费用以外的各项费用,包括利息费用、坏账损失、罚没支出、现金资产捐赠支出以及相关税费、运输费等
五、净资产(7个)			
1	3001	累计盈余	核算单位历年实现的盈余扣除盈余分配后滚存的金额,以及因无偿调入调出资产产生的净资产变动额
2	3101	专用基金	核算事业单位按照规定提取或设置的具有专门用途的净资产,主要包括职工福利基金、科技成果转换基金等
3	3201	权益法调整	核算事业单位持有的长期股权投资采用权益法核算时,按照被投资单位除净损益和利润分配以外的所有者权益变动份额调整长期股权投资账面余额而计入净资产的金额

续表

序号	科目编码	科目名称	说明
4	3301	本期盈余	核算单位本期各项收入、费用相抵后的余额
5	3302	本年盈余分配	核算单位本年度盈余分配的情况和结果
6	3401	无偿调拨净资产	核算单位无偿调入或调出非现金资产所引起的净资产变动金额
7	3501	以前年度盈余调整	核算单位本年度发生的调整以前年度盈余的事项,包括本年度发生的重要前期差错更正涉及调整以前年度盈余的事项

表2-2　　　　　行政事业单位预算会计科目及科目说明

序号	科目编码	科目名称	说明
一、预算收入类（9个）			
1	6001	财政拨款预算收入	核算单位从同级政府财政部门取得的各类财政拨款
2	6101	事业预算收入	核算事业单位开展专业业务活动及其辅助活动取得的现金流入
3	6201	上级补助预算收入	核算事业单位从主管部门和上级单位取得的非财政补助现金流入
4	6301	附属单位上缴预算收入	核算事业单位取得附属独立核算单位根据有关规定上缴的现金流入
5	6401	经营预算收入	核算事业单位在专业业务活动及其辅助活动之外开展非独立核算经营活动取得的现金流入
6	6501	债务预算收入	核算事业单位按规定从银行和其他金融机构等借入的、纳入部门预算管理的、不以财政资金作为偿还来源的债务本金
7	6601	非同级财政拨款预算收入	核算单位从非同级政府财政部门取得的财政拨款,包括本级横向转拨财政款和非本级财政拨款
8	6602	投资预算收益	核算事业单位取得的按照规定纳入部门预算管理的属于投资收益性质的现金流入,包括股权投资收益、出售或收回债券投资所取得的收益和债券投资利息收入
9	6609	其他预算收入	核算单位除财政拨款预算收入、事业预算收入、上级补助预算收入、附属单位上缴预算收入、经营预算收入、债务预算收入、非同级财政拨款预算收入、投资预算收益之外的纳入部门预算管理的现金流入,包括捐赠预算收入、利息预算收入、租金预算收入、现金盘盈收入等
二、预算支出类（8个）			
1	7101	行政支出	核算行政单位履行其职责实际发生的各项现金流出

续表

序号	科目编码	科目名称	说明
2	7201	事业支出	核算事业单位开展专业业务活动及其辅助活动实际发生的各项现金流出
3	7301	经营支出	核算事业单位在专业业务活动及其辅助活动之外开展非独立核算经营活动实际发生的各项现金流出
4	7401	上缴上级支出	核算事业单位按照财政部门和主管部门的规定上缴上级单位款项发生的现金流出
5	7501	对附属单位补助支出	核算事业单位用财政拨款预算收入之外的收入对附属单位补助发生的现金流出
6	7601	投资支出	核算事业单位以货币资金对外投资发生的现金流出
7	7701	债务还本支出	核算事业单位偿还自身承担的纳入预算管理的从金融机构举借的债务本金的现金流出
8	7901	其他支出	核算单位除行政支出、事业支出、经营支出、上缴上级支出、对附属单位补助支出、投资支出、债务还本支出以外的各项现金流出，包括利息支出、对外捐赠现金支出、现金盘亏损失、接受捐赠（调入）和对外捐赠（调出）非现金资产发生的税费支出、资产置换过程中发生的相关税费支出、罚没支出等
三、预算结余类（9个）			
1	8001	资金结存	核算单位纳入部门预算管理的资金的流入、流出、调整和滚存等情况
2	8101	财政拨款结转	核算单位取得的同级财政拨款结转资金的调整、结转和滚存情况
3	8102	财政拨款结余	核算单位取得的同级财政拨款项目支出结余资金的调整、结转和滚存情况
4	8201	非财政拨款结转	核算单位除财政拨款收支、经营收支以外各非同级财政拨款专项资金的调整、结转和滚存情况
5	8202	非财政拨款结余	核算单位历年滚存的非限定用途的非同级财政拨款结余资金，主要为非财政拨款结余扣除结余分配后滚存的金额
6	8301	专用结余	核算事业单位按照规定从非财政拨款结余中提取的具有专门用途的资金的变动和滚存情况
7	8401	经营结余	核算事业单位本年度经营活动收支相抵后余额弥补以前年度经营亏损后的余额
8	8501	其他结余	核算单位本年度除财政拨款收支、非同级财政专项资金收支和经营收支以外各项收支相抵后的余额
9	8701	非财政拨款结余分配	核算事业单位本年度非财政拨款结余分配的情况和结果

二、会计科目按单位性质的分类

在财务会计的会计科目与预算会计的会计科目中，有些会计科目是针对行政单位的业务特性专门设置的，有些会计科目是针对事业单位的业务特性专门设置的，而有些会计科目是针对行政事业单位的共性业务设置的，两类单位均可使用，具体分类如表2-3和表2-4所示。

表2-3　　　　　　　　　　行政事业单位财务会计科目分类

类别	科目类别	会计科目
行政单位事业单位共用科目	资产类（28个）	库存现金、银行存款、零余额账户用款额度、其他货币资金、财政应返还额度、应收账款、预付账款、其他应收款、在途物品、库存物品、加工物品、待摊费用、长期待摊费用、固定资产、固定资产累计折旧、工程物资、在建工程、无形资产、无形资产累计摊销、研发支出、公共基础建设、公共基础设施累计折旧（摊销）、政府储备物资、文物文化资产、保障性住房、保障性住房累计折旧、受托代理资产、待处理财产损溢
	负债类（10个）	应交增值税、其他应交税费、应缴财政款、应付职工薪酬、应付账款、其他应付款、预提费用、长期应付款、预计负债、受托代理负债
	收入类（6个）	财政拨款收入、非同级财政拨款收入、捐赠收入、利息收入、租金收入、其他收入
	费用类（3个）	业务活动费用、资产处置费用、其他费用
	净资产类（5个）	累计盈余、本期盈余、本年盈余分配、无偿调拨净资产、以前年度盈余调整
事业单位专用科目	资产类（7个）	应收票据、应收股利、应收利息、坏账准备、短期投资、长期股权投资、长期债权投资
	负债类（5个）	短期借款、应付票据、应付利息、预收账款、长期借款
	收入类（5个）	事业收入、上级补助收入、附属单位上缴收入、经营收入、投资收益
	费用类（5个）	单位管理费用、经营费用、上缴上级费用、对附属单位补助费用、所得税费用
	净资产类（2个）	专用基金、权益法调整
行政单位专用科目	资产类	—
	负债类（1个）	应付政府补贴款
	收入类	—
	费用类	—
	净资产类	—

表 2-4　　　　　　　行政事业单位预算会计科目分类

类别	科目类别	会计科目
行政单位事业单位共用科目	预算收入类（3个）	财政拨款预算收入、非同级财政拨款预算收入、其他预算收入
	预算支出类（1个）	其他支出
	预算结余类（6个）	资金结存、财政拨款结转、财政拨款结余、非财政拨款结转、非财政拨款结余、其他结余
事业单位专用科目	预算收入类（6个）	事业预算收入、上级补助预算收入、附属单位上缴预算收入、经营预算收入、债务预算收入、投资预算收益
	预算支出类（6个）	事业支出、经营支出、上缴上级支出、对附属单位补助支出、投资支出、债务还本支出
	预算结余类（3个）	专用结余、经营结余、非财政拨款结余分配
行政单位专用科目	预算收入类	—
	预算支出类（1个）	行政支出
	预算结余类	—

三、运用会计科目的规定

行政事业单位应当按照下列规定运用会计科目。

1. 单位应当按照《政府会计制度》的规定设置和使用会计科目。在不影响会计处理和编制报表的前提下，单位可以根据实际情况自行增设或减少某些会计科目。

2. 单位应当执行《政府会计制度》统一规定的会计科目编号，以便于填制会计凭证、登记账簿、查阅账目，实行会计信息化管理。

3. 单位在填制会计凭证、登记会计账簿时，应当填列会计科目的名称，或者同时填列会计科目的名称和编号，不得只填列会计科目编号而不填列会计科目名称。

4. 单位设置明细科目或进行明细核算，除遵循本制度规定外，还应当满足权责发生制政府部门财务报告和政府综合财务报告编制的其他需要。

第六节　政府会计报告

我国政府会计报告采用双报告体系，包括政府财务报告和决算报告。

一、政府财务报告

政府财务报告是反映政府会计主体某一特定日期的财务状况和某一会计期间

的运行情况及现金流量等信息的文件。政府财务报告的目标是向财务报告使用者提供与政府财务状况、运行情况和现金流量等有关的信息,反映政府会计主体公共受托责任履行情况,有助于财务报告使用者作出决策或者进行监督和管理。

政府财务报告应当包括财务报表和其他应当在财务报告中披露的相关信息及资料。财务报表包括会计报表和附注。会计报表至少应当包括资产负债表、收入费用表、净资产变动表和现金流量表。

政府财务报告主要分为政府部门财务报告和政府综合财务报告。政府部门编制部门财务报告,反映本部门的财务状况和运行情况;财政部门编制政府综合财务报告,反映政府整体的财务状况、运行情况和财政中长期可持续性。具体如图2-1所示。

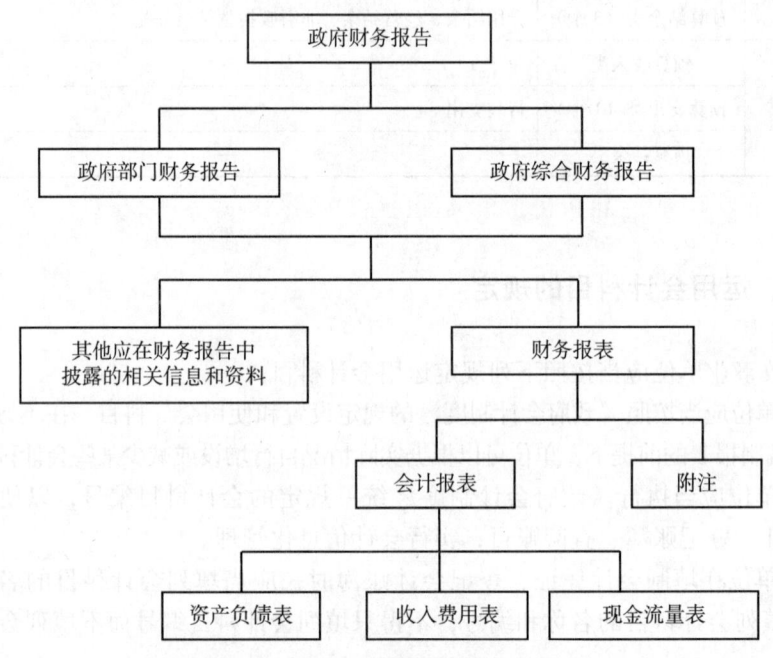

图 2-1 政府综合财务报告的构成体系

二、政府决算报告

政府决算报告是综合反映政府会计主体年度预算收支执行结果的文件。政府决算报告的目标是向决算报告使用者提供与政府预算执行情况有关的信息,综合反映政府会计主体预算收支的年度执行结果,有助于决算报告使用者进行监督和管理,并为编制后续年度预算提供参考和依据。

政府决算报告应当包括决算报表和其他应当在决算报告中反映的相关信息和资料。政府决算报表主要包括预算收入支出表、预算结转结余变动表、财政拨款预算收入支出表等。

思 考 题

1. 政府会计概念框架与企业会计概念框架有哪些区别？为什么？
2. 政府会计的目标怎样确定？为什么提出了双目标？
3. 政府会计的基本前提是什么？
4. 政府会计 3+5 要素之间有什么关系？
5. 政府会计的双基础怎样运用？
6. 政府会计信息质量要求有哪些？与我国企业会计信息质量要求有区别吗？
7. 政府会计报告的体系如何构成？

第二篇

政 府 会 计

——行政事业单位财务会计

第三章 行政事业单位的资产*

【本章预览】

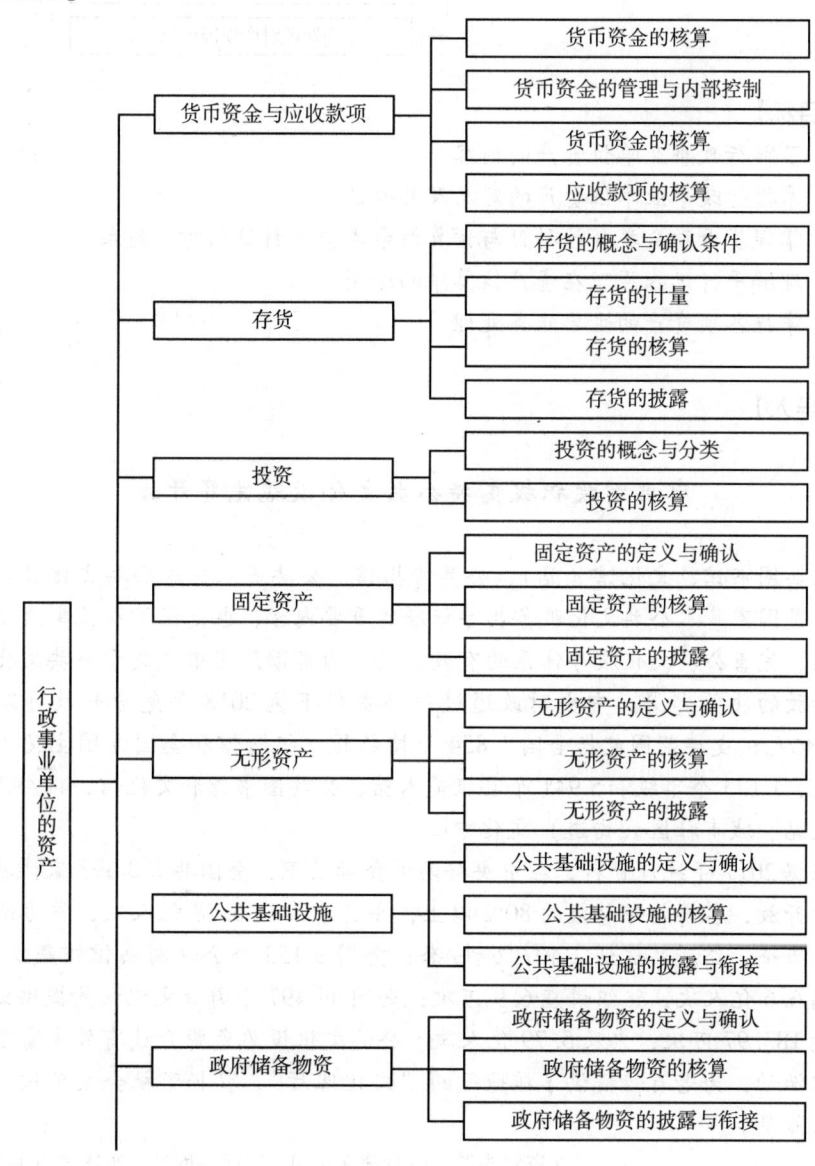

---

* 本章所有涉及纳入部门预算管理现金收支的业务,均在采用财务会计核算的同时进行预算会计核算。

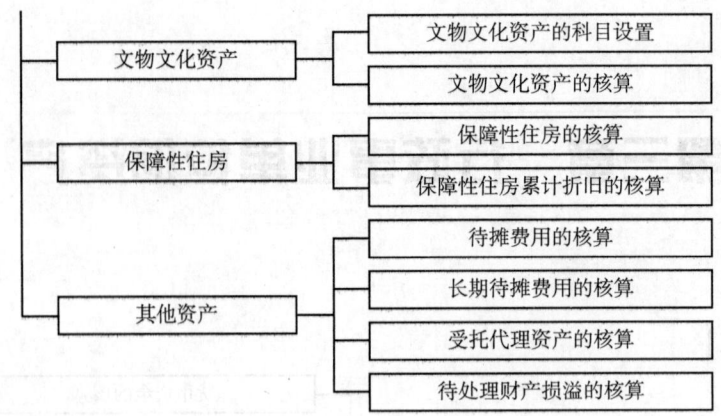

【学习目标】

1. 了解行政事业单位资产的内容
2. 掌握行政事业单位资产的定义及其确认
3. 掌握货币资金类会计科目与预算结余类会计科目的对应关系
4. 理解平行记账原理在资产核算中的运用
5. 掌握各项资产的主要账务处理

【案例导入】

中央财政积极支持公共文化设施免费开放

公共图书馆、文化馆（站）、公共博物馆、公共美术馆等公共文化设施免费开放，是国家基本公共文化服务指导标准的重要内容，也是保障人民群众基本文化权益、完善公共文化服务体系的有效手段。为贯彻落实中央关于公共文化设施免费开放的决策部署，中央财政通过转移支付下达2018年免费开放补助资金51.85亿元，支持范围包括全国1 854个博物馆、纪念馆和全国爱国主义教育示范基地，1 123个市级和5 941个县级美术馆、公共图书馆和文化馆，41 493个乡镇文化站、城市社区（街道）文化中心。

根据2017年统计资料，在中央补助资金带动下，全国共有3 393家博物馆实行免费开放，占博物馆总数的80%以上，年免费参观6.78亿人次，举办陈列布展约2万个，馆藏品达到2 407万件/套；全国3 153个公共图书馆馆藏9亿册，年借阅6.6亿人次，组织讲座6.9万次；全国44 497个群众文化机构提供文化服务次数183.97万次，惠及5.79亿人次。公共文化设施免费开放有效丰富了群众性文化活动，为老百姓提供了接地气的"文化客厅"，弘扬了社会主义核心价值观和正能量。

（资料来源：财政部文化司，财政部网站，2018年5月14日）

请思考：
1. 行政事业单位资产的特性与管理方法。
2. 行政事业单位资产中公共基础设施与文物文化资产的确认主体和计量方法。

第一节 货币资金与应收款项

一、货币资金的核算

(一) 货币资金的概念

货币资金是指行政事业单位（以下简称"单位"）在运营过程中处于货币形态的那部分资金。货币资金是政府资产的重要组成部分，是单位运营活动所必不可少的、流动性最强的一种资产。

单位的货币资金根据其存放的地点、方式和用途不同，分为库存现金、银行存款、其他货币资金、零余额账户用款额度。

(二) 货币资金的管理与内部控制

货币资金的流动性最强，在运营活动中是最活跃的交换媒体，也是最容易发生意外和损失、挪用和侵占的资产，因此，应加强对货币资金的管理与内部控制。

1. 货币资金的管理。货币资金管理的重点在于遵循国务院颁布的《现金管理暂行条例》、中国人民银行颁布的《现金管理暂行条例实施细则》与《支付结算办法》以及《人民币银行结算账户管理办法》等的相关规定。

(1) 现金的使用范围。按照国务院颁布的《现金管理暂行条例》，单位可使用现金的情况包括：职工工资与津贴、个人劳务报酬、抚恤金、学生奖学金、丧葬补助费、出差人员必须随身携带的差旅费、根据国家规定颁发给个人的科学和教育等各种奖金、对个人的其他支出，以及单位之间结算起点（1 000元人民币）以下的零星支出等。单位应当按照《现金管理暂行条例》的规定，结合自身的实际情况，确定本单位的现金开支范围和现金支付限额。不属于现金开支范围或者超过现金开支限额的业务应当通过银行办理转账结算。

(2) 现金库存限额的管理。单位可以保留一定数额的库存现金，以满足日常工作中零星开支的需要。但为了保护财产的安全、完整，应由开户银行给各单位核定一个保留现金的最高额度，超过库存限额的现金应当及时存入开户银行。

(3) 实行收支两条线。为了严格现金管理、加强银行监督，单位的收入与支出应实行"收支两条线"管理。取得现金收入应当及时存入银行，不得坐支现金；支出款项必须执行严格的审核批准程序，严禁擅自挪用、借出货币资金。

(4) 抽查库存现金。单位应当定期和不定期地进行现金盘点，确保现金账户余额与实际库存相符。发现不符，及时查明原因，作出处理。不得用不符合财务制度的白条或单据抵充库存现金。

(5) 银行账户的管理。单位所有银行账户应当符合国家有关规定，并且严格按照规定的审批权限和程序开立、变更和撤销。单位应当规范零余额账户使用管理，防止出现"账外账"和"小金库"。

2. 货币资金的内部控制。根据财政部 2012 年颁布的《行政事业单位内部控制规范（试行）》的规定，内部控制是指单位为实现控制目标，通过制定制度、实施措施和执行程序，对经济活动的风险进行防范和管控。行政事业单位内部控制的目标主要包括：合理保证单位经济活动合法合规、资产安全和使用有效、财产信息真实完整，有效防范财务舞弊和预防腐败，提高公共服务的效率和效果。

在建立和实施货币资金内部控制制度时，单位应遵循相关规定，加强以下八个方面或环节的风险控制，并采取相应的控制措施。

(1) 严格职责分工，确保不相容职务相分离。单位应当建立货币资金业务的岗位责任制，明确相关部门和岗位的职责权限，确保办理货币资金业务的不相容岗位相互分离、制约和监督。比如，不允许一个人单独操纵和处理一笔业务的全过程，不允许一个人兼管现金收入和支出的全过程等。

(2) 明确货币资金的权限范围和审批程序。为了明确内部经济责任，加强对货币支出和成本费用的控制，单位应当建立货币资金授权制度和审核批准制度，并按照规定的权限和程序办理货币资金支付业务。单位应规定内部授权行为的具体内容，明确各审批人的权限、标准和责任，对重大货币资金支付，其业务决策记录必须作为档案保管。

(3) 实施定期轮岗。对办理货币资金业务的人员定期进行岗位轮换，关键财会岗位可以实行强制休假制度，并在最长不超过 5 年的时间内进行岗位轮换，以便及时发现或减少舞弊现象。

(4) 加强与货币资金相关的单据控制。根据国家有关规定和单位经济活动的业务流程，在内部管理制度中，单位应明确界定各项经济活动所涉及的表单和票据，要求相关工作人员按照规定填制、审核、归档、保管单据。

(5) 加强网上支付与交易的管理。实行网上交易、电子支付等方式办理货币资金支付业务的单位，应当与承办银行签订网上银行操作协议，明确双方在资金安全方面的责任与义务、交易范围等。操作人员应当根据操作权限和密码进行规范操作。

(6) 强化预算控制。在货币资金的管理中，强化对经济活动的预算约束，使预算管理贯穿于单位经济活动的全过程。

(7) 增强会计控制。在货币资金的管理中，应建立健全本单位财会管理制度，加强会计机构建设，提高会计人员业务水平，构建会计人员岗位责任制，规范会计基础工作，强化会计档案管理，明确会计凭证、会计账簿和财务会计报告处理程序。

(8) 实行信息内部公开。建立健全经济活动相关信息内部公开制度，特别是关于货币资金的收支情况，根据国家有关规定和单位的实际情况，确定货币资金信息内部公开的内容、范围、方式和程序。

(三) 货币资金的核算

1. 货币资金的平行记账。单位对于纳入本年度部门预算管理的现金收支业务，在采用财务会计核算的同时应当及时进行预算会计核算。上述规定有三个要点，其一，是否纳入部门预算管理；其二，现金的实际收支时间与按权责发生制确认收入费用的时间是否存在时间差；其三，是否属于本年度的预算。

当发生现金收支业务时，按是否符合三个要点进行判断，存在以下情况。

(1) 纳入本年度部门预算管理，且不存在时间差的现金收支业务，发生时需要平行记账，政府财务会计的货币资金科目与预算会计的预算结余科目存在着对应关系，如图3-1所示。

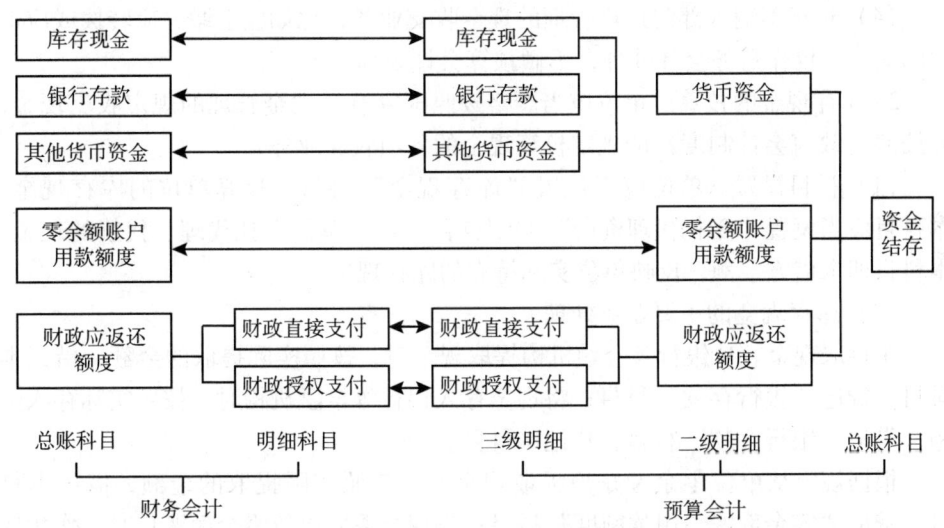

图 3-1 平行记账方式下财务会计货币资金科目与预算会计预算结余科目的对应关系

(2) 纳入本年度部门预算管理，但存在时间差的现金收支业务，发生时仅通过财务会计的暂收暂付类科目进行会计处理，在时间差消除或年末结账前，再进行预算会计处理，确认相关预算收支。

对于纳入本年度部门预算管理的暂付款项，单位在支付款项时可不做预算会计处理，待结算或报销时，按照结算或报销的金额，借记相关预算支出科目，贷记"资金结存"科目。但如果年末仍未结算或报销，在年末结账前，对于尚未结算或报销的暂付款项，也应当按照暂付的金额，借记相关预算支出科目，贷记

"资金结存"科目。以后年度，实际结算或报销金额与已计入预算支出的金额不一致的，单位应当通过相关预算结转结余科目"年初余额调整"明细科目进行处理。其目的是为了确保预算会计信息能够完整反映本年度部门预算收支执行情况。

(3) 纳入部门预算、存在时间差、属于下一年度预算的现金收支业务。

单位在收到款项时，借记"银行存款"等科目，贷记"其他应付款"科目，本年度不做预算会计处理。待下一年初，单位应当按照上年暂收的款项金额，借记"其他应付款"科目，贷记有关收入科目；同时，在预算会计中，按照暂收款项的金额，借记"资金结存"科目，贷记有关预算收入科目。

单位在付出款项时，借记"其他应收款"科目，贷记"银行存款"等科目，本年度不做预算会计处理。待下一年实际结算或报销时，单位应当按照实际结算或报销的金额，借记有关费用科目，按照之前暂付的款项金额，贷记"其他应收款"科目，按照退回或补付的金额，借记或贷记"银行存款"等科目；同时，在预算会计中，按照实际结算或报销的金额，借记有关支出科目，贷记"资金结存"科目。下一年度内尚未结算或报销的，按照上述（2）中的规定处理。

(4) 对于不纳入部门预算管理的现金收支业务，比如应上缴、应转拨或应退回的资金，仅作财务会计处理，不做预算会计处理。

2. 库存现金的核算。单位应当严格按照国家有关现金管理的规定收支现金，并按照《政府会计制度》的规定核算现金的各项收支业务。

(1) 科目设置。单位应当设置"库存现金"科目，核算单位的库存现金。本科目应当设置"受托代理资产"明细科目，核算单位受托代理、代管的现金。本科目期末借方余额，反映单位实际持有的库存现金。

(2) 库存现金的主要账务处理。

①存取现金。从银行等金融机构提取现金时，按照实际提取的金额，借记本科目，贷记"银行存款"科目；将现金存入银行等金融机构时，按照实际存入金额，借记"银行存款"科目，贷记本科目。

根据规定从单位零余额账户提取现金时，按照实际提取的金额，借记本科目，贷记"零余额账户用款额度"科目；将现金退回单位零余额账户时，作相反的账务处理。

【例3-1】某行政单位将现金800元存入开户银行（只作财务会计账务处理）。

借：银行存款   800
  贷：库存现金   800

【例3-2】某行政单位填制"财政授权支付凭证"，提取现金3 000元备用（平行记账）。

财务会计账务处理：

借：库存现金   3 000
  贷：零余额账户用款额度   3 000

预算会计账务处理：
借：资金结存——货币资金（库存现金）　　　　　　　　　3 000
　　贷：资金结存——零余额账户用款额度　　　　　　　　　　3 000

②出差借款。因职工出差等原因借出现金时，按照实际借出的现金金额，借记"其他应收款"科目，贷记本科目；出差人员报销差旅费时，按照实际报销的金额，借记"业务活动费用""单位管理费用"等科目，按照实际借出的现金金额，贷记"其他应收款"科目，按照其差额，借记或贷记本科目。

【例3-3】某行政单位职工王涛出差，经批准预借差旅费1 000元（只作财务会计账务处理）。

借：其他应收款——王涛　　　　　　　　　　　　　　　　1 000
　　贷：库存现金　　　　　　　　　　　　　　　　　　　　1 000

【例3-4】承〖例3-3〗，王涛出差回来报销差旅费600元（平行记账）。
财务会计账务处理：
借：业务活动费用　　　　　　　　　　　　　　　　　　　　600
　　库存现金　　　　　　　　　　　　　　　　　　　　　　400
　　贷：其他应收款——王涛　　　　　　　　　　　　　　　1 000
预算会计账务处理：
借：行政支出　　　　　　　　　　　　　　　　　　　　　　600
　　贷：资金结存——货币资金（库存现金）　　　　　　　　　600

③收到现金。因提供服务、物品或者其他事项收到现金，按照实际收到的金额，借记本科目，贷记"事业收入""应收账款"等相关科目。因购买服务、物品或者其他事项支付现金，按照实际支付的金额，借记"业务活动费用""单位管理费用""库存物品"等相关科目，贷记本科目。涉及增值税业务的，相关账务处理参见"应交增值税"科目。

【例3-5】某行政单位职工报销邮寄费60元，以现金付讫（平行记账）。
财务会计账务处理：
借：业务活动费用　　　　　　　　　　　　　　　　　　　　60
　　贷：库存现金　　　　　　　　　　　　　　　　　　　　　60
预算会计账务处理：
借：行政支出　　　　　　　　　　　　　　　　　　　　　　60
　　贷：资金结存——货币资金（库存现金）　　　　　　　　　60

【例3-6】某事业单位职工李洪报销由其个人垫支的管理部门使用的办公用品费760元，以现金付讫（平行记账）。
财务会计账务处理：
借：单位管理费用　　　　　　　　　　　　　　　　　　　　760
　　贷：库存现金　　　　　　　　　　　　　　　　　　　　760
预算会计账务处理：
借：事业支出　　　　　　　　　　　　　　　　　　　　　　760

贷：资金结存——货币资金（库存现金）　　　　　　　　　　760

④按规定收取出差人员差旅伙食费和市内交通费。接待单位按规定收取出差人员差旅伙食费和市内交通费并出具相关票据的，应当分两种情况进行账务处理：

单位不承担支出责任的，应当按照收到的款项金额，借记"库存现金"等科目，贷记"其他应付款"科目或"其他应收款"科目（前期已垫付资金的）；向其他会计主体转付款时，借记"其他应付款"科目，贷记"库存现金"等科目。预算会计不做处理。

单位承担支出责任的，应当按照收到的款项金额，借记"库存现金"等科目，贷记相关费用科目；同时在预算会计中借记"资金结存"科目，贷记相关支出科目。

单位如因开具税务发票承担增值税等纳税义务的，相关账务处理参见"应交增值税"科目。

⑤对外捐赠。以库存现金对外捐赠时，按照实际捐出的金额，借记"其他费用"科目，贷记本科目。

【例3-7】某事业单位为灾区捐赠现金20 000元（平行记账）。

财务会计账务处理：

借：其他费用　　　　　　　　　　　　　　　　　　　　20 000
　　贷：库存现金　　　　　　　　　　　　　　　　　　　20 000

预算会计账务处理：

借：其他支出　　　　　　　　　　　　　　　　　　　　20 000
　　贷：资金结存——货币资金（库存现金）　　　　　　　20 000

⑥受托代理、代管现金。收到受托代理、代管的现金时，按照实际收到的金额，借记本科目（受托代理资产），贷记"受托代理负债"科目；支付受托代理、代管的现金，按照实际支付的金额，借记"受托代理负债"科目，贷记本科目（受托代理资产）。

【例3-8】某行政单位收到受托代理的一笔现金30 000元。根据委托人的要求，该笔现金应当转赠给有关的受赠人（只作财务会计账务处理）。

借：库存现金——受托代理资产　　　　　　　　　　　　30 000
　　贷：受托代理负债　　　　　　　　　　　　　　　　　30 000

【例3-9】承【例3-8】，该行政单位按照委托人的要求，将受托代理的现金支付给了有关的受赠人（只作财务会计账务处理）。

借：受托代理负债　　　　　　　　　　　　　　　　　　30 000
　　贷：库存现金——受托代理资产　　　　　　　　　　　30 000

（3）库存现金账目管理与核对。单位应当设置"库存现金日记账"，由出纳人员根据库存现金记账凭证，按照业务发生顺序逐笔登记。每日终了，应当计算当日的现金收入合计数、现金支出合计数和结余数，并将结余数与实际库存数相核对，做到账款相符。

单位有外币现金的,应当分别按照人民币、外币种类设置"库存现金日记账"进行明细核算。有关外币现金业务的账务处理参见"银行存款"科目的相关规定。

每日账款核对中发现有待查明原因的现金短缺或溢余的,应当通过"待处理财产损溢"科目核算。属于现金溢余,应当按照实际溢余的金额,借记本科目,贷记"待处理财产损溢"科目;属于现金短缺,应当按照实际短缺的金额,借记"待处理财产损溢"科目,贷记本科目。待查明原因后及时进行相关账务处理。

【例3-10】某行政单位现金清查时,发现库存现金比账面余额多了200元,原因待查(平行记账)。

财务会计账务处理:
借:库存现金　　　　　　　　　　　　　　　　200
　　贷:待处理财产损溢　　　　　　　　　　　　　200
预算会计账务处理:
借:资金结存——货币资金(库存现金)　　　　200
　　贷:其他预算收入　　　　　　　　　　　　　　200

【例3-11】承【例3-10】,现金溢余原因不明,月末经批准确认为其他收入(只作财务会计账务处理)。

借:待处理财产损溢　　　　　　　　　　　　　200
　　贷:其他收入　　　　　　　　　　　　　　　　200

【例3-12】某事业单位现金清查时,发现库存现金比其账面余额少120元,原因待查(平行记账)。

财务会计账务处理:
借:待处理财产损溢　　　　　　　　　　　　　120
　　贷:库存现金　　　　　　　　　　　　　　　　120
预算会计账务处理:
借:其他支出　　　　　　　　　　　　　　　　120
　　贷:资金结存——货币资金(库存现金)　　　　120

【例3-13】承【例3-12】,经查,现金短缺100元为出纳员张山的责任,其余短缺无法查明原因,经批准确认为资产处置费用(只作财务会计账务处理)。

借:其他应收款——张山　　　　　　　　　　　100
　　资产处置费用　　　　　　　　　　　　　　　20
　　贷:待处理财产损溢　　　　　　　　　　　　　120

【例3-14】承【例3-13】,收到出纳员张山的赔款100元(平行记账)。

财务会计账务处理:
借:库存现金　　　　　　　　　　　　　　　　100
　　贷:其他应收款——张山　　　　　　　　　　　100
预算会计账务处理:

借：资金结存——货币资金（库存现金） 100
  贷：其他支出 100

"库存现金"科目的上述主要账务处理如表3-1所示。

表3-1   "库存现金"科目主要账务处理汇总

	1001 库存现金	财务会计	预算会计
(1)	提现	借：库存现金 贷：银行存款等	—
	存现	借：银行存款等 贷：库存现金	—
(2) 差旅费	职工出差等借出现金	借：其他应收款 贷：库存现金	—

	出差人员报销差旅费	借：业务活动费用/单位管理费用等
		  （实际报销金额）
		  库存现金（实际报销金额小于借款金额的差额）
		  贷：其他应收款
		或：
		借：业务活动费用/单位管理费用等
		  （实际报销金额）
		  贷：其他应收款
		    库存现金（实际报销金额大于借款金额的差额）
			借：行政支出/事业支出等（实际报销金额）
			  贷：资金结存——货币资金

(3) 接待单位按规定收取出差人员差旅伙食费和市内交通	单位不承担支出责任的	借：库存现金等
		  贷：其他应付款/其他应收款
		  （前期已垫付资金的）
		向其他会计主体转付款时：
		借：其他应付款
		  贷：库存现金等
			—

	单位承担支出责任的	借：库存现金等
		  贷：相关费用科目
			借：资金结存
			  贷：相关支出科目

(4) 其他涉及现金的业务	因开展业务等其他事项收到现金	借：库存现金
		  贷：事业收入/应收账款等
			借：资金结存——货币资金
			  贷：事业预算收入等

	因购买服务、商品或其他事项支出现金	借：业务活动费用/单位管理费用/其他费用/应付账款等
		  贷：库存现金
			借：行政支出/事业支出等（实际支出金额）
			  贷：资金结存——货币资金

	对外捐赠现金资产	借：其他费用
		  贷：库存现金
			借：其他支出
			  贷：资金结存——货币资金

续表

1001 库存现金			财务会计	预算会计
(5)	受托代理、代管现金	收到	借：库存现金——受托代理资产 　　贷：受托代理负债	—
		支付	借：受托代理负债 　　贷：库存现金——受托代理资产	—
(6)	现金溢余	按照溢余金额转入待处理财产损溢	借：库存现金 　　贷：待处理财产损溢	借：资金结存——货币资金 　　贷：其他预算收入
		属于应支付给有关人员或单位的部分	借：待处理财产损溢 　　贷：其他应付款 借：其他应付款 　　贷：库存现金	— 借：其他预算收入 　　贷：资金结存——货币资金
		属于无法查明原因的部分，报经批准后	借：待处理财产损溢 　　贷：其他收入	—
(7)	现金短缺	按照短缺金额转入待处理财产损溢	借：待处理财产损溢 　　贷：库存现金	借：其他支出 　　贷：资金结存——货币资金
		属于应由责任人赔偿的部分	借：其他应收款 　　贷：待处理财产损溢 借：库存现金 　　贷：其他应收款	借：资金结存——货币资金 　　贷：其他支出
		属于无法查明原因的部分，报经批准后	借：资产处置费用 　　贷：待处理财产损溢	—

3. 银行存款的核算。单位应当严格按照国家有关支付结算办法的规定办理银行存款收支业务，并按照《政府会计制度》的规定核算银行存款的各项收支业务。

（1）科目设置。单位应当设置"银行存款"科目，核算单位存入银行或者其他金融机构的各种存款。本科目应当设置"受托代理资产"明细科目，核算单位受托代理、代管的银行存款。本科目期末借方余额，反映单位实际存放在银行或其他金融机构的款项。

（2）银行存款的主要账务处理。

①存入款项。将款项存入银行或者其他金融机构，按照实际存入的金额，借记本科目，贷记"库存现金""应收账款""事业收入""经营收入""其他

收入"等相关科目。涉及增值税业务的，相关账务处理参见"应交增值税"科目。

收到银行存款利息，按照实际收到的金额，借记本科目，贷记"利息收入"科目。

【例3-15】某行政单位从非同级财政部门取得款项8 000元，用于完成委托的专项任务，款项已存入银行（平行记账）。

财务会计账务处理：

借：银行存款　　　　　　　　　　　　　　　　8 000
　　贷：非同级财政拨款收入　　　　　　　　　　8 000

预算会计账务处理：

借：资金结存——货币资金（银行存款）　　　　8 000
　　贷：非同级财政拨款预算收入　　　　　　　　8 000

【例3-16】某行政单位接到银行结息通知，第一季度存款利息600元存入单位账户（平行记账）。

财务会计账务处理：

借：银行存款　　　　　　　　　　　　　　　　600
　　贷：利息收入　　　　　　　　　　　　　　　600

预算会计账务处理：

借：资金结存——货币资金（银行存款）　　　　600
　　贷：其他预算收入　　　　　　　　　　　　　600

②提现。从银行等金融机构提取现金，按照实际提取的金额，借记"库存现金"科目，贷记本科目。

【例3-17】某行政单位签发现金支票，从银行提取现金7 000元备用（只作财务会计账务处理）。

借：库存现金　　　　　　　　　　　　　　　　7 000
　　贷：银行存款　　　　　　　　　　　　　　　7 000

③支付款项。以银行存款支付相关费用，按照实际支付的金额，借记"业务活动费用""单位管理费用""其他费用"等相关科目，贷记本科目。涉及增值税业务的，相关账务处理参见"应交增值税"科目。

【例3-18】某行政单位通过银行存款账户支付一笔租赁费500元（平行记账）。

财务会计账务处理：

借：业务活动费用　　　　　　　　　　　　　　500
　　贷：银行存款　　　　　　　　　　　　　　　500

预算会计账务处理：

借：行政支出　　　　　　　　　　　　　　　　500
　　贷：资金结存——货币资金（银行存款）　　　500

④对外捐赠。以银行存款对外捐赠，账务处理方法与以库存现金对外捐赠的账务处理方法相同。

⑤受托代理、代管银行存款。收到与支付受托代理、代管的银行存款,账务处理方法与受托代理、代管库存现金的账务处理方法相同。

⑥外币业务。单位发生外币业务的,应当按照业务发生当日的即期汇率,将外币金额折算为人民币金额记账,并登记外币金额和汇率。期末,各种外币账户的期末余额,应当按照期末的即期汇率折算为人民币,作为外币账户期末人民币余额。调整后的各种外币账户人民币余额与原账面余额的差额,作为汇兑损益计入当期费用。

以外币购买物资、设备等,按照购入当日的即期汇率将支付的外币或应支付的外币折算为人民币金额,借记"库存物品"等科目,贷记本科目、"应付账款"等科目。涉及增值税业务的,相关账务处理参见"应交增值税"科目。

⑦归垫资金。单位按规定报经财政部门审核批准,在财政授权支付用款额度或财政直接支付用款计划下达之前,用本单位实有资金账户资金垫付相关支出,再通过财政授权支付方式或财政直接支付方式将资金归还原垫付资金账户的:垫付相关支出时,按照垫付的资金金额,借记"其他应收款"科目,贷记"银行存款"科目;预算会计不做处理。

通过财政直接支付方式或授权支付方式将资金归还原垫付资金账户时,按照归垫的资金金额,借记"银行存款"科目,贷记"财政拨款收入"科目,并按照相同的金额,借记"业务活动费用"等科目,贷记"其他应收款"科目;同时,在预算会计中,按照相同的金额,借记"行政支出""事业支出"等科目,贷记"财政拨款预算收入"科目。

【例3-19】某事业单位从美国公司购入设备作为事业用固定资产,货款20万美元,当日的即期汇率为1美元=6元人民币,进口关税为152 000元人民币,货款已用美元支付,进口关税用人民币存款支付(平行记账)。

财务会计账务处理:
借:固定资产　　　　　　　　　　　　　　　　1 352 000
　　贷:银行存款——美元户(US $200 000×6)　　1 200 000
　　　　　　　　——人民币户　　　　　　　　　　152 000

预算会计账务处理:
借:事业支出　　　　　　　　　　　　　　　　1 352 000
　　贷:资金结存——货币资金(银行存款)　　　1 352 000

以外币收取相关款项,如销售物品、提供服务以外币收取相关款项时,按照收入确认当日的即期汇率将收取的外币或应收取的外币折算为人民币金额,借记本科目、"应收账款"等科目的外币账户,贷记"事业收入"等相关科目。

【例3-20】某事业单位取得事业收入10万美元存入银行,当日即期汇率为1美元=6元人民币(平行记账)。

财务会计账务处理:
借:银行存款——美元户(100 000×6)　　　　600 000
　　贷:事业收入　　　　　　　　　　　　　　600 000

预算会计账务处理:

借：资金结存——货币资金（银行存款）　　　　　　　　600 000
　　　　贷：事业预算收入　　　　　　　　　　　　　　　　　　600 000

期末，根据各外币银行存款账户按照期末汇率调整后的人民币余额与原账面人民币余额的差额，作为汇兑损益，借记或贷记本科目，贷记或借记"业务活动费用""单位管理费用"等科目。"应收账款""应付账款"等科目有关外币账户期末汇率调整业务的账务处理参照本科目。

【例3-21】某事业单位银行存款——美元账户期末余额为30万美元，计算汇兑损益前折算的人民币金额为1 802 300元。期末即期汇率为1美元=6元人民币，30万美元按照期末汇率折算，为人民币1 800 000元，产生汇兑损失2 300元人民币（平行记账）。

财务会计账务处理：

　　借：业务活动费用　　　　　　　　　　　　　　　　　　2 300
　　　　贷：银行存款——美元户　　　　　　　　　　　　　　　2 300

预算会计账务处理：

　　借：事业支出　　　　　　　　　　　　　　　　　　　　2 300
　　　　贷：资金结存——货币资金（银行存款）　　　　　　　　2 300

（3）银行存款账目管理与核对。单位应当按照开户银行或其他金融机构、存款种类及币种等，分别设置"银行存款日记账"，由出纳人员根据银行存款记账凭证，按照业务的发生顺序逐笔登记，每日终了应结出余额。"银行存款日记账"应定期与"银行对账单"核对，至少每月核对一次。月度终了，单位银行存款日记账账面余额与银行对账单余额之间如有差额，应逐笔查明原因并进行处理，按月编制"银行存款余额调节表"，调节相符。

"银行存款"科目的上述主要账务处理如表3-2所示。

表3-2　　　　　　　　　　"银行存款"科目主要账务处理汇总

1002 银行存款		财务会计	预算会计
(1)	将款项存入银行或其他金融机构	借：银行存款 　　贷：库存现金/事业收入/其他收入等	借：资金结存——货币资金 　　贷：事业预算收入/其他预算收入等
(2)	提现	借：库存现金 　　贷：银行存款	—
(3)	支付款项	借：业务活动费用/单位管理费用/其他费用等 　　贷：银行存款	借：行政支出/事业支出/其他支出等 　　贷：资金结存——货币资金
(4)	银行存款账户	收到银行存款利息	借：银行存款 　　贷：利息收入	借：资金结存——货币资金 　　贷：其他预算收入
		支付银行手续费等	借：业务活动费用/单位管理费用等 　　贷：银行存款	借：行政支出/事业支出等 　　贷：资金结存——货币资金

续表

1002 银行存款		财务会计	预算会计
(5) 受托代理、代管银行存款	收到	借：银行存款——受托代理资产 　　贷：受托代理负债	—
	支付	借：受托代理负债 　　贷：银行存款——受托代理资产	—
(6) 外币业务	以外币购买物资、劳务等	借：在途物品/库存物品等 　　贷：银行存款（外币账户）/应付账款等（外币账户）	借：事业支出等 　　贷：资金结存——货币资金
	以外币收取相关款项等	借：银行存款（外币账户）/应收账款等（外币账户） 　　贷：事业收入等	借：资金结存——货币资金 　　贷：事业预算收入等
	期末，根据各外币账户按照期末即期汇率调整后的人民币余额与原账面人民币余额的差额，作为汇兑损益	借：银行存款/应收账款/应付账款等 　　贷：业务活动费用/单位管理费用等（汇兑收益） 借：业务活动费用/单位管理费用等（汇兑损失） 　　贷：银行存款/应收账款/应付账款等	借：资金结存——货币资金 　　贷：行政支出/事业支出等（汇兑收益） 借：行政支出/事业支出等（汇兑损失） 　　贷：资金结存——货币资金
(7) 垫付资金	用本单位实有资金账户资金垫付相关支出时	借：其他应收款 　　贷：银行存款	—
	通过财政直接支付方式或授权支付方式将资金归还原垫付资金账户时	借：银行存款 　　贷：财政拨款收入 按照相同的金额： 借：业务活动费用 　　贷：其他应收款	借：行政支出/事业支出 　　贷：财政拨款预算收入

4. 零余额账户用款额度的核算。

零余额账户用款额度，是实行国库集中支付的行政事业单位根据财政部门批复的用款计划，收到和支用的授权支付额度。

行政事业单位根据经批准的单位预算和分月用款计划，自行向单位零余额账户的代理银行开具支付令，从单位零余额账户向收款人支付款项。代理银行将单位开具的支付令与单位预算和用款计划进行核对，并向收款人支付款项后，于当日通过单位的零余额账户与财政国库单一账户进行资金清算。资金清算后，单位的零余额账户余额为零。因此，它是一个过渡账户，而不是一个实存资金账户，它在财政国库单一账户与收款人之间起一个过渡的作用。每日终了，当代理银行与财政部门进行资金清算后，其余额就为零。零余额账户并不实存财政资金，它只是行政事业单位的一个授权支付额度。在财政国库单一账户制度下，财政预算资金全部存放在国库单一账户。尽管如此,由于单位可以随时自行开具支付令使用零余额账户中的用款额度实现支付,因此,零余额账户用款额度也被视为是行政事业单位的一项特殊的流动资产(货币资金)。

(1)科目设置。实行国库集中支付的单位应当设置"零余额账户用款额度"科目,核算单位根据财政部门批复的用款计划收到和支用的零余额账户用款额度。本科目期末借方余额,反映单位尚未支用的零余额账户用款额度。年末注销单位零余额账户用款额度后,本科目应无余额。

(2)零余额账户用款额度的主要账务处理。

①收到额度。单位收到"财政授权支付到账通知书"时,根据通知书所列金额,借记本科目,贷记"财政拨款收入"科目。

【例3-22】某行政单位收到代理银行转来的"财政授权支付到账通知书",通知书中注明本月授权额度为400 000元(平行记账)。

财务会计账务处理:
借:零余额账户用款额度   400 000
　　贷:财政拨款收入   400 000
预算会计账务处理:
借:资金结存——零余额账户用款额度   400 000
　　贷:财政拨款预算收入   400 000

②支用额度。支付日常活动费用时,按照支付的金额,借记"业务活动费用""单位管理费用"等科目,贷记本科目。

购买库存物品或购建固定资产,按照实际发生的成本,借记"库存物品""固定资产""在建工程"等科目,按照实际支付或应付的金额,贷记本科目、"应付账款"等科目。涉及增值税业务的,相关账务处理参见"应交增值税"科目。

从零余额账户提取现金时,按照实际提取的金额,借记"库存现金"科目,贷记本科目。

【例3-23】某行政单位以零余额账户购买一批随买随用的办公用品350元(平行记账)。

财务会计账务处理:
借:业务活动费用   350
　　贷:零余额账户用款额度   350
预算会计账务处理:
借:行政支出   350
　　贷:资金结存——零余额账户用款额度   350

【例3-24】某事业单位从零余额账户购买事业用材料96 000元(平行记账)。

财务会计账务处理:
借:库存物品   96 000
　　贷:零余额账户用款额度   96 000
预算会计账务处理:

借：事业支出 96 000
  贷：资金结存——零余额账户用款额度 96 000

③财政授权支付额度退回。因购货退回等发生财政授权支付额度退回的，按照退回的金额，借记本科目，贷记"库存物品"等科目。

④年末注销额度。年末，根据代理银行提供的对账单作注销额度的相关账务处理，借记"财政应返还额度——财政授权支付"科目，贷记本科目。年末，单位本年度财政授权支付预算指标数大于零余额账户用款额度下达数的，根据未下达的用款额度，借记"财政应返还额度——财政授权支付"科目，贷记"财政拨款收入"科目。

下年初，单位根据代理银行提供的上年度注销额度恢复到账通知书作恢复额度的相关账务处理，借记本科目，贷记"财政应返还额度——财政授权支付"科目。单位收到财政部门批复的上年未下达零余额账户用款额度，借记本科目，贷记"财政应返还额度——财政授权支付"科目。

⑤向本单位实有资金账户划转资金。单位在某些特定情况下按规定从本单位零余额账户向本单位实有资金账户划转资金用于后续相关支出的，可在"银行存款"或"资金结存——货币资金"科目下设置"财政拨款资金"明细科目，或采用辅助核算等形式，核算反映按规定从本单位零余额账户转入实有资金账户的资金金额。

从本单位零余额账户向实有资金账户划转资金时，按照划转的资金金额，借记"银行存款"科目，贷记"零余额账户用款额度"科目；同时，在预算会计中借记"资金结存——货币资金"科目，贷记"资金结存——零余额账户用款额度"科目。

将本单位实有资金账户中从零余额账户划转的资金用于相关支出时，按照实际支付的金额，借记"应付职工薪酬""其他应交税费"等科目，贷记"银行存款"科目；同时，在预算会计中借记"行政支出""事业支出"等支出科目下的"财政拨款支出"明细科目，贷记"资金结存——货币资金"科目。

【例3-25】某行政单位年终对账时，根据《财政授权支付额度年终对账鉴证单》，将零余额账户财政授权支付额度余额80 000元注销（平行记账）。

财务会计账务处理：
借：财政应返还额度——财政授权支付 80 000
  贷：零余额账户用款额度 80 000

预算会计账务处理：
借：资金结存——财政应返还额度 80 000
  贷：资金结存——零余额账户用款额度 80 000

【例3-26】该行政单位本年度财政授权支付预算指标数大于零余额账户用款额度下达数，两者差额24 000元（平行记账）。

财务会计账务处理：
借：财政应返还额度——财政授权支付 24 000

    贷：财政拨款收入　　　　　　　　　　　　　　　　　　　24 000
  预算会计账务处理：
  借：资金结存——财政应返还额度　　　　　　　　　　　　24 000
    贷：财政拨款预算收入　　　　　　　　　　　　　　　　24 000

【例3-27】承〖例3-25〗，该行政单位下年度收到银行转来额度恢复通知书（平行记账）。

财务会计账务处理：
借：零余额账户用款额度　　　　　　　　　　　　　　　　　80 000
  贷：财政应返还额度——财政授权支付　　　　　　　　　　80 000
预算会计账务处理：
借：资金结存——零余额账户用款额度　　　　　　　　　　　80 000
  贷：资金结存——财政应返还额度　　　　　　　　　　　　80 000

【例3-28】承〖例3-26〗，该行政单位下年度收到财政部门批复的上年未下达零余额账户用款额度24 000元（平行记账）。

财务会计账务处理：
借：零余额账户用款额度　　　　　　　　　　　　　　　　　24 000
  贷：财政应返还额度——财政授权支付　　　　　　　　　　24 000
预算会计账务处理：
借：资金结存——零余额账户用款额度　　　　　　　　　　　24 000
  贷：资金结存——财政应返还额度　　　　　　　　　　　　24 000

零余额账户用款额度的管理与核算要点：①"财政授权支付额度到账通知书"是行政事业单位会计的入账依据；②单位零余额账户可以办理转账或提取现金等结算业务；③可以按账户管理规定向工会划拨经费、住房公积金及提租补贴，以及经财政部门批准的特殊款项，不得违反规定向本单位其他实存账户和上级主管单位、所属下级单位账户划拨资金；④财政确定的月度授权支付额度当月没有用完，在预算年度内可以累加使用；⑤财政授权支付的资金由代理银行支付后，因收款单位的账户名称或账号填写错误等原因而发生资金退回的，代理银行应区别资金性质，在当日（超过清算时间在第二个工作日）将资金退回国库单一账户，并通知预算单位和财政国库支付执行机构，财政国库支付执行机构按原渠道恢复预算单位零余额账户的财政授权支付额度；⑥年度终了，代理银行和基层预算单位对截至12月31日零点财政授权支付额度的下达、支用、余额等情况进行对账签证。银行对账签证单作为基层预算单位年终余额结转注销的记账凭证，通过"财政应返还额度"账户结转下年。

"零余额账户用款额度"科目的上述主要账务处理如表3-3所示。

表 3-3　　　　　　"零余额账户用款额度"科目主要账务处理汇总

1011 零余额账户用款额度		财务会计	预算会计
(1)	收到额度	收到"授权支付到账通知书"	借：零余额账户用款额度 　　贷：财政拨款收入	借：资金结存——零余额账户用款额度 　　贷：财政拨款预算收入
(2)	按照规定支用额度	支付日常活动费用	借：业务活动费用/单位管理费用等 　　贷：零余额账户用款额度	借：行政支出/事业支出等 　　贷：资金结存——零余额账户用款额度
		购买库存物品或购建固定资产等	借：库存物品/固定资产/在建工程等 　　贷：零余额账户用款额度	
(3)	提现	从零余额账户提取现金	借：库存现金 　　贷：零余额账户用款额度	借：资金结存——货币资金 　　贷：资金结存——零余额账户用款额度
		将现金退回单位零余额账户	借：零余额账户用款额度 　　贷：库存现金	借：资金结存——零余额账户用款额度 　　贷：资金结存——货币资金
(4)	因购货退回等发生国库授权支付额度退回	本年度授权支付的款项	借：零余额账户用款额度 　　贷：库存物品等	借：资金结存——零余额账户用款额度 　　贷：行政支出/事业支出等
		以前年度授权支付的款项	借：零余额账户用款额度 　　贷：库存物品/以前年度盈余调整等	借：资金结存——零余额账户用款额度 　　贷：财政拨款结转——年初余额调整/财政拨款结余——年初余额调整
(5)	年末，注销额度	根据代理银行提供的对账单注销财政授权支付额度	借：财政应返还额度——财政授权支付 　　贷：零余额账户用款额度	借：资金结存——财政应返还额度 　　贷：资金结存——零余额账户用款额度
		本年度财政授权支付预算指标数大于零余额账户额度下达数的，根据未下达的用款额度	借：财政应返还额度——财政授权支付 　　贷：财政拨款收入	借：资金结存——财政应返还额度 　　贷：财政拨款预算收入

续表

1011 零余额账户用款额度		财务会计	预算会计
(6) 下年初，恢复额度	根据代理银行提供的额度恢复到账通知书恢复财政授权支付额度	借：零余额账户用款额度 　贷：财政应返还额度——财政授权支付	借：资金结存——零余额账户用款额度 　贷：资金结存——财政应返还额度
	收到财政部门批复的上年末未下达零余额账户用款额度	借：零余额账户用款额度 　贷：财政应返还额度——财政授权支付	借：资金结存——零余额账户用款额度 　贷：资金结存——财政应返还额度
(7) 向本单位实有资金账户划转资金	从本单位零余额账户向实有资金账户划转资金时	借：银行存款 　贷：零余额账户用款额度	借：资金结存——货币资金 　贷：资金结存——零余额账户用款额度
	将本单位实有资金账户中从零余额账户划转的资金用于相关支出时	借：应付职工薪酬/其他应交税费 　贷：银行存款	借：行政支出/事业支出（"财政拨款支出"明细） 　贷：资金结存——货币资金

5. 其他货币资金的核算。

（1）科目设置。单位应当设置"其他货币资金"科目，核算单位的外埠存款、银行本票存款、银行汇票存款、信用卡存款等各种其他货币资金。本科目应当设置"外埠存款""银行本票存款""银行汇票存款""信用卡存款"等明细科目，进行明细核算。单位通过支付宝、微信等方式取得相关收入的，对于尚未转入银行存款的支付宝、微信收付款等第三方支付平台账户的余额，也应当通过"其他货币资金"科目核算。本科目期末借方余额，反映单位实际持有的其他货币资金。

（2）其他货币资金的主要账务处理。

①外埠存款。单位按照有关规定需要在异地开立银行账户，将款项委托本地银行汇往异地开立账户时，借记本科目，贷记"银行存款"科目。

收到采购员交来供应单位发票账单等报销凭证时，借记"库存物品"等科目，贷记本科目。将多余的外埠存款转回本地银行时，根据银行的收账通知，借记"银行存款"科目，贷记本科目。

【例3-29】某事业单位在外埠开立临时采购账户，委托银行汇往采购地款项200 000元（只作财务会计账务处理）。

借：其他货币资金——外埠存款　　　　　　　　　　　200 000
　　贷：银行存款　　　　　　　　　　　　　　　　　　　　200 000

【例3-30】承〖例3-29〗，该事业单位采购员以外埠存款购买材料，材料价款80 000元，材料已入库（平行记账）。

财务会计账务处理：
借：库存物品　　　　　　　　　　　　　　　　　　　　　80 000
　　贷：其他货币资金——外埠存款　　　　　　　　　　　　　80 000
预算会计账务处理：
借：事业支出　　　　　　　　　　　　　　　　　　　　　80 000
　　贷：资金结存——货币资金（其他货币资金）　　　　　　 80 000

【例3-31】承〖例3-30〗，外埠采购结束，该事业单位收到银行转来收账通知，余额120 000元收妥入账（只作财务会计账务处理）。
借：银行存款　　　　　　　　　　　　　　　　　　　　　120 000
　　贷：其他货币资金——外埠存款　　　　　　　　　　　　120 000

②银行本票、银行汇票存款。将款项交存银行取得银行本票、银行汇票，按照取得的银行本票、银行汇票金额，借记本科目，贷记"银行存款"科目。使用银行本票、银行汇票购买库存物品等资产时，按照实际支付金额，借记"库存物品"等科目，贷记本科目。如有余款或因本票、汇票超过付款期等原因而退回款项，按照退款金额，借记"银行存款"科目，贷记本科目。

【例3-32】某事业单位填制"银行汇票委托书"，将10 000元存入银行，取得银行汇票（只作财务会计账务处理）。
借：其他货币资金——银行汇票存款　　　　　　　　　　　10 000
　　贷：银行存款　　　　　　　　　　　　　　　　　　　　10 000

【例3-33】承〖例3-32〗，该事业单位用上述银行汇票支付材料买价7 000元（平行记账）。
财务会计账务处理：
借：库存物品　　　　　　　　　　　　　　　　　　　　　7 000
　　贷：其他货币资金——银行汇票存款　　　　　　　　　　7 000
预算会计账务处理：
借：事业支出　　　　　　　　　　　　　　　　　　　　　7 000
　　贷：资金结存——货币资金（其他货币资金）　　　　　　 7 000

【例3-34】承〖例3-33〗，该事业单位收到开户银行转来银行汇票存款余额3 000元（只作财务会计账务处理）。
借：银行存款　　　　　　　　　　　　　　　　　　　　　3 000
　　贷：其他货币资金——银行汇票存款　　　　　　　　　　3 000

③信用卡存款。将款项交存银行取得信用卡，按照交存金额，借记本科目，贷记"银行存款"科目。用信用卡购物或支付有关费用，按照实际支付金额，借记"单位管理费用""库存物品"等科目，贷记本科目。单位信用卡在使用过程中需向其账户续存资金的，按照续存金额，借记本科目，贷记"银行存款"科目。

【例3-35】某事业单位将银行存款50 000元存入信用卡（只作财务会计账务处理）。
借：其他货币资金——信用卡存款　　　　　　　　　　　　50 000

　　　　贷：银行存款　　　　　　　　　　　　　　　　　　　　　　　50 000

【例3-36】承〖例3-35〗，该事业单位用信用卡支付办公用品费1 500元（平行记账）。

　　财务会计账务处理：
　　　　借：单位管理费用　　　　　　　　　　　　　　　　　　　　 1 500
　　　　　　贷：其他货币资金——信用卡存款　　　　　　　　　　　 1 500
　　预算会计账务处理：
　　　　借：事业支出　　　　　　　　　　　　　　　　　　　　　　 1 500
　　　　　　贷：资金结存——货币资金（其他货币资金）　　　　　　 1 500

"其他货币资金"科目的上述主要账务处理如表3-4所示。

表3-4　　　　　　　"其他货币资金"科目主要账务处理汇总

1021 其他货币资金		财务会计	预算会计
(1)	形成其他货币资金	取得银行本票、银行汇票、信用卡时	借：其他货币资金——银行本票存款 　　　　　　　　——银行汇票存款 　　　　　　　　——信用卡存款 　　贷：银行存款	—
(2)	发生支付	用银行本票、银行汇票、信用卡支付时	借：在途物品/库存物品等 　　贷：其他货币资金——银行本票存款 　　　　　　　　　　——银行汇票存款 　　　　　　　　　　——信用卡存款	借：事业支出等（实际支付金额） 　　贷：资金结存——货币资金
(3)	余款退回时	银行本票、银行汇票、信用卡的余款退回时	借：银行存款 　　贷：其他货币资金——银行本票存款 　　　　　　　　　　——银行汇票存款 　　　　　　　　　　——信用卡存款	—

6. 财政应返还额度的核算。

财政应返还额度，是指实行国库集中支付的单位应收财政返还的资金额度，包括财政直接支付用款额度和财政授权支付用款额度，在次年可以继续按计划使用。这是在财政国库单一账户制度下，单位的年度支出预算经批准后，分别构成单位的财政直接支付用款额度或预算指标和财政授权支付用款额度或预算指标。年度终了，当通过财政零余额账户发生的实际财政直接支付数小于单位财政直接支付用款额度数，单位就存在尚未使用的财政直接支付用款额度。同样，当通过单位零余额账户发生的实际财政授权支付数小于财政授权支付额度数，单位也就存在尚未使用的财政授权支付用款额度。

财政部门对预算单位尚未使用的财政直接支付用款额度和财政授权支付用款额度，采用"先注销、后恢复"的管理办法。即年度终了，财政部门对尚未使用的用款额度先进行注销；次年初，财政部门再对预算单位尚未使用的用款额度予以恢复。因此，年终尚未使用的当年财政直接支付用款额度和当年财政授权支付用款额度，构成了财政应返还额度，预算单位按照规定填报"财政应返还额度申报审核表"，以财政部门审核结果为准可以在次年继续使用。

（1）科目设置。实行国库集中支付的单位应当设置"财政应返还额度"科目，核算单位应收财政返还的资金额度，包括可以使用的以前年度财政直接支付资金额度和财政应返还的财政授权支付资金额度。本科目应当设置"财政直接支付""财政授权支付"两个明细科目进行明细核算。本科目期末借方余额，反映单位应收财政返还的资金额度。

（2）财政应返还额度的主要账务处理。

①财政直接支付。年末，单位根据本年度财政直接支付预算指标数大于当年财政直接支付实际发生数的差额，借记本科目（财政直接支付），贷记"财政拨款收入"科目。

下年初，单位使用以前年度财政直接支付额度支付款项时，借记"业务活动费用""单位管理费用"等科目，贷记本科目（财政直接支付）。

【例3-37】年度终了，某行政单位本年度财政直接支付年终结余资金150 000元（平行记账）。

财务会计账务处理：
借：财政应返还额度——财政直接支付　　　　　　150 000
　　贷：财政拨款收入　　　　　　　　　　　　　　　150 000
预算会计账务处理：
借：资金结存——财政应返还额度（财政直接支付）　150 000
　　贷：财政拨款预算收入　　　　　　　　　　　　　150 000

【例3-38】承【例3-37】，该行政单位下年初收到《财政直接支付额度恢复到账通知书》，恢复上年度财政直接支付额度150 000元。

该行政单位对恢复财政直接支付额度不做会计处理，在使用恢复的财政直接支付额度时再作会计处理。

【例3-39】承【例3-38】，该行政单位实际支用上年度财政直接支付额度150 000元（平行记账）。

财务会计账务处理：
借：业务活动费用　　　　　　　　　　　　　　　　150 000
　　贷：财政应返还额度——财政直接支付　　　　　　150 000
预算会计账务处理：
借：行政支出　　　　　　　　　　　　　　　　　　150 000
　　贷：资金结存——财政应返还额度（财政直接支付）150 000

②财政授权支付。年末，根据代理银行提供的对账单作注销额度的相关账务处理，借记本科目（财政授权支付），贷记"零余额账户用款额度"科目。

年末，单位本年度财政授权支付预算指标数大于零余额账户用款额度下达数的，根据未下达的用款额度，借记本科目（财政授权支付），贷记"财政拨款收入"科目。

下年初，单位根据代理银行提供的上年度注销额度恢复到账通知书作恢复额度的相关账务处理，借记"零余额账户用款额度"科目，贷记本科目（财政授权支付）。单位收到财政部门批复的上年未下达零余额账户用款额度，借记"零余额账户用款额度"科目，贷记本科目（财政授权支付）。

相关例题见"零余额账户用款额度"科目。

"财政应返还额度"科目的上述主要账务处理如表3-5所示。

表3-5　　　　"财政应返还额度"科目主要账务处理汇总

1201 财政应返还额度		财务会计	预算会计
(1) 财政直接支付方式下，确认财政应返还额度	年末本年度预算指标数与当年实际支付数的差额	借：财政应返还额度——财政直接支付 贷：财政拨款收入	借：资金结存——财政应返还额度 贷：财政拨款预算收入
	下年度使用以前年度财政直接支付额度支付款项时	借：业务活动费用/单位管理费用/库存物品等 贷：财政应返还额度——财政直接支付	借：行政支出/事业支出等 贷：资金结存——财政应返还额度
(2) 财政授权支付方式下，确认财政应返还额度	年末本年度预算指标数大于额度下达数的，根据未下达的用款额度	借：财政应返还额度——财政授权支付 贷：财政拨款收入	借：资金结存——财政应返还额度 贷：财政拨款预算收入
	年末根据代理银行提供的对账单作注销额度处理	借：财政应返还额度——财政授权支付 贷：零余额账户用款额度	借：资金结存——财政应返还额度 贷：资金结存——零余额账户用款额度
	下年初额度恢复和下年初收到财政部门批复的上年未下达零余额账户用款额	借：零余额账户用款额度 贷：财政应返还额度——财政授权支付	借：资金结存——零余额账户用款额度 贷：资金结存——财政应返还额度

二、应收款项的核算

（一）应收票据的核算

1. 科目设置。事业单位应当设置"应收票据"科目，核算事业单位因开展经营活动销售产品、提供有偿服务等而收到的商业汇票，包括银行承兑汇票和商业承兑汇票。本科目应当按照开出、承兑商业汇票的单位等进行明细核算。本科目期末借方余额,反映事业单位持有的商业汇票票面金额。

2. 应收票据的主要账务处理。

(1) 收到商业汇票。因销售产品、提供服务等收到商业汇票,按照商业汇票的票面金额,借记本科目,按照确认的收入金额,贷记"经营收入"等科目。涉及增值税业务的,相关账务处理参见"应交增值税"科目。

【例3-40】某事业单位开展经营活动向某公司销售产品一批,价款为100 000元,收到6个月期的带息商业汇票一张,面值为100 000元,票面利率为12%(只作财务会计账务处理)。

借:应收票据　　　　　　　　　　　　　　　　100 000
　　贷:经营收入　　　　　　　　　　　　　　　　　100 000

(2) 贴现。持未到期的商业汇票向银行贴现,按照实际收到的金额(即扣除贴现息后的净额),借记"银行存款"科目,按照贴现息金额,借记"经营费用"等科目,按照商业汇票的票面金额,贷记本科目(无追索权)或"短期借款"科目(有追索权)。附追索权的商业汇票到期未发生追索事项的,按照商业汇票的票面金额,借记"短期借款"科目,贷记本科目。

【例3-41】承【例3-40】,该事业单位持有2个月后,将面值为100 000元、票面利率为12%、期限为6个月的带息商业汇票向银行贴现,银行贴现率为年利率9%。假设该商业汇票无追索权(平行记账)。

贴现期 = 6 - 2 = 4(个月)
票据到期值 = 100 000 × (1 + 12% ÷ 12 × 6) = 106 000(元)
贴现息 = 106 000 × 9% ÷ 12 × 4 = 3 180(元)
贴现实收款 = 票据到期值 - 贴现息 = 106 000 - 3 180 = 102 820(元)
财务会计账务处理:
借:银行存款　　　　　　　　　　　　　　　　102 820
　　贷:应收票据　　　　　　　　　　　　　　　　　100 000
　　　　经营收入　　　　　　　　　　　　　　　　　　2 820
同时进行预算会计账务处理:
借:资金结存——货币资金(银行存款)　　　　　102 820
　　贷:经营预算收入　　　　　　　　　　　　　　　102 820

(3) 背书转让。将持有的商业汇票背书转让以取得所需物资时,按照取得物资的成本,借记"库存物品"等科目,按照商业汇票的票面金额,贷记本科目,如有差额,借记或贷记"银行存款"等科目。涉及增值税业务的,相关账务处理参见"应交增值税"科目。

【例3-42】某事业单位将其持有的一张不带息银行承兑汇票转让,用于购买一批200 000元的材料。票据的面值为200 000元,所购材料已验收入库(只作财务会计账务处理)。

借:库存物品　　　　　　　　　　　　　　　　200 000
　　贷:应收票据　　　　　　　　　　　　　　　　　200 000

(4) 商业汇票到期。商业汇票到期时，应当分别以下情况处理：

①收回票款时，按照实际收到的商业汇票票面金额，借记"银行存款"科目，贷记本科目。

②因付款人无力支付票款，收到银行退回的商业承兑汇票、委托收款凭证、未付票款通知书或拒付款证明等，按照商业汇票的票面金额，借记"应收账款"科目，贷记本科目。

【例3-43】某事业单位一张面值117 000元的银行承兑汇票到期兑现（平行记账）。

财务会计账务处理：

借：银行存款　　　　　　　　　　　　　　　　　　　　　　117 000
　　贷：应收票据　　　　　　　　　　　　　　　　　　　　117 000

预算会计账务处理：

借：资金结存——货币资金（银行存款）　　　　　　　　　　117 000
　　贷：经营预算收入　　　　　　　　　　　　　　　　　　117 000

【例3-44】某事业单位一张面值234 000元的商业承兑汇票到期，付款人无力支付票款（只作财务会计账务处理）。

借：应收账款　　　　　　　　　　　　　　　　　　　　　　234 000
　　贷：应收票据　　　　　　　　　　　　　　　　　　　　234 000

3. 账目管理。事业单位应当设置"应收票据备查簿"，逐笔登记每一应收票据的种类、号数、出票日期、到期日、票面金额、交易合同号和付款人、承兑人、背书人姓名或单位名称、背书转让日、贴现日期、贴现率和贴现净额、收款日期、收回金额和退票情况等。应收票据到期结清票款或退票后，应当在备查簿内逐笔注销。

"应收票据"科目的上述主要账务处理如表3-6所示。

表3-6　　　　　　　"应收票据"科目主要账务处理汇总

1211 应收票据		财务会计	预算会计
(1)	收到商业汇票	销售产品、提供服务等收到商业汇票时	借：应收票据 　　贷：经营收入等	—
(2)	商业汇票向银行贴现	持未到期的商业汇票向银行贴现	借：银行存款（贴现净额） 　　经营费用等（贴现利息） 　　贷：应收票据 　　　　（不附追索权）/短期借款 　　　　（附追索权）	借：资金结存——货币资金 　　贷：经营预算收入等 　　　　（贴现净额）
		附追索权的商业汇票到期未发生追索事项	借：短期借款 　　贷：应收票据	—

续表

1211 应收票据		财务会计	预算会计
(3)	商业汇票背书转让	将持有的商业汇票背书转让以取得所需物资	借：库存物品等 　贷：应收票据 　　　银行存款（差额）	借：经营支出等（支付的金额） 　贷：资金结存——货币资金
(4)	商业汇票到期	商业汇票到期，收回应收票据	借：银行存款 　贷：应收票据	借：资金结存——货币资金 　贷：经营预算收入等
		商业汇票到期，付款人无力支付票款时	借：应收账款 　贷：应收票据	—

（二）应收账款的核算

1. 科目设置。单位应当设置"应收账款"科目，核算事业单位提供服务、销售产品等应收取的款项，以及单位因出租资产、出售物资等应收取的款项。本科目应当按照债务单位（或个人）进行明细核算。本科目期末借方余额，反映单位尚未收回的应收账款。

2. 应收账款的主要账务处理。

（1）应收账款收回后不需上缴财政。单位发生应收账款时，按照应收未收金额，借记本科目，贷记"事业收入""经营收入""租金收入""其他收入"等科目。涉及增值税业务的，相关账务处理参见"应交增值税"科目。

收回应收账款时，按照实际收到的金额，借记"银行存款"等科目，贷记本科目。

【例 3-45】某事业单位出租礼堂应收租金为 5 000 元（只作财务会计账务处理）。

借：应收账款　　　　　　　　　　　　　　　　　　　5 000
　贷：租金收入　　　　　　　　　　　　　　　　　　　5 000

【例 3-46】承【例 3-45】，该事业单位收到租金 5 000 元（平行记账）。

财务会计账务处理：

借：银行存款　　　　　　　　　　　　　　　　　　　5 000
　贷：应收账款　　　　　　　　　　　　　　　　　　　5 000

预算会计账务处理：

借：资金结存——货币资金（银行存款）　　　　　　　5 000
　贷：其他预算收入　　　　　　　　　　　　　　　　　5 000

（2）应收账款收回后需上缴财政。单位出租资产、出售物资等发生应收未收款项时，按照应收未收金额，借记本科目，贷记"应缴财政款"科目。

收回应收账款时,按照实际收到的金额,借记"银行存款"等科目,贷记本科目。涉及增值税业务的,相关账务处理参见"应交增值税"科目。

【例3-47】某事业单位年末收回后不需上缴财政的应收账款余额为400 000元,按应收账款余额的0.5%计提坏账准备(只做财务会计账务处理)。

借:其他费用　　　　　　　　　　　　　　　　　　　　　2 000
　　贷:坏账准备　　　　　　　　　　　　　　　　　　　　　2 000

【例3-48】某事业单位经批准出售一批材料,其售价为35 000元,材料已经发出,款项未收回(只作财务会计账务处理)。

借:应收账款　　　　　　　　　　　　　　　　　　　　　35 000
　　贷:应缴财政款　　　　　　　　　　　　　　　　　　　35 000

【例3-49】承〖例3-48〗,该事业单位收回应收账款35 000元(只作财务会计账务处理)。

借:银行存款　　　　　　　　　　　　　　　　　　　　　35 000
　　贷:应收账款　　　　　　　　　　　　　　　　　　　　35 000

(3)逾期无法收回不需要上缴财政的应收账款。

①单位应当于每年年末对收回后不需上缴财政的应收账款进行全面检查,如发生不能收回的迹象,应当计提坏账准备。

②报批后予以核销。对于账龄超过规定年限、确认无法收回的应收账款,按照规定报经批准后予以核销。按照核销金额,借记"坏账准备"科目,贷记本科目。核销的应收账款应在备查簿中保留登记。

③核销后又收回。已核销的应收账款在以后期间又收回的,按照实际收回金额,借记本科目,贷记"坏账准备"科目;同时,借记"银行存款"等科目,贷记本科目。

【例3-50】某事业单位收回后不需上缴财政的应收款项300 000元逾期3年,有证据表明该笔款项确实无法收回。按规定报经批准后予以核销(只作财务会计账务处理)。

借:坏账准备　　　　　　　　　　　　　　　　　　　　　300 000
　　贷:应收账款　　　　　　　　　　　　　　　　　　　　300 000

【例3-51】某事业单位收回已核销的收回后不需上缴财政的应收款项35 100元(平行记账)。

财务会计账务处理:

借:应收账款　　　　　　　　　　　　　　　　　　　　　35 100
　　贷:坏账准备　　　　　　　　　　　　　　　　　　　　35 100
借:银行存款　　　　　　　　　　　　　　　　　　　　　35 100
　　贷:应收账款　　　　　　　　　　　　　　　　　　　　35 100

预算会计账务处理:

借:资金结存——货币资金(银行存款)　　　　　　　　　35 100
　　贷:非财政拨款结余　　　　　　　　　　　　　　　　　35 100

（4）逾期无法收回需要上缴财政的应收账款。单位应当于每年年末对收回后应当上缴财政的应收账款进行全面检查，并进行相应的账务处理。

①报批后核销。对于账龄超过规定年限、确认无法收回的应收账款，按照规定报经批准后予以核销。按照核销金额，借记"应缴财政款"科目，贷记本科目。核销的应收账款应当在备查簿中保留登记。

②核销后又收回。已核销的应收账款在以后期间又收回的，按照实际收回金额，借记"银行存款"等科目，贷记"应缴财政款"科目。

【例3-52】某事业单位3年前经批准出售的材料23 400元，有证据表明该笔收回后需要上缴财政的款项确实无法收回。按规定报经批准后予以核销（只作财务会计账务处理）。

  借：应缴财政款   23 400
    贷：应收账款   23 400

【例3-53】承〖例3-52〗，该事业单位以后期间收回已核销的应收账款23 400元（只作财务会计账务处理）。

  借：银行存款   23 400
    贷：应缴财政款   23 400

"应收账款"科目的上述主要账务处理如表3-7所示。

表3-7　　　　　　　"应收账款"科目主要账务处理汇总

1212 应收账款		财务会计	预算会计
（1）发生应收账款时	应收账款收回后不需上缴财政	借：应收账款 　贷：事业收入/经营收入/其他收入等	—
	应收账款收回后需上缴财政	借：应收账款 　贷：应缴财政款	—
（2）收回应收账款时	应收账款收回后不需上缴财政	借：银行存款等 　贷：应收账款	借：资金结存——货币资金等 　贷：事业预算收入/经营预算收入/其他预算收入等
	应收账款收回后需上缴财政	借：银行存款等 　贷：应收账款	—
（3）逾期无法收回的应收账款	报批后予以核销	借：坏账准备/应缴财政款 　贷：应收账款	—
	事业单位已核销不需上缴财政的应收账款在以后期间收回	借：应收账款 　贷：坏账准备 借：银行存款 　贷：应收账款	借：资金结存——货币资金 　贷：非财政拨款结余等

续表

	1212 应收账款	财务会计	预算会计
(3)	逾期无法收回的应收账款	单位已核销需上缴财政的应收账款在以后期间收回	借：银行存款等 　贷：应缴财政款	—

（三）预付账款的核算

1. 科目设置。单位应当设置"预付账款"科目，核算单位按照购货、服务合同或协议规定预付给供应单位（或个人）的款项，以及按照合同规定向承包工程的施工企业预付的备料款和工程款。本科目应当按照供应单位（或个人）及具体项目进行明细核算；对于基本建设项目发生的预付账款，还应当在本科目所属基建项目明细科目下设置"预付备料款""预付工程款""其他预付款"等明细科目，进行明细核算。本科目期末借方余额，反映单位实际预付但尚未结算的款项。

2. 预付账款的主要账务处理。

（1）发生预付账款。根据购货、服务合同或协议规定预付款项时，按照预付金额，借记本科目，贷记"财政拨款收入""零余额账户用款额度""银行存款"等科目。

【例3－54】某行政单位从乙公司订购材料50 000元，按订货合同规定，应先向供货单位预付货款20 000元。款项已通过单位零余额账户支付（平行记账）。

财务会计账务处理：
借：预付账款　　　　　　　　　　　　　　　　　　20 000
　　贷：零余额账户用款额度　　　　　　　　　　　　　　20 000

预算会计账务处理：
借：行政支出　　　　　　　　　　　　　　　　　　20 000
　　贷：资金结存——零余额账户用款额度　　　　　　　　20 000

（2）收到所购资产或服务时。按照购入资产或服务的成本，借记"库存物品""固定资产""无形资产""业务活动费用"等相关科目，按照相关预付账款的账面余额，贷记本科目，按照实际补付的金额，贷记"财政拨款收入""零余额账户用款额度""银行存款"等科目。涉及增值税业务的，相关账务处理参见"应交增值税"科目。

【例3－55】承【例3－54】，该行政单位收到材料，通过单位零余额账户补足余款30 000元（平行记账）。

财务会计账务处理：
借：库存物品　　　　　　　　　　　　　　　　　　50 000
　　贷：预付账款　　　　　　　　　　　　　　　　　　20 000

| | 零余额账户用款额度 | | 30 000 |

预算会计账务处理：
借：行政支出　　　　　　　　　　　　　　　　　30 000
　　贷：资金结存——零余额账户用款额度　　　　　　30 000

（3）根据工程进度结算工程价款及备料款时，按照结算金额，借记"在建工程"科目，按照相关预付账款的账面余额，贷记本科目，按照实际补付的金额，贷记"财政拨款收入""零余额账户用款额度""银行存款"等科目。

（4）发生预付账款退回。按照实际退回金额，借记"财政拨款收入"（本年直接支付）、"财政应返还额度"（以前年度直接支付）、"零余额账户用款额度"和"银行存款"等科目，贷记本科目。

【例3–56】承〖例3–54〗，假设该行政单位仅收到16 000元材料验收入库，同时收到退回的余款4 000元存入单位零余额账户（平行记账）。

财务会计账务处理：
借：库存物品　　　　　　　　　　　　　　　　　16 000
　　贷：预付账款　　　　　　　　　　　　　　　　　16 000
借：零余额账户用款额度　　　　　　　　　　　　　4 000
　　贷：预付账款　　　　　　　　　　　　　　　　　4 000

预算会计账务处理：
借：资金结存——零余额账户用款额度　　　　　　　4 000
　　贷：行政支出　　　　　　　　　　　　　　　　　4 000

（5）逾期无法收回。单位应当于每年年末对预付账款进行全面检查。如果有确凿证据表明预付账款不再符合预付款项性质，或者因供应单位破产、撤销等原因可能无法收到所购货物、服务的，应当先将其转入其他应收款，再按照规定进行处理。将预付账款账面余额转入其他应收款时，借记"其他应收款"科目，贷记本科目。

【例3–57】某行政单位预付丙公司款项28 000元逾期3年，有证据表明该笔款项确实无法收回，按规定报经批准后予以核销（只作财务会计账务处理）。

借：其他应收款　　　　　　　　　　　　　　　　28 000
　　贷：预付账款　　　　　　　　　　　　　　　　　28 000

"预付账款"科目的上述主要账务处理如表3–8所示。

表3–8　　　　　"预付账款"科目主要账务处理汇总

1214 预付账款		财务会计	预算会计
（1）	发生预付账款	借：预付账款 　　贷：财政拨款收入/零余额账户用款额度/银行存款等	借：行政支出/事业支出等 　　贷：财政拨款预算收入/资金结存

续表

1214 预付账款		财务会计	预算会计
(2)	收到所购物资或劳务，以及根据工程进度结算工程价款等	借：业务活动费用/库存物品/固定资产/在建工程等 贷：预付账款 　　零余额账户用款额度/财政拨款收入/银行存款等（补付款项）	借：行政支出/事业支出等（补付款项） 贷：财政拨款预算收入/资金结存
(3) 预付账款退回	当年预付账款退回	借：财政拨款收入/零余额账户用款额度/银行存款等 贷：预付账款	借：财政拨款预算收入/资金结存 贷：行政支出/事业支出等
	以前年度预付账款退回	借：财政应返还额度/零余额账户用款额度/银行存款等 贷：预付账款	借：资金结存 贷：财政拨款结余——年初余额调整/财政拨款结转——年初余额调整等
(4)	逾期无法收回的预付账款转为其他应收款	借：其他应收款 贷：预付账款	—

（四）应收股利的核算

1. 科目设置。事业单位应当设置"应收股利"科目，核算事业单位持有长期股权投资应当收取的现金股利或应当分得的利润。本科目应当按照被投资单位等进行明细核算。本科目期末借方余额，反映事业单位应当收取但尚未收到的现金股利或利润。

2. 应收股利的主要账务处理。

（1）取得长期股权投资。按照支付的价款中所包含的已宣告但尚未发放的现金股利，借记本科目，按照确定的长期股权投资成本，借记"长期股权投资"科目，按照实际支付的金额，贷记"银行存款"等科目。

收到取得投资时实际支付价款中所包含的已宣告但尚未发放的现金股利时，按照收到的金额，借记"银行存款"科目，贷记本科目。

（2）长期股权投资持有期间。被投资单位宣告发放现金股利或利润的，按照应享有的份额，借记本科目，贷记"投资收益"（成本法下）或"长期股权投资"（权益法下）科目。

实际收到现金股利或利润时，按照收到的金额，借记"银行存款"等科目，贷记本科目。

相关例题见"长期股权投资"科目。

"应收股利"科目的上述主要账务处理如表3-9所示。

表 3-9 "应收股利"科目主要账务处理汇总

1215 应收股利		财务会计	预算会计
(1) 取得的长期股权投资	取得长期股权投资	借：长期股权投资 　　应收股利 　　（取得投资支付价款中包含已宣告但尚未发放的现金股利或利润） 贷：银行存款 　　（取得投资支付的全部价款）	借：投资支出 　　（取得投资支付的全部价款） 贷：资金结存——货币资金
	收到取得投资所支付价款中包含的已宣告但尚未发放的股利或利润时	借：银行存款 贷：应收股利	借：资金结存——货币资金 贷：投资支出等
(2) 持有投资期间	被投资单位宣告发放现金股利或利润	借：应收股利 贷：投资收益/长期股权投资	—
	收到现金股利或利润时	借：银行存款 贷：应收股利	借：资金结存——货币资金 贷：投资预算收益

（五）应收利息的核算

1. 科目设置。事业单位应当设置"应收利息"科目，核算事业单位长期债券投资应当收取的利息。本科目应当按照被投资单位等进行明细核算。本科目期末借方余额，反映事业单位应收未收的长期债券投资利息。

事业单位购入的到期一次还本付息的长期债券投资持有期间的利息，应当通过"长期债券投资——应计利息"科目核算，不通过本科目核算。

2. 应收利息的主要账务处理。

（1）取得长期债券投资。按照确定的投资成本，借记"长期债券投资"科目，按照支付的价款中包含的已到付息期但尚未领取的利息，借记本科目，按照实际支付的金额，贷记"银行存款"等科目。

收到取得投资时实际支付的价款中所包含的已到付息期但尚未领取的利息时，按照收到的金额，借记"银行存款"等科目，贷记本科目。

（2）持有投资期间。按期计算确认长期债券投资利息收入时，对于分期付息、一次还本的长期债券投资，按照以票面金额和票面利率计算确定的应收未收利息金额，借记本科目，贷记"投资收益"科目。

实际收到应收利息时，按照收到的金额，借记"银行存款"等科目，贷记本科目。

相关例题见"长期债券投资"科目。

"应收利息"科目的上述主要账务处理如表 3-10 所示。

表 3-10　"应收利息"科目主要账务处理汇总

1216 应收利息		财务会计	预算会计
(1) 取得的债券投资	取得长期债券投资	借：长期债券投资 　　应收利息（取得投资支付价款中包含已到付息期但尚未领取的利息） 贷：银行存款（取得投资支付的全部价款）	借：投资支出（取得投资支付的全部价款） 贷：资金结存——货币资金
	收到取得投资所支付价款中包含的已到付息期但尚未领取的利息时	借：银行存款 贷：应收利息	借：资金结存——货币资金 贷：投资支出等
(2) 持有投资期间	按期计提利息	借：应收利息（分期付息、到期还本债券计提的利息） 贷：投资收益	—
	实际收到利息	借：银行存款 贷：应收利息	借：资金结存——货币资金 贷：投资预算收益

（六）其他应收款的核算

1. 科目设置。单位应当设置"其他应收款"科目，核算单位除财政应返还额度、应收票据、应收账款、预付账款、应收股利、应收利息以外的其他各项应收及暂付款项，如职工预借的差旅费、已经偿还银行尚未报销的本单位公务卡欠款、拨付给内部有关部门的备用金、应向职工收取的各种垫付款项、支付的可以收回的订金或押金、应收的上级补助和附属单位上缴款项等。本科目应当按照其他应收款的类别以及债务单位（或个人）进行明细核算。本科目期末借方余额，反映单位尚未收回的其他应收款。

2. 其他应收款的主要账务处理。

（1）发生时。发生其他各种应收及暂付款项时，按照实际发生金额，借记本科目，贷记"零余额账户用款额度""银行存款""库存现金""上级补助收入""附属单位上缴收入"等科目。涉及增值税业务的，相关账务处理参见"应交增值税"科目。

【例 3-58】某行政单位为职工张某垫付款项 1 000 元，款项以现金付讫（只作财务会计账务处理）。

借：其他应收款——张某　　　　　　　　　　　　　1 000
　　贷：库存现金　　　　　　　　　　　　　　　　　1 000

（2）收到时。收到其他各种应收及暂付款项时，按照收到的金额，借记"库存现金""银行存款"等科目，贷记本科目。

（3）备用金制度。单位内部实行备用金制度的，有关部门使用备用金以后应当及时到财务部门报销并补足备用金。

财务部门核定并发放备用金时，按照实际发放金额，借记本科目，贷记"库存现金"等科目。

根据报销金额用现金补足备用金定额时，借记"业务活动费用""单位管理费用"等科目，贷记"库存现金"等科目，报销数和拨补数都不再通过本科目核算。

【例 3-59】某行政单位后勤服务部门实行备用金定额管理制度。财务部门开出现金支票拨付后勤服务部门备用金定额 5 000 元（只作财务会计账务处理）。

借：其他应收款——后勤服务部门　　　　　　　　5 000
　　贷：库存现金　　　　　　　　　　　　　　　　5 000

【例 3-60】承〖例 3-59〗，后勤服务部门报销购买办公用品支出 180 元，经财会部门审核后报销，并以现金补足定额（平行记账）。

财务会计账务处理：
借：业务活动费用　　　　　　　　　　　　　　　180
　　贷：库存现金　　　　　　　　　　　　　　　　180
预算会计账务处理：
借：行政支出　　　　　　　　　　　　　　　　　180
　　贷：资金结存——货币资金（库存现金）　　　　180

（4）偿还尚未报销的本单位公务卡欠款时，按照偿还的款项，借记本科目，贷记"零余额账户用款额度""银行存款"等科目；持卡人报销时，按照报销金额，借记"业务活动费用""单位管理费用"等科目，贷记本科目。

（5）将预付账款账面余额转入其他应收款时，借记本科目，贷记"预付账款"科目。相关例题参见"预付账款"科目。

（6）事业单位年末的处理。事业单位应当于每年年末对其他应收款进行全面检查。

①单位应当于每年年末对收回后不需上缴财政的其他应收款进行全面检查，如发生不能收回的迹象，应当计提坏账准备。

②对于账龄超过规定年限、确认无法收回的其他应收款，按照规定报经批准后予以核销。按照核销金额，借记"坏账准备"科目，贷记本科目。核销的其他应收款应当在备查簿中保留登记。

③已核销的其他应收款在以后期间又收回的，按照实际收回金额，借记本科目，贷记"坏账准备"科目；同时，借记"银行存款"等科目，贷记本科目。

相关例题参见"应收账款"科目。

（7）行政单位年末的处理。行政单位应当于每年年末对其他应收款进行全面检查。对于超过规定年限、确认无法收回的其他应收款，应当按照有关规定报经批准后予以核销。核销的其他应收款应在备查簿中保留登记。

①经批准核销其他应收款时，按照核销金额，借记"资产处置费用"科目，贷记本科目。

②已核销的其他应收款在以后期间又收回的，按照收回金额，借记"银行存

款"等科目,贷记"其他收入"科目。

【例3-61】某行政单位确认为职工李某垫付款项20 000元无法收回。该单位按规定报经有关部门批准后予以核销(只作财务会计账务处理)。

借:资产处置费用　　　　　　　　　　　　　　　　　20 000
　　贷:其他应收款——李某　　　　　　　　　　　　　　20 000

【例3-62】承〖例3-61〗,已核销的其他应收款中有5 000元又收回(平行记账)。

财务会计账务处理:

借:银行存款　　　　　　　　　　　　　　　　　　　5 000
　　贷:其他收入　　　　　　　　　　　　　　　　　　5 000

预算会计账务处理:

借:资金结存——货币资金(银行存款)　　　　　　　5 000
　　贷:其他预算收入　　　　　　　　　　　　　　　　5 000

"其他应收款"科目的上述主要账务处理如表3-11所示。

表3-11　　　　　"其他应收款"科目主要账务处理汇总

1218 其他应收款		财务会计	预算会计
(1) 发生暂付款项(包括偿还未报销的公务卡款项)	暂付款项时	借:其他应收款 　贷:银行存款/库存现金/零余额账户用款额度等	—
	报销时	借:业务活动费用/单位管理费用等(实际报销金额) 　贷:其他应收款	借:行政支出/事业支出等(实际报销金额) 　贷:资金结存
	收回暂付款项时	借:库存现金/银行存款等 　贷:其他应收款	—
(2) 发生其他各种应收款项	确认其他应收款时	借:其他应收款 　贷:上级补助收入/附属单位上缴收入/其他收入等	—
	收到其他应收款项时	借:银行存款/库存现金等 　贷:其他应收款	借:资金结存——货币资金 　贷:上级补助预算收入/附属单位上缴预算收入/其他预算收入等
(3) 拨付给内部有关部门的备用金	财务部门核定并发放备用金时	借:其他应收款 　贷:库存现金	—
	根据报销数用现金补足备用金定额时	借:业务活动费用/单位管理费用等 　贷:库存现金	借:行政支出/事业支出等 　贷:资金结存——货币资金

续表

1218 其他应收款		财务会计	预算会计
（4）逾期无法收回的其他应收款	经批准核销时	借：坏账准备（事业单位）/资产处置费用（行政单位） 贷：其他应收款	—
	已核销的其他应收款在以后期间收回	事业单位： 借：其他应收款 　　贷：坏账准备 借：银行存款等 　　贷：其他应收款 行政单位： 借：银行存款等 　　贷：其他收入	事业单位： 借：资金结存——货币资金 　　贷：非财政拨款结余等 行政单位： 借：资金结存——货币资金 　　贷：其他预算收入

（七）坏账准备的核算

1. 科目设置。事业单位应当设置"坏账准备"科目，核算事业单位对收回后不需上缴财政的应收账款和其他应收款提取的坏账准备。本科目应当分别应收账款和其他应收款进行明细核算。本科目期末贷方余额，反映事业单位提取的坏账准备金额。

2. 坏账准备的确认与计量。

（1）事业单位应当于每年年末对收回后不需上缴财政的应收账款和其他应收款进行全面检查，分析其可收回性，对预计可能产生的坏账损失计提坏账准备、确认坏账损失。

（2）事业单位可以采用应收款项余额百分比法、账龄分析法、个别认定法等方法计提坏账准备。坏账准备计提方法一经确定，不得随意变更。如需变更，应当按照规定报经批准，并在财务报表附注中予以说明。

（3）当期应补提或冲减的坏账准备金额的计算公式如下：

当期应补提或冲减的坏账准备 = 按照期末应收账款和其他应收款计算应计提的坏账准备金额 − 本科目期末贷方余额（或 + 本科目期末借方余额）

3. 坏账准备的主要账务处理。

（1）计提与冲减。提取坏账准备时，借记"其他费用"科目，贷记本科目；冲减坏账准备时，借记本科目，贷记"其他费用"科目。

（2）报批核销。对于账龄超过规定年限并确认无法收回的应收账款、其他应收款，应当按照有关规定报经批准后，按照无法收回的金额，借记本科目，贷记"应收账款""其他应收款"科目。

（3）核销后收回。已核销的应收账款、其他应收款在以后期间又收回的，按照实际收回金额，借记"应收账款""其他应收款"科目，贷记本科目；同时，借记"银行存款"等科目，贷记"应收账款""其他应收款"科目。

【例3-63】 某事业单位对收回后不需上缴财政的应收款项进行检查,预计可能产生坏账损失4 000元。

借:其他费用　　　　　　　　　　　　　　　　　　　　4 000
　　贷:坏账准备　　　　　　　　　　　　　　　　　　　　4 000

"坏账准备"科目的上述主要账务处理如表3-12所示。

表3-12　　　　　　　　"坏账准备"科目主要账务处理汇总

1219 坏账准备		财务会计	预算会计
(1) 年末全面分析不需上缴财政的应收账款和其他应收款	计提坏账准备,确认坏账损失	借:其他费用 　　贷:坏账准备	—
	冲减坏账准备	借:坏账准备 　　贷:其他费用	—
(2) 逾期无法收回的应收账款和其他应收款	报批后予以核销	借:坏账准备 　　贷:应收账款/ 　　　　其他应收款	—
	已核销不需上缴财政的应收款项在以后期间收回	借:应收账款/其他应收款 　　贷:坏账准备 借:银行存款 　　贷:应收账款/ 　　　　其他应收款	借:资金结存 　　——货币资金等 　　贷:非财政拨款结余等

第二节　存　　货

一、存货的概念与确认条件

存货,是指单位在开展业务活动及其他活动中为耗用或出售而储存的资产,如材料、产品、包装物和低值易耗品等,以及未达到固定资产标准的用具、装具、动植物等。政府储备物资、收储土地等不属于存货核算的范围。

存货同时满足下列条件的,应当予以确认:

(1) 与该存货相关的服务潜力很可能实现或者经济利益很可能流入单位;
(2) 该存货的成本或者价值能够可靠地计量。

二、存货的计量

(一)存货的初始计量

存货的初始计量,即是对各种来源取得的存货确定其入账价值,在此基础上进行有关取得存货业务的日常会计处理。

存货在取得时应当按照成本进行初始计量。

1. 购入存货。单位购入的存货，其成本包括购买价款、相关税费、运输费、装卸费、保险费以及使得存货达到目前场所和状态所发生的归属于存货成本的其他支出。

2. 自行加工。单位自行加工的存货，其成本包括耗用的直接材料费用、发生的直接人工费用和按照一定方法分配的与存货加工有关的间接费用。

3. 委托加工。单位委托加工的存货，其成本包括委托加工前存货成本、委托加工的成本（如委托加工费以及按规定应计入委托加工存货成本的相关税费等）以及使存货达到目前场所和状态所发生的归属于存货成本的其他支出。

4. 置换取得。单位通过置换取得的存货，其成本按照换出资产的评估价值，加上支付的补价或减去收到的补价，加上为换入存货发生的其他相关支出确定。

5. 接受捐赠。单位接受捐赠的存货，其成本按照有关凭据注明的金额加上相关税费、运输费等确定；没有相关凭据可供取得，但按规定经过资产评估的，其成本按照评估价值加上相关税费、运输费等确定；没有相关凭据可供取得，也未经资产评估的，其成本比照同类或类似资产的市场价格加上相关税费、运输费等确定；没有相关凭据且未经资产评估、同类或类似资产的市场价格也无法可靠取得的，按照名义金额入账，相关税费、运输费等计入当期费用。

6. 无偿调入。单位无偿调入的存货，其成本按照调出方账面价值加上相关税费、运输费等确定。

7. 盘盈。单位盘盈的存货，按规定经过资产评估的，其成本按照评估价值确定；未经资产评估的，其成本按照重置成本确定。

8. 不能计入存货成本的费用。下列各项应当在发生时确认为当期费用，不计入存货成本：

（1）非正常消耗的直接材料、直接人工和间接费用。

（2）仓储费用（不包括在加工过程中为达到下一个加工阶段所必需的费用）。

（3）不能归属于使存货达到目前场所和状态所发生的其他支出。

（二）存货的后续计量

存货的后续计量主要解决发出存货价值的确定和期末存货价值的确定，在此基础上进行有关发出存货的日常会计处理和期末调整存货账面价值的会计处理。

1. 发出存货的计价。单位应当根据实际情况采用先进先出法、加权平均法或者个别计价法确定发出存货的实际成本。计价方法一经确定，不得随意变更。

对于性质和用途相似的存货，应当采用相同的成本计价方法确定发出存货的成本。

对于不能替代使用的存货、为特定项目专门购入或加工的存货，通常采用个别计价法确定发出存货的成本。

2. 存货成本的结转。对于已发出的存货，应当将其成本结转为当期费用或者计入相关资产成本。

按规定报经批准对外捐赠、无偿调出的存货,应当将其账面余额予以转销,对外捐赠、无偿调出中发生的归属于捐出方、调出方的相关费用应当计入当期费用。

3. 周转材料的计价。单位应当采用一次转销法或者五五摊销法对低值易耗品、包装物进行摊销,将其成本计入当期费用或者相关资产成本。

4. 发生的存货毁损。对于发生的存货毁损,应当将存货账面余额转销计入当期费用,并将毁损存货处置收入扣除相关处置税费后的差额按规定作应缴款项处理(差额为净收益时)或计入当期费用(差额为净损失时)。

5. 盘亏。存货盘亏造成的损失,按规定报经批准后应当计入当期费用。

三、在途物品的核算

(一) 科目设置

单位应当设置"在途物品"科目,核算单位采购材料等物资时货款已付或已开出商业汇票但尚未验收入库的在途物品的采购成本。本科目可按照供应单位和物品种类进行明细核算。本科目期末借方余额,反映单位在途物品的采购成本。

(二) 在途物品的主要账务处理

1. 已购存货,单到货未到。单位购入材料等物品,结算凭证收到货未到,款已付或已开出商业汇票,按照确定的物品采购成本的金额,借记本科目,按照实际支付的金额,贷记"财政拨款收入""零余额账户用款额度""银行存款"等科目。涉及增值税业务的,相关账务处理参见"应交增值税"科目。

【例3-64】某行政单位购入一批材料,价款24 500元,对方垫付运费500元;款项以零余额账户支付,材料尚未验收入库(平行记账)。

财务会计账务处理:

借:在途物品 25 000
　　贷:零余额账户用款额度 25 000

预算会计账务处理:

借:行政支出 25 000
　　贷:资金结存——零余额账户用款额度 25 000

2. 验货入库。所购材料等物品到达验收入库,按照确定的库存物品成本金额,借记"库存物品"科目,按照物品采购成本金额,贷记本科目,按照使得入库物品达到目前场所和状态所发生的其他支出,贷记"银行存款"等科目。

【例3-65】承〖例3-64〗,材料验收入库(只作财务会计账务处理)。

借:库存物品 25 000

贷：在途物品　　　　　　　　　　　　　　　　　　25 000

"在途物品"科目的上述主要账务处理如表3-13所示。

表3-13　　　　　　　"在途物品"科目主要账务处理汇总

1301 在途物品	财务会计	预算会计
(1) 购入材料等物资，结算凭证收到货未到，款已付或已开出商业汇票	借：在途物品 　贷：财政拨款收入/零余额账户用款额度/银行存款/应付票据等	借：行政支出/事业支出/经营支出等 　贷：财政拨款预算收入/资金结存
(2) 所购材料等物资到达验收入库	借：库存物品 　贷：在途物品	—

四、库存物品的核算

（一）科目设置

单位应当设置"库存物品"科目，核算单位在开展业务活动及其他活动中为耗用或出售而储存的各种材料、产品、包装物、低值易耗品，以及达不到固定资产标准的用具、装具、动植物等的成本。

已完成的测绘、地质勘察、设计成果等的成本，也通过本科目核算。

单位随买随用的零星办公用品，可以在购进时直接列作费用；单位控制的政府储备物资，应当通过"政府储备物资"科目核算；单位受托存储保管的物资和受托转赠的物资，应当通过"受托代理资产"科目核算；单位为在建工程购买和使用的材料物资，应当通过"工程物资"科目核算。以上均不通过本科目核算。

本科目应当按照库存物品的种类、规格、保管地点等进行明细核算。单位储存的低值易耗品、包装物较多的，可以在本科目（低值易耗品、包装物）下按照"在库""在用""摊销"等进行明细核算。

本科目期末借方余额，反映单位库存物品的实际成本。

（二）取得库存物品的主要账务处理

取得的库存物品，应当按照其取得时的成本入账。

1. 外购。外购的库存物品验收入库，按照确定的成本，借记本科目，贷记"财政拨款收入""零余额账户用款额度""银行存款""应付账款""在途物品"等科目。涉及增值税业务的，相关账务处理参见"应交增值税"科目。

【例3-66】某事业单位购入事业用材料一批，含税价31 400元，运杂费500元，已开出银行转账支票付清货款和运费，材料已验收入库（平行记账）。

财务会计账务处理：

借：库存物品 31 900
　　贷：银行存款 31 900

预算会计账务处理：

借：事业支出 31 900
　　贷：资金结存——货币资金（银行存款） 31 900

【例3-67】某事业单位购入物资一批，取得的发票上注明物资价款为20 000元，款项尚未支付，当日收到物资，经验收合格后入库。其后，该单位以银行存款支付了价款20 000元。

①购入物资时（只作财务会计账务处理）。

借：库存物品 20 000
　　贷：应付账款 20 000

②支付价款时（平行记账）。

财务会计账务处理：

借：应付账款 20 000
　　贷：银行存款 20 000

预算会计账务处理：

借：事业支出 20 000
　　贷：资金结存——货币资金（银行存款） 20 000

2. 自制。自制的库存物品加工完成并验收入库，按照确定的成本，借记本科目，贷记"加工物品——自制物品"科目。

3. 委托加工。委托外单位加工收回的库存物品验收入库，按照确定的成本，借记本科目，贷记"加工物品——委托加工物品"等科目。

【例3-68】某行政单位委托丙公司加工一批材料，发出材料成本30 000元，支付加工费6 000元、材料运输费4 000元，款项以银行存款付讫。加工完成后收回验收入库。

①发出材料时（只作财务会计账务处理）

借：加工物品——委托加工物品 30 000
　　贷：库存物品 30 000

②支付加工费和运输费时（平行记账）

财务会计账务处理：

借：加工物品——委托加工物品 10 000
　　贷：银行存款 10 000

预算会计账务处理：

借：行政支出 10 000
　　贷：资金结存——货币资金（银行存款） 10 000

③加工完成验收入库时（只作财务会计账务处理）

借：库存物品 40 000

贷：加工物品——委托加工物品　　　　　　　　　　　　　　40 000

　　4. 接受捐赠。接受捐赠的库存物品验收入库，按照确定的成本，借记本科目，按照发生的相关税费、运输费等，贷记"银行存款"等科目，按照其差额，贷记"捐赠收入"科目。

　　接受捐赠的库存物品按照名义金额入账的，按照名义金额，借记本科目，贷记"捐赠收入"科目；同时，按照发生的相关税费、运输费等，借记"其他费用"科目，贷记"银行存款"等科目。

　　【例3-69】某行政单位接受乙单位捐赠一批材料，该批材料有关凭证注明金额为120 000元，另以银行存款支付相关税费、运输费15 000元（平行记账）。

　　财务会计账务处理：

　　借：库存物品　　　　　　　　　　　　　　　　　　　　135 000
　　　　贷：银行存款　　　　　　　　　　　　　　　　　　　15 000
　　　　　　捐赠收入　　　　　　　　　　　　　　　　　　120 000

　　预算会计账务处理：

　　借：其他支出　　　　　　　　　　　　　　　　　　　　 15 000
　　　　贷：资金结存——货币资金（银行存款）　　　　　　　15 000

　　5. 无偿调入。无偿调入的库存物品验收入库，按照确定的成本，借记本科目，按照发生的相关税费、运输费等，贷记"银行存款"等科目，按照其差额，贷记"无偿调拨净资产"科目。

　　6. 置换换入。置换换入的库存物品验收入库，按照确定的成本，借记本科目，按照换出资产的账面余额，贷记相关资产科目（换出资产为固定资产、无形资产的，还应当借记"固定资产累计折旧""无形资产累计摊销"科目），按照置换过程中发生的其他相关支出，贷记"银行存款"等科目，按照借贷方差额，借记"资产处置费用"科目或贷记"其他收入"科目。涉及补价的，分别以下情况处理：

　　（1）支付补价的，按照确定的成本，借记本科目，按照换出资产的账面余额，贷记相关资产科目（换出资产为固定资产、无形资产的，还应当借记"固定资产累计折旧""无形资产累计摊销"科目），按照支付的补价和置换过程中发生的其他相关支出，贷记"银行存款"等科目，按照借贷方差额，借记"资产处置费用"科目或贷记"其他收入"科目。

　　（2）收到补价的，按照确定的成本，借记本科目，按照收到的补价，借记"银行存款"等科目，按照换出资产的账面余额，贷记相关资产科目（换出资产为固定资产、无形资产的，还应当借记"固定资产累计折旧""无形资产累计摊销"科目），按照置换过程中发生的其他相关支出，贷记"银行存款"等科目，按照补价扣减其他相关支出后的净收入，贷记"应缴财政款"科目，按照借贷方差额，借记"资产处置费用"科目或贷记"其他收入"科目。

　　【例3-70】某行政单位与丙单位协商，以一批评估价值为135 000元的材料与丙单位材料置换。经双方商定，该行政单位以银行存款支付了15 000元补价，另支付材料运输费3 000元，假定交易不考虑相关税费（平行记账）。

财务会计账务处理：

借：库存物品——换入材料　　　　　　　　　　　153 000
　　贷：库存物品——换出材料　　　　　　　　　　135 000
　　　　银行存款　　　　　　　　　　　　　　　　 18 000

预算会计账务处理：

借：其他支出　　　　　　　　　　　　　　　　　　18 000
　　贷：资金结存——货币资金（银行存款）　　　　18 000

【例3-71】某行政单位经批准以其1部公务轿车置换另一单位的办公用品（不符合固定资产确认标准）一批，办公用品已验收入库。该轿车账面余额20万元，已计提折旧10万元，评估价值为12万元。置换过程中该单位收到对方支付的补价1万元已存入银行，另外以现金支付运费5 000元。不考虑其他因素（只作财务会计账务处理）。

借：库存物品（120 000-10 000+5 000）　　　　　115 000
　　固定资产累计折旧　　　　　　　　　　　　　 100 000
　　银行存款　　　　　　　　　　　　　　　　　　10 000
　　贷：固定资产　　　　　　　　　　　　　　　　200 000
　　　　库存现金　　　　　　　　　　　　　　　　 5 000
　　　　应缴财政款（10 000-5 000）　　　　　　　 5 000
　　　　其他收入　　　　　　　　　　　　　　　　15 000

（三）发出库存物品的主要账务处理

库存物品在发出时分别以下情况处理。

1. 领用。单位开展业务活动等领用、按照规定自主出售发出或加工发出库存物品，按照领用、出售等发出物品的实际成本，借记"业务活动费用""单位管理费用""经营费用""加工物品"等科目，贷记本科目。

采用一次转销法摊销低值易耗品、包装物的，在首次领用时将其账面余额一次性摊销计入有关成本费用，借记有关科目，贷记本科目。

采用五五摊销法摊销低值易耗品、包装物的，首次领用时，将其账面余额的50%摊销计入有关成本费用，借记有关科目，贷记本科目；使用完时，将剩余的账面余额转销计入有关成本费用，借记有关科目，贷记本科目。

【例3-72】某事业单位在事业活动中领用材料6 400元（只作财务会计账务处理）。

借：业务活动费用　　　　　　　　　　　　　　　　6 400
　　贷：库存物品　　　　　　　　　　　　　　　　 6 400

2. 对外出售。经批准对外出售的库存物品（不含可自主出售的库存物品）发出时，按照库存物品的账面余额，借记"资产处置费用"科目，贷记本科目；同时，按照收到的价款，借记"银行存款"等科目，按照处置过程中发生的相关费用，贷记"银行存款"等科目，按照其差额，贷记"应缴财政款"科目。

【例3-73】某行政单位经批准对外出售一批材料。其成本为18 000元，售价为20 000元，材料已经发出，款项已经收到并存入银行（只作财务会计账务处理）。

借：资产处置费用 18 000
　　贷：库存物品 18 000
借：银行存款 20 000
　　贷：应缴财政款 20 000

3. 对外捐赠。经批准对外捐赠的库存物品发出时，按照库存物品的账面余额和对外捐赠过程中发生的归属于捐出方的相关费用合计数，借记"资产处置费用"科目，按照库存物品账面余额，贷记本科目，按照对外捐赠过程中发生的归属于捐出方的相关费用，贷记"银行存款"等科目。

【例3-74】某行政单位向西部某单位捐赠一批材料，价值为50 000元；对外捐赠手续已经办妥，材料已出库，另以银行存款支付运费2 000元（平行记账）。

财务会计账务处理：
借：资产处置费用 52 000
　　贷：库存物品 50 000
　　　　银行存款 2 000
预算会计账务处理：
借：其他支出 2 000
　　贷：资金结存——货币资金（银行存款） 2 000

4. 无偿调出。经批准无偿调出的库存物品发出时，按照库存物品的账面余额，借记"无偿调拨净资产"科目，贷记本科目；同时，按照无偿调出过程中发生的归属于调出方的相关费用，借记"资产处置费用"科目，贷记"银行存款"等科目。

5. 置换换出。经批准置换换出的库存物品，参照本科目有关置换换入库存物品的规定进行账务处理。

（四）库存物品的期末处理

单位应当定期对库存物品进行清查盘点，每年至少盘点一次。对于发生的库存物品盘盈、盘亏或者报废、毁损，应当先记入"待处理财产损溢"科目，按照规定报经批准后及时进行后续账务处理。

1. 盘盈。盘盈的库存物品，其成本按照有关凭据注明的金额确定；没有相关凭据但按照规定经过资产评估的，其成本按照评估价值确定；没有相关凭据也未经过资产评估的，其成本按照重置成本确定。如无法采用上述方法确定盘盈的库存物品成本，按照名义金额入账。

盘盈的库存物品，按照确定的入账成本，借记本科目，贷记"待处理财产损溢"科目。

2. 盘亏或者毁损、报废。盘亏或者毁损、报废的库存物品，按照待处理库存物品的账面余额，借记"待处理财产损溢"科目，贷记本科目。

属于增值税一般纳税人的单位，若因非正常原因导致的库存物品盘亏或毁损，还应当将与该库存物品相关的增值税进项税额转出，按照其增值税进项税额，借记"待处理财产损溢"科目，贷记"应交增值税——应交税金（进项税额转出）"科目。

【例3-75】某行政单位在月末财产清查中，发现材料A盘亏1 800元，报经批准后予以处理；材料B盘盈500元，经查属于材料收发计量方面的错误（只作财务会计账务处理）。

①盘亏的材料

借：待处理财产损溢　　　　　　　　　　　　　　　1 800
　　贷：库存物品　　　　　　　　　　　　　　　　　　　1 800
借：资产处置费用　　　　　　　　　　　　　　　　1 800
　　贷：待处理财产损溢　　　　　　　　　　　　　　　　1 800

②盘盈的材料

借：库存物品　　　　　　　　　　　　　　　　　　500
　　贷：待处理财产损溢　　　　　　　　　　　　　　　　500
借：待处理财产损溢　　　　　　　　　　　　　　　500
　　贷：业务活动费用　　　　　　　　　　　　　　　　　500

"库存物品"科目的上述主要账务处理如表3-14所示。

表3-14　　　　　　　　"库存物品"科目主要账务处理汇总

	1302 库存物品	财务会计	预算会计
（1）取得库存物品	外购的库存物品验收入库	借：库存物品 贷：财政拨款收入/财政应返还额度/零余额账户用款额度/银行存款/应付账款等	借：行政支出/事业支出/经营支出等 贷：财政拨款预算收入/资金结存
	自制的库存物品加工完成、验收入库	借：库存物品——相关明细科目 贷：加工物品——自制物品	—
	委托外单位加工收回的库存物品	借：库存物品——相关明细科目 贷：加工物品——委托加工物品	
	置换换入的库存物品	借：库存物品（换出资产评估价值＋其他相关支出） 固定资产累计折旧/无形资产累计摊销 资产处置费用（借差） 贷：库存物品/固定资产/无形资产等（账面余额） 银行存款等（其他相关支出） 其他收入（贷差）	借：其他支出（实际支付的其他相关支出） 贷：资金结存

续表

1302 库存物品			财务会计	预算会计
(1) 取得库存物品	涉及补价的	①支付补价的	借：库存物品（换出资产评估价值＋其他相关支出＋补价） 　　固定资产累计折旧/无形资产累计摊销 　　资产处置费用（借差） 贷：库存物品/固定资产/无形资产等（账面余额） 　　银行存款等（其他相关支出＋补价） 　　其他收入（贷差）	借：其他支出（实际支付的补价和其他相关支出） 贷：资金结存
		②收到补价的	借：库存物品（换出资产评估价值＋其他相关支出－补价） 　　银行存款等（补价） 　　固定资产累计折旧/无形资产累计摊销 　　资产处置费用（借差） 贷：库存物品/固定资产/无形资产等（账面余额） 　　银行存款等（其他相关支出） 　　应缴财政款（补价－其他相关支出） 　　其他收入（贷差）	借：其他支出（其他相关支出大于收到的补价的差额） 贷：资金结存
	接受捐赠的库存物品		借：库存物品（按照确定的成本） 贷：银行存款等（相关税费） 　　捐赠收入	借：其他支出（实际支付的相关税费） 贷：资金结存
	无偿调入的库存物品		借：库存物品（按照确定的成本） 贷：银行存款等（相关税费） 　　无偿调拨净资产	借：其他支出（实际支付的相关税费） 贷：资金结存
	按照名义金额入账的接受捐赠、无偿调入的库存物品及发生的相关税费、运输费等		借：库存物品（名义金额） 贷：捐赠收入（接受捐赠）/无偿调拨净资产（无偿调入） 借：其他费用 贷：银行存款等	借：其他支出 贷：资金结存
(2) 发出库存物品	开展业务活动、按照规定自主出售或加工物品等领用、发出库存物品时		借：业务活动费用/单位管理费用/经营费用/加工物品等 贷：库存物品（按照领用、发出成本）	—
	经批准对外捐赠的库存物品发出时		借：资产处置费用 贷：库存物品（账面余额） 　　银行存款（归属于捐出方的相关费用）	借：其他支出（实际支付的相关费用） 贷：资金结存

续表

1302 库存物品		财务会计	预算会计
(2) 发出库存物品	经批准无偿调出的库存物品发出时	借：无偿调拨净资产 　贷：库存物品（账面余额） 借：资产处置费用 　贷：银行存款等（归属于调出方的相关费用）	借：其他支出（实际支付的相关费用） 　贷：资金结存
	经批准对外出售（自主出售除外）的库存物品发出时	借：资产处置费用 　贷：库存物品（账面余额） 借：银行存款等（收到的价款） 　贷：银行存款等（发生的相关税费） 　　应缴财政款	—
	经批准置换换出的库存物品	参照置换换入"库存物品"的处理	
(3) 库存物品定期盘点及毁损、报废	盘盈的库存物品	借：库存物品 　贷：待处理财产损溢	—
	盘亏或者毁损、报废的库存物品转入待处理资产	借：待处理财产损溢 　贷：库存物品（账面余额）	—
	增值税一般纳税人购进的非自用材料发生盘亏或者毁损、报废的	借：待处理财产损溢 　贷：应交增值税——应交税金（进项税额转出）	—

五、加工物品的核算

（一）科目设置

单位应当设置"加工物品"科目，核算单位自制或委托外单位加工的各种物品的实际成本。未完成的测绘、地质勘查、设计成果的实际成本，也通过本科目核算。本科目应当设置"自制物品""委托加工物品"两个一级明细科目，并按照物品类别、品种、项目等设置明细账，进行明细核算。本科目"自制物品"一级明细科目下应当设置"直接材料""直接人工""其他直接费用"等二级明细科目归集自制物品发生的直接材料、直接人工（专门从事物品制造人员的人工费）等直接费用；对于自制物品发生的间接费用，应当在本科目"自制物品"一级明细科目下单独设置"间接费用"二级明细科目予以归集，期末，再按照一定的分配标准和方法分配计入有关物品的成本。本科目期末借方余额，反映单位自制或委托外单位加工但尚未完工的各种物品的实际成本。

(二) 加工物品的主要账务处理

1. 自制物品。

(1) 为自制物品领用材料等,按照材料成本,借记本科目(自制物品——直接材料),贷记"库存物品"科目。

(2) 专门从事物品制造的人员发生的直接人工费用,按照实际发生的金额,借记本科目(自制物品——直接人工),贷记"应付职工薪酬"科目。

(3) 为自制物品发生的其他直接费用,按照实际发生的金额,借记本科目(自制物品——其他直接费用),贷记"零余额账户用款额度""银行存款"等科目。

(4) 为自制物品发生的间接费用,按照实际发生的金额,借记本科目(自制物品——间接费用),贷记"零余额账户用款额度""银行存款""应付职工薪酬""固定资产累计折旧""无形资产累计摊销"等科目。

间接费用一般按照生产人员工资、生产人员工时、机器工时、耗用材料的数量或成本、直接费用(直接材料和直接人工)或产品产量等进行分配。单位可根据具体情况自行选择间接费用的分配方法。分配方法一经确定,不得随意变更。

(5) 已经制造完成并验收入库的物品,按照所发生的实际成本(包括耗用的直接材料费用、直接人工费用、其他直接费用和分配的间接费用),借记"库存物品"科目,贷记本科目(自制物品)。

2. 委托加工物品。

(1) 发给外单位加工的材料等,按照其实际成本,借记本科目(委托加工物品),贷记"库存物品"科目。

(2) 支付加工费、运输费等费用,按照实际支付的金额,借记本科目(委托加工物品),贷记"零余额账户用款额度""银行存款"等科目。涉及增值税业务的,相关账务处理参见"应交增值税"科目。

(3) 委托加工完成的材料等验收入库,按照加工前发出材料的成本和加工、运输成本等,借记"库存物品"等科目,贷记本科目(委托加工物品)。

相关例题见"库存物品"科目。

"加工物品"科目的上述主要账务处理如表3-15所示。

表3-15 "加工物品"科目主要账务处理汇总

1303 加工物品		财务会计	预算会计
(1)	自制物品	为自制物品领用材料时	借:加工物品——自制物品(直接材料) 贷:库存物品(相关明细科目)	—
		专门从事物资制造的人员发生的直接人工费用	借:加工物品——自制物品(直接人工) 贷:应付职工薪酬	—

续表

1303 加工物品		财务会计	预算会计
(1)	自制物品	为自制物品发生其他直接费用和间接费用	借：加工物品——自制物品（其他直接费用、间接费用） 贷：财政拨款收入/零余额账户用款额度/银行存款等	借：事业支出/经营支出等实际支付金额 贷：财政拨款预算收入/资金结存
		自制加工完成、验收入库	借：库存物品（相关明细科目） 贷：加工物品——自制物品（直接材料、直接人工、其他直接费用、间接费用）	—
(2)	委托加工物品	发给外单位加工的材料	借：加工物品——委托加工物品 贷：库存物品（相关明细科目）	—
		支付加工费用	借：加工物品——委托加工物品 贷：财政拨款收入/零余额账户用款额度/银行存款等	借：行政支出/事业支出/经营支出等 贷：财政拨款预算收入/资金结存
		委托加工完成的物品验收入库	借：库存物品（相关明细科目） 贷：加工物品——委托加工物品	—

六、存货的披露

单位应当在附注中披露与存货有关的下列信息：
(1) 各类存货的期初和期末账面余额。
(2) 确定发出存货成本所采用的方法。
(3) 以名义金额计量的存货名称、数量，以及以名义金额计量的理由。
(4) 其他有关存货变动的重要信息。

第三节 投 资

一、投资的概念与分类

投资有广义与狭义之分，广义的投资是指为了获得未来报酬或收益而预先垫支资本及货币的各种行为，包括对内投资和对外投资。会计学中的投资一般是指对外投资，是狭义的投资。行政事业单位的投资，是指按规定以货币资金、实物资产、无形资产等方式形成的债权或股权投资。

投资分为短期投资和长期投资。短期投资是指取得的持有时间不超过 1 年

(含1年）的投资。长期投资是指取得的除短期投资以外的债权和股权性质的投资，分为长期债权投资和长期股权投资。

二、短期投资

短期投资在取得时应当按照实际成本（包括购买价款和相关税费，下同）作为初始投资成本。实际支付价款中包含的已到付息期但尚未领取的利息，应当于收到时冲减短期投资成本。

短期投资持有期间的利息应当于实际收到时确认为投资收益。

单位按规定出售或到期收回短期投资，应当将收到的价款扣除短期投资账面余额和相关税费后的差额计入投资损益。

（一）科目设置

事业单位应当设置"短期投资"科目，核算事业单位按照规定取得的、持有时间不超过1年（含1年）的投资。本科目应当按照投资的种类等进行明细核算。本科目期末借方余额，反映事业单位持有短期投资的成本。

（二）短期投资的主要账务处理

1. 取得短期投资。取得短期投资时，按照确定的投资成本，借记本科目，贷记"银行存款"等科目。

收到取得投资时实际支付价款中包含的已到付息期但尚未领取的利息，按照实际收到的金额，借记"银行存款"科目，贷记本科目。

【例3-76】某事业单位购入1年期的国债20 000元，该国债的年利率为3.56%（平行记账）。

财务会计账务处理：
借：短期投资   20 000
    贷：银行存款   20 000
预算会计账务处理：
借：投资支出   20 000
    贷：资金结存——货币资金（银行存款）   20 000

2. 收到持有期间的利息。收到短期投资持有期间的利息，按照实际收到的金额，借记"银行存款"科目，贷记"投资收益"科目。

3. 出售或到期。出售短期投资或到期收回短期投资本息，按照实际收到的金额，借记"银行存款"科目，按照出售或收回短期投资的账面余额，贷记本科目，按照其差额，借记或贷记"投资收益"科目。涉及增值税业务的，相关账务处理参见"应交增值税"科目。

【例3-77】承〖例3-76〗，该事业单位两个月后将该批国债全部转让，收到款项20 200元（平行记账）。

财务会计账务处理：
借：银行存款   20 200
    贷：短期投资   20 000
        投资收益   200
预算会计账务处理：
借：资金结存——货币资金（银行存款）   20 200
    贷：投资支出   20 000
        投资预算收益   200

"短期投资"科目的上述主要账务处理汇总如表3-16所示。

表3-16　　　　　　"短期投资"科目主要账务处理汇总

1101 短期投资		财务会计	预算会计
(1) 取得短期投资	取得短期投资	借：短期投资 　贷：银行存款等	借：投资支出 　贷：资金结存——货币资金
	收到购买时已到付息期但尚未领取的利息	借：银行存款 　贷：短期投资	借：资金结存——货币资金 　贷：投资支出
(2) 短期投资持有期间收到利息		借：银行存款 　贷：投资收益	借：资金结存——货币资金 　贷：投资预算收益
(3) 出售短期投资或到期收回短期投资（国债）本息		借：银行存款（实际收到的金额） 　　投资收益（借差） 　贷：短期投资（账面余额） 　　投资收益（贷差）	借：资金结存——货币资金（实收款） 　　投资预算收益（实收款小于投资成本的差额） 　贷：投资支出（出售或收回当年投资的）/其他结余（出售或收回以前年度投资的） 　　投资预算收益（实收款大于投资成本的差额）

三、长期股权投资

长期股权投资是通过取得被投资单位的股权，成为被投资单位的股东，按所持有股份的比例享有权力，并承担责任的一种投资。长期股权投资是核算单位按规定取得的持有时间超过1年（不含1年）的股权性质的投资。

（一）科目设置

事业单位应当设置"长期股权投资"科目，核算事业单位按照规定取得的持有时间超过1年（不含1年）的股权性质的投资。本科目应当按照被投资单位和长期股权投资取得方式等进行明细核算。长期股权投资采用权益法核算的，还应当按照"成本""损益调整""其他权益变动"设置明细科目,进行明细核算。本科目期末借方余额,反映事业单位持有的长期股权投资的价值。

(二) 长期股权投资的初始确认与计量

长期股权投资在取得时应当按照其实际成本作为初始投资成本。

1. 购入。以支付现金取得的长期股权投资,按照实际支付的全部价款(包括购买价款和相关税费)确定为初始投资成本,借记本科目或本科目(成本),将实际支付的价款中包含的已宣告但尚未发放的现金股利单独确认,借记"应收股利"科目,按照实际支付的全部价款,贷记"银行存款"等科目。

实际收到取得投资时所支付价款中包含的已宣告但尚未发放的现金股利时,借记"银行存款"科目,贷记"应收股利"科目。

【例3-78】某事业单位于10月28日以每股15元价格购入B公司普通股股票1 000 000股,另付交易手续费112 500元。B公司于10月20日宣告每10股派3元现金股利,除权日为10月31日,并定于11月10日按10月31日股东名册支付。

①10月28日购入时(平行记账)。

财务会计账务处理:

借:长期股权投资	14 812 500	
应收股利	300 000	
贷:银行存款		15 112 500

预算会计账务处理:

借:投资支出	15 112 500	
贷:资金结存——货币资金(银行存款)		15 112 500

②11月10日收到股利时(平行记账)。

财务会计账务处理:

借:银行存款	300 000	
贷:应收股利		300 000

预算会计账务处理:

借:资金结存——货币资金(银行存款)	300 000	
贷:投资支出		300 000

2. 置换取得。以现金以外的其他资产置换取得的长期股权投资,其成本按照换出资产的评估价值加上支付的补价或减去收到的补价,加上换入长期股权投资发生的其他相关支出确定。参照"库存物品"科目中置换取得库存物品的相关规定进行账务处理。

3. 以无形资产投资。以未入账的无形资产取得的长期股权投资,按照评估价值加相关税费作为投资成本,借记本科目,按照发生的相关税费,贷记"银行存款""其他应交税费"等科目,按其差额,贷记"其他收入"科目。

4. 接受捐赠。接受捐赠的长期股权投资,按照有关凭据注明的金额加上相关税费确定为投资成本;没有相关凭据可供取得,但按规定经过资产评估的,其成本按照评估价值加上相关税费确定;没有相关凭据可供取得也未经资产评估的,其成本比照同类或类似资产的市场价格加上相关税费确定。借记本科目或本科目(成本),按照发生的相关税费,贷记"银行存款"等科目,按照其差额,贷记"捐赠收入"科目。

5. 无偿调入。无偿调入的长期股权投资,按照调出方账面价值加上相关税费确定为投资成本,借记本科目或本科目(成本),按照发生的相关税费,贷记"银行存款"等科目,按照其差额,贷记"无偿调拨净资产"科目。

6. 科技成果转化取得。事业单位以其持有的科技成果取得的长期股权投资,应当按照评估价值加相关税费作为投资成本。事业单位按规定通过协议定价、在技术交易市场挂牌交易、拍卖等方式确定价格的,应当按照以上方式确定的价格加相关税费作为投资成本。

(三) 长期股权投资的后续确认与计量

长期股权投资持有期间应当按照规定采用成本法或权益法进行核算。

1. 长期股权投资的成本法。成本法,是指投资按照投资成本计量的方法。当投资单位无权决定被投资单位的财务和经营政策或无权参与被投资单位的财务和经营政策决策时,应当采用成本法进行核算。

在成本法下,长期股权投资的账面余额通常保持不变,但追加或收回投资时,应当相应调整其账面余额。长期股权投资持有期间,被投资单位宣告分派的现金股利或利润,投资单位应当按照宣告分派的现金股利或利润中属于其应享有的份额确认为投资收益。

被投资单位宣告发放现金股利或利润时,按照应收的金额,借记"应收股利"科目,贷记"投资收益"科目。

收到现金股利或利润时,不需要上缴财政的按照实际收到的金额,借记"银行存款"等科目,贷记"应收股利"科目。

事业单位按规定需将长期股权投资持有期间取得的投资收益上缴本级财政的,收到现金股利或利润时,借记"银行存款"等科目,贷记"应缴财政款"科目,同时按照此前确定的应收股利金额,借记"投资收益"科目或"累计盈余"科目(此前确认的投资收益已经结转的),贷记"应收股利"科目;将取得的现金股利或利润上缴财政时,借记"应缴财政款"科目,贷记"银行存款"等科目。

2. 长期股权投资的权益法。权益法,是指投资最初以投资成本计量,以后根据投资单位在被投资单位所享有的所有者权益份额的变动对投资的账面余额进行调整的方法。长期股权投资在持有期间通常应当采用权益法进行核算,除在被投资单位无参与权、决定权的投资外。如果被投资单位编制合并财务报表,在持有投资期间,应当以被投资单位合并财务报表中归属于母公司的净利润和其他所有者权益变动为基础,计算确定应当调整长期股权投资账面余额的金额,并进行相关会计处理。

(1) 按份额调整净损益。投资单位取得长期股权投资后，对于被投资单位所有者权益的变动，按照应享有或应分担的被投资单位实现的净损益的份额，确认为投资损益，同时调整长期股权投资的账面余额。

被投资单位实现净利润的，按照应享有的份额，借记本科目（损益调整），贷记"投资收益"科目。

被投资单位发生净亏损的，按照应分担的份额，借记"投资收益"科目，贷记本科目（损益调整），但应当以长期股权投资的账面余额减记至零为限，投资单位负有承担额外损失义务的除外。

发生亏损的被投资单位，以后年度又实现净利润的，按照收益分享额弥补未确认的亏损分担额等后的金额，恢复确认投资收益，借记本科目（损益调整），贷记"投资收益"科目。

(2) 分派现金股利或利润。投资单位取得长期股权投资后，按照被投资单位宣告分派的现金股利或利润计算应享有的份额，确认为应收股利，借记"应收股利"科目，同时减少长期股权投资的账面余额，贷记本科目（损益调整）。

事业单位按规定需上缴本级财政的，收到现金股利或利润时，借记"银行存款"等科目，贷记"应缴财政款"科目，同时按照此前确定的应收股利金额，借记"投资收益"科目或"累计盈余"科目（此前确认的投资收益已经结转的），贷记"应收股利"科目；将取得的现金股利或利润上缴财政时，借记"应缴财政款"科目，贷记"银行存款"等科目。

(3) 净损益和利润分配以外的所有者权益变动。投资单位取得长期股权投资后，被投资单位除净损益和利润分配以外的所有者权益发生变动的，也要按照应享有或应分担的份额确认为净资产，借记或贷记"权益法调整"科目，同时调整长期股权投资的账面余额，贷记或借记本科目（其他权益变动）。

【例3-79】某事业单位在20×7年初以240 000元的取得成本购进B公司全部普通股股票的30%，该事业单位有权参与B公司的财务与经营政策决策，购进时B公司的所有者权益总额为800 000元。B公司20×7年和20×8年净利润及股利分派记录如下：

年份	净利润	分派利润
20×7	16 000	25 600
20×8	(6 400)	6 400

①购入股票时（平行记账）：

财务会计账务处理：

借：长期股权投资——成本　　　　　　　　　　　　240 000
　　　贷：银行存款　　　　　　　　　　　　　　　　240 000

预算会计账务处理：

借：投资支出　　　　　　　　　　　　　　　　　　240 000

贷：资金结存——货币资金（银行存款）　　　　　　　240 000
　②20×7年确认投资收益＝16 000×30%＝4 800（元）（只作财务会计账务处理）
　　借：长期股权投资——损益调整　　　　　　　　　　　4 800
　　　贷：投资收益　　　　　　　　　　　　　　　　　　4 800
　③20×7年收到现金股利＝25 600×30%＝7 680（元）
　财务会计账务处理：
　　借：银行存款　　　　　　　　　　　　　　　　　　　7 680
　　　贷：长期股权投资——损益调整　　　　　　　　　　7 680
　预算会计账务处理：
　　借：资金结存——货币资金（银行存款）　　　　　　　7 680
　　　贷：投资预算收益　　　　　　　　　　　　　　　　7 680
　④20×8年确认投资损失＝6 400×30%＝1 920（元）（只作财务会计账务处理）
　　借：投资收益　　　　　　　　　　　　　　　　　　　1 920
　　　贷：长期股权投资——损益调整　　　　　　　　　　1 920
　⑤20×8年收到现金股利＝6 400×30%＝1 920（元）（平行记账）
　财务会计账务处理：
　　借：银行存款　　　　　　　　　　　　　　　　　　　1 920
　　　贷：长期股权投资——损益调整　　　　　　　　　　1 920
　预算会计账务处理：
　　借：资金结存——货币资金（银行存款）　　　　　　　1 920
　　　贷：投资预算收益　　　　　　　　　　　　　　　　1 920
　3. 成本法与权益法的转换。
　（1）权益法改成本法。投资单位因处置部分长期股权投资等原因无权再决定被投资单位的财务和经营政策或者参与被投资单位的财务和经营政策决策的，应当对处置后的剩余股权投资改按成本法核算，并以该剩余股权投资在权益法下的账面余额作为按照成本法核算的初始投资成本，即本科目账面余额。

　　其后，被投资单位宣告分派现金股利或利润时，属于已计入投资账面余额的部分，作为成本法下长期股权投资成本的收回，冲减长期股权投资的账面余额。按照应分得的现金股利或利润份额，借记"应收股利"科目，贷记本科目。

　（2）成本法改为权益法。投资单位因追加投资等原因对长期股权投资的核算从成本法改为权益法的，应当自有权决定被投资单位的财务和经营政策或者参与被投资单位的财务和经营政策决策时，按成本法下长期股权投资的账面余额加上追加投资的成本作为按照权益法核算的初始投资成本。

　　成本法改权益法时，应当按照成本法下本科目账面余额与追加投资成本的合计金额，借记本科目（成本），按照成本法下本科目账面余额，贷记本科目，按照追加投资的成本，贷记"银行存款"等科目。

　　【例3-80】某事业单位于20×7年1月1日以350万元取得B上市公司5%

的股权，无权参与 B 公司的财务与经营政策决策。20×8 年 2 月 1 日，该事业单位又斥资 2 500 万元自 C 公司取得 B 公司另外 30% 股权，从而有权决定 B 公司的财务与经营决策。

20×8 年 2 月 1 日财务会计账务处理：

借：长期股权投资——成本　　　　　　　　　　28 500 000
　　贷：长期股权投资　　　　　　　　　　　　　　　3 500 000
　　　　银行存款　　　　　　　　　　　　　　　　25 000 000

预算会计账务处理：

借：投资支出　　　　　　　　　　　　　　　　25 000 000
　　贷：资金结存——货币资金（银行存款）　　　　25 000 000

（四）长期股权投资处置的确认与计量

按照规定报经批准处置长期股权投资，应当冲减长期股权投资的账面余额，并按规定将处置价款扣除相关税费后的余额作应缴款项处理，或者按规定将处置价款扣除相关税费后的余额与长期股权投资账面余额的差额计入当期投资损益。

1. 出售或转让。按照规定报经批准出售（转让）长期股权投资时，应当区分长期股权投资取得方式分别进行处理。

（1）处置购入的长期股权投资。处置以现金取得的长期股权投资，按照实际取得的价款，借记"银行存款"等科目，按照被处置长期股权投资的账面余额，贷记本科目，按照尚未领取的现金股利或利润，贷记"应收股利"科目，按照发生的相关税费等支出，贷记"银行存款"等科目，按照借贷方差额，借记或贷记"投资收益"科目。

（2）处置以科技成果转化形成的长期股权投资。处置以科技成果转化形成的长期股权投资，按规定所取得的收入全部留归本单位的，应当按照实际取得的价款，借记"银行存款"等科目，按照被处置长期股权投资的账面余额，贷记"长期股权投资"科目，按照尚未领取的现金股利或利润，贷记"应收股利"科目，按照发生的相关税费等支出，贷记"银行存款"等科目，按照借贷方差额，借记或贷记"投资收益"科目；同时，在预算会计中，按照实际取得的价款，借记"资金结存——货币资金"科目，按照处置时确认的投资收益金额，贷记"投资预算收益"科目，按照贷方差额，贷记"其他预算收入"科目。

（3）处置以现金以外的其他资产取得的（不含科技成果转化形成的）长期股权投资。按照被处置长期股权投资的账面余额，借记"资产处置费用"科目，贷记本科目；同时，按照实际取得的价款，借记"银行存款"等科目，按照尚未领取的现金股利或利润，贷记"应收股利"科目，按照发生的相关税费等支出，贷记"银行存款"等科目，按照贷方差额，贷记"应缴财政款"科目。按照规定将处置时取得的投资收益纳入本单位预算管理的，应当按照所取得价款大于被处置长期股权投资账面余额、应收股利账面余额和相关税费支出合计的差额，贷记"投资收益"科目。如果按权益法核算,在处置时,按规定将取得的投资收益(此处的投资收益,是指长期股权投资处置价款扣除长期股权投资成本和相关税费后的差额)纳入本单位预算管理的,分别按以下两种情况处理。

①长期股权投资的账面余额大于其投资成本的,应当按照被处置长期股权投资的成本,借记"资产处置费用"科目,贷记"长期股权投资——成本"科目;同时,按照实际取得的价款,借记"银行存款"等科目,按照尚未领取的现金股利或利润,贷记"应收股利"科目,按照发生的相关税费等支出,贷记"银行存款"等科目,按照长期股权投资的账面余额减去其投资成本的差额,贷记"长期股权投资——损益调整、其他权益变动"科目(以上明细科目为贷方余额的,借记相关明细科目),按照实际取得的价款与被处置长期股权投资账面余额、应收股利账面余额和相关税费支出合计数的差额,贷记或借记"投资收益"科目,按照贷方差额,贷记"应缴财政款"科目。

②长期股权投资的账面余额小于或等于其投资成本的,应当按照被处置长期股权投资的账面余额,借记"资产处置费用"科目,按照长期股权投资各明细科目的余额,贷记"长期股权投资——成本"科目,贷记或借记"长期股权投资——损益调整、其他权益变动"科目;同时,按照实际取得的价款,借记"银行存款"等科目,按照尚未领取的现金股利或利润,贷记"应收股利"科目,按照发生的相关税费等支出,贷记"银行存款"等科目,按照实际取得的价款大于被处置长期股权投资成本、应收股利账面余额和相关税费支出合计数的差额,贷记"投资收益"科目,按照贷方差额,贷记"应缴财政款"科目。

2. 破产清算。因被投资单位破产清算等原因,有确凿证据表明长期股权投资发生损失,按照规定报经批准后予以核销时,按照予以核销的长期股权投资的账面余额,借记"资产处置费用"科目,贷记本科目。

3. 置换转出。报经批准置换转出长期股权投资时,参照"库存物品"科目中置换换入库存物品的规定进行账务处理。

4. 处置权益法核算的长期股权投资。采用权益法核算的长期股权投资,因被投资单位除净损益和利润分配以外的所有者权益变动而将应享有的份额计入净资产的,处置该项投资时,还应当将原计入净资产的相应部分转入当期投资损益。因此,除进行前述长期股权投资处置的账务处理外,还应结转原直接计入净资产的相关金额,借记或贷记"权益法调整"科目,贷记或借记"投资收益"科目。

事业单位按规定应将长期股权投资持有期间取得的投资净收益以及以现金取得的长期股权投资处置时取得的净收入(处置价款扣除投资本金和相关税费后的净额)上缴本级财政并纳入一般公共预算管理的,在应收或收到上述有关款项时不确认投资收益,应通过"应缴财政款"科目核算。

【例3-81】某事业单位去年以现金取得了B企业40%的股权,今年12月20日,该事业单位决定出售25%,出售时事业单位账面上对B企业长期股权投资的构成为:成本1 800万元,损益调整480万元,其他权益变动300万元。出售取得价款 705 万元（平行记账）。

财务会计账务处理：

借：银行存款 7 050 000
　　贷：长期股权投资——成本（1 800×25%） 4 500 000
　　　　　　　　　　——损益调整（480×25%） 1 200 000
　　　　　　　　　　——其他权益变动（300×25%） 750 000
　　　　　　投资收益 600 000
借：权益法调整 750 000
　　贷：投资收益 750 000

预算会计账务处理：

借：资金结存——货币资金（银行存款） 7 050 000
　　贷：其他结余 4 500 000
　　　　投资预算收益 2 550 000

【例3-82】某事业单位20×8年1月1日对B企业长期股权投资的账面价值为450 000元，该事业单位持有B企业的股份为75 000股，并按权益法核算该项长期股权投资。7月5日，B企业所在地区发生洪水，企业被冲毁，大部分资产已损失，并难有恢复的可能，其股票市价下跌为每股2元（只作财务会计账务处理）。

该事业单位按照规定将该项长期股权投资的损失报经批准后，予以核销。

应确认长期股权投资的损失 = 450 000 - 2 × 75 000 = 300 000（元）

借：资产处置费用 300 000
　　贷：长期股权投资 300 000

"长期股权投资"科目的上述主要账务处理如表3-17所示。

表3-17　"长期股权投资"科目主要账务处理汇总

1501 长期股权投资		财务会计	预算会计
(1) 取得长期股权投资	以现金取得的长期股权投资	借：长期股权投资——成本/长期股权投资 　　应收股利（实际支付价款中包含的已宣告但尚未发放的股利或利润） 　　贷：银行存款等（实际支付的价款）	借：投资支出（实际收到的价款） 　　贷：资金结存——货币资金
	收到取得投资时实际支付价款中所包含的已宣告但尚未发放的股利或利润	借：银行存款 　　贷：应收股利	借：资金结存——货币资金 　　贷：投资支出等

续表

	1501 长期股权投资		财务会计	预算会计
(1) 取得长期股权投资	以现金以外的其他资产置换取得长期股权投资		参照"库存物品"科目中置换取得库存物品的账务处理	
	以未入账的无形资产取得的长期股权投资		借：长期股权投资 贷：银行存款/其他应交税费 　　其他收入	借：其他支出（支付的相关税费） 贷：资金结存
	接受捐赠的长期股权投资		借：长期股权投资——成本/长期股权投资 贷：银行存款等（相关税费） 　　捐赠收入	借：其他支出（支付的相关税费） 贷：资金结存
	无偿调入的长期股权投资		借：长期股权投资 贷：无偿调拨净资产 　　银行存款等（相关税费）	借：其他支出（支付的相关税费） 贷：资金结存
(2) 持有长期股权投资期间	成本法下	被投资单位宣告发放现金股利或利润时	借：应收股利 贷：投资收益	—
		收到被投资单位发放的现金股利时不需上缴本级财政的	借：银行存款 贷：应收股利	借：资金结存——货币资金 贷：投资预算收益
		收到现金股利或利润，需要按规定上缴本级财政的	借：银行存款 贷：应缴财政款 同时按照此前确定的应收股利金额： 借：投资收益/累计盈余（此前确认的投资收益已经结转的） 贷：应收股利 上缴财政时： 借：应缴财政款 贷：银行存款	—
	权益法下	被投资单位实现净利润的，按照其份额	借：长期股权投资——损益调整 贷：投资收益	—
		被投资单位发生净亏损的，按照其份额	借：投资收益 贷：长期股权投资——损益调整	—
		被投资单位发生净亏损，但以后年度又实现净利润的，按规定恢复确认投资收益的	借：长期股权投资——损益调整 贷：投资收益	—

续表

	1501 长期股权投资		财务会计	预算会计
(2) 持有长期股权投资期间	权益法下	被投资单位宣告发放现金股利或利润的，按照其份额	借：应收股利 　　贷：长期股权投资——损益调整	—
		被投资单位除净损益和利润分配以外的所有者权益变动时，按照其份额	借：长期股权投资——其他权益变动 　　贷：权益法调整 或： 借：权益法调整 　　贷：长期股权投资——其他权益变动	—
		权益法下收到被投资单位发放的现金股利	借：银行存款 　　贷：应收股利	借：资金结存——货币资金 　　贷：投资预算收益
		收到现金股利或利润，需要按规定上缴本级财政的	借：银行存款 　　贷：应缴财政款 同时按照此前确定的应收股利金额： 借：投资收益/累计盈余（此前确认的投资收益已经结转的） 　　贷：应收股利 上缴财政时： 借：应缴财政款 　　贷：银行存款	—
		追加投资成本法改为权益法	借：长期股权投资——成本 　　贷：长期股权投资（成本法下账面余额） 　　　　银行存款等（追加投资）	借：投资支出（实际支付的金额） 　　贷：资金结存——货币资金
		权益法改为成本法	借：长期股权投资 　　贷：长期股权投资——成本 　　　　　　　　　　——损益调整 　　　　　　　　　　——其他权益变动	—
(3) 出售（转让）长期股权投资		处置以现金取得的长期股权投资	借：银行存款（实际取得价款） 　　投资收益（借差） 　　贷：长期股权投资（账面余额） 　　　　应收股利（尚未领取的现金股利或利润） 　　　　银行存款等（支付的相关税费） 　　　　投资收益（贷差）	借：资金结存——货币资金（取得价款扣减支付的相关税费后的金额） 　　贷：投资支出/其他结余（投资款）投资预算收益

续表

1501 长期股权投资			财务会计	预算会计
（3）出售（转让）长期股权投资	处置以科技成果转化形成的长期股权投资，按规定所取得的收入全部留归本单位的		借：银行存款（实际取得的价款） 　　投资收益（借差） 　贷：长期股权投资（账面余额） 　　应收股利（尚未领取的现金股利或利润） 　　银行存款（发生的相关税费） 　　投资收益（贷差）	借：资金结存——货币资金（实际取得的价款） 　　其他预算收入（借差） 　贷：投资预算收益（处置时确认的投资收益） 　　其他预算收入（贷差）
	处置以现金以外的其他资产取得的（不含科技成果转化形成的）长期股权投资	成本法下	处置净收入上缴财政的： 借：资产处置费用 　贷：长期股权投资 借：银行存款（实际取得价款） 　贷：应收股利（尚未领取的现金股利或利润） 　　银行存款等（支付的相关税费）应缴财政款	借：资金结存——货币资金 　贷：投资预算收益（获得的现金股利或利润）
			按照规定投资收益纳入单位预算管理的： 借：资产处置费用 　贷：长期股权投资 借：银行存款（实际取得价款） 　贷：应收股利（尚未领取的现金股利或利润） 　　银行存款等（支付的相关税费） 　　投资收益（取得价款扣减投资账面余额、应收股利和相关税费后的差额） 　　应缴财政款（贷差）	借：资金结存——货币资金（取得价款扣减投资账面余额和相关税费后的差额） 　贷：投资预算收益
		权益法下长期股权投资的账面余额大于其投资成本	借：资产处置费用 　贷：长期股权投资——成本 借：银行存款 　贷：应收股利（如有） 　　长期股权投资——损益调整、其他权益变动（也可能在借方） 　　银行存款（相关税费） 　　投资收益（取得价款与投资账面余额、应收股利账面余额和相关税费支出合计数的差额） 　　应缴财政款	借：资金结存——货币资金 　贷：投资预算收益（取得价款减去投资成本和相关税费后的金额）

1501 长期股权投资				财务会计	预算会计
(3)	出售（转让）长期股权投资	处置以现金以外的其他资产取得的（不含科技成果转化形成的）长期股权投资	权益法下	长期股权投资的账面余额小于或等于其投资成本	借：资产处置费用（投资账面余额） 长期股权投资——损益调整、其他权益变动（部分明细科目余额也可能在贷方） 贷：长期股权投资——成本 借：银行存款 贷：应收股利（如有） 银行存款（相关税费） 投资收益（取得价款大于投资成本、应收股利账面余额和相关税费支出合计数的差额） 应缴财政款	借：资金结存——货币资金 贷：投资预算收益（取得价款减去投资成本和相关税费后的金额）
(4)	其他方式处置长期股权投资	按照规定核销时			借：资产处置费用 贷：长期股权投资（账面余额）	—
		置换转出时			参照"库存物品"科目中置换取得库存物品的账务处理	
(5)	权益法下，处置时结转原直接计入净资产的相关金额				借：权益法调整 贷：投资收益 或作相反分录	—

四、长期债券投资

长期债券投资在取得时，应当按照实际成本作为初始投资成本。实际支付价款中包含的已到付息期但尚未领取的债券利息，应当单独确认为应收利息，不计入长期债券投资初始投资成本。

长期债券投资持有期间，应当按期以票面金额与票面利率计算确认利息收入。对于分期付息、一次还本的长期债券投资，应当将计算确定的应收未收利息确认为应收利息，计入投资收益；对于一次还本付息的长期债券投资，应当将计算确定的应收未收利息计入投资收益，并增加长期债券投资的账面余额。

投资单位按规定出售或到期收回长期债券投资，应当将实际收到的价款扣除长期债券投资账面余额和相关税费后的差额计入投资损益。

投资单位进行除债券以外的其他债权投资，参照长期债券投资进行会计处理。

（一）科目设置

事业单位应当设置"长期债券投资"科目，核算事业单位按照规定取得的，持有时间超过1年（不含1年）的债券投资。本科目应当设置"成本"和"应计利息"明细科目，并按照债券投资的种类进行明细核算。本科目期末借方余额，反映事业单位持有的长期债券投资的价值。

(二) 长期债券投资的主要账务处理

1. 取得长期债券投资。取得的长期债券投资，按照确定的投资成本，借记本科目 (成本)，按照支付的价款中包含的已到付息期但尚未领取的利息，借记"应收利息"科目，按照实际支付的金额，借记或贷记"银行存款"等科目。

实际收到取得债券时所支付价款中包含的已到付息期但尚未领取的利息时，借"银行存款"科目，贷记"应收利息"科目。

2. 持有期间。长期债券投资持有期间，按期以债券票面金额与票面利率计算确认利息收入时，如为到期一次还本付息的债券投资，借记本科目 (应计利息)，贷记"投资收益"科目；如为分期付息、到期一次还本的债券投资，借记"应收利息"科目，贷记"投资收益"科目。

收到分期支付的利息时，按照实收的金额，借记"银行存款"等科目，贷记"应收利息"科目。

3. 到期收回。到期收回长期债券投资，按照实际收到的金额，借记"银行存款"科目，按照长期债券投资的账面余额，贷记本科目，按照相关应收利息金额，贷记"应收利息"科目，按照其差额，贷记"投资收益"科目。

4. 对外出售。对外出售长期债券投资，按照实际收到的金额，借记"银行存款"科目，按照长期债券投资的账面余额，贷记本科目，按照已记入"应收利息"科目但尚未收取的金额，贷记"应收利息"科目，按照其差额，贷记或借记"投资收益"科目。涉及增值税业务的，相关账务处理参见"应交增值税"科目。

【例 3 - 83】某事业单位以银行存款购买 50 000 元的 3 年期国库券，年利率为 3.67%，半年付息一次；支付相关税费 300 元 (平行记账)。

财务会计账务处理：

借：长期债券投资——成本　　　　　　　　　　　　50 300
　　贷：银行存款　　　　　　　　　　　　　　　　　　50 300

预算会计账务处理：

借：投资支出　　　　　　　　　　　　　　　　　　50 300
　　贷：资金结存——货币资金 (银行存款)　　　　　　50 300

【例 3 - 84】承〖例 3 - 83〗，事业单位收到上述债券半年利息 917.5 元。

财务会计账务处理：

借：银行存款 (50 000 × 3.67% ÷ 12 × 6)　　　　　917.5
　　贷：投资收益　　　　　　　　　　　　　　　　　　917.5

预算会计账务处理：

借：资金结存——货币资金 (银行存款)　　　　　　917.5
　　贷：投资预算收益　　　　　　　　　　　　　　　　917.5

【例 3 - 85】年内，事业单位对外转让上述债券，取得价款 52 000 元收存银行 (平行记账)。

财务会计账务处理：

借：银行存款　　　　　　　　　　　　　　　　　　52 000
　　贷：长期债券投资——成本　　　　　　　　　　　　50 300
　　　　投资收益（52 000 - 50 300）　　　　　　　　 1 700

预算会计账务处理：

借：资金结存——货币资金（银行存款）　　　　　　52 000
　　贷：投资支出　　　　　　　　　　　　　　　　　50 300
　　　　投资预算收益　　　　　　　　　　　　　　　 1 700

"长期债券投资"科目的上述主要账务处理汇总如表3-18所示。

表3-18　　　　　　　　"长期债券投资"科目主要账务处理汇总

1502 长期债券投资		财务会计	预算会计
(1)	取得长期债券投资	取得长期债券投资时	借：长期债券投资——成本 　　应收利息（实际支付价款中包含的已到付息期但尚未领取的利息） 　贷：银行存款等（实际支付价款）	借：投资支出（实际支付价款） 　贷：资金结存——货币资金
		收到取得投资所支付价款中包含的已到付息期但尚未领取的利息时	借：银行存款 　贷：应收利息	借：资金结存——货币资金 　贷：投资支出等
(2)	持有长期债券投资期间	按期以票面金额与票面利率计算确认利息收入时	借：应收利息（分期付息、到期还本）/长期债券投资——应计利息（到期一次还本付息） 　贷：投资收益	—
		实际收到分期支付的利息时	借：银行存款 　贷：应收利息	借：资金结存——货币资金 　贷：投资预算收益
(3)	到期收回长期债券投资本息		借：银行存款等 　贷：长期债券投资（账面余额） 　　应收利息 　　投资收益	借：资金结存——货币资金 　贷：投资支出/其他结余（投资成本） 　　投资预算收益
(4)	对外出售长期债券投资		借：银行存款等（实际收到的款项） 　　投资收益（借差） 　贷：长期债券投资（账面余额） 　　应收利息 　　投资收益（贷差）	借：资金结存——货币资金 　贷：投资支出/其他结余（投资成本） 　　投资预算收益

五、投资的披露

单位应当在附注中披露与投资有关的下列信息。
1. 短期投资的增减变动及期初、期末账面余额。
2. 各类长期债权投资和长期股权投资的增减变动及期初、期末账面余额。
3. 长期股权投资的投资对象及核算方法。
4. 当期发生的投资净损益,其中重大的投资净损益项目应当单独披露。

第四节 固定资产

一、固定资产的定义与确认

(一) 固定资产的定义

固定资产,是指为满足自身开展业务活动或其他活动需要而控制的,使用年限超过1年(不含1年)、单位价值在规定标准以上,并在使用过程中基本保持原有物质形态的资产,一般包括房屋及构筑物、专用设备、通用设备等。单位价值虽未达到规定标准,但是使用年限超过1年(不含1年)的大批同类物资,如图书、家具、用具、装具等,应当确认为固定资产。

(二) 固定资产的确认

1. 固定资产同时满足下列条件的,应当予以确认。
(1) 与该固定资产相关的服务潜力很可能实现或者经济利益很可能流入单位;
(2) 该固定资产的成本或者价值能够可靠地计量。
2. 通常情况下,购入、换入、接受捐赠、无偿调入不需安装的固定资产,在固定资产验收合格时确认;购入、换入、接受捐赠、无偿调入需要安装的固定资产,在固定资产安装完成交付使用时确认;自行建造、改建、扩建的固定资产,在建造完成交付使用时确认。
3. 确认固定资产时应当考虑以下情况。
(1) 固定资产的各组成部分具有不同使用年限或者以不同方式为单位实现服务潜力或提供经济利益,适用不同折旧率或折旧方法且可以分别确定各自原价的,应当分别将各组成部分确认为单项固定资产。
(2) 应用软件构成相关硬件不可缺少的组成部分的,应当将该软件的价值包括在所属的硬件价值中,一并确认为固定资产;不构成相关硬件不可缺少的组成部分的,应当将该软件确认为无形资产。
(3) 购建房屋及构筑物时,不能分清购建成本中的房屋及构筑物部分与土地使用权部分的,应当全部确认为固定资产;能够分清购建成本中的房屋及构筑物部分与土地使用权部分的,应当将其中的房屋及构筑物部分确认为固定资产,将其中的土地使用权部分确认为无形资产。

4. 固定资产在使用过程中发生的后续支出,符合固定资产确认条件的,应当计入固定资产成本;不符合固定资产确认条件的,应当在发生时计入当期费用或者相关资产成本。将发生的固定资产后续支出计入固定资产成本的,应当同时从固定资产账面价值中扣除被替换部分的账面价值。

二、固定资产的核算

(一) 科目设置

单位应当设置"固定资产"科目,核算单位固定资产的原值。本科目应当按照固定资产类别和项目进行明细核算。固定资产一般分为六类:房屋及构筑物;专用设备;通用设备;文物和陈列品;图书、档案;家具、用具、装具及动植物。

1. 购入需要安装的固定资产,应当先通过"在建工程"科目核算,安装完毕交付使用时再转入本科目核算。

2. 以借入、经营租赁租入方式取得的固定资产,不通过本科目核算,应当设置备查簿进行登记。

3. 采用融资租入方式取得的固定资产,通过本科目核算,并在本科目下设置"融资租入固定资产"明细科目。

4. 经批准在境外购买具有所有权的土地,作为固定资产,通过本科目核算;单位应当在本科目下设置"境外土地"明细科目,进行相应明细核算。

本科目期末借方余额,反映单位固定资产的原值。

(二) 固定资产的初始确认与计量

固定资产在取得时,应当按照成本进行初始计量。

1. 外购的固定资产。外购的固定资产,其成本包括购买价款、相关税费以及固定资产交付使用前所发生的可归属于该项资产的运输费、装卸费、安装费和专业人员服务费等。以一笔款项购入多项没有单独标价的固定资产,应当按照各项固定资产同类或类似资产市场价格的比例对总成本进行分配,分别确定各项固定资产的成本。

购入不需安装的固定资产验收合格时,按照确定的固定资产成本,借记本科目,贷记"财政拨款收入""零余额账户用款额度""应付账款""银行存款"等科目。购入需要安装的固定资产,在安装完毕交付使用前通过"在建工程"科目核算,安装完毕交付使用时再转入本科目。

【例3-86】某行政单位以财政资金直接支付方式购入一台不需要安装的设备,设备价款为300 000元。假定不考虑其他相关税费(平行记账)。

财务会计账务处理：

借：固定资产 300 000
　　贷：财政拨款收入 300 000

预算会计账务处理：

借：行政支出 300 000
　　贷：财政拨款预算收入 300 000

【例 3-87】某行政单位购入需要安装的全新设备一台，用银行存款支付设备价款 100 000 元、包装及运杂费 3 500 元；安装设备支付有关材料费 25 000 元，支付外单位安装人员薪酬 5 500 元；安装完毕，经调试合格投入使用。

①支付设备价款、包装及运杂费时（平行记账）：

财务会计账务处理：

借：在建工程 103 500
　　贷：银行存款 103 500

预算会计账务处理：

借：行政支出 103 500
　　贷：资金结存——货币资金（银行存款） 103 500

②支付安装材料费、安装人员薪酬时（平行记账）：

财务会计账务处理：

借：在建工程 30 500
　　贷：银行存款 30 500

预算会计账务处理：

借：行政支出 30 500
　　贷：资金结存——货币资金（银行存款） 30 500

③安装完毕，投入使用时（只作财务会计账务处理）：

借：固定资产 134 000
　　贷：在建工程 134 000

购入固定资产扣留质量保证金的，应当在取得固定资产时，按照确定的固定资产成本，借记本科目［不需安装］或"在建工程"科目［需要安装］，按照实际支付或应付的金额，贷记"财政拨款收入""零余额账户用款额度""应付账款"［不含质量保证金］等科目，按照扣留的质量保证金数额，贷记"其他应付款"［扣留期在 1 年以内（含 1 年）］或"长期应付款"［扣留期超过 1 年］科目。质保期满支付质量保证金时，借记"其他应付款""长期应付款"科目，贷记"财政拨款收入""零余额账户用款额度""银行存款"等科目。

【例 3-88】某行政单位购入一台不需要安装的设备，发票价格 29 250 元，发生运费 1 000 元、包装费 250 元，已取得固定资产全部发票；按合同约定，购入该项固定资产扣留 10% 的质量保证金（一年内支付），其余款项以银行存款支付（不考虑税费）（平行记账）。

财务会计账务处理：

借：固定资产　　　　　　　　　　　　　　　　　　　　30 500
　　贷：其他应付款　　　　　　　　　　　　　　　　　　3 050
　　　　银行存款　　　　　　　　　　　　　　　　　　27 450
预算会计账务处理：
借：行政支出　　　　　　　　　　　　　　　　　　　　27 450
　　贷：资金结存——货币资金（银行存款）　　　　　　27 450

2. 自行建造的固定资产。自行建造的固定资产，其成本包括该项资产至交付使用前所发生的全部必要支出。在原有固定资产基础上进行改建、扩建、修缮后的固定资产，其成本按照原固定资产账面价值加上改建、扩建、修缮发生的支出，再扣除固定资产被替换部分的账面价值后的金额确定。为建造固定资产借入的专门借款的利息，属于建设期间发生的，计入在建工程成本；不属于建设期间发生的，计入当期费用。已交付使用但尚未办理竣工决算手续的固定资产，应当按照估计价值入账，待办理竣工决算后再按实际成本调整原来的暂估价值。

自行建造的固定资产交付使用时，按照在建工程成本，借记本科目，贷记"在建工程"科目。

【例3-89】某行政单位经批准使用非财政拨款资金加盖楼房一层；采用出包方式委托某建筑公司承建，以银行存款支付工程款1 300 000元。

①支付工程价款时（平行记账）：
财务会计账务处理：
借：在建工程　　　　　　　　　　　　　　　　　　　1 300 000
　　贷：银行存款　　　　　　　　　　　　　　　　　　1 300 000
预算会计账务处理：
借：行政支出　　　　　　　　　　　　　　　　　　　1 300 000
　　贷：资金结存——货币资金（银行存款）　　　　　　1 300 000
②工程完工交付使用时（只作财务会计账务处理）：
借：固定资产　　　　　　　　　　　　　　　　　　　1 300 000
　　贷：在建工程　　　　　　　　　　　　　　　　　　1 300 000

3. 融资租赁取得的固定资产。融资租赁取得的固定资产，其成本按照租赁协议或者合同确定的租赁价款、相关税费以及固定资产交付使用前所发生的可归属于该项资产的运输费、途中保险费、安装调试费等确定。

融资租入的固定资产，按照确定的成本，借记本科目［不需安装］或"在建工程"科目［需安装］，按照租赁协议或者合同确定的租赁付款额，贷记"长期应付款"科目，按照支付的运输费、途中保险费、安装调试费等金额，贷记"财政拨款收入""零余额账户用款额度""银行存款"等科目。

定期支付租金时，按照实际支付金额，借记"长期应付款"科目，贷记"财政拨款收入""零余额账户用款额度""银行存款"等科目。

【例3-90】某行政单位采用融资租赁方式从某公司租入一台不需安装的专用设备，用于专业业务活动，协议价款为600 000元，每年年末支付租金100 000

元,分6年付清。租入该项专用设备时,行政单位支付了运杂费等 2 200 元（平行记账）。

财务会计账务处理：

借：固定资产——融资租入 602 200
　　贷：长期应付款 600 000
　　　　银行存款 2 200

预算会计账务处理：

借：行政支出 2 200
　　贷：资金结存——货币资金（银行存款） 2 200

每年年末支付租金时（平行记账）：

财务会计账务处理：

借：长期应付款 100 000
　　贷：银行存款 100 000

预算会计账务处理：

借：行政支出 100 000
　　贷：资金结存——货币资金（银行存款） 100 000

4. 分期付款购入的固定资产。按照规定跨年度固定资产的账务处理,参照融资租入固定资产。

5. 接受捐赠的固定资产。接受捐赠的固定资产,其成本按照有关凭据注明的金额加上相关税费、运输费等确定；没有相关凭据可供取得,但按规定经过资产评估的,其成本按照评估价值加上相关税费、运输费等确定；没有相关凭据可供取得,也未经资产评估的,其成本比照同类或类似资产的市场价格加上相关税费、运输费等确定；没有相关凭据且未经资产评估、同类或类似资产的市场价格也无法可靠取得的,按照名义金额入账,相关税费、运输费等计入当期费用。如受赠的系旧的固定资产,在确定其初始入账成本时应当考虑该项资产的新旧程度。

接受捐赠的固定资产,按照确定的固定资产成本,借记本科目［不需安装］或"在建工程"科目［需安装］,按照发生的相关税费、运输费等,贷记"零余额账户用款额度""银行存款"等科目,按照其差额,贷记"捐赠收入"科目。

接受捐赠的固定资产按照名义金额入账的,按照名义金额,借记本科目,贷记"捐赠收入"科目；按照发生的相关税费、运输费等,借记"其他费用"科目,贷记"零余额账户用款额度""银行存款"等科目。

【例 3-91】某行政单位接受乙公司捐赠一台不需要安装的通信设备,未取得相关凭据,同类或类似固定资产的市场价格为 85 000 元,接受捐赠资产发生相关支出 5 000 元,以银行存款付讫（平行记账）。

财务会计账务处理：

借：固定资产 90 000
　　贷：银行存款 5 000
　　　　捐赠收入 85 000

预算会计账务处理：

借：其他支出　　　　　　　　　　　　　　　　　　　　　5 000
　　贷：资金结存——货币资金（银行存款）　　　　　　　　5 000

6. 无偿调入的固定资产。无偿调入的固定资产，按照调出方账面价值加上相关税费、运输费等确定为固定资产的成本，借记本科目［不需安装］或"在建工程"科目［需安装］，按照发生的相关税费、运输费等，贷记"零余额账户用款额度""银行存款"等科目，按照其差额，贷记"无偿调拨净资产"科目。但是，无偿调入资产在调出方的账面价值为零（即已经按制度规定提足折旧）或者账面余额为名义金额的，单位（调入方）应当将调入过程中其承担的相关税费计入当期费用，不计入调入资产的初始入账成本。

无偿调入资产在调出方的账面价值为零的，单位（调入方）在进行财务会计处理时，应当按照该项资产在调出方的账面余额，借记"固定资产""无形资产"等科目，按照该项资产在调出方已经计提的折旧或摊销金额（与资产账面余额相等），贷记"固定资产累计折旧""无形资产累计摊销"等科目；按照支付的相关税费，借记"其他费用"科目，贷记"零余额账户用款额度""银行存款"等科目。同时，在预算会计中按照支付的相关税费，借记"其他支出"科目，贷记"资金结存"科目。

无偿调入资产在调出方的账面余额为名义金额的，单位（调入方）在进行财务会计处理时，应当按照名义金额，借记"固定资产""无形资产"等科目，贷记"无偿调拨净资产"科目；按照支付的相关税费，借记"其他费用"科目，贷记"零余额账户用款额度""银行存款"等科目。同时，在预算会计中按照支付的相关税费，借记"其他支出"科目，贷记"资金结存"科目。

【例3－92】某行政单位根据主管部门的"固定资产调拨单"无偿调入业务活动用设备两台，每台价款28 000元，发生运输费、安装费3 000元，已用银行存款支付（平行记账）。

财务会计账务处理：

借：固定资产（28 000×2＋3 000）　　　　　　　　　　　59 000
　　贷：银行存款　　　　　　　　　　　　　　　　　　　3 000
　　　　无偿调拨净资产　　　　　　　　　　　　　　　　56 000

预算会计账务处理：

借：其他支出　　　　　　　　　　　　　　　　　　　　　3 000
　　贷：资金结存——货币资金（银行存款）　　　　　　　　3 000

7. 置换取得的固定资产。通过置换取得的固定资产，其成本按照换出资产的评估价值加上支付的补价或减去收到的补价，加上换入固定资产发生的其他相关支出确定。

置换取得的固定资产，参照"库存物品"科目中置换取得库存物品的相关规定进行账务处理。

固定资产取得时涉及增值税业务的，相关账务处理参见"应交增值税"科目。

(三) 固定资产后续支出的确认与计量

1. 符合固定资产确认条件的后续支出。通常情况下，将固定资产转入改建、扩建时，按照固定资产的账面价值，借记"在建工程"科目，按照固定资产已计提折旧，借记"固定资产累计折旧"科目，按照固定资产的账面余额，贷记本科目。

为增加固定资产使用效能或延长其使用年限而发生的改建、扩建等后续支出，借记"在建工程"科目，贷记"财政拨款收入""零余额账户用款额度""银行存款"等科目。

固定资产改建、扩建等完成交付使用时，按照在建工程成本，借记本科目，贷记"在建工程"科目。

【例3-93】某行政单位对一项固定资产进行扩建，扩建前该固定资产的原价为1 000 000元，已提折旧200 000元；扩建过程中以零余额账户支付相关费用400 000元；工程完工交付使用确定的固定资产成本为1 200 000元。

①将固定资产转入扩建时（只作财务会计账务处理）。

借：在建工程　　　　　　　　　　　　　　　　　　800 000
　　固定资产累计折旧　　　　　　　　　　　　　　200 000
　　贷：固定资产　　　　　　　　　　　　　　　　　　1 000 000

②发生扩建后续支出时（平行记账）。

财务会计账务处理：

借：在建工程　　　　　　　　　　　　　　　　　　400 000
　　贷：零余额账户用款额度　　　　　　　　　　　　400 000

预算会计账务处理：

借：行政支出　　　　　　　　　　　　　　　　　　400 000
　　贷：资金结存——零余额账户用款额度　　　　　　400 000

③固定资产扩建完成交付使用时（只作财务会计账务处理）。

借：固定资产　　　　　　　　　　　　　　　　　　1 200 000
　　贷：在建工程　　　　　　　　　　　　　　　　　　1 200 000

2. 不符合固定资产确认条件的后续支出。为保证固定资产正常使用发生的日常维修等支出，借记"业务活动费用""单位管理费用"等科目，贷记"财政拨款收入""零余额账户用款额度""银行存款"等科目。

【例3-94】某行政单位对现有的业务活动用设备进行日常维护，维护过程中领用材料一批，价值为94 000元，应支付维护人员的工资为28 000元；不考虑其他相关税费（只作财务会计账务处理）。

借：业务活动费用　　　　　　　　　　　　　　　　122 000
　　贷：库存物品　　　　　　　　　　　　　　　　　　94 000
　　　　应付职工薪酬　　　　　　　　　　　　　　　　28 000

(四) 固定资产处置的确认与计量

1. 报经批准出售、转让固定资产，应当将固定资产账面价值转销计入当期费用,并将处置收入扣除相关处置税费后的差额按规定作应缴款项处理(差额为净收益时)或计入当期费用(差额为净损失时)。

按照被出售、转让固定资产的账面价值,借记"资产处置费用"科目,按照固定资产已计提的折旧,借记"固定资产累计折旧"科目,按照固定资产账面余额,贷记本科目;同时,按照收到的价款,借记"银行存款"等科目,按照处置过程中发生的相关费用,贷记"银行存款"等科目,按照其差额,贷记"应缴财政款"科目。

【例3-95】某行政单位经批准将一栋建筑物出售给乙公司,合同价款为620 000元,乙公司用银行存款付清;出售时,该建筑物原值为2 000 000元,已提折旧1 300 000元,以银行存款支付清理费用20 000元;按照规定,建筑物出售净收入应缴国库。

①报经批准出售固定资产时(只作财务会计账务处理):
借:资产处置费用   700 000
    固定资产累计折旧   1 300 000
    贷:固定资产   2 000 000

②收到出售价款时(只作财务会计账务处理):
借:银行存款(620 000 - 20 000)   600 000
    贷:应缴财政款   600 000

2. 报经批准对外捐赠固定资产,按照固定资产已计提的折旧,借记"固定资产累计折旧"科目,按照被处置固定资产账面余额,贷记本科目,按照捐赠过程中发生的归属于捐出方的相关费用,贷记"银行存款"等科目,按照其差额,借记"资产处置费用"科目。

3. 报经批准无偿调出固定资产,按照固定资产已计提的折旧,借记"固定资产累计折旧"科目,按照被处置固定资产账面余额,贷记本科目,按照其差额,借记"无偿调拨净资产"科目;同时,按照无偿调出过程中发生的归属于调出方的相关费用,借记"资产处置费用"科目,贷记"银行存款"等科目。

【例3-96】某行政单位经批准无偿调出一项固定资产,其账面原值为150 000元,已提折旧120 000元。无偿调出固定资产发生由行政单位承担的运输费为3 000元,款项以零余额账户支付(平行记账)。

财务会计账务处理:
借:固定资产累计折旧   120 000
    无偿调拨净资产   30 000
    资产处置费用   3 000
    贷:固定资产   150 000
        零余额账户用款额度   3 000

预算会计账务处理:
借:其他支出   3 000
    贷:资金结存——零余额账户用款额度   3 000

4. 报经批准置换换出固定资产，参照"库存物品"中置换换入库存物品的规定进行账务处理。

固定资产处置时涉及增值税业务的，相关账务处理参见"应交增值税"科目。

（五）固定资产的核对

单位应当定期对固定资产进行清查盘点，每年至少盘点一次。对于发生的固定资产盘盈、盘亏或毁损、报废，应当先记入"待处理财产损溢"科目，按照规定报经批准后及时进行后续账务处理。

1. 盘盈的固定资产，其成本按照有关凭据注明的金额确定；没有相关凭据但按照规定经过资产评估的，其成本按照评估价值确定；没有相关凭据也未经过评估的，其成本按照重置成本确定。如无法采用上述方法确定盘盈固定资产成本的，按照名义金额（人民币1元）入账。

盘盈的固定资产，按照确定的入账成本，借记本科目，贷记"待处理财产损溢"科目。

2. 盘亏、毁损或报废的固定资产，按照待处理固定资产的账面价值，借记"待处理财产损溢"科目，按照已计提折旧，借记"固定资产累计折旧"科目，按照固定资产的账面余额，贷记本科目。

【例3-97】某行政单位进行资产清查盘点，发现有一台使用中的设备未入账，该设备存在活跃市场，市场价格为60 000元。当年报经批准后处理（只作财务会计账务处理）。

  借：固定资产   60 000
    贷：待处理财产损溢   60 000
  借：待处理财产损溢   60 000
    贷：以前年度盈余调整   60 000

【例3-98】某行政单位因遭受水灾而毁损设备一台，报批后处理该设备原价为200 000元，已计提折旧160 000元；其残料变价收入15 000元存入银行；报废资产发生相关税费20 000元，以现金支付；经保险公司核定应赔偿损失3 000元，尚未收到赔款。假定不考虑相关税费。

报废毁损设备的处置过程只作财务会计账务处理，当最后的处理收支结清时，如果处理收入小于相关费用，需要同时进行预算会计账务处理（平行记账）。

  借：待处理财产损溢——待处理财产价值   40 000
     固定资产累计折旧   160 000
    贷：固定资产   200 000
报经批准处理时，
  借：资产处置费用   40 000
    贷：待处理财产损溢——待处理财产价值 40 000
  借：银行存款   15 000
    贷：待处理财产损溢——处理净收入   15 000

借：待处理财产损溢——处理净收入　　　　　　　　20 000
　　　　贷：库存现金　　　　　　　　　　　　　　　　　　　　20 000
　　借：其他应收款　　　　　　　　　　　　　　　　　　3 000
　　　　贷：待处理财产损溢——处理净收入　　　　　　　　　3 000
收到保险公司赔款时，
　　借：银行存款　　　　　　　　　　　　　　　　　　　3 000
　　　　贷：其他应收款　　　　　　　　　　　　　　　　　　　3 000
报经批准后，处理收支结清，处理收入小于相关费用，按已支付的处理净支出，
　　财务会计账务处理：
　　借：资产处置费用　　　　　　　　　　　　　　　　　2 000
　　　　贷：待处理财产损溢——处理净收入　　　　　　　　　2 000
　　预算会计账务处理：
　　借：其他支出　　　　　　　　　　　　　　　　　　　2 000
　　　　贷：资金结存——货币资金（库存现金）　　　　　　　2 000

三、固定资产累计折旧的核算

（一）折旧的定义

折旧，是指在固定资产的预计使用年限内，按照确定的方法对应计的折旧额进行系统分摊。固定资产应计的折旧额为其成本，计提固定资产折旧时不考虑预计净残值。

（二）折旧计提的范围

1. 单位应当对除了以下各项固定资产外的固定资产计提折旧。
（1）文物和陈列品；
（2）动植物；
（3）图书、档案；
（4）单独计价入账的土地；
（5）以名义金额计量的固定资产。
2. 单位应当对暂估入账的固定资产计提折旧，实际成本确定后不需调整原已计提的折旧额。
3. 固定资产提足折旧后，无论能否继续使用，均不再计提折旧；提前报废的固定资产，也不再补提折旧。已提足折旧的固定资产，可以继续使用的，应当继续使用，规范实物管理。
4. 固定资产因改建、扩建或修缮等原因而延长其使用年限的，应当按照重新确定的固定资产的成本以及重新确定的折旧年限计算折旧额。

(三) 折旧计提的方法

1. 折旧方法。单位主体一般应当采用年限平均法或者工作量法计提固定资产折旧。在确定固定资产的折旧方法时,应当考虑与固定资产相关的服务潜力或经济利益的预期实现方式。固定资产折旧方法一经确定,不得随意变更。

2. 折旧年限。单位在遵循《政府会计准则第 3 号——固定资产》及应用指南、主管部门有关折旧年限规定的情况下,根据固定资产的性质和使用情况,合理确定固定资产的使用年限。固定资产的使用年限一经确定,不得随意变更。

单位盘盈、无偿调入、接受捐赠以及置换的固定资产,应当考虑该项资产的新旧程度,按照其尚可使用的年限计提折旧。

具体确定固定资产使用年限时,应当考虑下列因素。
(1) 预计实现服务潜力或提供经济利益的期限;
(2) 预计有形损耗和无形损耗;
(3) 法律或者类似规定对资产使用的限制。

3. 折旧计提的时点。固定资产应当按月计提折旧,并根据用途计入当期费用或者相关资产成本。当月增加的固定资产,当月开始计提折旧;当月减少的固定资产,当月不再计提折旧。

(四) 科目设置

单位应当设置"固定资产累计折旧"科目,核算单位计提的固定资产累计折旧。公共基础设施和保障性住房计提的累计折旧,应当分别通过"公共基础设施累计折旧 (摊销)"科目和"保障性住房累计折旧"科目核算,不通过本科目核算。本科目应当按照所对应固定资产的明细分类进行明细核算。

单位计提融资租入固定资产折旧时,应当采用与自有固定资产相一致的折旧政策。能够合理确定租赁期届满时将会取得租入固定资产所有权的,应当在租入固定资产尚可使用年限内计提折旧;无法合理确定租赁期届满时能够取得租入固定资产所有权的,应当在租赁期与租入固定资产尚可使用年限两者中较短的期间内计提折旧。

本科目期末贷方余额,反映单位计提的固定资产折旧累计数。

(五) 固定资产累计折旧的主要账务处理

1. 按月计提固定资产折旧时,按照应计提折旧金额,借记"业务活动费用""单位管理费用""经营费用""加工物品""在建工程"等科目,贷记本科目。

【例 3-99】某行政单位 4 月份取得一台设备,原值 144 万元,预计使用年限 6 年。从 4 月份起,每月计提折旧额 = (原值 144 - 预计残值 0)/预计使用月份 72 = 2(万元)(只作财务会计账务处理)。

借:业务活动费用 20 000
    贷:固定资产累计折旧 20 000

2. 经批准处置或处理固定资产时，按照所处置或处理固定资产的账面价值，借记"资产处置费用""无偿调拨净资产""待处理财产损溢"等科目，按照已计提折旧，借记本科目，按照固定资产的账面余额，贷记"固定资产"科目。

相关例题见"固定资产"科目。

"固定资产"科目和"固定资产累计折旧"科目的上述主要账务处理汇总如表 3-19 所示。

表 3-19 "固定资产"科目和"固定资产累计折旧"科目主要账务处理汇总

	1601 固定资产		财务会计	预算会计
(1)	固定资产取得	①外购的固定资产 A. 不需安装的	借：固定资产 　贷：财政拨款收入/零余额账户用款额度/应付账款/银行存款等	借：行政支出/事业支出/经营支出等 　贷：财政拨款预算收入/资金结存
		B. 需要安装的固定资产先通过"在建工程"科目核算	借：在建工程 　贷：财政拨款收入/零余额账户用款额度/应付账款/银行存款等	借：行政支出/事业支出/经营支出等 　贷：财政拨款预算收入/资金结存
		安装完工交付使用时	借：固定资产 　贷：在建工程	—
		购入固定资产扣留质量保证金的	借：固定资产（不需安装）/在建工程（需要安装） 　贷：财政拨款收入/零余额账户用款额度/应付账款/银行存款等 　　其他应付款（扣留期在1年以内（含1年））/ 　　长期应付款（扣留期超过1年）	借：行政支出/事业支出/经营支出等（购买固定资产实际支付的金额） 　贷：财政拨款预算收入/资金结存
		质保期满支付质量保证金时	借：其他应付款/长期应付款 　贷：财政拨款收入/零余额账户用款额度/银行存款等	借：行政支出/事业支出/经营支出等 　贷：财政拨款预算收入/资金结存
		②自行建造的固定资产，工程完工交付使用时	借：固定资产 　贷：在建工程	—
		③融资租入（或跨年度分期付款购入）的固定资产	借：固定资产（不需安装）/在建工程（需安装） 　贷：长期应付款（协议或合同确定的租赁价款） 　　财政拨款收入/零余额账户用款额度/银行存款等（实际支付的相关税费、运输费等）	借：行政支出/事业支出/经营支出等（际支付的相关税费、运输费等） 　贷：财政拨款预算收入/资金结存

续表

	1601 固定资产	财务会计	预算会计
(1) 固定资产取得	定期支付租金（或分期付款）	借：长期应付款 贷：财政拨款收入/零余额账户用款额度/银行存款等	借：行政支出/事业支出/经营支出等 贷：财政拨款预算收入/资金结存
	④接受捐赠的固定资产	借：固定资产（不需安装）/在建工程（需安装） 贷：银行存款/零余额账户用款额度等（发生的相关税费、运输费等） 捐赠收入（差额）	借：其他支出（支付的相关税费、运输费等） 贷：资金结存
	接受捐赠的固定资产按照名义金额入账的	借：固定资产（名义金额） 贷：捐赠收入 借：其他费用 贷：银行存款/零余额账户用款额度等（发生的相关税费、运输费等）	借：其他支出（支付的相关税费、运输费等） 贷：资金结存
	⑤无偿调入的固定资产	借：固定资产（不需安装）/在建工程（需安装） 贷：银行存款/零余额账户用款额度等（发生的相关税费、运输费等） 无偿调拨净资产（差额）	借：其他支出（支付的相关税费、运输费等） 贷：资金结存
	⑥置换取得的固定资产	参照"库存物品"科目中置换取得库存物品的账务处理	
(2) 与固定资产有关的后续支出	符合固定资产确认条件的（增加固定资产使用效能或延长其使用年限而发生的改建、扩建等后续支出）	借：在建工程（固定资产账面价值） 固定资产累计折旧 贷：固定资产（账面余额） 借：在建工程 贷：财政拨款收入/零余额账户用款额度/应付账款/银行存款等	借：行政支出/事业支出/经营支出等 贷：财政拨款预算收入/资金结存
	不符合固定资产确认条件的	借：业务活动费用/单位管理费用/经营费用等 贷：财政拨款收入/零余额账户用款额度/银行存款等	借：行政支出/事业支出/经营支出等 贷：财政拨款预算收入/资金结存

续表

1601 固定资产		财务会计	预算会计
(3) 固定资产处置	出售、转让固定资产	借：资产处置费用 　　固定资产累计折旧 　贷：固定资产（账面余额）	—
		借：银行存款（处置固定资产收到的价款） 　贷：应缴财政款 　　银行存款等（发生的相关费用）	—
	对外捐赠固定资产	借：资产处置费用 　　固定资产累计折旧 　贷：固定资产（账面余额） 　　银行存款等（归属于捐出方的相关费用）	按照对外捐赠过程中发生的归属于捐出方的相关费用 借：其他支出 　贷：资金结存
	无偿调出固定资产	借：无偿调拨净资产 　　固定资产累计折旧 　贷：固定资产（账面余额）	—
		借：资产处置费用 　贷：银行存款等（归属于调出方的相关费用）	借：其他支出 　贷：资金结存
	置换换出固定资产	参照"库存物品"科目中置换取得库存物品的规定进行账务处理	
(4) 固定资产定期盘点清查	盘盈的固定资产	借：固定资产 　贷：待处理财产损溢	—
	盘亏、毁损或报废的固定资产	借：待处理财产损溢（账面价值） 　　固定资产累计折旧 　贷：固定资产（账面余额）	—

1602 固定资产累计折旧			
(1)	按月计提固定资产折旧时	借：业务活动费用/单位管理费用/经营费用等 　贷：固定资产累计折旧	—
(2)	处置固定资产时	借：待处理财产损溢/无偿调拨净资产/资产处置费用等 　　固定资产累计折旧 　贷：固定资产（账面余额）	涉及资金支付的，参照"固定资产"科目的相关账务处理

四、工程物资的核算

(一) 科目设置

单位应当设置"工程物资"科目,核算单位为在建工程准备的各种物资的成本,包括工程用材料、设备等。本科目可按照"库存材料""库存设备"等工程物资类别进行明细核算。本科目期末借方余额,反映单位为在建工程准备的各种物资的成本。

(二) 工程物资的主要账务处理

1. 购入为工程准备的物资,按照确定的物资成本,借记本科目,贷记"财政拨款收入""零余额账户用款额度""银行存款""应付账款"等科目。

2. 领用工程物资,按照物资成本,借记"在建工程"科目,贷记本科目。工程完工后将领出的剩余物资退库时作相反的会计分录。

3. 工程完工后将剩余的工程物资转作本单位存货等的,按照物资成本,借记"库存物品"等科目,贷记本科目。

涉及增值税业务的,相关账务处理参见"应交增值税"科目。

【例 3-100】某行政单位通过财政直接支付方式购入工程物资 800 000 元,领用了 585 000 元,剩余的工程物资全部转为原材料。

①工程物资购入时(平行记账)。

财务会计账务处理:

借:工程物资	800 000
贷:财政拨款收入	800 000

预算会计账务处理:

借:行政支出	800 000
贷:财政拨款预算收入	800 000

②领用工程物资时(只作财务会计账务处理)。

借:在建工程	585 000
贷:工程物资	585 000

③将剩余的工程物资转作原材料时(只作财务会计账务处理)。

借:库存物品	215 000
贷:工程物资	215 000

"工程物资"科目主要账务处理汇总如表 3-20 所示。

表 3-20　　　　　　　　"工程物资"科目主要账务处理汇总

1611 工程物资		财务会计	预算会计
(1)	取得工程物资	购入工程物资	借：工程物资 　贷：财政拨款收入/零余额账户用款额度/银行存款/应付账款/其他应付款等	借：行政支出/事业支出/经营支出等（实际支付的款项） 　贷：财政拨款预算收入/资金结存
(2)	领用工程物资	发出工程物资	借：在建工程 　贷：工程物资	—
(3)	剩余工程物资	剩余工程物资转为存货	借：库存物品 　贷：工程物资	—

五、在建工程的核算

（一）科目设置

单位承担基本建设项目时，如果负责了编报基本建设项目预决算的，则是建设单位，是该项基本建设项目的会计核算主体，应当设置"在建工程"科目，核算单位在建的建设项目工程的实际成本。单位在建的信息系统项目工程、公共基础设施项目工程、保障性住房项目工程的实际成本，也通过本科目核算。本科目应当设置"建筑安装工程投资""设备投资""待摊投资""其他投资""待核销基建支出""基建转出投资"等明细科目，并按照具体项目进行明细核算。

1. "建筑安装工程投资"明细科目，核算单位发生的构成建设项目实际支出的建筑工程和安装工程的实际成本，不包括被安装设备本身的价值以及按照合同规定支付给施工单位的预付备料款和预付工程款。本明细科目应当设置"建筑工程"和"安装工程"两个明细科目进行明细核算。

2. "设备投资"明细科目，核算单位发生的构成建设项目实际支出的各种设备的实际成本。

3. "待摊投资"明细科目，核算单位发生的构成建设项目实际支出的、按照规定应当分摊计入有关工程成本和设备成本的各项间接费用和税费支出。本明细科目的具体核算内容包括以下方面。

（1）勘察费、设计费、研究试验费、可行性研究费及项目其他前期费用。

（2）土地征用及迁移补偿费、土地复垦及补偿费、森林植被恢复费及其他为取得土地使用权、租用权而发生的费用。

（3）土地使用税、耕地占用税、契税、车船税、印花税及按照规定缴纳的其他税费。

（4）项目建设管理费、代建管理费、临时设施费、监理费、招投标费、社会中介审计（审查）费及其他管理性质的费用。

项目建设管理费是指项目建设单位从项目筹建之日至办理竣工财务决算之日发生的管理性质的支出,包括不在原单位发工资的工作人员工资及相关费用、办公费、办公场地租用费、差旅交通费、劳动保护费、工具用具使用费、固定资产使用费、招募生产工人费、技术图书资料费(含软件)、业务招待费、施工现场津贴、竣工验收费等。

(5)项目建设期间发生的各类专门借款利息支出或融资费用。

(6)工程检测费、设备检验费、负荷联合试车费及其他检验检测类费用。

(7)固定资产损失、器材处理亏损、设备盘亏及毁损、单项工程或单位工程报废、毁损净损失及其他损失。

(8)系统集成等信息工程的费用支出。

(9)其他待摊性质支出。

本明细科目应当按照上述费用项目进行明细核算,其中有些费用(如项目建设管理费等)还应当按照更为具体的费用项目进行明细核算。

4."其他投资"明细科目,核算单位发生的构成建设项目实际支出的房屋购置支出,基本畜禽、林木等购置、饲养、培育支出,办公生活用家具、器具购置支出,软件研发和不能计入设备投资的软件购置等支出。单位为进行可行性研究而购置的固定资产,以及取得土地使用权支付的土地出让金,也通过本明细科目核算。本明细科目应当设置"房屋购置""基本畜禽支出""林木支出""办公生活用家具、器具购置""可行性研究固定资产购置""无形资产"等明细科目。

5."待核销基建支出"明细科目,核算建设项目发生的江河清障、航道清淤、飞播造林、补助群众造林、水土保持、城市绿化、取消项目的可行性研究费以及项目整体报废等不能形成资产部分的基建投资支出。本明细科目应按照待核销基建支出的类别进行明细核算。

6."基建转出投资"明细科目,核算为建设项目配套而建成的、产权不归属本单位的专用设施的实际成本。本明细科目应按照转出投资的类别进行明细核算。

本科目期末借方余额,反映单位尚未完工的建设项目工程发生的实际成本。

(二)在建工程的主要账务处理

1.建筑安装工程投资。

(1)将固定资产等资产转入改建、扩建等时,按照固定资产等资产的账面价值,借记本科目(建筑安装工程投资),按照已计提的折旧或摊销,借记"固定资产累计折旧"等科目,按照固定资产等资产的原值,贷记"固定资产"等科目。

固定资产等资产改建、扩建过程中涉及替换(或拆除)原资产的某些组成部分的,按照被替换(或拆除)部分的账面价值,借记"待处理财产损溢"科目,贷记本科目(建筑安装工程投资)。

(2)单位对于发包建筑安装工程,根据建筑安装工程价款结算账单与施工企业结算工程价款时,或者拨付代建单位工程款时,按照应承付的工程价款,借记本科目(建筑安装工程投资),按照预付工程款余额,贷记"预付账款"科目,按照其差额,贷记"财政拨款收入""零余额账户用款额度""银行存款"等科目;同时,在预算会计中,借记"行政支出""事业支出"等科目,贷记"财政拨款预算收入""资金结存"科目。

(3)单位自行施工的小型建筑安装工程,按照发生的各项支出金额,借记本科目(建筑安装工程投资),贷记"工程物资""零余额账户用款额度""银行存款""应付职工薪酬"等科目。

(4)工程竣工,办妥竣工验收交接手续交付使用时,按照建筑安装工程成本(含建筑安装工程成本和分摊的待摊投资),借记"固定资产"等科目,贷记本科目(建筑安装工程投资)。

【例3-101】某行政单位经批准对其办公大楼进行改建、扩建,发生如下相关交易或事项。

①将办公大楼转入改建、扩建,该大楼的账面价值为8 600万元,已计提折旧7 000万元(只作财务会计账务处理)。

借:在建工程——建筑安装工程投资　　　　　　　1 600
　　固定资产累计折旧　　　　　　　　　　　　　7 000
　　贷:固定资产　　　　　　　　　　　　　　　　　　8 600

②拆除办公大楼的一部分,其账面价值为600万元(只作财务会计账务处理)。

借:待处理财产损溢　　　　　　　　　　　　　　600
　　贷:在建工程——建筑安装工程投资　　　　　　　　600

③领用工程物资800万元,用于办公大楼的改建、扩建工程(只作财务会计账务处理)。

借:在建工程——建筑安装工程投资　　　　　　　800
　　贷:工程物资　　　　　　　　　　　　　　　　　　800

④根据工程进度支付首次工程款500万元,款项以财政直接支付方式结算(平行记账)。

财务会计账务处理:
借:在建工程——建筑安装工程投资　　　　　　　500
　　贷:财政拨款收入　　　　　　　　　　　　　　　　500

预算会计账务处理:
借:行政支出　　　　　　　　　　　　　　　　　500
　　贷:财政拨款预算收入　　　　　　　　　　　　　　500

⑤办公大楼改建、扩建工程使用非本单位的资金产生应计利息费用100万元(只作财务会计账务处理)。

借:在建工程——待摊投资　　　　　　　　　　　100
　　贷:应付利息　　　　　　　　　　　　　　　　　　100

⑥收到工程价款结算单,以零余额账户补付工程款200万元(平行记账)。

财务会计账务处理:

借：在建工程——建筑安装工程投资 200
　　贷：零余额账户用款额度 200
预算会计账务处理：
借：行政支出 200
　　贷：资金结存——零余额账户用款额度 200

⑦办公大楼改建、扩建工程完工交付使用时，按照交付使用工程所发生的实际成本转账（只作财务会计账务处理）。

借：在建工程——建筑安装工程投资 100
　　贷：在建工程——待摊投资（应付利息） 100
借：固定资产 2 600
　　贷：在建工程——建筑安装工程投资 2 600

2. 设备投资。

（1）购入设备时，按照购入成本，借记本科目（设备投资），贷记"财政拨款收入""零余额账户用款额度""银行存款"等科目；采用预付款方式购入设备的，有关预付款的账务处理参照本科目有关"建筑安装工程投资"明细科目的规定。

（2）设备安装完毕，办妥竣工验收交接手续交付使用时，按照设备投资成本（含设备安装工程成本和分摊的待摊投资），借记"固定资产"等科目，贷记本科目（设备投资、建筑安装工程投资——安装工程）。

将不需要安装的设备和达不到固定资产标准的工具、器具交付使用时，按照相关设备、工具、器具的实际成本，借记"固定资产""库存物品"科目，贷记本科目（设备投资）。

【例3－102】某行政单位以财政直接支付方式购入一台需要安装的大型设备，价款304 000元，支付运输费6 000元，设备交付安装；安装过程中，以银行存款支付安装单位材料费12 000元、安装人员薪酬8 000元；设备安装完毕并交付使用。假定不考虑其他相关税费。

①支付设备价款及相关费用时（平行记账）：
财务会计账务处理：
借：在建工程——设备投资 310 000
　　贷：财政拨款收入 310 000
预算会计账务处理：
借：行政支出 310 000
　　贷：财政拨款预算收入 310 000

②支付安装过程中的相关费用时（平行记账）：
财务会计账务处理：
借：在建工程——建筑安装工程投资——安装工程 20 000
　　贷：银行存款 20 000
预算会计账务处理：
借：行政支出 20 000

贷：资金结存——货币资金（银行存款）　　　　　　　20 000
　③安装完毕交付使用时（只作财务会计账务处理）：
　　借：固定资产　　　　　　　　　　　　　　　　　　330 000
　　　贷：在建工程——设备投资　　　　　　　　　　　　310 000
　　　　　　　　——建筑安装工程投资——安装工程　　　 20 000

　　3. 待摊投资。建设工程发生的构成建设项目实际支出的、按照规定应当分摊计入有关工程成本和设备成本的各项间接费用和税费支出，先在本明细科目中归集；建设工程办妥竣工验收手续交付使用时，按照合理的分配方法，摊入相关工程成本、在安装设备成本等。

　　（1）单位发生的构成待摊投资的各类费用或确认代建管理费时，按照实际发生的金额或确定的金额，借记本科目（待摊投资），贷记"财政拨款收入""零余额账户用款额度""银行存款""应付利息""长期借款""预付账款—预付工程款""其他应交税费""固定资产累计折旧""无形资产累计摊销"等科目。

　　（2）对于建设过程中试生产、设备调试等产生的收入，按照取得的收入金额，借记"银行存款"等科目，按照依据有关规定应当冲减建设工程成本的部分，贷记本科目（待摊投资），按照其差额贷记"应缴财政款"或"其他收入"科目。

　　（3）由于自然灾害、管理不善等原因造成的单项工程或单位工程报废或毁损，扣除残料价值和过失人或保险公司等赔款后的净损失，报经批准后计入继续施工的工程成本的，按照工程成本扣除残料价值和过失人或保险公司等赔款后的净损失，借记本科目（待摊投资），按照残料变价收入、过失人或保险公司赔款等，借记"银行存款""其他应收款"等科目，按照报废或毁损的工程成本，贷记本科目（建筑安装工程投资）。

　　（4）工程交付使用时，按照合理的分配方法分配待摊投资，借记本科目（建筑安装工程投资、设备投资），贷记本科目（待摊投资）。待摊投资中有按规定应当分摊计入转出投资价值和待核销基建支出的，还应当借记"在建工程——待核销基建支出、基建转出投资"科目，贷记"在建工程——待摊投资"科目。待摊投资的分配方法，可按照下列公式计算。

　　①按照实际分配率分配。适用于建设工期较短、整个项目的所有单项工程一次竣工的建设项目。

　　实际分配率＝待摊投资明细科目余额÷（建筑工程明细科目余额＋安装工程
　　　　　　　　明细科目余额＋设备投资明细科目余额）×100%

　　②按照概算分配率分配。适用于建设工期长、单项工程分期分批建成投入使用的建设项目。

　　概算分配率＝（概算中各待摊投资项目的合计数－其中可直接分配部分）÷
　　　　　　　　（概算中建筑工程、安装工程和设备投资合计）×100%

　　③某项固定资产应分配的待摊投资＝该项固定资产的建筑工程成本或该项固定资产（设备）的采购成本和安装成本合计×分配率。

4. 其他投资。

（1）单位为建设工程发生的房屋购置支出，基本畜禽、林木等的购置、饲养、培育支出，办公生活用家具、器具购置支出，软件研发和不能计入设备投资的软件购置等支出，按照实际发生金额，借记本科目（其他投资），贷记"财政拨款收入""零余额账户用款额度""银行存款"等科目。

（2）工程完成将形成的房屋、基本畜禽、林木等各种财产以及无形资产交付使用时，按照其实际成本，借记"固定资产""无形资产"等科目，贷记本科目（其他投资）。

5. 待核销基建支出。

（1）建设项目发生的江河清障、航道清淤、飞播造林、补助群众造林、水土保持、城市绿化等不能形成资产的各类待核销基建支出，按照实际发生金额，借记本科目（待核销基建支出），贷记"财政拨款收入""零余额账户用款额度""银行存款"等科目。

（2）取消的建设项目发生的可行性研究费，按照实际发生金额，借记本科目（待核销基建支出），贷记本科目（待摊投资）。

（3）由于自然灾害等原因发生的建设项目整体报废所形成的净损失，报经批准后转入待核销基建支出，按照项目整体报废所形成的净损失，借记本科目（待核销基建支出），按照报废工程回收的残料变价收入、保险公司赔款等，借记"银行存款""其他应收款"等科目，按照报废的工程成本，贷记本科目（建筑安装工程投资等）。

（4）建设项目竣工验收交付使用时，对发生的待核销基建支出进行冲销，借记"资产处置费用"科目，贷记本科目（待核销基建支出）。

6. 基建转出投资。为建设项目配套而建成的、产权不归属本单位的专用设施，在项目竣工验收交付使用时，或按规定直接转入建设单位以外的会计主体的，建设单位应当按照转出的建设项目的成本，借记"在建工程——基建转出投资"科目，贷记"在建工程——建筑安装工程投资、设备投资"科目；同时，借记"无偿调拨净资产"科目，贷记"在建工程——基建转出投资"科目。

建设项目竣工验收交付使用时，按规定先转入建设单位、再无偿划拨给其他会计主体的，建设单位应当按照《政府会计制度》规定，先将在建工程转入"固定资产""公共基础设施"等科目，再按照无偿调拨资产相关规定进行账务处理。

"在建工程"科目的上述主要账务处理汇总如表3-21所示。

表 3-21　　　　　　　　"在建工程"科目主要账务处理汇总

1613 在建工程		财务会计	预算会计
(1) 建筑安装工程投资	将固定资产等转入改建、扩建时	借：在建工程——建筑安装工程投资 　　固定资产累计折旧等 贷：固定资产等	—
	发包工程预付工程款时	借：预付账款——预付工程款 贷：财政拨款收入/零余额账户用款额度/银行存款等	借：行政支出/事业支出等 贷：财政拨款预算收入/资金结存
	按照进度结算工程款或年终代建单位对账确认在建工程成本时	借：在建工程——建筑安装工程投资 贷：预付账款——预付工程款 　　财政拨款收入/零余额账户用款额度/银行存款/应付账款等	借：行政支出/事业支出等（补付款项） 贷：财政拨款预算收入/资金结存
	自行施工小型建筑安装工程发生支出时	借：在建工程——建筑安装工程投资 贷：工程物资/零余额账户用款额度/银行存款/应付职工薪酬等	借：行政支出/事业支出等（实际支付的款项） 贷：资金结存等
	改扩建过程中替换（拆除）原资产某些组成部分的	借：待处理财产损溢 贷：在建工程——建筑安装工程投资	—
	工程竣工验收交付使用时	借：固定资产等 贷：在建工程——建筑安装工程投资	—
(2) 设备投资	购入设备时	借：在建工程——设备投资 贷：财政拨款收入/零余额账户用款额度/应付账款/银行存款等	借：行政支出/事业支出等（实际支付的款项） 贷：财政拨款预算收入/资金结存
	安装完毕，交付使用时	借：固定资产等 贷：在建工程——设备投资 　　　　　　——建筑安装工程投资 　　　　　　——安装工程	—
	将不需要安装设备和达不到固定资产标准的工具器具交付使用时	借：固定资产/库存物品 贷：在建工程——设备投资	—

续表

	1613 在建工程	财务会计	预算会计
(3) 待摊投资	发生构成待摊投资的各类费用或确认代建管理费时	借：在建工程——待摊投资 贷：预付账款——预付工程款 　　财政拨款收入/零余额账户用款额度/银行存款/应付利息/长期借款/其他应交税费等	借：行政支出/事业支出等（实际支付的款项） 贷：财政拨款预算收入/资金结存
	对于建设过程中试生产、设备调试等产生的收入	借：银行存款等 贷：在建工程——待摊投资（按规定冲减工程成本的部分） 　　应缴财政款/其他收入（差额）	借：资金结存 贷：其他预算收入
	经批准将单项工程或单位工程报废净损失计入继续施工的工程成本的	借：在建工程——待摊投资 　　银行存款/其他应收款等（残料变价收入、赔款等） 贷：在建工程——建筑安装工程投资（毁损报废工程成本）	—
	工程交付使用时，按照一定的分配方法进行待摊投资分配	借：在建工程——建筑安装工程投资 　　　　　　——设备投资 贷：在建工程——待摊投资	—
	应当分摊计入转出投资价值和待核销基建支出的	借：在建工程——待核销基建支出 　　　　　　——基建转出投资 贷：在建工程——待摊投资	—
(4) 其他投资	发生其他投资支出时	借：在建工程——其他投资 贷：财政拨款收入/零余额账户用款额度/银行存款等	借：行政支出/事业支出等（实际支付的款项） 贷：财政拨款预算收入/资金结存
	资产交付使用时	借：固定资产/无形资产等 贷：在建工程——其他投资	—
(5) 基建转出投资	建造的产权不归属本单位的，或按规定直接转入建设单位以外的会计主体的	借：在建工程——基建转出投资 贷：在建工程——建筑安装工程投资、设备投资	—
	冲销转出的在建工程时	借：无偿调拨净资产 贷：在建工程——基建转出投资	—

续表

1613 在建工程		财务会计	预算会计
(6)	待核销基建支出	发生各类待核销基建支出时	借：在建工程——待核销基建支出 贷：财政拨款收入/零余额账户用款额度/银行存款等	借：行政支出/事业支出（实际支付的款项） 贷：财政拨款预算收入/资金结存
		取消的项目发生的可行性研究费	借：在建工程——待核销基建支出 贷：在建工程——待摊投资	—
		由于自然灾害等原因发生的项目整体报废所形成的净损失	借：在建工程——待核销基建支出 银行存款/其他应收款等（残料变价收入、保险赔款等） 贷：在建工程——建筑安装工程投资等	—
		经批准冲销待核销基建支出时	借：资产处置费用 贷：在建工程——待核销基建支出	—

六、代建项目的核算

（一）科目设置

事业单位如果承担了代建项目，应当设置"代建项目"科目，核算单位在建的代建项目工程的实际成本。与建设单位相对应，本科目按照工程性质和类型设置"建筑安装工程投资""设备投资""待摊投资""其他投资""待核销基建支出""基建转出投资"等明细科目，对所承担的代建项目建设成本进行会计核算，全面反映工程的资金资源消耗情况；同时，在"代建项目"科目下设置"代建项目转出"明细科目，通过工程结算或年终对账确认在建工程成本的方式，将代建项目的成本转出，体现在建设单位相应的"在建工程"账上。年末，"代建项目"科目应无余额。

（二）代建项目的主要账务处理

1. 收到建设单位拨付的建设项目资金时，按照收到的款项金额，借记"银行存款"等科目，贷记"预收账款——预收工程款"科目。预算会计不做处理。

2. 工程项目使用资金或发生其他耗费时，按照确定的金额，借记"代建项目"科目下的"建筑安装工程投资"等明细科目，贷记"银行存款""应付职工薪酬""工程物资""累计折旧"等科目。预算会计不做处理。

3. 按工程进度与建设单位结算工程款，或年终与建设单位对账确认在建工程成本并转出时，按照确定的金额，借记"代建项目——代建项目转出"科目，贷记"代建项目"科目下的"建筑安装工程投资"等明细科目，同时，借记

"预收账款——预收工程款"等科目,贷记"代建项目——代建项目转出"科目。

4. 确认代建费收入时,按照确定的金额,借记"预收账款——预收工程款"等科目,贷记有关收入科目;同时,在预算会计中借记"资金结存"科目,贷记有关预算收入科目。

5. 项目完工交付使用资产时,按照代建项目未转出的在建工程成本,借记"代建项目——代建项目转出"科目,贷记"代建项目"科目下的"建筑安装工程投资"等明细科目,同时,借记"预收账款——预收工程款"等科目,贷记"代建项目——代建项目转出"科目。

工程竣工决算时收到补付资金的,按照补付的金额,借记"银行存款"等科目,贷记"预收账款——预收工程款"科目。

七、固定资产的披露

单位应当在附注中披露与固定资产有关的下列信息。
(1) 固定资产的分类和折旧方法。
(2) 各类固定资产的使用年限、折旧率。
(3) 各类固定资产账面余额、累计折旧额、账面价值的期初、期末数及其本期变动情况。
(4) 以名义金额计量的固定资产名称、数量,以及以名义金额计量的理由。
(5) 已提足折旧的固定资产名称、数量等情况。
(6) 接受捐赠、无偿调入的固定资产名称、数量等情况。
(7) 出租、出借固定资产以及以固定资产投资的情况。
(8) 固定资产对外捐赠、无偿调出、毁损等重要资产处置的情况。
(9) 暂估入账的固定资产账面价值变动情况。

第五节 无形资产

一、无形资产的定义与确认

1. 定义。无形资产,是指单位控制的没有实物形态的可辨认非货币性资产,如专利权、商标权、著作权、土地使用权、非专利技术等。

其中可辨认性标准需要满足下列条件之一。
(1) 能够从单位中分离或者划分出来,并能单独或者与相关合同、资产或负债一起,用于出售、转移、授予许可、租赁或者交换。
(2) 源自合同性权利或其他法定权利,无论这些权利是否可以从单位或其他权利和义务中转移或者分离。

2. 确认。无形资产的确认需要同时满足以下两个条件，条件一：与该无形资产相关的服务潜力很可能实现或者经济利益很可能流入单位；条件二：该无形资产的成本或者价值能够可靠地计量。单位在判断无形资产的服务潜力或经济利益是否很可能实现或流入时，应当对无形资产在预计使用年限内可能存在的各种社会、经济、科技因素作出合理估计，并且应当有确凿的证据支持。

在无形资产的确认中还应注意以下五个方面。

（1）单位购入的不构成相关硬件不可缺少组成部分的软件，应当确认为无形资产。

（2）单位自行研究开发项目的支出，应当区分研究阶段支出与开发阶段支出。研究是指为获取并理解新的科学或技术知识而进行的独创性的有计划调查。开发是指在进行生产或使用前，将研究成果或其他知识应用于某项计划或设计，以生产出新的或具有实质性改进的材料、装置、产品等。

（3）单位自行研究开发项目研究阶段的支出，应当于发生时计入当期费用。自行研究开发项目开发阶段的支出，先按合理方法进行归集，如果最终形成无形资产的，应当确认为无形资产；如果最终未形成无形资产的，应当计入当期费用。

自行研究开发项目尚未进入开发阶段，或者确实无法区分研究阶段支出和开发阶段支出，但按法律程序已申请取得无形资产的，应当将依法取得时发生的注册费、聘请律师费等费用确认为无形资产。

（4）单位自创商誉及内部产生的品牌、报刊名等，不应确认为无形资产。

（5）与无形资产有关的后续支出，符合无形资产确认条件的，应当计入无形资产成本；不符合无形资产确认条件的，应当在发生时计入当期费用或者相关资产成本。

二、无形资产的核算

（一）科目设置

单位应当设置"无形资产"科目，核算单位无形资产的原值。非大批量购入、单价小于1 000元的无形资产，可以于购买的当期将其成本直接计入当期费用。本科目应当按照无形资产的类别、项目等进行明细核算。本科目期末借方余额，反映单位无形资产的成本。

（二）无形资产的初始确认与计量

无形资产在取得时，应当按照成本进行初始计量。

1. 外购的无形资产。外购的无形资产，其成本包括购买价款、相关税费以及可归属于该项资产达到预定用途前所发生的其他支出。

外购无形资产时，按照确定的成本，借记本科目，贷记"财政拨款收入""零余额账户用款额度""应付账款""银行存款"等科目。

【例3-103】 某行政单位购入一项著作权，价款为150 000元，另支付手续费3 200元，款项及手续费都以银行存款支付（平行记账）。

财务会计账务处理：

借：无形资产	153 200
贷：银行存款	153 200

预算会计账务处理：

借：行政支出	153 200
贷：资金结存——货币资金（银行存款）	153 200

2. 委托软件公司开发软件。委托软件公司开发软件，视同外购无形资产进行处理。合同中约定预付开发费用的，按照预付金额，借记"预付账款"科目，贷记"财政拨款收入""零余额账户用款额度""银行存款"等科目。

软件开发完成交付使用并支付剩余或全部软件开发费用时，按照软件开发费用总额，借记本科目，按照相关预付账款金额，贷记"预付账款"科目，按照支付的剩余金额，贷记"财政拨款收入""零余额账户用款额度""银行存款"等科目。

【例3-104】 某行政单位委托乙软件公司开发软件，预付软件开发费300 000元，款项通过财政直接支付；软件开发完成交付使用，同时以零余额账户补付软件开发款50 000元。

①预付软件开发费时（平行记账）：

财务会计账务处理：

借：预付账款	300 000
贷：财政拨款收入	300 000

预算会计账务处理：

借：行政支出	300 000
贷：财政拨款预算收入	300 000

②软件开发完成交付使用，补付软件开发费时（平行记账）：

财务会计账务处理：

借：无形资产	350 000
贷：预付账款	300 000
零余额账户用款额度	50 000

预算会计账务处理：

借：行政支出	50 000
贷：资金结存——零余额账户用款额度	50 000

3. 自行开发。自行研究开发形成的无形资产，按照研究开发项目进入开发阶段后至达到预定用途前所发生的支出总额，借记本科目，贷记"研发支出——开发支出"科目。

自行研究开发项目尚未进入开发阶段，或者确实无法区分研究阶段支出和开发阶段支出，但按照法律程序已申请取得无形资产的，按照依法取得时发生的注册费、聘请律师费等费用，借记本科目，贷记"财政拨款收入""零余额账户用款额度""银行存款"等科目；按照依法取得前所发生的研究开发支出，借记"业务活动费用"等科目，贷记"研发支出"科目。

【例3－105】某事业单位自行开发研制某项专门技术，申请国家专利时发生注册费、聘请律师费等15 000元；研制期间发生的相关支出有：实验检验费8 000元，研究人员薪酬12 000元，消耗材料费5 000元，共计25 000元；所有款项都以银行存款支付。

①支付研制期间发生的费用时（平行记账）：

财务会计账务处理：

借：业务活动费用　　　　　　　　　　　　　　　　25 000
　　贷：银行存款　　　　　　　　　　　　　　　　　25 000

预算会计账务处理：

借：事业支出　　　　　　　　　　　　　　　　　　25 000
　　贷：资金结存——货币资金（银行存款）　　　　25 000

②研制取得无形资产时（平行记账）：

财务会计账务处理：

借：无形资产　　　　　　　　　　　　　　　　　　15 000
　　贷：银行存款　　　　　　　　　　　　　　　　　15 000

预算会计账务处理：

借：事业支出　　　　　　　　　　　　　　　　　　15 000
　　贷：资金结存——货币资金（银行存款）　　　　15 000

4. 接受捐赠的无形资产。接受捐赠的无形资产，其成本按照有关凭据注明的金额加上相关税费确定；没有相关凭据可供取得，但按规定经过资产评估的，其成本按照评估价值加上相关税费确定；没有相关凭据可供取得，也未经资产评估的，其成本比照同类或类似资产的市场价格加上相关税费确定；没有相关凭据且未经资产评估、同类或类似资产的市场价格也无法可靠取得的，按照名义金额入账，相关税费计入当期费用。确定接受捐赠无形资产的初始入账成本时，应当考虑该项资产尚可为单位带来服务潜力或经济利益的能力。

接受捐赠的无形资产，按照确定的无形资产成本，借记本科目，按照发生的相关税费等，贷记"零余额账户用款额度""银行存款"等科目，按照其差额，贷记"捐赠收入"科目。

接受捐赠的无形资产按照名义金额入账的，按照名义金额，借记本科目，贷记"捐赠收入"科目；同时，按照发生的相关税费等，借记"其他费用"科目，贷记"零余额账户用款额度""银行存款"等科目。

【例3－106】某事业单位与乙公司签订捐赠协议，协议规定，乙公司向该事业单位捐赠一项著作权，该著作权没有相关凭据，同类或类似无形资产的市场价格也无法取得,其资产按名义金额入账;以零余额账户支付相关费用 3 000 元。

财务会计账务处理:

借:无形资产　　　　　　　　　　　　　　　　　　　　　　1
　　贷:捐赠收入　　　　　　　　　　　　　　　　　　　　　　1
借:其他费用　　　　　　　　　　　　　　　　　　　　3 000
　　贷:零余额账户用款额度　　　　　　　　　　　　　　3 000

预算会计账务处理:

借:其他支出　　　　　　　　　　　　　　　　　　　　3 000
　　贷:资金结存——零余额账户用款额度　　　　　　　　3 000

5. 无偿调入的无形资产。无偿调入的无形资产,按照调出方账面价值加上相关税费确定为无形资产成本,借记本科目,按照发生的相关税费等,贷记"零余额账户用款额度""银行存款"等科目,按照其差额,贷记"无偿调拨净资产"科目。

【例3-107】某行政单位经财政部门批准,从另一行政单位无偿调入一项专利权,其市场价格为 150 000 元,用零余额账户额度支付有关费用 6 000 元。

财务会计账务处理:

借:无形资产　　　　　　　　　　　　　　　　　　　156 000
　　贷:无偿调拨净资产　　　　　　　　　　　　　　　150 000
　　　　零余额账户用款额度　　　　　　　　　　　　　　6 000

预算会计账务处理:

借:其他支出　　　　　　　　　　　　　　　　　　　　6 000
　　贷:资金结存——零余额账户用款额度　　　　　　　　6 000

6. 置换取得的无形资产。置换取得的无形资产,其成本按照换出资产的评估价值加上支付的补价或减去收到的补价,加上换入无形资产发生的其他相关支出确定。参照"库存物品"科目中置换取得库存物品的相关规定进行账务处理。

(三) 无形资产后续支出的确认与计量

1. 符合无形资产确认条件的后续支出。为增加无形资产的使用效能对其进行升级改造或扩展其功能时,如需暂停对无形资产进行摊销的,按照无形资产的账面价值,借记"在建工程"科目,按照无形资产已摊销金额,借记"无形资产累计摊销"科目,按照无形资产的账面余额,贷记本科目。

无形资产后续支出符合无形资产确认条件的,按照支出的金额,借记本科目[无须暂停摊销的]或"在建工程"科目[需暂停摊销的],贷记"财政拨款收入""零余额账户用款额度""银行存款"等科目。

暂停摊销的无形资产升级改造或扩展功能等完成交付使用时,按照在建工程成本,借记本科目,贷记"在建工程"科目。

【例 3-108】某事业单位对其研究工作采用的软件系统进行升级改造,用零余额账户额度支付软件公司劳务费 150 000 元(平行记账)。

财务会计账务处理:
借:无形资产　　　　　　　　　　　　　　　　　150 000
　　贷:零余额账户用款额度　　　　　　　　　　　150 000
预算会计账务处理:
借:事业支出　　　　　　　　　　　　　　　　　150 000
　　贷:资金结存——零余额账户用款额度　　　　　150 000

2. 不符合无形资产确认条件的后续支出。为保证无形资产正常使用发生的日常维护等支出,借记"业务活动费用""单位管理费用"等科目,贷记"财政拨款收入""零余额账户用款额度""银行存款"等科目。

如果单位按照相关规定发生了专利权维护费,应当在发生时计入当期费用,原确定的无形资产摊销年限不据此调整。

【例 3-109】某事业单位对其研究工作采用的软件系统进行技术维护,用零余额账户额度支付软件公司劳务费 30 000 元(平行记账)。

财务会计账务处理:
借:业务活动费用　　　　　　　　　　　　　　　30 000
　　贷:零余额账户用款额度　　　　　　　　　　　30 000
预算会计账务处理:
借:事业支出　　　　　　　　　　　　　　　　　30 000
　　贷:资金结存——零余额账户用款额度　　　　　30 000

3. 按照规定报经批准处置无形资产,应当分别以下情况处理。

(1) 报经批准出售、转让无形资产,按照被出售、转让无形资产的账面价值,借记"资产处置费用"科目,按照无形资产已计提的摊销,借记"无形资产累计摊销"科目,按照无形资产账面余额,贷记本科目;同时,按照收到的价款,借记"银行存款"等科目,按照处置过程中发生的相关费用,贷记"银行存款"等科目,按照其差额,贷记"应缴财政款"[按照规定应上缴无形资产转让净收入的]或"其他收入"[按照规定将无形资产转让收入纳入本单位预算管理的]科目。

【例 3-110】某事业单位将一项商标所有权转让,取得价款 1 800 000 元存入银行;该商标权的成本为 3 000 000 元,已摊销金额为 2 600 000 元;转让过程中用银行存款支付其他费用 12 000 元。

①注销无形资产账面余额时(只作财务会计账务处理):
借:资产处置费用　　　　　　　　　　　　　　　400 000
　　无形资产累计摊销　　　　　　　　　　　　　2 600 000
　　贷:无形资产　　　　　　　　　　　　　　　3 000 000

②收到出售价款大于支付其他费用,转让收入没有纳入本单位预算,而是上缴财政(只作财务会计账务处理):

借：银行存款（1 800 000 - 12 000） 1 788 000
　　贷：应缴财政款 1 788 000

（2）报经批准对外捐赠无形资产，按照无形资产已计提的摊销，借记"无形资产累计摊销"科目，按照被处置无形资产账面余额，贷记本科目，按照捐赠过程中发生的归属于捐出方的相关费用，贷记"银行存款"等科目，按照其差额，借记"资产处置费用"科目。

【例3-111】某事业单位对外捐赠一项专利技术，账面价值为180 000元，已摊销金额为120 000元，另以银行存款支付相关费用2 000元（平行记账）。

财务会计账务处理：
借：资产处置费用 62 000
　　无形资产累计摊销 120 000
　　贷：无形资产 180 000
　　　　银行存款 2 000

预算会计账务处理：
借：其他支出 2 000
　　贷：资金结存——货币资金（银行存款） 2 000

（3）报经批准无偿调出无形资产，按照无形资产已计提的摊销，借记"无形资产累计摊销"科目，按照被处置无形资产账面余额，贷记本科目，按照其差额，借记"无偿调拨净资产"科目；同时，按照无偿调出过程中发生的归属于调出方的相关费用，借记"资产处置费用"科目，贷记"银行存款"等科目。

（4）报经批准置换换出无形资产，参照"库存物品"科目中置换换入库存物品的规定进行账务处理。

（5）无形资产预期不能为单位带来服务潜力或经济利益，按照规定报经批准核销时，按照待核销无形资产的账面价值，借记"资产处置费用"科目，按照已计提摊销，借记"无形资产累计摊销"科目，按照无形资产的账面余额，贷记本科目。

无形资产处置时涉及增值税业务的，相关账务处理参见"应交增值税"科目。

【例3-112】某事业单位专利权的账面价值为600 000元，采用直线法摊销，摊销期限为10年，该专利权无残值；该专利权摊销8年不能再提供未来服务，予以报废处理。

①按月对无形资产进行摊销时（只作财务会计账务处理）：
借：业务活动费用 5 000
　　贷：无形资产累计摊销 5 000

②报经批准予以报废处理时（只作财务会计账务处理）：
借：资产处置费用 120 000
　　无形资产累计摊销 480 000
　　贷：无形资产 600 000

4. 单位应当定期对无形资产进行清查盘点，每年至少盘点一次。单位资产清查盘点过程中发现的无形资产盘盈、盘亏等，参照"固定资产"科目相关规定进行账务处理。

三、无形资产累计摊销的核算

（一）计提摊销的规定

1. 单位应于取得或形成无形资产时合理确定其使用年限。无形资产的使用年限为有限的，应当估计该使用年限。无法预见无形资产为单位提供服务潜力或者带来经济利益期限的，应当视为使用年限不确定的无形资产。

2. 单位应当对使用年限有限的无形资产进行摊销，但已摊销完毕仍继续使用的无形资产和以名义金额计量的无形资产除外。摊销是指在无形资产使用年限内，按照确定的方法对应摊销金额进行系统分摊。

3. 对于使用年限有限的无形资产，单位应当按照以下原则确定无形资产的摊销年限。

（1）法律规定了有效年限的，以法律规定的有效年限作为摊销年限；

（2）法律没有规定有效年限的，以相关合同或单位申请书中的受益年限作为摊销年限；

（3）法律没有规定有效年限、相关合同或单位申请书也没有规定受益年限的，应当根据无形资产为单位带来服务潜力或经济利益的实际情况，预计其使用年限；

（4）非大批量购入、单价小于1 000元的无形资产，可以于购买的当期将其成本一次性全部转销。

4. 单位应当按月对使用年限有限的无形资产进行摊销，并根据用途计入当期费用或者相关资产成本。单位应当采用年限平均法或者工作量法对无形资产进行摊销，应摊销金额为其成本，不考虑预计残值。

5. 因发生后续支出而增加无形资产成本的，对于使用年限有限的无形资产，应当按照重新确定的无形资产成本以及重新确定的摊销年限计算摊销额。

6. 使用年限不确定的无形资产不应摊销。

（二）科目设置

单位应当设置"无形资产累计摊销"科目，核算单位对使用年限有限的无形资产计提的累计摊销。本科目应当按照所对应无形资产的明细分类进行明细核算。本科目期末贷方余额，反映单位计提的无形资产摊销累计数。

（三）无形资产累计摊销的主要账务处理

1. 按月对无形资产进行摊销时，按照应摊销金额，借记"业务活动费用"

"单位管理费用""加工物品""在建工程"等科目,贷记本科目。

2. 经批准处置无形资产时,按照所处置无形资产的账面价值,借记"资产处置费用""无偿调拨净资产""待处理财产损溢"等科目,按照已计提摊销,借记本科目,按照无形资产的账面余额,贷记"无形资产"科目。

相关例题见"无形资产"科目。

四、研发支出的核算

（一）科目设置

单位应当设置"研发支出"科目,核算单位自行研究开发项目研究阶段和开发阶段发生的各项支出。建设项目中的软件研发支出,应当通过"在建工程"科目核算,不通过本科目核算。本科目应当按照自行研究开发项目,分别"研究支出""开发支出"进行明细核算。本科目期末借方余额,反映单位预计能达到预定用途的研究开发项目在开发阶段发生的累计支出数。

（二）研发支出的主要账务处理

1. 自行研究开发项目研究阶段的支出,应当先在本科目归集。按照从事研究及其辅助活动人员计提的薪酬,研究活动领用的库存物品,发生的与研究活动相关的管理费、间接费和其他各项费用,借记本科目（研究支出）,贷记"应付职工薪酬""库存物品""财政拨款收入""零余额账户用款额度""固定资产累计折旧""银行存款"等科目。

期（月）末,应当将本科目归集的研究阶段的支出金额转入当期费用,借记"业务活动费用"等科目,贷记本科目（研究支出）。

2. 自行研究开发项目开发阶段的支出,先通过本科目进行归集。按照从事开发及其辅助活动人员计提的薪酬,开发活动领用的库存物品,发生的与开发活动相关的管理费、间接费和其他各项费用,借记本科目（开发支出）,贷记"应付职工薪酬""库存物品""财政拨款收入""零余额账户用款额度""固定资产累计折旧""银行存款"等科目。自行研究开发项目完成,达到预定用途形成无形资产的,按照本科目归集的开发阶段的支出金额,借记"无形资产"科目,贷记本科目（开发支出）。

单位应于每年年度终了评估研究开发项目是否能达到预定用途,如预计不能达到预定用途（如无法最终完成开发项目并形成无形资产的）,应当将已发生的开发支出金额全部转入当期费用,借记"业务活动费用"等科目,贷记本科目（开发支出）。

自行研究开发项目时涉及增值税业务的,相关账务处理参见"应交增值税"科目。

【例3-113】某事业单位自行研制一项新材料,本月发生研究人员工资

6 000 元，消耗材料 9 000 元（只作财务会计账务处理）。

借：研发支出——研究支出　　　　　　　　　　　　15 000
　　贷：应付职工薪酬　　　　　　　　　　　　　　　　　6 000
　　　　库存物品　　　　　　　　　　　　　　　　　　　9 000

期末：
借：业务活动费用　　　　　　　　　　　　　　　　15 000
　　贷：研发支出——研究支出　　　　　　　　　　　　15 000

【例 3 - 114】承〚例 3 - 113〛，新材料研究成功后，进入开发阶段，开发阶段发生的相关支出有：研究人员工资 20 000 元，消耗材料 10 000 元，用银行存款支付其他费用 15 000 元（平行记账）。

财务会计账务处理：
借：研发支出——开发支出　　　　　　　　　　　　45 000
　　贷：库存物品　　　　　　　　　　　　　　　　　　10 000
　　　　应付职工薪酬　　　　　　　　　　　　　　　　20 000
　　　　银行存款　　　　　　　　　　　　　　　　　　15 000

预算会计账务处理：
借：事业支出　　　　　　　　　　　　　　　　　　15 000
　　贷：资金结存——货币资金（银行存款）　　　　　　15 000

【例 3 - 115】承〚例 3 - 114〛，该事业单位研制出的新材料申请专利取得专利权，支付的注册费、律师费共 60 000 元（平行记账）。

财务会计账务处理：
借：研发支出——开发支出　　　　　　　　　　　　60 000
　　贷：银行存款　　　　　　　　　　　　　　　　　　60 000

预算会计账务处理：
借：事业支出　　　　　　　　　　　　　　　　　　60 000
　　贷：资金结存——货币资金（银行存款）　　　　　　60 000

新材料达到预定用途形成无形资产时（只作财务会计账务处理）：
借：无形资产　　　　　　　　　　　　　　　　　　105 000
　　贷：研发支出——开发支出　　　　　　　　　　　　105 000

"无形资产类"科目的上述主要账务处理汇总如表 3 - 22 所示。

表 3 - 22　　　　　　"无形资产类"科目主要账务处理汇总

1701 无形资产			财务会计	预算会计
(1)	无形资产取得	①外购的无形资产入账时	借：无形资产 　　贷：财政拨款收入/零余额账户用款额度/应付账款/银行存款等	借：行政支出/事业支出/经营支出等 　　贷：财政拨款预算收入/资金结存

续表

1701 无形资产		财务会计	预算会计
(1) 无形资产取得	②委托软件公司开发的软件，按照合同约定预付开发费时	借：预付账款 　贷：财政拨款收入/零余额账户用款额度/银行存款等	借：行政支出/事业支出/经营支出等（预付的款项） 　贷：财政拨款预算收入/资金结存
	委托开发的软件交付使用，并支付剩余或全部软件开发费用时	借：无形资产（开发费总额） 　贷：预付账款 　　财政拨款收入/零余额账户用款额度/银行存款等（支付的剩余款项）	按照支付的剩余款项金额： 借：行政支出/事业支出等 　贷：财政拨款预算收入/资金结存
	③自行开发 A. 开发完成，达到预定用途形成无形资产的	借：无形资产 　贷：研发支出——开发支出	—
	B. 自行研究开发无形资产尚未进入开发阶段，或者确实无法区分研究阶段支出和开发阶段支出，但按照法律程序已申请取得无形资产的	借：无形资产（依法取得时发生的注册费、聘请律师费等费用） 　贷：财政拨款收入/零余额账户用款额度/银行存款等	借：行政支出/事业支出/经营支出等 　贷：财政拨款预算收入/资金结存
	④置换取得的无形资产	参照"库存物品"科目中置换取得库存物品的相关规定进行账务处理	
	⑤接受捐赠的无形资产	借：无形资产 　贷：银行存款/零余额账户用款额度等（发生的相关税费等） 　　捐赠收入（差额）	借：其他支出（支付的相关税费等） 　贷：资金结存
	接受捐赠的无形资产按照名义金额入账的	借：无形资产（名义金额） 　贷：捐赠收入 借：其他费用 　贷：银行存款/零余额账户用款额度等（发生的相关税费等）	借：其他支出（支付的相关税费等） 　贷：资金结存
	⑥无偿调入的无形资产	借：无形资产 　贷：银行存款/零余额账户用款额度等（发生的相关税费等） 　　无偿调拨净资产（差额）	借：其他支出（支付的相关税费等） 　贷：资金结存

续表

1701 无形资产		财务会计	预算会计
(2) 与无形资产有关的后续支出	符合无形资产确认条件的后续支出（如为增加无形资产的使用效能而发生的后续支出）	借：在建工程 　　无形资产累计摊销 　贷：无形资产 借：在建工程/无形资产（无须暂停计提摊销的） 　贷：财政拨款收入/零余额账户用款额度/银行存款等	借：行政支出/事业支出/经营支出等（实际支付的资金） 　贷：财政拨款预算收入/资金结存
	不符合无形资产确认条件的后续支出（为维护无形资产的正常使用而发生的后续支出）	借：业务活动费用/单位管理费用/经营费用等 　贷：财政拨款收入/零余额账户用款额度/银行存款等	借：行政支出/事业支出/经营支出等 　贷：财政拨款预算收入/资金结存
(3) 无形资产处置	出售、转让无形资产	借：资产处置费用 　　无形资产累计摊销 　贷：无形资产 借：银行存款等（收到的价款） 　贷：银行存款等（发生的相关费用）应缴财政款/其他收入	— 如转让净收入按照规定纳入本单位预算： 借：资金结存 　贷：其他预算收入
	对外捐赠无形资产	借：资产处置费用 　　无形资产累计摊销 　贷：无形资产（账面余额） 　　银行存款等（归属于捐出方的相关费用）	借：其他支出（归属于捐出方的相关费用） 　贷：资金结存
	无偿调出无形资产	借：无偿调拨净资产 　　无形资产累计摊销 　贷：无形资产（账面余额） 借：资产处置费用 　贷：银行存款等（相关费用）	借：其他支出（归属于调出方的相关费用） 　贷：资金结存
	置换换出无形资产	参照"库存物品"科目中置换取得库存物品的规定进行账务处理	
	经批准核销无形资产时	借：资产处置费用 　　无形资产累计摊销 　贷：无形资产（账面余额）	—

1702 无形资产累计摊销			
(1)	按月进行无形资产摊销时	借：业务活动费用/单位管理费用/加工物品等 　贷：无形资产累计摊销	—

续表

1701 无形资产			财务会计	预算会计
（2）	处置无形资产时		借：资产处置费用/无偿调拨净资产等 　　无形资产累计摊销 贷：无形资产（账面余额）	—
1703 研发支出				
（1）	单位自行研究开发无形资产	自行研究开发项目研究阶段的支出：应当按照合理的方法先归集	借：研发支出——研究支出 贷：应付职工薪酬/库存物品/财政拨款收入/零余额账户用款额度/银行存款等	借：事业支出/经营支出等（实际支付的款项） 贷：财政拨款预算收入/资金结存
		期（月）末转入当期费用	借：业务活动费用等 贷：研发支出——研究支出	—
		自行研究开发项目开发阶段的支出	借：研发支出——开发支出 贷：应付职工薪酬/库存物品/财政拨款收入/零余额账户用款额度/银行存款等	借：事业支出/经营支出等（实际支付的款项） 贷：财政拨款预算收入/资金结存
		自行研究开发项目完成，达到预定用途形成无形资产	借：无形资产 贷：研发支出——开发支出	—
		年末经评估，研发项目预计不能达到预定用途	借：业务活动费用等 贷：研发支出——开发支出	—

五、无形资产的披露

单位应当按照无形资产的类别在附注中披露与无形资产有关的下列信息。

1. 无形资产账面余额、累计摊销额、账面价值的期初、期末数及其本期变动情况。

2. 自行开发无形资产的名称、数量，以及账面余额和累计摊销额的变动情况。

3. 以名义金额计量的无形资产名称、数量，以及以名义金额计量的理由。

4. 接受捐赠、无偿调入无形资产的名称、数量等情况。

5. 使用年限有限的无形资产，其使用年限的估计情况；使用年限不确定的无形资产，其使用年限不确定的确定依据。

6. 无形资产出售、对外投资等重要资产处置的情况。

第六节 公共基础设施

一、公共基础设施的定义与确认

（一）定义

公共基础设施，是指政府会计主体为满足社会公共需求而控制的同时具有以下特征的有形资产：（1）是一个有形资产系统或网络的组成部分；（2）具有特定用途；（3）一般不可移动。

公共基础设施主要包括市政基础设施（如城市道路、桥梁、隧道、公交场站、路灯、广场、公园绿地、室外公共健身器材，以及环卫、排水、供水、供电、供气、供热、污水处理、垃圾处理系统等）、交通基础设施（如公路、航道、港口等）、水利基础设施（如大坝、堤防、水闸、泵站、渠道等）和其他公共基础设施。

不包括独立于公共基础设施、不构成公共基础设施使用不可缺少组成部分的管理维护用房屋建筑物、设备、车辆等；属于文物文化资产的公共基础设施及采用政府和社会资本合作模式（即PPP模式）形成的公共基础设施。

（二）确认

1. 确认主体。公共基础设施，应当由按规定对其负有管理维护职责的政府会计主体予以确认。多个政府会计主体共同管理维护的公共基础设施，应当由对该资产负有主要管理维护职责或者承担后续主要支出责任的政府会计主体予以确认。分为多个组成部分、由不同政府会计主体分别管理维护的公共基础设施，应当由各个政府会计主体分别对其负责管理维护的公共基础设施的相应部分予以确认。负有管理维护公共基础设施职责的政府会计主体通过政府购买服务方式委托企业或其他会计主体代为管理维护公共基础设施的，该公共基础设施应当由委托方予以确认。

2. 确认条件。公共基础设施同时满足下列条件的，应当予以确认。
（1）与该公共基础设施相关的服务潜力很可能实现或者经济利益很可能流入政府会计主体；
（2）该公共基础设施的成本或者价值能够可靠地计量。

3. 确认时点。通常情况下，对于自建或外购的公共基础设施，政府会计主体应当在该项公共基础设施验收合格并交付使用时确认；对于无偿调入、接受捐赠的公共基础设施，政府会计主体应当在开始承担该项公共基础设施管理维护职责时确认。

4. 分类确认。政府会计主体应当根据公共基础设施提供公共产品或服务的性质或功能特征对其进行分类确认。公共基础设施的各组成部分具有不同使用年限或者以不同方式提供公共产品或服务，适用不同折旧率或折旧方法且可以分别确定各自原价的，应当分别将各组成部分确认为该类公共基础设施的一个单项公共基础设施。

政府会计主体在购建公共基础设施时，能够分清购建成本中的构筑物部分与土地使用权部分的，应当将其中的构筑物部分和土地使用权部分分别确认为公共基础设施；不能分清购建成本中的构筑物部分与土地使用权部分的，应当整体确认为公共基础设施。

5. 后续确认。公共基础设施在使用过程中发生的后续支出，符合确认条件的，应当计入公共基础设施成本；不符合确认条件的，应当在发生时计入当期费用。通常情况下，为增加公共基础设施使用效能或延长其使用年限而发生的改建、扩建等后续支出，应当计入公共基础设施成本；为维护公共基础设施的正常使用而发生的日常维修、养护等后续支出，应当计入当期费用。

二、公共基础设施的核算

（一）科目设置

单位应当设置"公共基础设施"科目，核算单位控制的公共基础设施的原值。本科目应当按照公共基础设施的类别、项目等进行明细核算。单位应当根据行业主管部门对公共基础设施的分类规定，制定适合于本单位管理的公共基础设施目录、分类方法，作为进行公共基础设施核算的依据。本科目期末借方余额，反映公共基础设施的原值。

（二）公共基础设施的初始确认与计量

公共基础设施在取得时，应当按照其成本入账。

1. 自行建造的公共基础设施。自行建造的公共基础设施，其成本包括完成批准的建设内容所发生的全部必要支出，包括建筑安装工程投资支出、设备投资支出、待摊投资支出和其他投资支出。在原有公共基础设施基础上进行改建、扩建等建造活动后的公共基础设施，其成本按照原公共基础设施账面价值加上改建、扩建等建造活动发生的支出，再扣除公共基础设施被替换部分的账面价值后的金额确定。为建造公共基础设施借入的专门借款的利息，属于建设期间发生的，计入该公共基础设施在建工程成本；不属于建设期间发生的，计入当期费用。已交付使用但尚未办理竣工决算手续的公共基础设施，应当按照估计价值入账，待办理竣工决算后再按照实际成本调整原来的暂估价值。

自行建造的公共基础设施完工交付使用时，按照在建工程的成本，借记本科目，贷记"在建工程"科目。

【例 3-116】某行政单位投资建造文化广场及公共建筑物,采用出包方式委托某建筑公司承建,工程款分三次支付,工程开始支付 3 500 000 元,工程中期支付 2 000 000 元,工程结束结算尾款 30 000 元,款项均以财政直接支付方式结算,全部工程完工(平行记账)。

财务会计账务处理:
借:在建工程　　　　　　　　　3 500 000(2 000 000,30 000)
　　贷:财政拨款收入　　　　　　3 500 000(2 000 000,30 000)
预算会计账务处理:
借:行政支出　　　　　　　　　3 500 000(2 000 000,30 000)
　　贷:财政拨款预算收入　　　　3 500 000(2 000 000,30 000)
结转时,只需进行财务会计账务处理:
借:公共基础设施　　　　　　　　　　　　　5 530 000
　　贷:在建工程　　　　　　　　　　　　　5 530 000

2. 无偿调入的公共基础设施。接受其他单位无偿调入的公共基础设施,按照该项公共基础设施在调出方的账面价值加上归属于调入方的相关费用确定为成本,借记本科目,按照发生的归属于调入方的相关费用,贷记"财政拨款收入""零余额账户用款额度""银行存款"等科目,按照其差额,贷记"无偿调拨净资产"科目。

无偿调入的公共基础设施成本无法可靠取得的,按照发生的相关税费、运输费等金额,借记"其他费用"科目,贷记"财政拨款收入""零余额账户用款额度""银行存款"等科目。

【例 3-117】某行政单位接受无偿调入的公共照明设施,该设施的账面价值为 5 000 万元(只作财务会计账务处理)。

借:公共基础设施　　　　　　　　　　　　　50 000 000
　　贷:无偿调拨净资产　　　　　　　　　　50 000 000

3. 接受捐赠的公共基础设施。接受捐赠的公共基础设施,其成本按照有关凭据注明的金额加上相关费用确定;没有相关凭据可供取得,但按规定经过资产评估的,其成本按照评估价值加上相关费用确定;没有相关凭据可供取得也未经资产评估的,其成本比照同类或类似资产的市场价格加上相关费用确定。如受赠的系旧的公共基础设施,在确定其初始入账成本时应当考虑该项资产的新旧程度。

接受捐赠的公共基础设施,按照确定的成本,借记本科目,按照发生的相关费用,贷记"财政拨款收入""零余额账户用款额度""银行存款"等科目,按照其差额,贷记"捐赠收入"科目。

接受捐赠的公共基础设施成本无法可靠取得的,按照发生的相关税费等金额,借记"其他费用"科目,贷记"财政拨款收入""零余额账户用款额度""银行存款"等科目。

4. 外购的公共基础设施。政府会计主体外购的公共基础设施,其成本包括购买价款、相关税费以及公共基础设施交付使用前所发生的可归属于该项资产的运输费、装卸费、安装费和专业人员服务费等。

外购的公共基础设施，按照确定的成本，借记本科目，贷记"财政拨款收入""零余额账户用款额度""银行存款"等科目。

5. 设施组合。对于包括不同组成部分的公共基础设施，其只有总成本、没有单项组成部分成本的，政府会计主体可以按照各单项组成部分同类或类似资产的成本或市场价格比例对总成本进行分配，分别确定公共基础设施中各单项组成部分的成本。

6. 成本无法可靠取得。对于成本无法可靠取得的公共基础设施，单位应当设置备查簿进行登记，待成本能够可靠确定后按照规定及时入账。

（三）公共基础设施的后续确认与计量

1. 改扩建。将公共基础设施转入改建、扩建时，按照公共基础设施的账面价值，借记"在建工程"科目，按照公共基础设施已计提折旧，借记"公共基础设施累计折旧（摊销）"科目，按照公共基础设施的账面余额，贷记本科目。

为增加公共基础设施使用效能或延长其使用年限而发生的改建、扩建等后续支出，借记"在建工程"科目，贷记"财政拨款收入""零余额账户用款额度""银行存款"等科目。

公共基础设施改建、扩建完成，竣工验收交付使用时，按照在建工程成本，借记本科目，贷记"在建工程"科目。

2. 日常维修。为保证公共基础设施正常使用发生的日常维修等支出，借记"业务活动费用""单位管理费用"等科目，贷记"财政拨款收入""零余额账户用款额度""银行存款"等科目。

【例 3 - 118】某行政单位对城市交通设施进行改扩建，改扩建前该交通设施的原价为 8 500 万元，已提折旧 3 500 万元；本期改扩建支付工程款 300 万元，款项以财政直接方式结算（平行记账）。

财务会计账务处理：

借：在建工程	50 000 000
公共基础设施累计折旧	35 000 000
贷：公共基础设施	85 000 000
借：在建工程	3 000 000
贷：财政拨款收入	3 000 000

预算会计账务处理：

借：行政支出	3 000 000
贷：财政拨款预算收入	3 000 000

【例 3 - 119】某行政单位维护健身设施支出 65 000 元，款项以零余额账户结算（平行记账）。

财务会计账务处理：

借：业务活动费用	65 000

贷：零余额账户用款额度　　　　　　　　　　　　　　　65 000

预算会计账务处理：

借：行政支出　　　　　　　　　　　　　　　　　　　　65 000

　　贷：资金结存——零余额账户用款额度　　　　　　　65 000

3. 批准处置。按照规定报经批准处置公共基础设施，分别以下情况处理。

（1）对外捐赠。报经批准对外捐赠公共基础设施，按照公共基础设施已计提的折旧或摊销，借记"公共基础设施累计折旧（摊销）"科目，按照被处置公共基础设施账面余额，贷记本科目，按照捐赠过程中发生的归属于捐出方的相关费用，贷记"银行存款"等科目，按照其差额，借记"资产处置费用"科目。

（2）无偿调出。报经批准无偿调出公共基础设施，按照公共基础设施已计提的折旧或摊销，借记"公共基础设施累计折旧（摊销）"科目，按照被处置公共基础设施账面余额，贷记本科目，按照其差额，借记"无偿调拨净资产"科目；同时，按照无偿调出过程中发生的归属于调出方的相关费用，借记"资产处置费用"科目，贷记"银行存款"等科目。

【例3-120】某行政单位经批准向其他单位移交一批防灾设施，其账面价值为5 000 000元，累计折旧为1 500 000元，移交手续已经办妥（只作财务会计账务处理）。

借：公共基础设施累计折旧　　　　　　　　　　　　　1 500 000

　　无偿调拨净资产　　　　　　　　　　　　　　　　3 500 000

　　贷：公共基础设施　　　　　　　　　　　　　　　　5 000 000

4. 清查盘点。单位应当定期对公共基础设施进行清查盘点。对于发生的公共基础设施盘盈、盘亏、毁损或报废，应当先记入"待处理财产损溢"科目，按照规定报经批准后及时进行后续账务处理。

（1）盘盈的公共基础设施，其成本按照有关凭据注明的金额确定；没有相关凭据但按照规定经过资产评估的，其成本按照评估价值确定；没有相关凭据也未经过评估的，其成本按照重置成本确定。盘盈的公共基础设施成本无法可靠取得的，单位应当设置备查簿进行登记，待成本确定后按照规定及时入账。

盘盈的公共基础设施，按照确定的入账成本，借记本科目，贷记"待处理财产损溢"科目。

（2）盘亏、毁损或报废的公共基础设施。公共基础设施报废或遭受重大毁损的，政府会计主体应当在报经批准后将公共基础设施账面价值予以转销，并将报废、毁损过程中取得的残值变价收入扣除相关费用后的差额按规定做应缴款项处理（差额为净收益时）或计入当期费用（差额为净损失时）。

盘亏、毁损或报废的公共基础设施，按照待处置公共基础设施的账面价值，借记"待处理财产损溢"科目，按照已计提折旧或摊销，借记"公共基础设施累计折旧（摊销）"科目，按照公共基础设施的账面余额，贷记本科目。

【例3-121】某行政单位经批准报废一批公共照明设施，其账面价值为8 200 000元，已计提折旧3 200 000元（只作财务会计账务处理）。

```
借：待处理财产损溢                        5 000 000
      公共基础设施累计折旧                3 200 000
    贷：公共基础设施                                    8 200 000
借：资产处置费用                          5 000 000
    贷：待处理财产损溢                                  5 000 000
```

三、公共基础设施累计折旧（摊销）的核算

（一）折旧或摊销的规定

1. 政府会计主体应当对公共基础设施计提折旧，但政府会计主体持续进行良好的维护，使得其性能得到永久维持的公共基础设施和确认为公共基础设施的单独计价入账的土地使用权除外。

公共基础设施应计提的折旧总额为其成本，计提公共基础设施折旧时不考虑预计净残值。政府会计主体应当对暂估入账的公共基础设施计提折旧，实际成本确定后不需调整原已计提的折旧额。

2. 政府会计主体应当根据公共基础设施的性质和使用情况，合理确定公共基础设施的折旧年限。政府会计主体确定公共基础设施折旧年限，应当考虑下列因素：

（1）设计使用年限或设计基准期；
（2）预计实现服务潜力或提供经济利益的期限；
（3）预计有形损耗和无形损耗；
（4）法律或者类似规定对资产使用的限制。

公共基础设施的折旧年限一经确定，不得随意变更，但改扩建的除外。对于政府会计主体接受无偿调入、捐赠的公共基础设施，应当考虑该项资产的新旧程度，按照其尚可使用的年限计提折旧。

3. 政府会计主体一般应当采用年限平均法或者工作量法计提公共基础设施折旧。在确定公共基础设施的折旧方法时，应当考虑与公共基础设施相关的服务潜力或经济利益的预期实现方式。公共基础设施折旧方法一经确定，不得随意变更。

4. 公共基础设施应当按月计提折旧，并计入当期费用。当月增加的公共基础设施，当月开始计提折旧；当月减少的公共基础设施，当月不再计提折旧。

5. 处于改建、扩建等建造活动期间的公共基础设施，应当暂停计提折旧。因改建、扩建等原因而延长公共基础设施使用年限的，应当按照重新确定的公共基础设施的成本和重新确定的折旧年限计算折旧额，不需调整原已计提的折旧额。

6. 公共基础设施提足折旧后，无论能否继续使用，均不再计提折旧；已提足折旧的公共基础设施，可以继续使用的，应当继续使用，并规范实物管理。提前报废的公共基础设施，不再补提折旧。

7. 对于确认为公共基础设施的单独计价入账的土地使用权按无形资产的相

关规定进行摊销。

(二) 科目设置

单位应当设置"公共基础设施累计折旧(摊销)"科目,核算单位计提的公共基础设施累计折旧和累计摊销。本科目应当按照所对应公共基础设施的明细分类进行明细核算。本科目期末贷方余额,反映单位提取的公共基础设施折旧和摊销的累计数。

(三) 公共基础设施累计折旧(摊销)的主要账务处理

1. 按月计提公共基础设施折旧时,按照应计提的折旧额,借记"业务活动费用"科目,贷记本科目。

2. 按月对确认为公共基础设施的单独计价入账的土地使用权进行摊销时,按照应计提的摊销额,借记"业务活动费用"科目,贷记本科目。

3. 处置公共基础设施时,按照所处置公共基础设施的账面价值,借记"资产处置费用""无偿调拨净资产""待处理财产损溢"等科目,按照已提取的折旧和摊销,借记本科目,按照公共基础设施账面余额,贷记"公共基础设施"科目。

【例3-122】某行政单位计提公共基础设施折旧35 000元(只作财务会计账务处理)。

借:业务活动费用　　　　　　　　　　　　　　35 000
　　贷:公共基础设施累计折旧　　　　　　　　　　35 000

"公共基础设施"科目和"公共基础设施累计折旧(摊销)"科目的上述主要账务处理如表3-23所示。

表3-23　　　　"公共基础设施"科目主要账务处理汇总

1801 公共基础设施		财务会计	预算会计
(1) 取得公共基础设施	自行建造公共基础设施完工交付使用时	借:公共基础设施 　　贷:在建工程	—
	接受无偿调入的公共基础设施	借:公共基础设施 　　贷:无偿调拨净资产 　　　　财政拨款收入/零余额账户用款额度/银行存款等(发生的归属于调入方的相关费用) 如无偿调入的公共基础设施成本无法可靠取得的 借:其他费用(发生的归属于调入方的相关费用) 　　贷:财政拨款收入/零余额账户用款额度/银行存款等	借:其他支出(支付的归属于调入方的相关费用) 　　贷:财政拨款预算收入/资金结存

续表

1801 公共基础设施		财务会计	预算会计
(1) 取得公共基础设施	接受捐赠的公共基础设施	借：公共基础设施 　贷：捐赠收入 　　　财政拨款收入/零余额账户用款额度/银行存款等（发生的归属于捐入方的相关费用）如接受捐赠的公共基础设施成本无法可靠取得的 借：其他费用（发生的归属于捐入方的相关费用） 　贷：财政拨款收入/零余额账户用款额度/银行存款等	借：其他支出（支付的归属于捐入方的相关费用） 　贷：财政拨款预算收入/资金结存
	外购的公共基础设施	借：公共基础设施 　贷：财政拨款收入/零余额账户用款额度/应付账款/银行存款等	借：行政支出/事业支出 　贷：财政拨款预算收入/资金结存
(2) 与公共基础设施有关的后续支出	为增加公共基础设施使用效能或延长其使用年限而发生的改建、扩建等后续支出	借：在建工程 　　公共基础设施累计折旧（摊销） 　贷：公共基础设施（账面余额） 借：在建工程（发生的相关后续支出） 　贷：财政拨款收入/零余额账户用款额度/应付账款/银行存款等	借：行政支出/事业支出（实际支付的款项） 　贷：财政拨款预算收入/资金结存
	为维护公共基础设施的正常使用而发生的日常维修、养护等后续支出	借：业务活动费用 　贷：财政拨款收入/零余额账户用款额度/银行存款等	借：行政支出/事业支出（实际支付的款项） 　贷：财政拨款预算收入/资金结存
(3) 按照规定处置公共基础设施	对外捐赠公共基础设施	借：资产处置费用 　　公共基础设施累计折旧（摊销） 　贷：公共基础设施（账面余额） 　　　银行存款等（归属于捐出方的相关费用）	借：其他支出（支付的归属于捐出方的相关费用） 　贷：资金结存等
	无偿调出公共基础设施	借：无偿调拨净资产 　　公共基础设施累计折旧（摊销） 　贷：公共基础设施（账面余额） 借：资产处置费用 　贷：银行存款等（归属于调出方的相关费用）	借：其他支出（支付的归属于调出方的相关费用） 　贷：资金结存等

续表

1801 公共基础设施		财务会计	预算会计
(4)	报废、毁损的公共基础设施	借：待处理财产损溢 　　公共基础设施累计折旧（摊销） 　贷：公共基础设施（账面余额）	—
1802 公共基础设施累计折旧（摊销）			
(1)	按月计提公共基础设施折旧或摊销时	借：业务活动费用 　贷：公共基础设施累计折旧（摊销）	—
(2)	处置公共基础设施时	借：待处理财产损溢 　　公共基础设施累计折旧（摊销） 　贷：公共基础设施（账面余额）	—

四、公共基础设施的披露

政府会计主体应当在附注中披露与公共基础设施有关的下列信息。

1. 公共基础设施的分类和折旧方法。
2. 各类公共基础设施的折旧年限及其确定依据。
3. 各类公共基础设施账面余额、累计折旧额（或摊销额）、账面价值的期初、期末数及其本期变动情况。
4. 各类公共基础设施的实物量。
5. 公共基础设施在建工程的期初、期末金额及其增减变动情况。
6. 确认为公共基础设施的单独计价入账的土地使用权的账面余额、累计摊销额及其变动情况。
7. 已提足折旧继续使用的公共基础设施的名称、数量等情况。
8. 暂估入账的公共基础设施账面价值变动情况。
9. 无偿调入、接受捐赠的公共基础设施名称、数量等情况（包括未按照无偿调入、接受捐赠规定计量并确认入账的公共基础设施的具体情况）。
10. 公共基础设施对外捐赠、无偿调出、报废、重大毁损等处置情况。
11. 公共基础设施年度维护费用和其他后续支出情况。

五、公共基础设施的衔接

1. 对于应当确认为公共基础设施、但已确认为固定资产的资产，政府会计主体应当在本准则首次执行日将该资产按其账面价值重分类为公共基础设施。
2. 对于应当确认但尚未入账的存量公共基础设施，政府会计主体应当在本准则首次执行日按照以下原则确定其初始入账成本。
(1) 可以取得相关原始凭据的，其成本按照有关原始凭据注明的金额减去应

计提的累计折旧后的金额确定;

(2) 没有相关凭据可供取得，但按规定经过资产评估的，其成本按照评估价值确定;

(3) 没有相关凭据可供取得、也未经资产评估的，其成本按照重置成本确定。

本准则首次执行日以后，政府会计主体应当对存量公共基础设施按其在首次执行日确定的成本和剩余折旧年限计提折旧。

第七节 政府储备物资

一、政府储备物资的定义与确认

（一）定义

政府储备物资是指政府会计主体为满足实施国家安全与发展战略、进行抗灾救灾、应对公共突发事件等特定公共需求而控制的，同时具有下列特征的有形资产：(1) 在应对可能发生的特定事件或情形时动用；(2) 其购入、存储保管、更新（轮换）、动用等由政府及相关部门发布的专门管理制度规范。

政府储备物资包括战略及能源物资、抢险抗灾救灾物资、农产品、医药物资和其他重要商品物资，通常情况下由政府会计主体委托承储单位存储。但不包括：(1) 企业以及纳入企业财务管理体系的事业单位接受政府委托收储，并按企业会计准则核算的储备物资；(2) 政府会计主体的存货。

（二）政府储备物资的确认

1. 确认的主体。通常情况下，政府储备物资，应当由按规定对其负有行政管理职责的政府会计主体予以确认。行政管理职责主要指提出或拟订收储计划、更新（轮换）计划、动用方案等。相关行政管理职责由不同政府会计主体行使的政府储备物资，由负责提出收储计划的政府会计主体予以确认。

对政府储备物资不负有行政管理职责但接受委托具体负责执行其存储保管等工作的政府会计主体，应当将受托代储的政府储备物资作为受托代理资产核算。

2. 确认条件。政府储备物资同时满足下列条件的，应当予以确认。

(1) 与该政府储备物资相关的服务潜力很可能实现或者经济利益很可能流入政府会计主体；

(2) 该政府储备物资的成本或者价值能够可靠地计量。

二、政府储备物资的核算

(一) 科目设置

单位应当设置"政府储备物资"科目,核算单位控制的政府储备物资的成本。对政府储备物资不负有行政管理职责但接受委托具体负责执行其存储保管等工作的单位,其受托代储的政府储备物资应当通过"受托代理资产"科目核算,不通过本科目核算。本科目应当按照政府储备物资的种类、品种、存放地点等进行明细核算。单位根据需要,可在本科目下设置"在库""发出"等明细科目进行明细核算。本科目期末借方余额,反映政府储备物资的成本。

(二) 政府储备物资的初始确认与计量

政府储备物资取得时,应当按照其成本入账。

1. 购入的政府储备物资。购入的政府储备物资,其成本包括购买价款和政府会计主体承担的相关税费、运输费、装卸费、保险费、检测费以及使政府储备物资达到目前场所和状态所发生的归属于政府储备物资成本的其他支出。

购入并验收入库时,按照确定的成本,借记本科目,贷记"财政拨款收入""零余额账户用款额度""银行存款"等科目。

2. 委托加工的政府储备物资。委托加工的政府储备物资,其成本包括委托加工前物料成本、委托加工的成本(如委托加工费以及按规定应计入委托加工政府储备物资成本的相关税费等)以及政府会计主体承担的使政府储备物资达到目前场所和状态所发生的归属于政府储备物资成本的其他支出。

涉及委托加工政府储备物资业务的,相关账务处理参照"加工物品"科目。

3. 接受捐赠的政府储备物资。接受捐赠的政府储备物资,其成本按照有关凭据注明的金额加上政府会计主体承担的相关税费、运输费等确定;没有相关凭据可供取得,但按规定经过资产评估的,其成本按照评估价值加上政府会计主体承担的相关税费、运输费等确定;没有相关凭据可供取得、也未经资产评估的,其成本比照同类或类似资产的市场价格加上政府会计主体承担的相关税费、运输费等确定。

接受捐赠的政府储备物资验收入库,按照确定的成本,借记本科目,按照单位承担的相关税费、运输费等,贷记"零余额账户用款额度""银行存款"等科目,按照其差额,贷记"捐赠收入"科目。

4. 无偿调入的政府储备物资。接受无偿调入的政府储备物资验收入库,按照调出方账面价值加上归属于政府会计主体的相关税费、运输费等确定为成本,借记本科目,按照单位承担的相关税费、运输费等,贷记"零余额账户用款额度""银行存款"等科目,按照其差额,贷记"无偿调拨净资产"科目。

【例3-123】某行政单位承担政府储备物资任务,采用直接支付方式购入一批政府储备物资，该物资购买价款为 3 000 000 元，以银行存款支付运输费 15 000 元、装卸费 3 000 元、保险费 20 000 元（平行记账）。

财务会计账务处理：

借：政府储备物资　　　　　　　　　　　　　　　　3 038 000
　　贷：财政拨款收入　　　　　　　　　　　　　　　　3 000 000
　　　　银行存款　　　　　　　　　　　　　　　　　　　　38 000

预算会计账务处理：

借：行政支出　　　　　　　　　　　　　　　　　　3 038 000
　　贷：财政拨款预算收入　　　　　　　　　　　　　　3 000 000
　　　　资金结存——货币资金（银行存款）　　　　　　　38 000

【例 3-124】某行政单位接受乙单位无偿调入一批政府储备物资，有关凭据注明的金额为 8 000 000 元，另以银行存款支付运输费 35 000 元、装卸费 5 000 元（平行记账）。

财务会计账务处理：

借：政府储备物资　　　　　　　　　　　　　　　　8 040 000
　　贷：银行存款　　　　　　　　　　　　　　　　　　　40 000
　　　　无偿调拨净资产　　　　　　　　　　　　　　8 000 000

预算会计账务处理：

借：其他支出　　　　　　　　　　　　　　　　　　　40 000
　　贷：资金结存——货币资金（银行存款）　　　　　　40 000

5. 盘盈的政府储备物资。盘盈的政府储备物资，其成本按照有关凭据注明的金额确定；没有相关凭据，但按规定经过资产评估的，其成本按照评估价值确定；没有相关凭据、也未经资产评估的，其成本按照重置成本确定。

6. 不确认为政府储备物资成本的。下列各项不计入政府储备物资成本：（1）仓储费用；（2）日常维护费用；（3）不能归属于使政府储备物资达到目前场所和状态所发生的其他支出。

（三）政府储备物资的后续确认与计量

1. 发出政府储备物资的计价方法。政府会计主体应当根据实际情况采用先进先出法、加权平均法或者个别计价法确定政府储备物资发出的成本。计价方法一经确定，不得随意变更。

对于性质和用途相似的政府储备物资，政府会计主体应当采用相同的成本计价方法确定发出物资的成本。

对于不能替代使用的政府储备物资、为特定项目专门购入或加工的政府储备物资，政府会计主体通常应采用个别计价法确定发出物资的成本。

2. 发出政府储备物资的会计处理。政府储备物资发出时，分别以下情况处理：

（1）因动用而发出无须收回的政府储备物资的，按照发出物资的账面余额，借记"业务活动费用"科目,贷记本科目。

(2) 因动用而发出需要收回或者预期可能收回的政府储备物资的,在发出物资时,按照发出物资的账面余额,借记本科目(发出),贷记本科目(在库);按照规定的质量验收标准收回物资时,按照收回物资原账面余额,借记本科目(在库),按照未收回物资的原账面余额,借记"业务活动费用"科目,按照物资发出时登记在本科目所属"发出"明细科目中的余额,贷记本科目(发出)。

(3) 因行政管理主体变动等原因而将政府储备物资调拨给其他主体的,按照无偿调出政府储备物资的账面余额,借记"无偿调拨净资产"科目,贷记本科目。

(4) 对外销售政府储备物资并将销售收入纳入单位预算管理的,发出物资时,按照发出物资的账面余额,借记"业务活动费用"科目,贷记本科目;实现销售收入时,按照确认的收入金额,借记"银行存款""应收账款"等科目,贷记"事业收入"等科目。

对外销售政府储备物资并按照规定将销售净收入上缴财政的,发出物资时,按照发出物资的账面余额,借记"资产处置费用"科目,贷记本科目;取得销售价款时,按照实际收到的款项金额,借记"银行存款"等科目,按照发生的相关税费,贷记"银行存款"等科目,按照销售价款大于所承担的相关税费后的差额,贷记"应缴财政款"科目。

(5) 政府会计主体采取销售采购方式对政府储备物资进行更新(轮换)的,应当将物资轮出视为物资销售,将物资轮入视为物资采购。

【例 3-125】某行政单位经批准无偿调出一批政府储备物资,价值 350 000 元;调出手续已经办妥,物资已经出库(只作财务会计账务处理)。

借:无偿调拨净资产 350 000
　　贷:政府储备物资 350 000

【例 3-126】某行政单位对外出售一批政府储备物资,其成本为 150 000 元,售价为 200 000 元,款项已收存入银行,按规定,出售物资的净收入应缴财政(只作财务会计账务处理)。

借:资产处置费用 150 000
　　贷:政府储备物资 150 000
借:银行存款 200 000
　　贷:应缴财政款 200 000

3. 单位应当定期对政府储备物资进行清查盘点,每年至少盘点一次。对于发生的政府储备物资盘盈、盘亏或者报废、毁损,应当先记入"待处理财产损溢"科目,按照规定报经批准后及时进行后续账务处理。

政府储备物资报废、毁损的,政府会计主体应当按规定报经批准后将报废、毁损的政府储备物资的账面余额予以转销,确认应收款项(确定追究相关赔偿责任的)或计入当期费用(因储存年限到期报废或非人为因素致使报废、毁损的);同时,将报废、毁损过程中取得的残值变价收入扣除政府会计主体承担的相关费用后的差额按规定作应缴款项处理（差额为净收益时）或计入当期费用（差额为净损失时）。

政府储备物资盘亏的，政府会计主体应当按规定报经批准后将盘亏的政府储备物资的账面余额予以转销，确定追究相关赔偿责任的，确认应收款项；属于正常耗费或不可抗力因素造成的，计入当期费用。

（1）盘盈的政府储备物资，按照确定的入账成本，借记本科目，贷记"待处理财产损溢"科目。

（2）盘亏或者毁损、报废的政府储备物资，按照待处理政府储备物资的账面余额，借记"待处理财产损溢"科目，贷记本科目。

【例3-127】某行政单位政府储备物资盘盈150 000元，当年报经批准后处理（只作财务会计账务处理）。

借：政府储备物资　　　　　　　　　　　　　　　150 000
　　贷：待处理财产损溢　　　　　　　　　　　　　　150 000
借：待处理财产损溢　　　　　　　　　　　　　　150 000
　　贷：业务活动费用　　　　　　　　　　　　　　　150 000

【例3-128】某行政单位对政府储备物资盘点，盘亏物资60 000元，原因待查。次年年初报经批准后予以处理（只作财务会计账务处理）。

借：待处理财产损溢　　　　　　　　　　　　　　60 000
　　贷：政府储备物资　　　　　　　　　　　　　　　60 000
借：资产处置费用　　　　　　　　　　　　　　　60 000
　　贷：待处理财产损溢　　　　　　　　　　　　　　60 000

"政府储备物资"科目的上述主要账务处理汇总如表3-24所示。

表3-24　　　　　　"政府储备物资"科目主要账务处理汇总

	1811 政府储备物资	财务会计	预算会计
(1)	购入的政府储备物资	借：政府储备物资 　　贷：财政拨款收入/零余额账户用款额度/应付账款/银行存款等	借：行政支出/事业支出 　　贷：财政拨款预算收入/资金结存
	接受捐赠的政府储备物资	借：政府储备物资 　　贷：捐赠收入 　　　　财政拨款收入/零余额账户用款额度/银行存款（捐入方承担的相关税费）	借：其他支出（捐入方承担的相关税费） 　　贷：财政拨款预算收入/资金结存
	无偿调入的政府储备物资	借：政府储备物资 　　贷：无偿调拨净资产 　　　　财政拨款收入/零余额账户用款额度/银行存款（调入方承担的相关税费）	借：其他支出（调入方承担的相关税费） 　　贷：财政拨款预算收入/资金结存

（取得政府储备物资）

续表

1811 政府储备物资			财务会计	预算会计
(2) 发出政府储备物资	动用发出无须收回的政府储备物资		借：业务活动费用 　　贷：政府储备物资（账面余额）	—
	动用发出需要收回或预期可能收回的政府储备物资		发出物资时 借：政府储备物资——发出 　　贷：政府储备物资——在库 按照规定的质量验收标准收回物资时 借：政府储备物资——在库（收回物资的账面余额） 　　业务活动费用（未收回物资的账面余额） 　　贷：政府储备物资——发出	—
	因行政管理主体变动等原因而将政府储备物资调拨给其他主体的		借：无偿调拨净资产 　　贷：政府储备物资（账面余额）	—
	对外销售政府储备物资的	按照规定物资销售收入纳入本单位预算的	借：业务活动费用 　　贷：政府储备物资 借：银行存款/应收账款等 　　贷：事业收入等 借：业务活动费用 　　贷：银行存款等（发生的相关税费）	借：资金结存（收到的销售价款） 　　贷：事业预算收入等 借：行政支出/事业支出 　　贷：资金结存（支付的相关税费）
		按照规定销售收入扣除相关税费后上缴财政的	借：资产处置费用 　　贷：政府储备物资 借：银行存款等（收到的销售价款） 　　贷：银行存款（发生的相关税费） 　　应缴财政款	—
(3) 政府储备物资盘盈、盘亏、报废或毁损	盘盈的政府储备物资		借：政府储备物资 　　贷：待处理财产损溢	—
	盘亏、报废或毁损的政府储备物资		借：待处理财产损溢 　　贷：政府储备物资	—

三、政府储备物资的披露

政府会计主体应当在附注中披露与政府储备物资有关的下列信息。
1. 各类政府储备物资的期初和期末账面余额；
2. 因动用而发出需要收回或者预期可能收回，但期末尚未收回的政府储备物资的账面余额；

3. 确定发出政府储备物资成本所采用的方法；
4. 其他有关政府储备物资变动的重要信息。

四、政府储备物资的衔接

1. 对于应当确认为政府储备物资，但已确认为存货、固定资产等其他资产的，政府会计主体应当在准则首次执行日将该资产按其账面余额重分类为政府储备物资。

2. 对于应当确认但尚未入账的存量政府储备物资，政府会计主体应当在准则首次执行日按照下列原则确定其初始入账成本。

（1）可以取得相关原始凭据的，其成本按照有关原始凭据注明的金额确定；
（2）没有相关凭据可供取得，但按规定经过资产评估的，其成本按照评估价值确定；
（3）没有相关凭据可供取得、也未经资产评估的，其成本按照重置成本确定。

第八节 文物文化资产

一、科目设置

单位应当设置"文物文化资产"科目，核算单位为满足社会公共需求而控制的文物文化资产的成本。单位为满足自身开展业务活动或其他活动需要而控制的文物和陈列品，应当通过"固定资产"科目核算，不通过本科目核算。本科目应当按照文物文化资产的类别、项目等进行明细核算。本科目期末借方余额，反映文物文化资产的成本。

二、文物文化资产的主要账务处理

1. 文物文化资产在取得时，应当按照其成本入账。
（1）外购的文物文化资产，其成本包括购买价款、相关税费以及可归属于该项资产达到预定用途前所发生的其他支出（如运输费、安装费、装卸费等）。

外购的文物文化资产，按照确定的成本，借记本科目，贷记"财政拨款收入""零余额账户用款额度""银行存款"等科目。

【例3-129】某博物馆从市场外购文物文化资产一批，成本为67 000元，已验收入库，另外支付运输费、装卸费、保险费等5 000元。款项采用授权支付方式支付（平行记账）。

财务会计账务处理：

借：文物文化资产　　　　　　　　　　　　　　　　　　72 000
　　贷：零余额账户用款额度　　　　　　　　　　　　　　72 000

预算会计账务处理：

借：行政支出　　　　　　　　　　　　　　　　　　　　72 000
　　贷：资金结存——零余额账户用款额度　　　　　　　72 000

【例 3 - 130】甲单位为降低采购成本，向乙单位一次购进了三种不同类型且具有不同性质的文物文化资产。甲单位为该批设备共支付货款 400 万元，发生运输费、安装费、装卸费、包装费等 10 万元，全部以银行存款支付。假定文物文化资产 A、B 和 C 均满足文物文化资产的定义及其确认条件，同类或类似资产的市场价格分别为 250 万元、150 万元、100 万元。不考虑其他相关税费（平行记账）。

①确认计入文物文化资产成本的金额，包括买价、相关费用的合计 = 400 + 10 = 410（万元）

②确认文物文化资产 A、B 和 C 的价值分配比例。

A 应分配的文物文化资产价值比例为：250 ÷ (250 + 150 + 100) × 100% = 50%
B 应分配的文物文化资产价值比例为：150 ÷ (250 + 150 + 100) × 100% = 30%
C 应分配的文物文化资产价值比例为：100 ÷ (250 + 150 + 100) × 100% = 20%

③确认文物文化资产 A、B 和 C 各自的入账价值。

A 文物文化资产入账价值为：410 × 50% = 205（万元）
B 文物文化资产入账价值为：410 × 30% = 123（万元）
C 文物文化资产入账价值为：410 × 20% = 82（万元）

财务会计账务处理：

借：文物文化资产——A　　　　　　　　　　　　　　2 050 000
　　　　　　　　——B　　　　　　　　　　　　　　1 230 000
　　　　　　　　——C　　　　　　　　　　　　　　　 820 000
　　贷：银行存款　　　　　　　　　　　　　　　　　4 100 000

预算会计账务处理：

借：事业支出/行政支出　　　　　　　　　　　　　　4 100 000
　　贷：资金结存——货币资金（银行存款）　　　　　4 100 000

(2) 接受其他单位无偿调入的文物文化资产，其成本按照该项资产在调出方的账面价值加上归属于调入方的相关费用确定。

调入的文物文化资产，按照确定的成本，借记本科目，按照发生的归属于调入方的相关费用，贷记"零余额账户用款额度""银行存款"等科目，按照其差额，贷记"无偿调拨净资产"科目。

无偿调入的文物文化资产成本无法可靠取得的，按照发生的归属于调入方的相关费用，借记"其他费用"科目，贷记"零余额账户用款额度""银行存款"等科目。

(3) 接受捐赠的文物文化资产，其成本按照有关凭据注明的金额加上相关费用确定；没有相关凭据可供取得，但按照规定经过资产评估的，其成本按照评估价值加上相关费用确定；没有相关凭据可供取得、也未经评估的，其成本比照同类或类似资产的市场价格加上相关费用确定。

接受捐赠的文物文化资产，按照确定的成本，借记本科目，按照发生的相关税费、运输费等金额，贷记"零余额账户用款额度""银行存款"等科目，按照其差额，贷记"捐赠收入"科目。

接受捐赠的文物文化资产成本无法可靠取得的，按照发生的相关税费、运输费等金额，借记"其他费用"科目，贷记"零余额账户用款额度""银行存款"等科目。

【例3-131】甲单位收到丙单位捐赠文物文化资产一批。丙单位的文物文化资产——丙产品，其账面价值为30 000元，评估价值为46 800元。甲单位支付运输费444元，已经通过银行存款支付（平行记账）。

财务会计账务处理：

借：文物文化资产　　　　　　　　　　　　　47 244
　　贷：银行存款　　　　　　　　　　　　　　　　444
　　　　捐赠收入　　　　　　　　　　　　　　46 800

预算会计账务处理：

借：其他支出　　　　　　　　　　　　　　　　　444
　　贷：资金结存——货币资金（银行存款）　　　　444

(4) 对于成本无法可靠取得的文物文化资产，单位应当设置备查簿进行登记，待成本能够可靠确定后按照规定及时入账。

2. 与文物文化资产有关的后续支出，参照"公共基础设施"科目相关规定进行处理。

3. 按照规定报经批准处置文物文化资产，应当分别按以下情况处理。

(1) 报经批准对外捐赠文物文化资产，按照被处置文物文化资产账面余额和捐赠过程中发生的归属于捐出方的相关费用合计数，借记"资产处置费用"科目，按照被处置文物文化资产账面余额，贷记本科目，按照捐赠过程中发生的归属于捐出方的相关费用，贷记"银行存款"等科目。

(2) 报经批准无偿调出文物文化资产，按照被处置文物文化资产账面余额，借记"无偿调拨净资产"科目，贷记本科目；同时，按照无偿调出过程中发生的归属于调出方的相关费用，借记"资产处置费用"科目，贷记"银行存款"等科目。

4. 单位应当定期对文物文化资产进行清查盘点，每年至少盘点一次。对于发生的文物文化资产盘盈、盘亏、毁损或报废等，参照"公共基础设施"科目相关规定进行账务处理。

"文物文化资产"科目的上述主要账务处理汇总如表3-25所示。

表 3-25　　　　　　"文物文化资产"科目主要账务处理汇总

1821 文物文化资产		财务会计	预算会计
(1) 取得文物文化资产	外购的文物文化资产	借：文物文化资产 　贷：财政拨款收入/零余额账户用款额度/应付账款/银行存款等	借：行政支出/事业支出 　贷：财政拨款预算收入/资金结存
	接受无偿调入的文物文化资产	借：文物文化资产 　贷：无偿调拨净资产 　　　财政拨款收入/零余额账户用款额度/银行存款等（发生的归属于调入方的相关费用）如无偿调入的文物文化资产成本无法可靠取得的 借：其他费用（发生的归属于调入方的相关费用） 　贷：财政拨款收入/零余额账户用款额度/银行存款等	借：其他支出（支付的归属于调入方的相关费用） 　贷：财政拨款预算收入/资金结存
	接受捐赠的文物文化资产	借：文物文化资产 　贷：捐赠收入 　　　财政拨款收入/零余额账户用款额度/银行存款（发生的归属于捐入方的相关费用）接受捐赠的文物文化资产成本无法可靠取得的 借：其他费用（发生的归属于捐入方的相关费用） 　贷：财政拨款收入/零余额账户用款额度/银行存款等	借：其他支出（支付的归属于捐入方的相关费用） 　贷：资金结存等
(2) 按照规定处置文物文化资产	对外捐赠文物文化资产	借：资产处置费用 　贷：文物文化资产（账面余额） 　　　银行存款等（归属于捐出方的相关费用）	借：其他支出（支付的归属于捐出方的相关费用） 　贷：资金结存等
	无偿调出文物文化资产	借：无偿调拨净资产 　贷：文物文化资产（账面余额） 借：资产处置费用 　贷：银行存款等（归属于调出方的相关费用）	借：其他支出（支付的归属于调出方的相关费用） 　贷：资金结存等
(3) 盘点文物文化资产	盘盈时	借：文物文化资产 　贷：待处理财产损溢	—
	盘亏、毁损、报废时	借：待处理财产损溢 　贷：文物文化资产（账面余额）	—

第九节　保障性住房

一、保障性住房

（一）科目设置

单位应当设置"保障性住房"科目，核算单位为满足社会公共需求而控制的保障性住房的原值。此处的保障性住房，主要指地方政府住房保障主管部门持有全部或部分产权份额、纳入城镇住房保障规划和年度计划、向符合条件的保障对象提供的住房。本科目应当按照保障性住房的类别、项目等进行明细核算。本科目期末借方余额，反映保障性住房的原值。

（二）保障性住房的主要账务处理

1. 保障性住房在取得时，应当按其成本入账。

（1）外购的保障性住房，其成本包括购买价款、相关税费以及可归属于该项资产达到预定用途前所发生的其他支出。

外购的保障性住房，按照确定的成本，借记本科目，贷记"财政拨款收入""零余额账户用款额度""银行存款"等科目。

（2）自行建造的保障性住房交付使用时，按照在建工程成本，借记本科目，贷记"在建工程"科目。

已交付使用但尚未办理竣工决算手续的保障性住房，按照暂估价值入账，待办理竣工决算后再按照实际成本调整原来的暂估价值。

（3）接受其他单位无偿调入的保障性住房，其成本按照该项资产在调出方的账面价值加上归属于调入方的相关费用确定。

无偿调入的保障性住房，按照确定的成本，借记本科目，按照发生的归属于调入方的相关费用，贷记"零余额账户用款额度""银行存款"等科目，按照其差额，贷记"无偿调拨净资产"科目。

（4）接受捐赠、融资租赁取得的保障性住房，参照"固定资产"科目相关规定进行处理。

2. 与保障性住房有关的后续支出，参照"固定资产"科目相关规定进行处理。

3. 按照规定出租保障性住房并将出租收入上缴同级财政，按照收取的租金金额，借记"银行存款"等科目，贷记"应缴财政款"科目。

4. 按照规定报经批准处置保障性住房，应当分别按以下情况处理。

（1）报经批准无偿调出保障性住房，按照保障性住房已计提的折旧，借记"保障性住房累计折旧"科目，按照被处置保障性住房账面余额，贷记本科目，按照其差额，借记"无偿调拨净资产"科目；同时，按照无偿调出过程中发生的归属于调出方的相关费用，借记"资产处置费用"科目，贷记"银行存款"等科目。

（2）报经批准出售保障性住房，按照被出售保障性住房的账面价值，借记"资产处置费用"科目，按照保障性住房已计提的折旧，借记"保障性住房累计折旧"科目，按照保障性住房账面余额，贷记本科目；同时，按照收到的价款，借记"银行存款"等科目，按照出售过程中发生的相关费用，贷记"银行存款"等科目，按照其差额，贷记"应缴财政款"科目。

5. 单位应当定期对保障性住房进行清查盘点。对于发生的保障性住房盘盈、盘亏、毁损或报废等，参照"固定资产"科目相关规定进行账务处理。

二、保障性住房累计折旧

（一）科目设置

单位应当设置"保障性住房累计折旧"科目，核算单位计提的保障性住房的累计折旧。本科目应当按照所对应保障性住房的类别进行明细核算。单位应当参照《企业会计准则第3号——固定资产》及其应用指南的相关规定，按月对其控制的保障性住房计提折旧。本科目期末贷方余额，反映单位计提的保障性住房折旧累计数。

（二）保障性住房累计折旧的主要账务处理

1. 按月计提保障性住房折旧时，按照应计提的折旧额，借记"业务活动费用"科目，贷记本科目。

2. 报经批准处置保障性住房时，按照所处置保障性住房的账面价值，借记"资产处置费用""无偿调拨净资产""待处理财产损溢"等科目，按照已计提折旧，借记本科目，按照保障性住房的账面余额，贷记"保障性住房"科目。

参见"固定资产累计折旧"科目的相关例题。

"保障性住房"科目和"保障性住房累计折旧"科目的上述主要账务处理汇总如表3-26所示。

表3-26　"保障性住房"科目和"保障性住房累计折旧"
科目的上述主要账务处理汇总

	1831 保障性住房		财务会计	预算会计
（1）	保障性住房取得	外购的保障性住房	借：保障性住房 　贷：财政拨款收入/零余额账户用款额度/银行存款等	借：行政支出/事业支出 　贷：财政拨款预算收入/资金结存
		自行建造的保障性住房，工程完工交付使用时	借：保障性住房 　贷：在建工程	—

续表

1831 保障性住房		财务会计	预算会计
(1)	保障性住房取得	无偿调入的保障性住房	借：保障性住房 贷：银行存款/零余额账户用款额度等（发生的相关费用） 　　无偿调拨净资产（差额）	借：其他支出（支付的相关税费） 贷：资金结存等
(2)	出租保障性住房	按照收取或应收的租金金额	借：银行存款/应收账款 贷：应缴财政款	—
(3)	处置保障性住房	出售保障性住房	借：资产处置费用 　　保障性住房累计折旧 贷：保障性住房（账面余额）	—
			借：银行存款（处置保障性住房收到的价款） 贷：应缴财政款/银行存款等（发生的相关费用）	—
		无偿调出保障性住房	借：无偿调拨净资产 　　保障性住房累计折旧 贷：保障性住房（账面余额）	—
			借：资产处置费用 贷：银行存款等（归属于调出方的相关费用）	借：其他支出 贷：资金结存等
(4)	保障性住房定期盘点清查	盘盈的保障性住房	借：保障性住房 贷：待处理财产损溢	—
		盘亏、毁损或报废的保障性住房	借：待处理财产损溢（账面价值） 　　保障性住房累计折旧 贷：保障性住房（账面余额）	—

1832 保障性住房累计折旧		财务会计	预算会计
(1)	按月计提保障性住房折旧时	借：业务活动费用 贷：保障性住房累计折旧	—
(2)	处置保障性住房时	借：待处理财产损溢/无偿调拨净资产/资产处置费用等 　　保障性住房累计折旧 贷：保障性住房（账面余额）	涉及资金支付的，参照"保障性住房"科目的相关账务处理

第十节 其他资产

一、待摊费用

（一）科目设置

单位应当设置"待摊费用"科目，核算单位已经支付，但应当由本期和以后各期分别负担的分摊期在1年以内（含1年）的各项费用，如预付航空保险费、预付租金等。摊销期限在1年以上的租入固定资产改良支出和其他费用，应当通过"长期待摊费用"科目核算，不通过本科目核算。待摊费用应当在其受益期限内分期平均摊销，如预付航空保险费应在保险期的有效期内、预付租金应在租赁期内分期平均摊销，计入当期费用。本科目应当按照待摊费用种类进行明细核算。本科目期末借方余额，反映单位各种已支付但尚未摊销的分摊期在1年以内（含1年）的费用。

（二）待摊费用的主要账务处理

1. 发生待摊费用时，按照实际预付的金额，借记本科目，贷记"财政拨款收入""零余额账户用款额度""银行存款"等科目。

2. 按照受益期限分期平均摊销时，按照摊销金额，借记"业务活动费用""单位管理费用""经营费用"等科目，贷记本科目。

3. 如果某项待摊费用已经不能使单位受益，应当将其摊余金额一次全部转入当期费用。按照摊销金额，借记"业务活动费用""单位管理费用""经营费用"等科目，贷记本科目。

【例3-132】某行政单位年初订报纸，通过零余额账户支付1 200元（平行记账）。

财务会计账务处理：
借：待摊费用　　　　　　　　　　　　　　　　　　　1 200
　　贷：零余额账户用款额度　　　　　　　　　　　　　　1 200
预算会计账务处理：
借：行政支出　　　　　　　　　　　　　　　　　　　1 200
　　贷：资金结存——零余额账户用款额度　　　　　　　　1 200

【例3-133】承〖例3-132〗，确认本月报刊费用100元（只作财务会计账务处理）。

借：业务活动费用　　　　　　　　　　　　　　　　　　100
　　贷：待摊费用　　　　　　　　　　　　　　　　　　　　100

"待摊费用"科目的上述主要账务处理汇总如表3-27所示。

表3-27　　　　　　　　"待摊费用"科目主要账务处理汇总

1401 待摊费用		财务会计	预算会计
(1)	发生待摊费用时	借：待摊费用 　贷：财政拨款收入/零余额账户用款额度/银行存款等	借：行政支出/事业支出等 　贷：财政拨款预算收入/资金结存
(2)	按照受益期限分期平均摊销时	借：业务活动费用/单位管理费用/经营费用等 　贷：待摊费用（每期摊销金额）	—
(3)	将摊余金额一次全部转入当期费用时	借：业务活动费用/单位管理费用/经营费用等 　贷：待摊费用（全部未摊销金额）	—

二、受托代理资产

(一) 科目设置

单位应当设置"受托代理资产"科目，核算单位接受委托方委托管理的各项资产，包括受托指定转赠的物资、受托存储保管的物资等的成本。单位管理的罚没物资也应当通过本科目核算。单位收到的受托代理资产为现金和银行存款的，不通过本科目核算，应当通过"库存现金""银行存款"科目进行核算。本科目应当按照资产的种类和委托人进行明细核算；属于转赠资产的，还应当按照受赠人进行明细核算。本科目期末借方余额，反映单位受托代理实物资产的成本。

(二) 受托代理资产的主要账务处理

1. 受托转赠物资。

(1) 接受委托人委托需要转赠给受赠人的物资，其成本按照有关凭据注明的金额确定。接受委托转赠的物资验收入库，按照确定的成本，借记本科目，贷记"受托代理负债"科目。

受托协议约定由受托方承担相关税费、运输费等的，还应当按照实际支付的相关税费、运输费等金额，借记"其他费用"科目，贷记"银行存款"等科目。

(2) 将受托转赠物资交付受赠人时，按照转赠物资的成本，借记"受托代理负债"科目，贷记本科目。

(3) 转赠物资的委托人取消了对捐赠物资的转赠要求，且不再收回捐赠物资的，应当将转赠物资转为单位的存货、固定资产等。按照转赠物资的成本，借记"受托代理负债"科目，贷记本科目；同时，借记"库存物品""固定资产"等科目，贷记"其他收入"科目。

【例3-134】某行政单位接受委托转赠的一批抗旱物资验收入库，该批物资有关凭据注明的金额为350 000元，受托协议约定由行政单位承担的运输费、保管费1 800元，以银行存款支付（平行记账）。

财务会计账务处理：

借：受托代理资产　　　　　　　　　　　　　　350 000
　　贷：受托代理负债　　　　　　　　　　　　　　　350 000
借：其他费用　　　　　　　　　　　　　　　　　1 800
　　贷：银行存款　　　　　　　　　　　　　　　　　1 800

预算会计账务处理：

借：其他支出　　　　　　　　　　　　　　　　　1 800
　　贷：资金结存——货币资金（银行存款）　　　　　1 800

【例3-135】承〖例3-134〗，将受托转赠物资交付受赠人（只作财务会计账务处理）。

借：受托代理负债　　　　　　　　　　　　　　350 000
　　贷：受托代理资产　　　　　　　　　　　　　　　350 000

【例3-136】承〖例3-134〗，若委托人取消了对捐赠物资的转赠要求，且不再收回捐赠物资，该行政单位将转赠物资50 000元转为存货，其余部分确认为固定资产（只作财务会计账务处理）。

借：受托代理负债　　　　　　　　　　　　　　350 000
　　贷：受托代理资产　　　　　　　　　　　　　　　350 000
借：库存物品　　　　　　　　　　　　　　　　　50 000
　　固定资产　　　　　　　　　　　　　　　　　300 000
　　贷：其他收入　　　　　　　　　　　　　　　　　350 000

2. 受托存储保管物资。

（1）接受委托人委托存储保管的物资，其成本按照有关凭据注明的金额确定。接受委托储存的物资验收入库，按照确定的成本，借记本科目，贷记"受托代理负债"科目。

（2）发生由受托单位承担的与受托存储保管的物资相关的运输费、保管费等费用时，按照实际发生的费用金额，借记"其他费用"等科目，贷记"银行存款"等科目。

（3）根据委托人要求交付或发出受托存储保管的物资时，按照发出物资的成本，借记"受托代理负债"科目，贷记本科目。

【例3-137】某行政单位接受其他单位委托一批储存管理物资验收入库，有关凭据注明的成本为1 500 000元，行政单位以银行存款支付由受托单位承担的与受托储存管理物资相关的运输费2 000元、保管费等费用26 000元（平行记账）。

财务会计账务处理：

借：受托代理资产　　　　　　　　　　　　　　1 500 000

　　　　贷：受托代理负债　　　　　　　　　　　　　　　　　　1 500 000
　　借：其他费用　　　　　　　　　　　　　　　　　　　　　　28 000
　　　　贷：银行存款　　　　　　　　　　　　　　　　　　　　　28 000
预算会计账务处理：
　　借：其他支出　　　　　　　　　　　　　　　　　　　　　　28 000
　　　　贷：资金结存——货币资金（银行存款）　　　　　　　　　28 000

【例3-138】承〖例3-137〗，交付受托储存管理物资（只作财务会计账务处理）。
　　借：受托代理负债　　　　　　　　　　　　　　　　　　　1 500 000
　　　　贷：受托代理资产　　　　　　　　　　　　　　　　　　1 500 000

3. 罚没物资。

（1）取得罚没物资时，其成本按照有关凭据注明的金额确定。罚没物资验收（入库），按照确定的成本，借记本科目，贷记"受托代理负债"科目。罚没物资成本无法可靠确定的，单位应当设置备查簿进行登记。

（2）按照规定处置或移交罚没物资时，按照罚没物资的成本，借记"受托代理负债"科目，贷记本科目。处置时取得款项的，按照实际取得的款项金额，借记"银行存款"等科目，贷记"应缴财政款"等科目。

单位受托代理的其他实物资产，参照本科目有关受托转赠物资、受托存储保管物资的规定进行账务处理。

"受托代理资产"科目的上述主要账务处理汇总如表3-28所示。

表3-28　　　　　"受托代理资产"科目主要账务处理汇总

1891 受托代理资产		财务会计	预算会计
(1) 受托转赠物资	接受委托人委托需要转赠给受赠人的物资	借：受托代理资产 　　贷：受托代理负债	—
	受托协议约定由受托方承担相关税费、运输费的	借：其他费用 　　贷：财政拨款收入/零余额账户用款额度/银行存款等	借：其他支出（实际支付的相关税费、运输费等） 　　贷：财政拨款预算收入/资金结存
	将受托转赠物资交付受赠人时	借：受托代理负债 　　贷：受托代理资产	—
	转赠物资的委托人取消了对捐赠物资的转赠要求，且不再收回捐赠物资的	借：受托代理负债 　　贷：受托代理资产 借：库存物品/固定资产等 　　贷：其他收入	—

续表

1891 受托代理资产		财务会计	预算会计
(2)	受托储存保管物资	接受委托人委托储存保管的物资	借：受托代理资产 贷：受托代理负债	—
		支付由受托单位承担的与受托储存保管的物资相关的运输费、保管费等	借：其他费用等 贷：财政拨款收入/零余额账户用款额度/银行存款等	借：其他支出等（实际支付的运输费、保管费等） 贷：财政拨款预算收入/资金结存
		根据委托人要求交付受托储存保管的物资时	借：受托代理负债 贷：受托代理资产	—
(3)	罚没物资	取得罚没物资时	借：受托代理资产 贷：受托代理负债	—
		按照规定处置罚没物资时	借：受托代理负债 贷：受托代理资产处置时取得款项的 借：银行存款等 贷：应缴财政款	—

三、长期待摊费用

（一）科目设置

单位应当设置"长期待摊费用"科目，核算单位已经支出，但应由本期和以后各期负担的分摊期限在1年以上（不含1年）的各项费用，如以经营租赁方式租入的固定资产发生的改良支出等。本科目应当按照费用项目进行明细核算。本科目期末借方余额，反映单位尚未摊销完毕的长期待摊费用。

（二）长期待摊费用的主要账务处理

1. 发生长期待摊费用时，按照支出金额，借记本科目，贷记"财政拨款收入""零余额账户用款额度""银行存款"等科目。

2. 按照受益期间摊销长期待摊费用时，按照摊销金额，借记"业务活动费用""单位管理费用""经营费用"等科目，贷记本科目。

3. 如果某项长期待摊费用已经不能使单位受益，应当将其摊余金额一次全部转入当期费用。按照摊销金额，借记"业务活动费用""单位管理费用""经营费用"等科目，贷记本科目。

参见"待摊费用"科目的相关例题。

"长期待摊费用"科目主要账务处理汇总如表3-29所示。

表3-29 "长期待摊费用"科目主要账务处理汇总

1901 长期待摊费用	财务会计	预算会计

(1) 发生长期待摊费用	借：长期待摊费用
	  贷：财政拨款收入/零余额账户用款额度/银行存款等
		借：行政支出/事业支出等
		  贷：财政拨款预算收入/资金结存

(2) 按期摊销或一次转销长期待摊费用剩余账面余额	借：业务活动费用/单位管理费用/经营费用等 贷：长期待摊费用	—

四、待处理财产损溢

（一）科目设置

单位应当设置"待处理财产损溢"科目，核算单位在资产清查过程中查明的各种资产盘盈、盘亏和报废、毁损的价值。本科目应当按照待处理的资产项目进行明细核算；对于在资产处理过程中取得收入或发生相关费用的项目，还应当设置"待处理财产价值""处理净收入"明细科目，进行明细核算。单位资产清查中查明的资产盘盈、盘亏、报废和毁损，一般应当先记入本科目，按照规定报经批准后及时进行账务处理。年末结账前一般应处理完毕。本科目期末如为借方余额，反映尚未处理完毕的各种资产的净损失；期末如为贷方余额，反映尚未处理完毕的各种资产净溢余。年末，经批准处理后，本科目一般应无余额。

（二）待处理财产损溢的主要账务处理

1. 账款核对时发现的库存现金短缺或溢余。

（1）每日账款核对中发现现金短缺或溢余，属于现金短缺，按照实际短缺的金额，借记本科目，贷记"库存现金"科目；属于现金溢余，按照实际溢余的金额，借记"库存现金"科目，贷记本科目。

（2）如为现金短缺，属于应由责任人赔偿或向有关人员追回的，借记"其他应收款"科目，贷记本科目；属于无法查明原因的，报经批准核销时，借记"资产处置费用"科目，贷记本科目。

（3）如为现金溢余，属于应支付给有关人员或单位的，借记本科目，贷记"其他应付款"科目；属于无法查明原因的，报经批准后，借记本科目，贷记"其他收入"科目。

2. 资产清查过程中发现的存货、固定资产、无形资产、公共基础设施、政府储备物资、文物文化资产、保障性住房等各种资产盘盈、盘亏或报废、毁损。

（1）盘盈的各类资产。

①转入待处理资产时，按照确定的成本，借记"库存物品""固定资产""无形资产""公共基础设施""政府储备物资""文物文化资产""保障性住房"

等科目，贷记本科目。

②按照规定报经批准后处理时，对于盘盈的流动资产，借记本科目，贷记"单位管理费用"（事业单位）或"业务活动费用"（行政单位）科目。对于盘盈的非流动资产，如属于本年度取得的，按照当年新取得相关资产进行账务处理；如属于以前年度取得的，按照前期差错处理，借记本科目，贷记"以前年度盈余调整"科目。

（2）盘亏或者毁损、报废的各类资产。

①转入待处理资产时，借记本科目（待处理财产价值）[盘亏、毁损、报废固定资产、无形资产、公共基础设施、保障性住房的，还应借记"固定资产累计折旧""无形资产累计摊销""公共基础设施累计折旧（摊销）""保障性住房累计折旧"科目]，贷记"库存物品""固定资产""无形资产""公共基础设施""政府储备物资""文物文化资产""保障性住房""在建工程"等科目。涉及增值税业务的，相关账务处理参见"应交增值税"科目。

报经批准处理时，借记"资产处置费用"科目，贷记本科目（待处理财产价值）。

②处理毁损、报废实物资产过程中取得的残值或残值变价收入、保险理赔和过失人赔偿等，借记"库存现金""银行存款""库存物品""其他应收款"等科目，贷记本科目（处理净收入）；处理毁损、报废实物资产过程中发生的相关费用，借记本科目（处理净收入），贷记"库存现金""银行存款"等科目。

处理收支结清，如果处理收入大于相关费用的，按照处理收入减去相关费用后的净收入，借记本科目（处理净收入），贷记"应缴财政款"等科目；如果处理收入小于相关费用的，按照相关费用减去处理收入后的净支出，借记"资产处置费用"科目，贷记本科目（处理净收入）。

"待处理财产损溢"科目的上述主要账务处理汇总如表3-30所示。

表3-30　　　　"待处理财产损溢"科目主要账务处理汇总

1902 待处理财产损溢			财务会计	预算会计
（1）	账款核对时发现的现金短缺或溢余		参照"库存现金"科目的账务处理	
（2）	盘盈的非现金资产	转入待处理财产时	借：库存物品/固定资产/无形资产/公共基础设施/政府储备物资/文物文化资产/保障性住房等 贷：待处理财产损溢	—
		报经批准后处理时 对于流动资产	借：待处理财产损溢 贷：单位管理费用（事业单位） 　　业务活动费用（行政单位）	—
		对于非流动资产	借：待处理财产损溢 贷：以前年度盈余调整	

续表

1902 待处理财产损溢		财务会计	预算会计
(3) 盘亏或毁损、报废的非现金资产	转入待处理财产时	借：待处理财产损溢——待处理财产价值 固定资产累计折旧/公共基础设施累计折旧（摊销）/无形资产累计摊销/保障性住房累计折旧 贷：库存物品/固定资产/公共基础设施/无形资产/政府储备物资/文物文化资产/保障性住房等	—
	报经批准处理时	借：资产处置费用 贷：待处理财产损溢——待处理财产价值	—
	处理毁损、报废实物资产过程中取得的残值或残值变价收入、保险理赔或过失人赔偿等	借：库存现金/银行存款/库存物品/其他应收款等 贷：待处理财产损溢——处理净收入	—
	处理毁损、报废实物资产过程中发生的相关费用	借：待处理财产损溢——处理净收入 贷：库存现金/银行存款等	—
	处理收支结清，处理收入大于相关费用的	借：待处理财产损溢——处理净收入 贷：应缴财政款	—
	处理收支结清，处理收入小于相关费用的	借：资产处置费用 贷：待处理财产损溢——处理净收入	借：其他支出 贷：资金结存等（支付的处理净支出）

思 考 题

1. 行政事业单位资产的特点是什么？与企业资产有什么区别？
2. 行政事业单位资产的确认条件有什么不足？未来的发展方向是什么？
3. 分析行政事业单位投资的目的与核算的特点。
4. 阐述文物文化资产的计量难点与解决方案。
5. 分析政府储备物资与企业存货核算的不同之处。

第四章 行政事业单位的负债*

【本章预览】

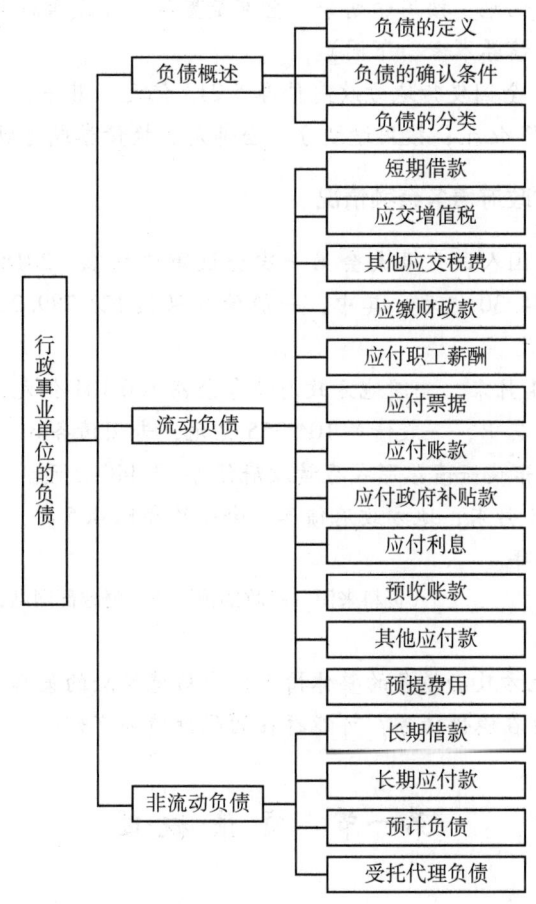

【学习目标】
1. 掌握行政事业单位负债确认的标准
2. 掌握行政事业单位负债类各科目的核算方法
3. 运用权责发生制的思维对各项负债确认进行职业判断

---
* 本章所有涉及纳入部门预算管理现金收支的业务,均在采用财务会计核算的同时进行预算会计核算。

【案例导入】

2018年4月地方政府债券发行和债务余额情况*

财政部于2018年5月16日对外发布了全国地方政府债券的发行与全国地方政府债务余额情况。

一、全国地方政府债券发行情况

2018年4月，全国发行地方政府债券3 018亿元。其中，一般债券2 210亿元，专项债券808亿元；按用途划分，全部是置换债券或再融资债券（用于偿还部分到期地方政府债券本金，下同）。

1~4月累计，全国发行地方政府债券5 213亿元。其中，一般债券3 636亿元，专项债券1 577亿元；按用途划分，全部是置换债券或再融资债券。

二、全国地方政府债务余额情况

经第十三届全国人民代表大会第一次会议审议批准，2018年全国地方政府债务限额为209 974.30亿元。其中，一般债务限额123 789.22亿元，专项债务限额86 185.08亿元。

截至2018年4月末，全国地方政府债务余额166 101亿元，控制在全国人大批准的限额之内。其中，一般债务104 355亿元，专项债务61 746亿元；政府债券152 661亿元，非政府债券形式存量政府债务13 440亿元。

截至2018年4月末，地方政府债券剩余平均年限4.5年，其中一般债券4.4年、专项债券4.7年。

（资料来源：财政部预算司，财政部网站，2018年5月16日）

请思考：
1. 根据我国地方政府债务的整体情况提出防范风险的策略。
2. 我国是否存在隐性债务？可能存在的隐性债务有哪些？

第一节 负债概述

一、负债的定义

负债是指政府会计主体过去的经济业务或者事项形成的，预期会导致经济资源流出政府会计主体的现时义务。其中，现时义务是指政府会计主体在现行条件

---

* 部分数据小数位按四舍五入取整。
年度预算执行中地方政府债务余额为地方统计数据。

下已承担的义务。未来发生的经济业务或者事项形成的义务不属于现时义务，不应当确认为负债。

现时义务包括法定义务和推定义务。法定义务，是指因合同、法律法规或其他司法解释等产生的义务。推定义务，是指根据政府会计主体以往的习惯做法、已公布的政策或者已公开的承诺或声明，政府会计主体向其他方表明其将承担并且其他方也合理预期政府会计主体将履行的相关义务。

二、负债的确认条件

将一项现时义务确认为政府会计主体的负债，除了应符合负债的定义外，还应同时满足以下两个条件。

1. 履行该义务很可能导致含有服务潜力或者经济利益的经济资源流出政府会计主体；
2. 该义务的金额能够可靠地计量。

三、负债的分类

负债包括偿还时间与金额基本确定的负债和由或有事项形成的预计负债。

偿还时间与金额基本确定的负债按政府会计主体的业务性质及风险程度，分为融资活动形成的举借债务及其应付利息、运营活动形成的应付及预收款项和运营活动形成的暂收性负债。

举借债务是指政府会计主体通过融资活动借入的债务，包括政府举借的债务以及其他政府会计主体借入的款项。政府举借的债务包括政府发行的政府债券，向外国政府、国际经济组织等借入的款项，以及向上级政府借入转贷资金形成的借入转贷款。其他政府会计主体借入的款项是指除政府以外的其他政府会计主体从银行或其他金融机构等借入的款项。本章涉及的是其他政府会计主体借入的款项。

应付及预收款项，是指政府会计主体在运营活动中形成的应当支付而尚未支付的款项及预先收到但尚未实现收入的款项，包括应付职工薪酬、应付账款、预收款项、应交税费、应付国库集中支付结余和其他应付未付款项。

暂收性负债是指政府会计主体暂时收取，随后应做上缴、退回、转拨等处理的款项。暂收性负债主要包括应缴财政款和其他暂收款项。

政府会计主体的负债按照流动性，分为流动负债和非流动负债。流动负债是指预计在1年内（含1年）偿还的负债，包括应付及预收款项、应付职工薪酬、应缴款项等。非流动负债是指流动负债以外的负债，包括长期借款、长期应付款、应付政府债券和政府依法担保形成的债务等。

四、偿还时间与金额基本确定负债的确认与计量

对于举借债务,政府会计主体应当在与债权人签订借款合同或协议并取得举借资金时确认为负债,并按照实际发生额计量。

对于应付及预收款项,其中:应付职工薪酬,除因辞退等原因给予职工的补偿外,政府会计主体应当在职工为其提供服务的会计期间,将应支付的职工薪酬确认为负债;应付账款,政府会计主体应当在取得资产、接受劳务,或外包工程完成规定进度时,按照应付未付款项的金额予以确认;预收款项,政府会计主体应当在收到预收款项时,按照实际收到款项的金额予以确认;应交税费,政府会计主体应当在发生应税事项导致承担纳税义务时,按照税法等规定计算的应交税费金额予以确认;其他应付未付款项,政府会计主体应当在有关政策已明确其承担支出责任,或者其他情况下相关义务满足负债的定义和确认条件时,按照确定应承担的负债金额予以确认。

对于暂收性负债,其中:应缴财政款,政府会计主体通常应当在实际收到相关款项时,按照相关规定计算确定的上缴金额予以确认;其他暂收款项,政府会计主体应当在实际收到相关款项时,按照实际收到的金额予以确认。

第二节 流动负债

一、短期借款

(一)科目设置

事业单位应当设置"短期借款"科目,核算事业单位经批准向银行或其他金融机构等借入的期限在1年内(含1年)的各种借款。本科目应当按照债权人和借款种类进行明细核算。本科目期末贷方余额,反映事业单位尚未偿还的短期借款本金。

(二)短期借款的主要账务处理

1. 借入各种短期借款时,按照实际借入的金额,借记"银行存款"科目,贷记本科目。

2. 银行承兑汇票到期,本单位无力支付票款的,按照应付票据的账面余额,借记"应付票据"科目,贷记本科目。

3. 归还短期借款时,借记本科目,贷记"银行存款"科目。

【例4-1】某事业单位从银行贷款300 000元,合同约定借款期9个月,年利率5.6%,利息每月支付一次(平行记账)。

财务会计账务处理：

借：银行存款　　　　　　　　　　　　　　　　　　300 000
　　贷：短期借款　　　　　　　　　　　　　　　　　　300 000

预算会计账务处理：

借：资金结存——货币资金（银行存款）　　　　　　300 000
　　贷：债务预算收入　　　　　　　　　　　　　　　　300 000

【例4-2】承〖例4-1〗，本月按规定以银行存款支付贷款利息（平行记账）。

本月贷款利息=300 000×5.6%÷12=1 400（元）

财务会计账务处理：

借：其他费用　　　　　　　　　　　　　　　　　　1 400
　　贷：银行存款　　　　　　　　　　　　　　　　　　1 400

预算会计账务处理：

借：其他支出　　　　　　　　　　　　　　　　　　1 400
　　贷：资金结存——货币资金（银行存款）　　　　　　1 400

【例4-3】承〖例4-1〗和〖例4-2〗，9个月到期还本付息，并支付最后一个月利息（平行记账）。

财务会计账务处理：

借：其他费用　　　　　　　　　　　　　　　　　　1 400
　　短期借款　　　　　　　　　　　　　　　　　　300 000
　　贷：银行存款　　　　　　　　　　　　　　　　　　301 400

预算会计账务处理：

借：其他支出　　　　　　　　　　　　　　　　　　1 400
　　债务还本支出　　　　　　　　　　　　　　　　300 000
　　贷：资金结存——货币资金（银行存款）　　　　　　301 400

【例4-4】某事业单位签发的一张银行承兑汇票160 000元到期，无力支付票款（只作财务会计账务处理）。

借：应付票据　　　　　　　　　　　　　　　　　　160 000
　　贷：短期借款　　　　　　　　　　　　　　　　　　160 000

"短期借款"科目主要账务处理汇总如表4-1所示。

表4-1　　　　　　　"短期借款"科目主要账务处理汇总

	2001 短期借款	财务会计	预算会计
(1)	借入各种短期借款	借：银行存款 　贷：短期借款	借：资金结存——货币资金 　贷：债务预算收入
(2)	银行承兑汇票到期，本单位无力支付票款	借：应付票据 　贷：短期借款	借：经营支出等 　贷：债务预算收入
(3)	归还短期借款	借：短期借款 　贷：银行存款	借：债务还本支出 　贷：资金结存——货币资金

二、应交增值税

（一）科目设置

单位应当设置"应交增值税"科目，核算单位按照税法规定计算应交纳的增值税。

一般纳税人的明细科目设置：属于增值税一般纳税人的单位，应当在本科目下设置"应交税金""未交税金""预交税金""待抵扣进项税额""待认证进项税额""待转销项税额""简易计税""转让金融商品应交增值税""代扣代交增值税"等明细科目。

1. "应交税金"明细账内应当设置"进项税额""已交税金""转出未交增值税""减免税款""销项税额""进项税额转出""转出多交增值税"等专栏。其中：

（1）"进项税额"专栏，记录单位购进货物、加工修理修配劳务、服务、无形资产或不动产而支付或负担的、准予从当期销项税额中抵扣的增值税额；

（2）"已交税金"专栏，记录单位当月已交纳的应交增值税额；

（3）"转出未交增值税"和"转出多交增值税"专栏，分别记录一般纳税人月度终了转出当月应交未交或多交的增值税额；

（4）"减免税款"专栏，记录单位按照现行增值税制度规定准予减免的增值税额；

（5）"销项税额"专栏，记录单位销售货物、加工修理修配劳务、服务、无形资产或不动产应收取的增值税额；

（6）"进项税额转出"专栏，记录单位购进货物、加工修理修配劳务、服务、无形资产或不动产等发生非正常损失以及其他原因而不应从销项税额中抵扣、按照规定转出的进项税额。

2. "未交税金"明细科目，核算单位月度终了从"应交税金"或"预交税金"明细科目转入当月应交未交、多交或预缴的增值税额，以及当月交纳以前期间未交的增值税额。

3. "预交税金"明细科目，核算单位转让不动产、提供不动产经营租赁服务等，以及其他按照现行增值税制度规定应预缴的增值税额。

4. "待抵扣进项税额"明细科目，核算单位已取得增值税扣税凭证并经税务机关认证，按照现行增值税制度规定准予以后期间从销项税额中抵扣的进项税额。

5. "待认证进项税额"明细科目，核算单位由于未经税务机关认证而不得从当期销项税额中抵扣的进项税额。包括：一般纳税人已取得增值税扣税凭证并按规定准予从销项税额中抵扣，但尚未经税务机关认证的进项税额；一般纳税人已申请稽核但尚未取得稽核相符结果的海关缴款书进项税额。

6. "待转销项税额"明细科目，核算单位销售货物、加工修理修配劳务、服务、无形资产或不动产，已确认相关收入（或利得）但尚未发生增值税纳税义务而需于以后期间确认为销项税额的增值税额。

7. "简易计税"明细科目，核算单位采用简易计税方法发生的增值税计提、扣减、预缴、缴纳等业务。

8. "转让金融商品应交增值税"明细科目，核算单位转让金融商品发生的增值税额。

9. "代扣代缴增值税"明细科目，核算单位购进在境内未设经营机构的境外单位或个人在境内的应税行为代扣代缴的增值税。

小规模纳税人的明细科目设置：属于增值税小规模纳税人的单位只需在本科目下设置"转让金融商品应交增值税""代扣代缴增值税"明细科目。

本科目期末贷方余额，反映单位应交未交的增值税；期末如为借方余额，反映单位尚未抵扣或多交的增值税。

（二）单位取得资产或接受劳务等业务的账务处理

如无特别说明，本部分内容中的"单位"指增值税一般纳税人。

1. 采购等业务进项税额允许抵扣。单位购买用于增值税应税项目的资产或服务等时，按照应计入相关成本费用或资产的金额，借记"业务活动费用""在途物品""库存物品""工程物资""在建工程""固定资产""无形资产"等科目，按照当月已认证的可抵扣增值税额，借记本科目（应交税金——进项税额），按照当月未认证的可抵扣增值税额，借记本科目（待认证进项税额），按照应付或实际支付的金额，贷记"应付账款""应付票据""银行存款""零余额账户用款额度"等科目。发生退货的，如原增值税专用发票已做认证，应根据税务机关开具的红字增值税专用发票做相反的会计分录；如原增值税专用发票未做认证，应将发票退回并做相反的会计分录。

小规模纳税人购买资产或服务等时不能抵扣增值税，发生的增值税计入资产成本或相关成本费用。

2. 采购等业务进项税额不得抵扣。单位购进资产或服务等，用于简易计税方法计税项目、免征增值税项目、集体福利或个人消费等，其进项税额按照现行增值税制度规定不得从销项税额中抵扣的，取得增值税专用发票时，应按照增值税发票注明的金额，借记相关成本费用或资产科目，按照待认证的增值税进项税额，借记本科目（待认证进项税额），按照实际支付或应付的金额，贷记"银行存款""应付账款""零余额账户用款额度"等科目。经税务机关认证为不可抵扣进项税时，借记本科目（应交税金——进项税额）科目，贷记本科目（待认证进项税额），同时，将进项税额转出，借记相关成本费用科目，贷记本科目（应交税金——进项税额转出）。

3. 购进不动产或不动产在建工程按照规定进项税额分年抵扣。单位取得应税项目为不动产或者不动产在建工程，其进项税额按照现行增值税制度规定自取得之日起分2年从销项税额中抵扣的，应当按照取得成本，借记"固定资产""在建工程"等科目,按照当期可抵扣的增值税额,借记本科目(应交税金——进项税额),按照以后期间可抵扣的增值税额,借记本科目(待抵扣进项税额),按照应付或实际支付的金额,贷记"应付账款""应付票据""银行存款""零余额账户用款额度"等科目。尚未抵扣的进项税额待以后期间允许抵扣时,按照允许抵扣的金额,借记本科目(应交税金——进项税额),贷记本科目(待抵扣进项税额)。

4. 进项税额抵扣情况发生改变。单位因发生非正常损失或改变用途等,原已计入进项税额、待抵扣进项税额或待认证进项税额,但按照现行增值税制度规定不得从销项税额中抵扣的,借记"待处理财产损溢""固定资产""无形资产"等科目,贷记本科目(应交税金——进项税额转出)、本科目(待抵扣进项税额)或本科目(待认证进项税额);原不得抵扣且未抵扣进项税额的固定资产、无形资产等,因改变用途等用于允许抵扣进项税额的应税项目的,应按照允许抵扣的进项税额,借记本科目(应交税金——进项税额),贷记"固定资产""无形资产"等科目。固定资产、无形资产等经上述调整后,应按照调整后的账面价值在剩余尚可使用年限内计提折旧或摊销。

单位购进时已全额计入进项税额的货物或服务等转用于不动产在建工程的,对于结转以后期间的进项税额,应借记本科目(待抵扣进项税额),贷记本科目(应交税金——进项税额转出)。

5. 购买方作为扣缴义务人。按照现行增值税制度规定,境外单位或个人在境内发生应税行为,在境内未设有经营机构的,以购买方为增值税扣缴义务人。境内一般纳税人购进服务或资产时,按照应计入相关成本费用或资产的金额,借记"业务活动费用""在途物品""库存物品""工程物资""在建工程""固定资产""无形资产"等科目,按照可抵扣的增值税额,借记本科目(应交税金——进项税额)[小规模纳税人应借记相关成本费用或资产科目],按照应付或实际支付的金额,贷记"银行存款""应付账款"等科目,按照应代扣代缴的增值税额,贷记本科目(代扣代交增值税)。实际缴纳代扣代缴增值税时,按照代扣代缴的增值税额,借记本科目(代扣代交增值税),贷记"银行存款""零余额账户用款额度"等科目。

(三) 单位销售资产或提供服务等业务的账务处理

1. 销售资产或提供服务业务。单位销售货物或提供服务,应当按照应收或已收的金额,借记"应收账款""应收票据""银行存款"等科目,按照确认的收入金额,贷记"经营收入""事业收入"等科目,按照现行增值税制度规定计算的销项税额(或采用简易计税方法计算的应纳增值税额),贷记本科目(应交税金——销项税额)或本科目(简易计税)[小规模纳税人应贷记本科目]。发生销售退回的,应根据按照规定开具的红字增值税专用发票作相反的会计分录。

按照本制度及相关政府会计准则确认收入的时点早于按照增值税制度确认增值税纳税义务发生时点的,应将相关销项税额计入本科目(待转销项税额),待实际发生纳税义务时再转入本科目（应交税金——销项税额）或本科目（简易计税）。

按照增值税制度确认增值税纳税义务发生时点早于按照本制度及相关政府会计准则确认收入的时点的，应按照应纳增值税额，借记"应收账款"科目，贷记本科目（应交税金——销项税额）或本科目（简易计税）。

2. 金融商品转让按照规定以盈亏相抵后的余额作为金融商品实际转让销售额月末，如产生转让收益，则按照应纳税额，借记"投资收益"科目，贷记本科目（转让金融商品应交增值税）；如产生转让损失，则按照可结转下月抵扣税额，借记本科目（转让金融商品应交增值税），贷记"投资收益"科目。交纳增值税时，应借记本科目（转让金融商品应交增值税），贷记"银行存款"等科目。年末，本科目（转让金融商品应交增值税）如有借方余额，则借记"投资收益"科目，贷记本科目（转让金融商品应交增值税）。

（四）月末转出多交增值税和未交增值税的账务处理

月度终了，单位应当将当月应交未交或多交的增值税自"应交税金"明细科目转入"未交税金"明细科目。对于当月应交未交的增值税，借记本科目（应交税金——转出未交增值税），贷记本科目（未交税金）；对于当月多交的增值税，借记本科目（未交税金），贷记本科目（应交税金——转出多交增值税）。

（五）交纳增值税的账务处理

1. 交纳当月应交增值税。单位交纳当月应交的增值税，借记本科目（应交税金——已交税金）[小规模纳税人借记本科目]，贷记"银行存款"等科目。

2. 交纳以前期间未交增值税。单位交纳以前期间未交的增值税，借记本科目（未交税金）[小规模纳税人借记本科目]，贷记"银行存款"等科目。

3. 预交增值税。单位预交增值税时，借记本科目（预交税金），贷记"银行存款"等科目。月末，单位应将"预交税金"明细科目余额转入"未交税金"明细科目，借记本科目（未交税金），贷记本科目（预交税金）。

4. 减免增值税。对于当期直接减免的增值税，借记本科目（应交税金——减免税款），贷记"业务活动费用""经营费用"等科目。

按照现行增值税制度规定，单位初次购买增值税税控系统专用设备支付的费用以及缴纳的技术维护费允许在增值税应纳税额中全额抵减的，按照规定抵减的增值税应纳税额，借记本科目（应交税金——减免税款）[小规模纳税人借记本科目]，贷记"业务活动费用""经营费用"等科目。

【例4-5】5月10日，某事业单位购买工程物资，取得增值税专用发票，价税合计116万元，款项未付，其中一半用于简易计税项目，另一半用于一般计税项目（只作财务会计账务处理）。

借：应交增值税——待认证进项税额　　　　　　　　　　160 000

　　　　工程物资　　　　　　　　　　　　　　　　　　　　1 000 000
　　　　　贷：应付账款　　　　　　　　　　　　　　　　　　　1 160 000

【例4-6】承〖例4-5〗，5月28日，该事业单位登录发票选择确认系统进行勾选（即进行了认证）（只作财务会计账务处理）。

　　　　借：应交增值税——应交税金——进项税额　　　　　80 000
　　　　　　工程物资　　　　　　　　　　　　　　　　　　80 000
　　　　　贷：应交增值税——待认证进项税额　　　　　　　　160 000

【例4-7】5月30日，该事业单位一般计税项目开具发票，价税合计222万元，预交4万元（平行记账）。

　　　　借：应收账款　　　　　　　　　　　　　　　　　　2 220 000
　　　　　贷：事业收入　　　　　　　　　　　　　　　　　　　2 000 000
　　　　　　　应交增值税——应交税金——销项税额　　　　　220 000
　　　　借：应交增值税——预交税金　　　　　　　　　　　40 000
　　　　　贷：银行存款　　　　　　　　　　　　　　　　　　　40 000
　　　预算会计账务处理：
　　　　借：事业支出/经营支出　　　　　　　　　　　　　　40 000
　　　　　贷：资金结存——货币资金（银行存款）　　　　　　　40 000

【例4-8】承〖例4-7〗，月末，将"应交增值税——应交税金"下各专栏借贷相抵后的贷方余额转入"应交增值税——未交税金"（只作财务会计账务处理）。

　　　22-8=14（万元）
　　　　借：应交增值税——应交税金——转出未交增值税　　140 000
　　　　　贷：应交增值税——未交税金　　　　　　　　　　　140 000

【例4-9】承〖例4-8〗，月末，将预交增值税转入"未交税金"（只作财务会计账务处理）。

　　　　借：应交增值税——未交税金　　　　　　　　　　　40 000
　　　　　贷：应交增值税——预交税金　　　　　　　　　　　40 000

【例4-10】承〖例4-9〗，月末，"应交增值税——未交税金"借贷方相抵后余额（14-4=10万元）于次月初交纳（平行记账）。

　　　财务会计账务处理：
　　　　借：应交增值税——未交税金　　　　　　　　　　　100 000
　　　　　贷：银行存款　　　　　　　　　　　　　　　　　　　100 000
　　　预算会计账务处理：
　　　　借：事业支出/经营支出　　　　　　　　　　　　　　100 000
　　　　　贷：资金结存——货币资金（银行存款）　　　　　　　100 000

"应交增值税"科目的上述主要账务处理汇总如表4-2所示。

第四章 行政事业单位的负债

表4-2 "应交增值税"科目主要账务处理汇总

2101 应交增值税		财务会计	预算会计
(1) 增值税一般纳税人	购入资产或接受劳务	购入应税资产或服务时	借：业务活动费用/在途物品/库存物品/工程物资/固定资产/在建工程/无形资产等 　　应交税金——应交增值税（进项税额）（当月已认证可抵扣） 　　应交税金——待认证进项税额（当月未认证可抵扣） 贷：银行存款/零余额账户用款额度等（实际支付的金额）/应付账款等（开出并承兑的商业汇票）/应付票据（应付税额）	借：事业支出/经营支出等（实际支付的金额） 贷：资金结存等
		经税务机关认证为不可抵扣进项税时	借：应交税金——应交增值税（进项税额转出） 同时： 借：业务活动费用等 贷：应交税金——应交增值税	—
		购进不动产或在建工程按规定分年抵扣进项税额的	借：固定资产/在建工程等 　　应交税金——应交增值税（进项税额）（当期可抵扣） 　　应交税金——待抵扣进项税额（以后期间可抵扣） 贷：银行存款/零余额账户用款额度等（实际支付的金额）/应付账款等（开出并承兑的商业汇票）/应付票据（应付税额）	借：事业支出/经营支出等（实际支付的金额） 贷：资金结存等
		尚未抵扣的进项税额允许后期间抵扣时	借：应交税金——应交增值税（进项税额） 贷：应交税金——待抵扣进项税额	—
		购进属于增值税应税项目的资产后，发生非正常损失或改变用途的	借：待处理财产损溢/固定资产/无形资产等（按照现行增值税制度规定不得从销项税额中抵扣的进项税额） 贷：应交税金——应交增值税（进项税额转出）/应交增值税——待认证进项税额/应交增值税——待抵扣进项税额	—

续表

2101 应交增值税			财务会计	预算会计
增值税一般纳税人	购入资产或接受劳务	原不得抵扣且未抵扣进项税额的固定资产、无形资产等，因改变用途等用于允许抵扣进项税额的应税项目	借：应交增值税——应交税金（进项税额）（可以抵扣的进项税额） 贷：固定资产/无形资产等	—
		购进时已全额计入进项税额的货物或服务等转用于不动产在建工程的，对于结转以后期间可以抵扣的应税税额	借：应交增值税——待抵扣进项税额 贷：应交增值税——应交税金（进项税额）	—
		购进资产或服务时作为扣缴义务人	借：业务活动费用/在途物品/库存物品/固定资产/无形资产等 应交增值税——应交税金（进项税额）（当期可抵扣） 贷：银行存款（实际支付的金额）应交税金——代扣代交增值税 实际缴纳代扣缴增值税时： 借：应交增值税——代扣代交增值税 贷：银行存款	借：事业支出/经营支出等（实际支付的金额） 贷：资金结存
	销售应税产品或提供应税服务	销售应税产品或提供应税服务时	借：银行存款/应收账款/应收账款/应收票据等（包含增值税的价款总额） 贷：事业收入/经营收入等（扣除增值税销项税额后的价款） 应交增值税——应交税金（销项税额）/应交增值税——简易计税	借：事业支出/经营支出等（实际支付的金额） 贷：资金结存 借：资金结存（实际收到的含税金额） 贷：事业收入/经营预算收入等
		金融商品转让	产生收益	借：投资收益（按净收益计算的应纳增值税） 贷：应交增值税——转让金融商品应交增值税	—
			产生损失	借：应交增值税——转让金融商品应交增值税 贷：投资收益（按净损失计算的应纳增值税）	—

续表

2101 应交增值税			财务会计	预算会计
增值税一般纳税人 (1)	销售产品或提供应税服务	交纳增值税时	借：应交增值税——转让金融商品应交增值税 贷：银行存款等	借：投资预算支出等 贷：资金结存（实际支付的金额）
		年末，如有借方余额	借：投资收益 贷：应交增值税——转让金融商品应交增值税	—
	金融商品转让		借：应交增值税——应交增值税（转出未交增值税） 贷：应交增值税——未交增值税	—
	月末转出多交增值税		借：应交增值税——未交增值税 贷：应交增值税——应交增值税（转出多交增值税）	—
	月末转出本月多交增值税			—
	缴纳增值税	本月缴纳本月增值税时	借：应交增值税——应交增值税（已交税金） 贷：银行存款/零余额账户用款额度等	借：事业支出/经营支出等 贷：资金结存
		本月缴纳以前期间未交增值税	借：应交增值税——未交增值税 贷：银行存款/零余额账户用款额度等	借：事业支出/经营支出等 贷：资金结存
		按规定预缴增值税	预缴时： 借：应交增值税——预交税金 贷：银行存款/零余额账户用款额度等 月末： 借：应交增值税——未交增值税 贷：应交增值税——预交税金	借：事业支出/经营支出等 贷：资金结存
		当期直接减免的应纳税额	借：应交增值税——应交增值税（减免税款） 贷：业务活动费用/经营费用等	—

续表

2101 应交增值税			财务会计	预算会计
(2) 增值税小规模纳税人	购入应税资产或服务时		借：业务活动费用/在途物品/库存物品等（按价税合计金额） 贷：银行存款等（实际支付的金额）	借：事业支出/经营支出等（实际支付的金额） 贷：资金结存
	购进资产或服务时作为扣缴义务人		借：在途物品/库存物品/固定资产/无形资产等 贷：应付账款/银行存款等 应交增值税——代扣代交增值税 实际缴纳增值税时参见一般纳税人的账务处理	借：事业支出/经营支出等（实际支付的金额） 贷：资金结存
	销售资产或提供服务		借：银行存款/应收账款/经营收入等（包含增值税的价款总额） 贷：事业收入/经营收入等（扣除增值税金额后的价款） 应交增值税	借：资金结存（实际收到的含税金额） 贷：事业预算收入/经营预算收入等
	销售应税资产或提供应税服务	金融商品转让 产生收益	借：投资收益（按净收益计算的应纳增值税） 贷：应交增值税——转让金融商品应交增值税	—
		金融商品转让 产生损失	借：应交增值税——转让金融商品应交增值税 贷：投资收益（按净损失计算的应纳增值税）	—
		实际缴纳时	参见一般纳税人的账务处理	
	缴纳增值税时		借：应交增值税 贷：银行存款等	借：事业支出/经营支出等 贷：资金结存
	减免增值税		借：应交增值税 贷：业务活动费用/经营费用等	—

三、其他应交税费

(一) 科目设置

单位应当设置"其他应交税费"科目,核算单位按照税法等规定计算应交纳的除增值税以外的各种税费,包括城市维护建设税、教育费附加、地方教育费附加、车船税、房产税、城镇土地使用税和企业所得税等。单位代扣代缴的个人所得税,也通过本科目核算。单位应交纳的印花税不需要预提应交税费,直接通过"业务活动费用""单位管理费用""经营费用"等科目核算,不通过本科目核算。本科目应当按照应交纳的税费种类进行明细核算。本科目期末贷方余额,反映单位应交未交的除增值税以外的税费金额;期末如为借方余额,反映单位多交纳的除增值税以外的税费金额。

(二) 其他应交税费的主要账务处理

1. 发生城市维护建设税、教育费附加、地方教育费附加、车船税、房产税、城镇土地使用税等纳税义务的,按照税法规定计算的应缴税费金额,借记"业务活动费用""单位管理费用""经营费用"等科目,贷记本科目(应交城市维护建设税、应交教育费附加、应交地方教育费附加、应交车船税、应交房产税、应交城镇土地使用税等)。

【例4-11】某行政单位全年应缴相关税费为:房产税20 000元、城镇土地使用税12 000元、车船税13 000元(只作财务会计账务处理)。

借:业务活动费用　　　　　　　　　　　　　　45 000
　　贷:其他应交税费——应交房产税　　　　　　20 000
　　　　　　　　　　——应交城镇土地使用税　　12 000
　　　　　　　　　　——应交车船税　　　　　　13 000

2. 按照税法规定计算应代扣代缴职工(含长期聘用人员)的个人所得税,借记"应付职工薪酬"科目,贷记本科目(应交个人所得税)。

按照税法规定计算应代扣代缴支付给职工(含长期聘用人员)以外人员劳务费的个人所得税,借记"业务活动费用""单位管理费用"等科目,贷记本科目(应交个人所得税)。

【例4-12】某行政单位为职工代扣代缴3月个人所得税26 000元(只作财务会计账务处理)。

借:应付职工薪酬　　　　　　　　　　　　　　26 000
　　贷:其他应交税费——应交个人所得税　　　　26 000

【例4-13】某行政单位以库存现金支付某服务人员劳务费3 500元,为其代扣个人所得税540元(平行记账)。

财务会计账务处理:
　　借:业务活动费用　　　　　　　　　　　　4 040
　　　　贷:库存现金　　　　　　　　　　　　3 500

其他应交税费——应交个人所得税　　　　　　　　　　　540
预算会计账务处理：
借：行政支出　　　　　　　　　　　　　　　　　　　3 500
　　贷：资金结存——货币资金（库存现金）　　　　　　　3 500

3. 发生企业所得税纳税义务的，按照税法规定计算的应交所得税额，借记"所得税费用"科目，贷记本科目（单位应交所得税）。

【例4-14】某事业单位的经营性所得全年应交的所得税为60 000元（只作财务会计账务处理）。
借：所得税费用　　　　　　　　　　　　　　　　　　60 000
　　贷：其他应交税费——单位应交所得税　　　　　　　60 000

4. 单位实际交纳上述各种税费时，借记本科目（应交城市维护建设税、应交教育费附加、应交地方教育费附加、应交车船税、应交房产税、应交城镇土地使用税、应交个人所得税、单位应交所得税等），贷记"财政拨款收入""零余额账户用款额度""银行存款"等科目。

【例4-15】承【例4-11】、【例4-12】和【例4-13】，该行政单位以银行存款实际交纳房产税20 000元、城镇土地使用税12 000元、车船税13 000元、个人所得税26 540元（平行记账）。

财务会计账务处理：
借：其他应交税费——应交房产税　　　　　　　　　　20 000
　　　　　　　　——应交城镇土地使用税　　　　　　12 000
　　　　　　　　——应交车船税　　　　　　　　　　13 000
　　　　　　　　——应交个人所得税　　　　　　　　26 540
　　贷：银行存款　　　　　　　　　　　　　　　　　　71 540
预算会计账务处理：
借：行政支出　　　　　　　　　　　　　　　　　　　71 540
　　贷：资金结存——货币资金（银行存款）　　　　　　71 540

"其他应交税费"科目的上述主要账务处理汇总如表4-3所示。

表4-3　　　　"其他应交税费"科目主要账务处理汇总

2102 其他应交税费		财务会计	预算会计
(1) 城市维护建设税、教育费附加、地方教育费附加、车船税、房产税、城镇土地使用税等	发生时，按税法规定计算的应缴税费金额	借：业务活动费用/单位管理费用/经营费用等 贷：其他应交税费——应交城市维护建设税/应交教育费附加/应交地方教育费附加/应交车船税/应交房产税/应交城镇土地使用税等	—
	实际缴纳时	借：其他应交税费——应交城市维护建设税/应交教育费附加/应交地方教育费附加/应交车船税/应交房产税/应交城镇土地使用税等 贷：银行存款等	借：事业支出/经营支出等 贷：资金结存

续表

2102 其他应交税费			财务会计	预算会计
(2)	代扣代缴职工个人所得税	计算应代扣代缴职工的个人所得税金额	借：应付职工薪酬 　贷：其他应交税费——应交个人所得税	—
		计算应代扣代缴职工以外其他人员个人所得税	借：业务活动费用/单位管理费用等 　贷：其他应交税费——应交个人所得税	—
		实际缴纳时	借：其他应交税费——应交个人所得税 　贷：财政拨款收入/零余额账户用款额度/银行存款等	借：行政支出/事业支出/经营支出等 　贷：财政拨款预算收入/资金结存
(3)	发生企业所得税纳税义务	税法规定计算的应缴税费金额	借：所得税费用 　贷：其他应交税费——单位应交所得税	—
		实际缴纳时	借：其他应交税费——单位应交所得税 　贷：银行存款等	借：非财政拨款结余 　贷：资金结存

四、应缴财政款

应缴财政款，是指单位暂时收取、按规定应当上缴国库或财政专户的款项而形成的负债。

（一）科目设置

单位应当设置"应缴财政款"科目，核算单位取得或应收的按照规定应当上缴财政的款项，包括应缴国库的款项和应缴财政专户的款项。单位按照国家税法等有关规定应当缴纳的各种税费，通过"应交增值税""其他应交税费"科目核算，不通过本科目核算。本科目应当按照应缴财政款项的类别进行明细核算。本科目期末贷方余额，反映单位应当上缴财政但尚未缴纳的款项。年终清缴后，本科目一般应无余额。

（二）应缴财政款的主要账务处理

1. 单位取得或应收按照规定应缴财政的款项时，借记"银行存款""应收账款"等科目，贷记本科目。

2. 单位处置资产取得的应上缴财政的处置净收入的账务处理，参见"待处理财产损溢"等科目。

3. 单位上缴应缴财政的款项时，按照实际上缴的金额，借记本科目，贷记"银行存款"科目。

"应缴财政款"科目主要账务处理汇总如表4-4所示。

表4-4　　　　　　"应缴财政款"科目主要账务处理汇总

	2103 应缴财政款	财务会计	预算会计
(1)	取得或应收按照规定应缴财政的款项时	借：银行存款/应收账款等 　贷：应缴财政款	—
(2)	处置资产取得应上缴财政的处置净收入的	参照"待处理财产损溢"科目的相关账务处理	—
(3)	上缴财政款项时	借：应缴财政款 　贷：银行存款等	—

五、应付职工薪酬

应付职工薪酬，是指单位为获得职工（含长期聘用人员）提供的服务而给予各种形式的报酬或因辞退等原因而给予职工补偿所形成的负债。职工薪酬包括工资、津贴补贴、奖金、社会保险费等。

（一）科目设置

单位应当设置"应付职工薪酬"科目，核算单位按照有关规定应付给职工（含长期聘用人员）及为职工支付的各种薪酬，包括基本工资、国家统一规定的津贴补贴、规范津贴补贴（绩效工资）、改革性补贴、社会保险费（如职工基本养老保险费、职业年金、基本医疗保险费等）、住房公积金等。本科目应当根据国家有关规定按照"基本工资（含离退休费）""国家统一规定的津贴补贴""规范津贴补贴（绩效工资）""改革性补贴""社会保险费""住房公积金""其他个人收入"等进行明细核算。其中，"社会保险费""住房公积金"明细科目核算内容包括单位从职工工资中代扣代缴的社会保险费、住房公积金，以及单位为职工计算缴纳的社会保险费、住房公积金。本科目期末贷方余额，反映单位应付未付的职工薪酬。

（二）计提应付职工薪酬的账务处理

单位应当根据职工提供服务的受益对象，将下列职工薪酬（含按照有关规定为职工缴纳的医疗保险费、养老保险费、职业年金等社会保险费和住房公积金）分情况处理。

1. 计提从事专业及其辅助活动人员的职工薪酬，借记"业务活动费用""单位管理费用"科目，贷记本科目。

2. 计提应由自制物品负担的职工薪酬，计入自制物品成本，借记"加工物品"科目，贷记本科目。

3. 计提应由工程项目负担的职工薪酬，计入工程成本或当期费用，借记"在建工程"科目，贷记本科目。

4. 计提应由自行研发项目负担的职工薪酬，在研究阶段发生的，计入当期费用；在开发阶段发生并且最终形成无形资产的，计入无形资产成本。借记"研发支出"科目，贷记本科目。

5. 计提从事专业及其辅助活动之外的经营活动人员的职工薪酬，借记"经营费用"科目，贷记本科目。

6. 单位因辞退等原因给予职工的补偿，应当于相关补偿金额报经批准时，借记"单位管理费用"等科目，贷记本科目。

（三）支付应付职工薪酬的账务处理

向职工支付工资、津贴补贴等薪酬时，按照实际支付的金额，借记本科目，贷记"财政拨款收入""零余额账户用款额度""银行存款"等科目。

（四）代扣税费的账务处理

按照税法规定代扣职工个人所得税时，借记本科目（基本工资），贷记"其他应交税费——应交个人所得税"科目。

从应付职工薪酬中代扣为职工垫付的水电费、房租等费用时，按照实际扣除的金额，借记本科目（基本工资），贷记"其他应收款"等科目。

从应付职工薪酬中代扣社会保险费和住房公积金，按照代扣的金额，借记本科目（基本工资），贷记本科目（社会保险费、住房公积金）。

（五）缴纳代扣税费的账务处理

按照国家有关规定缴纳职工社会保险费和住房公积金时，按照实际支付的金额，借记本科目（社会保险费、住房公积金），贷记"财政拨款收入""零余额账户用款额度""银行存款"等科目。

（六）支付其他款项的账务处理

从应付职工薪酬中支付的其他款项，借记本科目，贷记"零余额账户用款额度""银行存款"等科目。

【例4-16】月末，某事业单位分配工资300 000元：事业活动业务部门工资210 000元，行政后勤部门工资60 000元，经营人员工资30 000元（只作财务会计账务处理）。

借：业务活动费用　　　　　　　　　　　　　　　　210 000
　　单位管理费用　　　　　　　　　　　　　　　　 60 000
　　经营费用　　　　　　　　　　　　　　　　　　 30 000
　　　贷：应付职工薪酬——基本工资　　　　　　　300 000

【例4-17】承【例4-16】，下月初，该事业单位发放工资300 000元，代扣代缴个人水电费8 000元、房租5 000元、社会保险费15 000元、个人所得税6 000元（平行记账）。

财务会计账务处理：

借：应付职工薪酬——基本工资　　　　　　　　　300 000

  贷：财政拨款收入   266 000
    其他应收款——代扣水电费   8 000
      ——代扣房租   5 000
    应付职工薪酬——社会保障费   15 000
    其他应交税费——应缴个人所得税   6 000
预算会计账务处理：
  借：事业支出   266 000
    贷：财政拨款预算收入   266 000

"应付职工薪酬"科目账务处理汇总如表4-5所示。

表4-5   "应付职工薪酬"科目主要账务处理汇总

2201 应付职工薪酬		财务会计	预算会计
(1) 计算确认当期应付职工薪酬	从事专业及其辅助活动人员的职工薪酬	借：业务活动费用/单位管理费用 贷：应付职工薪酬	—
	应由在建工程、加工物品、自行研发无形资产负担的职工薪酬	借：在建工程/加工物品/研发支出等 贷：应付职工薪酬	—
	从事专业及其辅助活动以外的经营活动人员的职工薪酬	借：经营费用 贷：应付职工薪酬	—
	因解除与职工的劳动关系而给予的补偿	借：单位管理费用 贷：应付职工薪酬	—

(2) 向职工支付工资、津贴补贴等薪酬		借：应付职工薪酬
		  贷：财政拨款收入/零余额账户用款额度/银行存款等
			借：行政支出/事业支出/经营支出等
			  贷：财政拨款预算收入/资金结存

(3) 从职工薪酬中代扣各种款项	代扣代缴个人所得税	借：应付职工薪酬——基本工资 贷：其他应交税费——应交个人所得税	—
	代扣社会保险费和住房公积金	借：应付职工薪酬——基本工资 贷：应付职工薪酬——社会保险费/住房公积金	—
	代扣为职工垫付的水电费、房租等费用时	借：应付职工薪酬——基本工资 贷：其他应收款等	—

续表

2201 应付职工薪酬	财务会计	预算会计
(4) 按照规定缴纳职工社会保险费和住房公积金	借：应付职工薪酬——社会保险费/住房公积金 贷：财政拨款收入/零余额账户用款额度/银行存款等	借：行政支出/事业支出/经营支出等 贷：财政拨款预算收入/资金结存
(5) 从应付职工薪酬中支付的其他款项	借：应付职工薪酬 贷：零余额账户用款额度/银行存款等	借：行政支出/事业支出/经营支出等 贷：资金结存等

六、应付票据

（一）科目设置

事业单位应当设置"应付票据"科目，核算事业单位因购买材料、物资等而开出、承兑的商业汇票，包括银行承兑汇票和商业承兑汇票。本科目应当按照债权人进行明细核算。本科目期末贷方余额，反映事业单位开出、承兑的尚未到期的应付票据金额。

（二）应付票据的主要账务处理

1. 开出、承兑商业汇票时，借记"库存物品""固定资产"等科目，贷记本科目。涉及增值税业务的，相关账务处理参见"应交增值税"科目。

以商业汇票抵付应付账款时，借记"应付账款"科目，贷记本科目。

2. 支付银行承兑汇票的手续费时，借记"业务活动费用""经营费用"等科目，贷记"银行存款""零余额账户用款额度"等科目。

3. 商业汇票到期时，应当分别以下情况处理。

（1）收到银行支付到期票据的付款通知时，借记本科目，贷记"银行存款"科目。

（2）银行承兑汇票到期，单位无力支付票款的，按照应付票据账面余额，借记本科目，贷记"短期借款"科目。

（3）商业承兑汇票到期，单位无力支付票款的，按照应付票据账面余额，借记本科目，贷记"应付账款"科目。

【例4-18】某事业单位因经营活动购入原材料一批，价款200 000元，材料已验收入库，事业单位出具一张不带息商业承兑汇票，票据期限为2个月。

①购入原材料时（只作财务会计账务处理）：

借：库存物品 200 000
    贷：应付票据 200 000

②票据到期付款时（平行记账）：

财务会计账务处理：
借：应付票据　　　　　　　　　　　　　　　　200 000
　　贷：银行存款　　　　　　　　　　　　　　　　　　200 000
预算会计账务处理：
借：经营支出　　　　　　　　　　　　　　　　200 000
　　贷：资金结存——货币资金（银行存款）　　　　　200 000
③票据到期，无力付款时（只作财务会计账务处理）：
借：应付票据　　　　　　　　　　　　　　　　200 000
　　贷：应付账款　　　　　　　　　　　　　　　　　　200 000

"应付票据"科目的上述主要账务处理汇总如表4-6所示。

（三）账目管理

单位应当设置"应付票据备查簿"，详细登记每一应付票据的种类、号数、出票日期、到期日、票面金额、交易合同号、收款人姓名或单位名称，以及付款日期和金额等。应付票据到期结清票款后，应当在备查簿内逐笔注销。

表4-6　　　　　　　"应付票据"科目主要账务处理汇总

2301 应付票据		财务会计	预算会计
(1)	开出、承兑商业汇票	借：库存物品/固定资产等 　　贷：应付票据	—
(2)	以商业汇票抵付应付账款时	借：应付账款 　　贷：应付票据	—
(3)	支付银行承兑汇票的手续费	借：业务活动费用/经营费用等 　　贷：银行存款等	借：事业支出/经营支出 　　贷：资金结存——货币资金
(4) 商业汇票到期时	收到银行支付到期票据的付款通知时	借：应付票据 　　贷：银行存款	借：事业支出/经营支出 　　贷：资金结存——货币资金
	银行承兑汇票到期，本单位无力支付票款	借：应付票据 　　贷：短期借款	借：事业支出/经营支出 　　贷：债务预算收入
	商业承兑汇票到期，本单位无力支付票款	借：应付票据 　　贷：应付账款	—

七、应付账款

应付账款，是指单位因取得资产、接受劳务、开展工程建设等而形成的负债。

（一）科目设置

单位应当设置"应付账款"科目，核算单位因购买物资、接受服务、开展工程建设等而应付的偿还期限在1年以内（含1年）的款项。本科目应当按照债权人进行明细核算。对于建设项目，还应设置"应付器材款""应付工程款"等明细科目，并按照具体项目进行明细核算。本科目期末贷方余额，反映单位尚未支付的应付账款金额。

（二）应付账款的主要账务处理

1. 收到所购材料、物资、设备或服务以及确认完成工程进度但尚未付款时，根据发票及账单等有关凭证，按照应付未付款项的金额，借记"库存物品""固定资产""在建工程"等科目，贷记本科目。涉及增值税业务的，相关账务处理参见"应交增值税"科目。

2. 偿付应付账款时，按照实际支付的金额，借记本科目，贷记"财政拨款收入""零余额账户用款额度""银行存款"等科目。

3. 开出、承兑商业汇票抵付应付账款时，借记本科目，贷记"应付票据"科目。

4. 无法偿付或债权人豁免偿还的应付账款，应当按照规定报经批准后进行账务处理。经批准核销时，借记本科目，贷记"其他收入"科目。

核销的应付账款应在备查簿中保留登记。

【例4-19】某行政单位从M公司购入一批材料，货款30 000元，对方代垫运费2 000元，材料已经到达并验收入库，款项尚未支付（只作财务会计账务处理）。

借：库存物品　　　　　　　　　　　　　　　　　　　32 000
　　贷：应付账款——M公司　　　　　　　　　　　　　　32 000

【例4-20】该行政单位通过零余额账户支付该款项（平行记账）。

财务会计账务处理：

借：应付账款——M公司　　　　　　　　　　　　　　　32 000
　　贷：零余额账户用款额度　　　　　　　　　　　　　　32 000

预算会计账务处理：

借：行政支出　　　　　　　　　　　　　　　　　　　32 000
　　贷：资金结存——零余额账户用款额度　　　　　　　　32 000

【例4-21】某行政单位接受网络公司提供电脑维修服务，其劳务费2 000元尚未支付（只作财务会计账务处理）。

借：业务活动费用　　　　　　　　　　　　　　　　　 2 000
　　贷：应付账款　　　　　　　　　　　　　　　　　　　2 000

【例4-22】某事业单位报经批准自建车库并出包给乙建筑公司；1月20日，以银行存款支付工程款300 000元；6月30日工程建造结束，行政单位与乙建筑公司结算工程价款450 000元，工程余款尚未支付。

①1月20日预付工程款时（平行记账）：

财务会计账务处理：

借：在建工程　　　　　　　　　　　　　　　　　　　300 000
　　贷：银行存款　　　　　　　　　　　　　　　　　　　300 000

预算会计账务处理：

借：事业支出 300 000
  贷：资金结存——货币资金（银行存款） 300 000

②6月30日结算工程款时（只作财务会计账务处理）：

借：在建工程 150 000
  贷：应付账款——乙建筑公司 150 000

【例4-23】某行政单位已经确认的应付乙公司一笔应付账款6 000元，因乙公司撤销而无法支付（只作财务会计账务处理）。

借：应付账款——乙公司 6 000
  贷：其他收入 6 000

"应付账款"科目的上述主要账务处理汇总如表4-7所示。

表4-7   "应付账款"科目主要账务处理汇总

2302 应付账款		财务会计	预算会计
(1)	购入物资、设备或服务以及完成工程进度但尚未付款	借：库存物品/固定资产/在建工程等 贷：应付账款	—
(2)	偿付应付账款	借：应付账款 贷：财政拨款收入/零余额账户用款额度/银行存款等	借：行政支出/事业支出等 贷：财政拨款预算收入/资金结存
(3)	开出、承兑商业汇票抵付应付账款	借：应付账款 贷：应付票据	—
(4)	无法偿付或债权人豁免偿还的应付账款	借：应付账款 贷：其他收入	—

八、应付政府补贴款

（一）科目设置

行政单位应当设置"应付政府补贴款"科目，核算负责发放政府补贴的行政单位，按照规定应当支付给政府补贴接受者的各种政府补贴款。本科目应当按照应支付的政府补贴种类进行明细核算。单位还应当根据需要按照补贴接受者进行明细核算，或者建立备查簿对补贴接受者予以登记。本科目期末贷方余额，反映行政单位应付未付的政府补贴金额。

（二）应付政府补贴款的主要账务处理

1. 发生应付政府补贴时，按照依规定计算确定的应付政府补贴金额，借记"业务活动费用"科目，贷记本科目。

2. 支付应付政府补贴款时，按照支付金额，借记本科目，贷记"零余额账户用款额度""银行存款"等科目。

【例 4 – 24】 按照规定，某行政单位应支付给政府补贴接受人员的各种政府补贴 600 000 元。次年年初，以零余额账户支付应付未付的政府补贴款 600 000 元。

①确认应付政府补贴款时（只作财务会计账务处理）：

借：业务活动费用　　　　　　　　　　　　　600 000
　　贷：应付政府补贴款　　　　　　　　　　　　　　　600 000

②支付应付政府补贴款时（平行记账）：

财务会计账务处理：

借：应付政府补贴款　　　　　　　　　　　　600 000
　　贷：零余额账户用款额度　　　　　　　　　　　　　600 000

预算会计账务处理：

借：行政支出　　　　　　　　　　　　　　　600 000
　　贷：资金结存——零余额账户用款额度　　　　　　　600 000

"应付政府补贴款"科目主要账务处理汇总如表 4 – 8 所示。

表 4 – 8　　　　　　"应付政府补贴款"科目主要账务处理汇总

	2303 应付政府补贴款	财务会计	预算会计
(1)	发生（确认）应付政府补贴款	借：业务活动费用 　贷：应付政府补贴款	—
(2)	支付应付政府补贴款时	借：应付政府补贴款 　贷：零余额账户用款额度/银行存款等	借：行政支出 　贷：资金结存等

九、应付利息

（一）科目设置

事业单位应当设置"应付利息"科目，核算事业单位按照合同约定应支付的借款利息，包括短期借款、分期付息到期还本的长期借款等应支付的利息。本科目应当按照债权人等进行明细核算。本科目期末贷方余额，反映事业单位应付未付的利息金额。

（二）应付利息的主要账务处理

1. 为建造固定资产、公共基础设施等借入的专门借款的利息，属于建设期间发生的，按期计提利息费用时，按照计算确定的金额，借记"在建工程"科目，贷记本科目；不属于建设期间发生的，按期计提利息费用时，按照计算确定的金额，借记"其他费用"科目，贷记本科目。

2. 对于其他借款，按期计提利息费用时，按照计算确定的金额，借记"其他费用"科目，贷记本科目。

3. 实际支付应付利息时，按照支付的金额，借记本科目，贷记"银行存款"

等科目。

【例4-25】某事业单位计提应由本月负担的短期借款利息210元（只作财务会计账务处理）。

借：其他费用　　　　　　　　　　　　　　　　　　　　210
　　贷：应付利息　　　　　　　　　　　　　　　　　　　210

【例4-26】承【例4-25】，季末实际支付3个月的短期借款利息630元（平行记账）。

财务会计账务处理：

借：应付利息　　　　　　　　　　　　　　　　　　　　630
　　贷：银行存款　　　　　　　　　　　　　　　　　　　630

预算会计账务处理：

借：其他支出　　　　　　　　　　　　　　　　　　　　630
　　贷：资金结存——货币资金（银行存款）　　　　　　　630

"应付利息"科目的上述主要账务处理汇总如表4-9所示。

表4-9　　　　　　　"应付利息"科目主要账务处理汇总

2304 应付利息		财务会计	预算会计
(1)	按期计提利息费用	借：在建工程/其他费用 　　贷：应付利息	—
(2)	实际支付利息时	借：应付利息 　　贷：银行存款等	借：其他支出 　　贷：资金结存——货币资金

十、预收账款

预收款项，是指单位按照货物、服务合同或协议或者相关规定，向接受货物或服务的主体预先收款而形成的负债。

（一）科目设置

事业单位应当设置"预收账款"科目，核算事业单位预先收取但尚未结算的款项。本科目应当按照债权人进行明细核算。本科目期末贷方余额，反映事业单位预收但尚未结算的款项金额。

（二）预收账款的主要账务处理

1. 从付款方预收款项时，按照实际预收的金额，借记"银行存款"等科目，贷记本科目。

2. 确认有关收入时，按照预收账款账面余额，借记本科目，按照应确认的收入金额，贷记"事业收入""经营收入"等科目，按照付款方补付或退回付款方的金额，借记或贷记"银行存款"等科目。涉及增值税业务的，相关账务处理参见"应交增值税"科目。

3. 无法偿付或债权人豁免偿还的预收账款，应当按照规定报经批准后进行账务处理。经批准核销时，借记本科目，贷记"其他收入"科目。

核销的预收账款应在备查簿中保留登记。

【例4-27】某事业单位因经营活动预收G公司货款20 000元，存入银行（平行记账）。

财务会计账务处理：
借：银行存款　　　　　　　　　　　　　　　　20 000
　　贷：预收账款　　　　　　　　　　　　　　　　20 000
预算会计账务处理：
借：资金结存——货币资金（银行存款）　　　　20 000
　　贷：经营预算收入　　　　　　　　　　　　　　20 000

【例4-28】承【例4-27】，事业单位向G公司发货一批，价款为50 000元，G公司尚未补付货款（只作财务会计账务处理）。

借：预收账款　　　　　　　　　　　　　　　　50 000
　　贷：经营收入　　　　　　　　　　　　　　　　50 000

【例4-29】承【例4-27】和【例4-28】，G公司补付货款30 000元（平行记账）。

财务会计账务处理：
借：银行存款　　　　　　　　　　　　　　　　30 000
　　贷：预收账款　　　　　　　　　　　　　　　　30 000
预算会计账务处理：
借：资金结存——货币资金（银行存款）　　　　30 000
　　贷：经营预算收入　　　　　　　　　　　　　　30 000

"预收账款"科目的上述主要账务处理汇总如表4-10所示。

表4-10　　　　"预收账款"科目主要账务处理汇总

2305 预收账款		财务会计	预算会计
(1)	从付款方预收款项时	借：银行存款等 　　贷：预收账款	借：资金结存——货币资金 　　贷：事业预算收入/经营预算收入等
(2)	确认有关收入时	借：预收账款 　　银行存款（收到补付款） 　　贷：事业收入/经营收入等 　　　　银行存款（退回预收款）	借：资金结存——货币资金 　　贷：事业预算收入/经营预算收入等 　　　　（收到补付款） 退回预收款的金额做相反会计分录
(3)	无法偿付或债权人豁免偿还的预收账款	借：预收账款 　　贷：其他收入	—

十一、其他应付款

其他应付款包括其他应付未付款项和其他暂收款项。其他应付未付款项，是指单位因有关政策明确要求其承担支出责任等而形成的应付未付款项。其他暂收款项，是指除应缴财政款以外的其他暂收性负债，包括单位暂时收取、随后应退还给其他方的押金或保证金、随后应转付给其他方的转拨款等款项。

（一）科目设置

单位应当设置"其他应付款"科目，核算单位除应交增值税、其他应交税费、应缴财政款、应付职工薪酬、应付票据、应付账款、应付政府补贴款、应付利息、预收账款以外，其他各项偿还期限在1年内（含1年）的应付及暂收款项，如收取的押金、存入保证金、已经报销但尚未偿还银行的本单位公务卡欠款等。同级政府财政部门预拨的下期预算款和没有纳入预算的暂付款项，以及采用实拨资金方式通过本单位转拨给下属单位的财政拨款，也通过本科目核算。本科目应当按照其他应付款的类别以及债权人等进行明细核算。本科目期末贷方余额，反映单位尚未支付的其他应付款金额。

（二）其他应付款的主要账务处理

1. 发生其他应付及暂收款项时，借记"银行存款"等科目，贷记本科目。支付（或退回）其他应付及暂收款项时，借记本科目，贷记"银行存款"等科目。将暂收款项转为收入时，借记本科目，贷记"事业收入"等科目。

2. 收到同级政府财政部门预拨的下期预算款和没有纳入预算的暂付款项，按照实际收到的金额，借记"银行存款"等科目，贷记本科目；待到下一预算期或批准纳入预算时，借记本科目，贷记"财政拨款收入"科目。

采用实拨资金方式通过本单位转拨给下属单位的财政拨款，按照实际收到的金额，借记"银行存款"科目，贷记本科目；向下属单位转拨财政拨款时，按照转拨的金额，借记本科目，贷记"银行存款"科目。

3. 本单位公务卡持卡人报销时，按照审核报销的金额，借记"业务活动费用""单位管理费用"等科目，贷记本科目；偿还公务卡欠款时，借记本科目，贷记"零余额账户用款额度"等科目。

4. 涉及质保金形成其他应付款的，相关账务处理参见"固定资产"科目。

5. 无法偿付或债权人豁免偿还的其他应付款项，应当按照规定报经批准后进行账务处理。经批准核销时，借记本科目，贷记"其他收入"科目。

核销的其他应付款应在备查簿中保留登记。

【例4-30】某行政单位收取甲单位押金3 000元、乙单位保证金12 000元，款项存入银行。

①收取押金、保证金时：

借：银行存款	15 000	
贷：其他应付款——甲单位	3 000	
——乙单位	12 000	

②以后退还押金、保证金时：

借：其他应付款——甲单位	3 000	
——乙单位	12 000	
贷：银行存款	15 000	

【例4-31】某行政单位收到同级政府财政部门预拨的下期预算款250 000元存入银行。

①收到预拨的下期预算款时（只作财务会计账务处理）：

| 借：银行存款 | 250 000 |
| 　　贷：其他应付款 | 250 000 |

②下一预算期纳入预算时（平行记账）：

财务会计账务处理：

| 借：其他应付款 | 250 000 |
| 　　贷：财政拨款收入 | 250 000 |

预算会计账务处理：

| 借：资金结存——货币资金（银行存款） | 250 000 |
| 　　贷：财政拨款预算收入 | 250 000 |

【例4-32】某行政单位因故无法偿还甲单位押金3 000元（平行记账）。

财务会计账务处理：

| 借：其他应付款——甲单位 | 3 000 |
| 　　贷：其他收入 | 3 000 |

预算会计账务处理：

| 借：资金结存——货币资金（银行存款） | 3 000 |
| 　　贷：其他预算收入 | 3 000 |

"其他应付款"科目的上述主要账务处理汇总如表4-11所示。

表4-11　　　　　"其他应付款"科目主要账务处理汇总

2307 其他应付款		财务会计	预算会计
(1) 发生暂收款项	取得暂收款项时	借：银行存款等 　　贷：其他应付款	—
	确认收入时	借：其他应付款 　　贷：事业收入等	借：资金结存 　　贷：事业预算收入等
	退回（转拨）暂收款时	借：其他应付款 　　贷：银行存款等	—

续表

2307 其他应付款		财务会计	预算会计
(2) 收到同级财政部门预拨的下期预算款和没有纳入预算的暂付款项	按照实际收到的金额	借：银行存款等 贷：其他应付款	—
	待到下一预算期或批准纳入预算时	借：其他应付款 贷：财政拨款收入	借：资金结存 贷：财政拨款预算收入
(3) 发生其他应付义务	确认其他应付款项时	借：业务活动费用/单位管理费用等 贷：其他应付款	—
	支付其他应付款项	借：其他应付款 贷：银行存款等	借：行政支出/事业支出等 贷：资金结存
(4) 无法偿付或债权人豁免偿还的其他应付款项		借：其他应付款 贷：其他收入	—

十二、预提费用

（一）科目设置

单位应当设置"预提费用"科目，核算单位预先提取的已经发生但尚未支付的费用，如预提租金费用等。事业单位按规定从科研项目收入中提取的项目间接费用或管理费，也通过本科目核算。事业单位计提的借款利息费用，通过"应付利息""长期借款"科目核算，不通过本科目核算。本科目应当按照预提费用的种类进行明细核算。对于提取的项目间接费用或管理费，应当在本科目下设置"项目间接费用或管理费"明细科目，并按项目进行明细核算。本科目期末贷方余额，反映单位已预提但尚未支付的各项费用。

（二）预提费用的主要账务处理

1. 项目间接费用或管理费。按规定从科研项目收入中提取项目间接费用或管理费时，按照提取的金额，借记"单位管理费用"科目，贷记本科目（项目间接费用或管理费）。

实际使用计提的项目间接费用或管理费时，按照实际支付的金额，借记本科目（项目间接费用或管理费），贷记"银行存款""库存现金"等科目。

2. 其他预提费用。按期预提租金等费用时，按照预提的金额，借记"业务活动费用""单位管理费用""经营费用"等科目，贷记本科目。

实际支付款项时，按照支付金额，借记本科目，贷记"零余额账户用款额度""银行存款"等科目。

【例 4-33】 某行政单位计提本季度房屋租金 30 000 元（只作财务会计账务处理）。

  借：业务活动费用   30 000
    贷：预提费用   30 000

【例 4-34】 承〖例 4-33〗，行政单位通过零余额账户支付本季度房屋租金 30 000 元（平行记账）。

财务会计账务处理：

  借：预提费用   30 000
    贷：零余额账户用款额度   30 000

预算会计账务处理：

  借：行政支出   30 000
    贷：资金结存——零余额账户用款额度   30 000

"预提费用"科目的上述主要账务处理汇总如表 4-12 所示。

表 4-12   "预提费用"科目主要账务处理汇总

	2401 预提费用	财务会计	预算会计

(1)	按规定计提项目间接费用或管理费时	借：单位管理费用
		  贷：预提费用——项目间接费用或管理费
			借：非财政拨款结转——项目间接费用或管理费
			  贷：非财政拨款结余——项目间接费用或管理费

	实际使用计提的项目间接费用或管理费时	借：预提费用——项目间接费用或管理费
		  贷：银行存款/库存现金
			借：事业支出等
			  贷：资金结存

(2)	按照规定预提每期租金等费用	借：业务活动费用/单位管理费用/经营费用等 贷：预提费用	—

	实际支付款项时	借：预提费用
		  贷：银行存款等
			借：行政支出/事业支出/经营支出等
			  贷：资金结存

第三节 非流动负债

一、长期借款

（一）科目设置

事业单位应当设置"长期借款"科目，核算事业单位经批准向银行或其他金融机构等借入的期限超过1年（不含1年）的各种借款本息。本科目应当设置"本金"和"应计利息"明细科目，并按照贷款单位和贷款种类进行明细核算。对于建设项目借款，还应按照具体项目进行明细核算。本科目期末贷方余额，反映事业单位尚未偿还的长期借款本息金额。

（二）长期借款的主要账务处理

1. 借入各项长期借款时，按照实际借入的金额，借记"银行存款"科目，贷记本科目（本金）。

2. 为建造固定资产、公共基础设施等应支付的专门借款利息，按期计提利息时，分别以下处理。

（1）属于工程项目建设期间发生的利息，计入工程成本，按照计算确定的应支付的利息金额，借记"在建工程"科目，贷记"应付利息"科目。

（2）属于工程项目完工交付使用后发生的利息，计入当期费用，按照计算确定的应支付的利息金额，借记"其他费用"科目，贷记"应付利息"科目。

3. 按期计提其他长期借款的利息时，按照计算确定的应支付的利息金额，借记"其他费用"科目，贷记"应付利息"科目〔分期付息、到期还本借款的利息〕或本科目（应计利息）〔到期一次还本付息借款的利息〕。

4. 到期归还长期借款本金、利息时，借记本科目（本金、应计利息），贷记"银行存款"科目。

【例4-35】某事业单位为建造一幢实验室，1月1日借入期限为两年的长期专门借款100万元，款项已存入银行。借款利率按市场利率确定为9%，每年付息一次，期满后一次还清本金。年初，以银行存款支付工程价款共计60万元；年末，以财政授权支付方式支付利息9万元。第二年年初以银行存款支付工程价款40万元；第二年年末，以财政直接支付方式支付本金和利息109万元。该实验室于第二年年末完工交付使用。

① 1月1日，取得借款时（平行记账）：

财务会计账务处理：

借：银行存款　　　　　　　　　　　　　　　　1 000 000
　　贷：长期借款——本金　　　　　　　　　　　　　　1 000 000

预算会计账务处理：

借：资金结存——货币资金（银行存款）　　　　1 000 000
　　贷：债务预算收入　　　　　　　　　　　　　　　　1 000 000

② 年初支付工程款时（平行记账）：

财务会计账务处理：

借：在建工程　　　　　　　　　　　　　　　　600 000
　　贷：银行存款　　　　　　　　　　　　　　　　　　600 000

预算会计账务处理：

借：事业支出　　　　　　　　　　　　　　　　600 000

贷：资金结存——货币资金（银行存款）　　　　　　　　600 000

③年末计算并支付第一年应计入工程成本的利息时（平行记账）：

借款利息 = 1 000 000 × 9% = 90 000（元）

财务会计账务处理：

借：在建工程　　　　　　　　　　　　　　　　　　　　　90 000
　　贷：零余额账户用款额度　　　　　　　　　　　　　　　　90 000

预算会计账务处理：

借：事业支出　　　　　　　　　　　　　　　　　　　　　90 000
　　贷：资金结存——零余额账户用款额度　　　　　　　　　　90 000

④第二年年初支付工程款时（平行记账）：

财务会计账务处理：

借：在建工程　　　　　　　　　　　　　　　　　　　　　400 000
　　贷：银行存款　　　　　　　　　　　　　　　　　　　　　400 000

预算会计账务处理：

借：事业支出　　　　　　　　　　　　　　　　　　　　　400 000
　　贷：资金结存——货币资金（银行存款）　　　　　　　　400 000

⑤第二年年末工程完工时（平行记账）：

该期应计入工程成本的利息 = 1 000 000 × 9% = 90 000（元），以财政直接支付方式支付本金和利息 109 万元。

财务会计账务处理：

借：在建工程　　　　　　　　　　　　　　　　　　　　　90 000
　　长期借款——本金　　　　　　　　　　　　　　　　　1 000 000
　　贷：财政拨款收入　　　　　　　　　　　　　　　　　1 090 000
借：固定资产　　　　　　　　　　　　　　　　　　　　　118 000
　　贷：在建工程　　　　　　　　　　　　　　　　　　　　118 000

预算会计账务处理：

借：事业支出　　　　　　　　　　　　　　　　　　　　　90 000
　　债务还本支出　　　　　　　　　　　　　　　　　　　1 000 000
　　贷：财政拨款预算收入　　　　　　　　　　　　　　　1 090 000

"长期借款"科目主要账务处理汇总如表 4 - 13 所示。

表 4 - 13　　"长期借款"科目主要账务处理汇总

	2501 长期借款	财务会计	预算会计
(1)	借入时	借：银行存款 　　贷：长期借款——本金	借：资金结存——货币资金 　　贷：债务预算收入（本金）

续表

2501 长期借款		财务会计	预算会计
(2) 为购建固定资产、公共基础设施等应支付的专门借款利息	属于工程项目建设期间发生的	借：在建工程 　贷：应付利息（分期付息、到期还本） 　　　长期借款——应计利息（到期一次还本付息）	—
	属于工程项目竣工交付使用后发生的	借：其他费用 　贷：应付利息（分期付息、到期还本） 　　　长期借款——应计利息（到期一次还本付息）	—
	实际支付利息时	借：应付利息 　贷：银行存款等	借：其他支出 　贷：资金结存
(3) 其他长期借款利息	计提利息时	借：其他费用 　贷：应付利息（分期付息、到期还本） 　　　长期借款——应计利息（到期一次还本付息）	—
	分期实际支付利息时	借：应付利息 　贷：银行存款等	借：其他支出 　贷：资金结存
(4) 归还长期借款本息		借：长期借款——本金 　　　　　　——应计利息（到期一次还本付息） 　贷：银行存款	借：债务还本支出（支付的本金） 　贷：资金结存 借：其他支出（支付的利息） 　贷：资金结存

二、长期应付款

（一）科目设置

单位应当设置"长期应付款"科目，核算单位发生的偿还期限超过 1 年（不含 1 年）的应付款项，如以融资租赁方式取得固定资产应付的租赁费等。本科目应当按照长期应付款的类别以及债权人进行明细核算。本科目期末贷方余额，反映单位尚未支付的长期应付款金额。

（二）长期应付款的主要账务处理

1. 发生长期应付款时，借记"固定资产""在建工程"等科目，贷记本科目。

2. 支付长期应付款时，按照实际支付的金额，借记本科目，贷记"财政拨款收入""零余额账户用款额度""银行存款"等科目。涉及增值税业务的，相关账务处理参见"应交增值税"科目。

3. 无法偿付或债权人豁免偿还的长期应付款，应当按照规定报经批准后进行账务处理。经批准核销时，借记本科目，贷记"其他收入"科目。

核销的长期应付款应在备查簿中保留登记。

4. 涉及质保金形成长期应付款的，相关账务处理参见"固定资产"科目。

【例4-36】某行政单位与乙公司签订一项购货合同，行政单位从乙公司购入一台需要安装的大型办公设备，合同约定，行政单位采用分期付款方式支付价款，设备总价款共计3 000 000元，在3年里每年年末以财政直接支付方式支付1 000 000元，每年的付款日期为12月25日；第一年年初，设备如期运到行政单位并开始安装，发生的运费和相关税费20 000元已经用银行存款支付，发生的安装费用50 000元以零余额账户支付；设备安装完毕交付使用。

①设备交付安装时（只作财务会计账务处理）：

借：在建工程　　　　　　　　　　　　　3 000 000
　　贷：长期应付款——乙公司　　　　　　　　3 000 000

②支付运费和相关税费时（平行记账）：

财务会计账务处理：

借：在建工程　　　　　　　　　　　　　　20 000
　　贷：银行存款　　　　　　　　　　　　　　20 000

预算会计账务处理：

借：行政支出　　　　　　　　　　　　　　20 000
　　贷：资金结存——货币资金（银行存款）　　20 000

③支付安装费时（平行记账）：

财务会计账务处理：

借：在建工程　　　　　　　　　　　　　　50 000
　　贷：零余额账户用款额度　　　　　　　　　50 000

预算会计账务处理：

借：行政支出　　　　　　　　　　　　　　50 000
　　贷：资金结存——零余额账户用款额度　　　50 000

④每年12月25日支付设备价款时（平行记账）：

财务会计账务处理：

借：长期应付款——乙公司　　　　　　　1 000 000
　　贷：财政拨款收入　　　　　　　　　　　1 000 000

预算会计账务处理：

借：行政支出　　　　　　　　　　　　　1 000 000
　　贷：财政拨款预算收入　　　　　　　　　1 000 000

⑤安装完毕交付使用时（只作财务会计账务处理）：

借：固定资产　　　　　　　　　　　　　3 070 000
　　贷：在建工程　　　　　　　　　　　　　3 070 000

【例4-37】某行政单位购买一批政府储备物资，其价款为50 000元，物资已经验收入库。根据约定，该批物资的付款期限为18个月；债务到期，该行政单位以零余额账户支付价款 50 000 元。

①物资验收入库时（只作财务会计账务处理）：

借：政府储备物资　　　　　　　　　　　　　　50 000
　　贷：长期应付款　　　　　　　　　　　　　　　　50 000

②债务到期，支付价款时（平行记账）：

财务会计账务处理：

借：长期应付款　　　　　　　　　　　　　　　50 000
　　贷：零余额账户用款额度　　　　　　　　　　　　50 000

预算会计账务处理：

借：行政支出　　　　　　　　　　　　　　　　50 000
　　贷：资金结存——零余额账户用款额度　　　　　　50 000

【例 4 - 38】承〖例 4 - 37〗，若债权人豁免行政单位所欠政府储备物资款 50 000 元。

借：长期应付款　　　　　　　　　　　　　　　50 000
　　贷：其他收入　　　　　　　　　　　　　　　　　50 000

"长期应付款"科目的上述主要账务处理汇总如表 4 - 14 所示。

表 4 - 14　　　　　　"长期应付款"科目主要账务处理汇总

2502 长期应付款		财务会计	预算会计
(1)	发生长期应付款时	借：固定资产/在建工程等 　　贷：长期应付款	—
(2)	支付长期应付款	借：长期应付款 　　贷：财政拨款收入/零余额账户用款额度/银行存款	借：行政支出/事业支出/经营支出等 　　贷：财政拨款预算收入/资金结存
(3)	无法偿付或债权人豁免偿还的长期应付款	借：长期应付款 　　贷：其他收入	—

三、预计负债

（一）预计负债的确认与计量

1. 预计负债的确认。单位应当将与或有事项相关且满足负债确认条件的现时义务确认为预计负债。

或有事项，是指由过去的经济业务或者事项形成的，其结果须由某些未来事项的发生或不发生才能决定的不确定事项。未来事项是否发生不在单位控制范围内。单位常见的或有事项主要包括：未决诉讼或未决仲裁、承诺（补贴、代偿）、自然灾害或公共事件的救助等。

2. 预计负债的计量。预计负债应当按照履行相关现时义务所需支出的最佳估计数进行初始计量。

所需支出存在一个连续范围,且该范围内各种结果发生的可能性相同的,最佳估计数应当按照该范围内的中间值确定。在其他情形下,最佳估计数应当分别下列情况确定:

(1) 或有事项涉及单个项目的,按照最可能发生金额确定。

(2) 或有事项涉及多个项目的,按照各种可能结果及相关概率计算确定。

单位在确定最佳估计数时,一般应当综合考虑与或有事项有关的风险、不确定性等因素。

单位清偿预计负债所需支出预期全部或部分由第三方补偿的,补偿金额只有在基本确定能够收到时才能作为资产单独确认。确认的补偿金额不应当超过预计负债的账面余额。

单位应当在报告日对预计负债的账面余额进行复核。有确凿证据表明该账面余额不能真实反映当前最佳估计数的,应当按照当前最佳估计数对该账面余额进行调整。履行该预计负债的相关义务不是很可能导致经济资源流出政府会计主体时,应当将该预计负债的账面余额予以转销。

单位不应当将下列与或有事项相关的义务确认为负债,但应当按照负债准则规定对该类义务进行披露:

(1) 过去的经济业务或者事项形成的潜在义务,其存在须通过未来不确定事项的发生或不发生予以证实,未来事项是否能发生不在单位控制范围内。潜在义务是指结果取决于不确定未来事项的可能义务。

(2) 过去的经济业务或者事项形成的现时义务,履行该义务不是很可能导致经济资源流出单位或者该义务的金额不能可靠计量。

(二) 科目设置

单位应当设置"预计负债"科目,核算单位对因或有事项所产生的现时义务而确认的负债,如对未决诉讼等确认的负债。本科目应当按照预计负债的项目进行明细核算。本科目期末贷方余额,反映单位已确认但尚未支付的预计负债金额。

(三) 预计负债的主要账务处理

1. 确认预计负债时,按照预计的金额,借记"业务活动费用""经营费用""其他费用"等科目,贷记本科目。

2. 实际偿付预计负债时,按照偿付的金额,借记本科目,贷记"银行存款""零余额账户用款额度"等科目。

3. 根据确凿证据需要对已确认的预计负债账面余额进行调整的,按照调整增加的金额,借记有关科目,贷记本科目;按照调整减少的金额,借记本科目,贷记有关科目。

【例4-39】某事业单位在经营活动过程中，向B公司销售一批产品，因产品存在一定的质量问题，导致B公司发生经济损失。但由于购销双方对问题的认识不一致，B公司提起诉讼，请求事业单位赔偿100 000元。事业单位在应诉过程中，发现所售产品确实存在较大的质量问题。会计期末，事业单位预计败诉的可能性在50%以上，最可能赔偿的金额为100 000元（只作财务会计账务处理）。

借：其他费用　　　　　　　　　　　　　　　　　　　100 000
　　贷：预计负债　　　　　　　　　　　　　　　　　　　　100 000

【例4-40】承〔例4-39〕，事业单位败诉，通过零余额账户赔偿B公司100 000元（平行记账）。

财务会计账务处理：
借：预计负债　　　　　　　　　　　　　　　　　　　100 000
　　贷：零余额账户用款额度　　　　　　　　　　　　　　100 000

预算会计账务处理：
借：其他支出　　　　　　　　　　　　　　　　　　　100 000
　　贷：资金结存——零余额账户用款额度　　　　　　　　100 000

"预计负债"科目的上述主要账务处理汇总如表4-15所示。

表4-15　　　　　　　　"预计负债"科目主要账务处理汇总

2601 预计负债		财务会计	预算会计
(1)	确认预计负债	借：业务活动费用/经营费用/其他费用等 　　贷：预计负债	—
(2)	实际偿付预计负债	借：预计负债 　　贷：银行存款等	借：事业支出/经营支出/其他支出等 　　贷：资金结存
(3)	对预计负债账面余额进行调整的	借：业务活动费用/经营费用/其他费用等 　　贷：预计负债 或做相反会计分录	—

四、受托代理负债

（一）科目设置

单位应当设置"受托代理负债"科目，核算单位接受委托取得受托代理资产时形成的负债。本科目期末贷方余额，反映单位尚未交付或发出受托代理资产形成的受托代理负债金额。

（二）受托代理负债的主要账务处理

本科目的账务处理参见"受托代理资产""库存现金""银行存款"等科目。

五、借款费用资本化

(一)借款费用的概念

借款费用,是指单位因举借债务而发生的利息及其他相关费用,包括借款利息、辅助费用以及因外币借款而发生的汇兑差额等。其中,辅助费用是指单位在举借债务过程中发生的手续费、佣金等费用。

(二)借款费用的处理

单位应当将因举借债务发生的借款费用分别计入工程成本或当期费用。

单位为购建固定资产等工程项目借入专门借款的,对于发生的专门借款费用,应当按照借款费用减去尚未动用的借款资金产生的利息收入后的金额,属于工程项目建设期间发生的,计入工程成本,借记"在建工程"科目,贷记相关科目;不属于工程项目建设期间发生的,计入当期费用,借记"其他费用"科目,贷记相关科目。

工程项目建设期间是指自工程项目开始建造起至交付使用时止的期间。工程项目建设期间发生非正常中断且中断时间连续超过3个月(含3个月)的,单位应当将非正常中断期间的借款费用计入当期费用。如果中断是使工程项目达到交付使用所必需的程序,则中断期间所发生的借款费用仍应计入工程成本。

单位因借入非专门借款所发生的借款费用,应当计入当期费用,借记"其他费用"科目,贷记相关科目。

第四节 负债的披露

单位应当在附注中披露与举借债务、应付及预收款项、暂收性负债和预计负债有关的下列信息:

(1)各类负债的债权人、偿还期限、期初余额和期末余额。

(2)逾期借款或者违约政府债券的债权人、借款(债券)金额、逾期时间、利率、逾期未偿还(违约)原因和预计还款时间等。

(3)借款的担保方、担保方式、抵押物等。

(4)预计负债的形成原因以及经济资源可能流出的时间、经济资源流出的时间和金额不确定的说明,预计负债有关的预期补偿金额和本期已确认的补偿金额。

单位应当在附注中披露不应当确认为负债的或有事项相关义务的下列信息:

(1)或有事项相关义务的种类及其形成原因。

(2)经济资源流出时间和金额不确定的说明。

（3）或有事项相关义务预计产生的财务影响，以及获得补偿的可能性；无法预计的，应当说明原因。

思 考 题

1. 政府负债的特点及核算方法是什么？
2. 分析政府负债的影响。
3. 请分析政府过度负债的危害性。
4. 提出防范行政事业单位债务风险的建议。
5. 试述行政事业单位负债的分类与企业负债分类的区别。

第五章 行政事业单位的收入[*]

【本章预览】

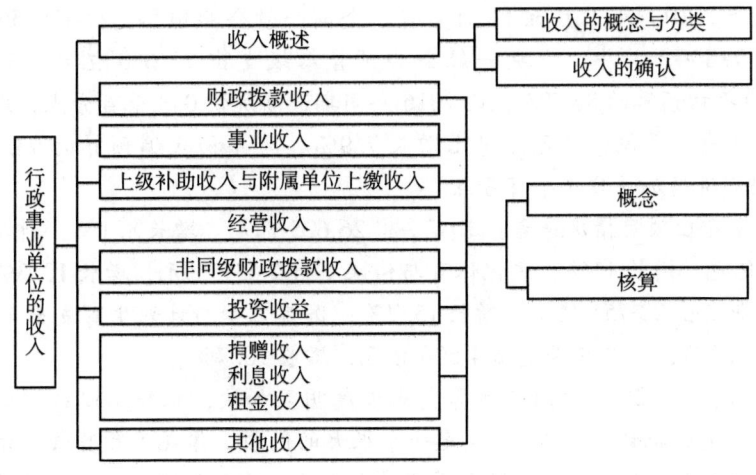

【学习目标】

1. 掌握行政事业单位收入的概念与种类
2. 掌握权责发生制确认收入的理念与方法
3. 掌握行政事业单位收入类各项目的核算方法
4. 弄清楚政府财务会计收入类科目与预算会计收入类科目的对应关系

【案例导入】

财政收入稳步增长　扭转"突击花钱"现象

2017年12月11日，财政部发布统计数据显示，2017年1月至11月累计，全国一般公共预算收入161 748亿元，同比增长8.4%。同时，中央本级和地方一般公共预算支出进度均比2016年同期加快。

财税专家在接受《经济日报》·中国经济网记者采访时表示，2017年以来财政收入保持平稳增长，完成全年预算收入目标没有问题；同时，支出方面有序安

---

[*] 本章所有涉及纳入部门预算管理现金收支的业务，均在采用财务会计核算的同时进行预算会计核算。

排,加快进度,有效破解了以往年底"突击花钱"的问题。

在支出方面,11月份,全国一般公共预算支出16 566亿元,同比下降9.1%。其中,中央一般公共预算本级支出2 489亿元,同比增长8.7%;地方一般公共预算支出14 077亿元,同比下降11.6%。财政部有关负责人解释,这主要是2017年支出进度明显快于往年,预算支出在前期落实增多,后期支出量相应减少,属正常现象。

该负责人表示,2017年以来,各级财政、各部门和预算单位贯彻新发展理念,秉持"早干事、快干事、早见效"的原则,积极作为、主动作为,严格预算执行管理,加快支出进度,持续推动积极财政政策措施落地生效。

据统计,2017年1月至11月累计,全国一般公共预算支出179 560亿元,同比增长7.8%。其中,中央一般公共预算本级支出25 670亿元,同比增长7.1%,为年初预算的86.7%,比2016年同期进度加快0.3个百分点;地方一般公共预算支出153 890亿元,同比增长7.9%,为年初代编预算的93.4%,比2016年同期进度加快0.4个百分点。

从主要支出项目情况来看:教育支出26 625亿元,增长8.1%;科学技术支出5 836亿元,增长11%;文化体育与传媒支出2 631亿元,增长10.3%;社会保障和就业支出22 751亿元,增长15.7%;医疗卫生与计划生育支出13 329亿元,增长9.5%;节能环保支出4 506亿元,增长16.7%。

白景明表示,2017年以来预算支出进度明显加快,扭转了以往一些地方出现的年底"突击花钱"现象,"这是一个很大的进步,体现了预算管理水平的提升,预算编制更加科学,预算执行管理更加有力,有效促进积极财政政策意图的实现,助力稳增长、保民生"。

(摘自2017年12月13日《经济日报》)

请思考:
1. 如何理解新发展理念?
2. 对怎样加强预算支出管理谈谈自己的看法。

第一节 收入概述

一、行政事业单位收入的概念

行政事业单位收入是指报告期内导致行政事业单位会计主体净资产增加的、含有服务潜力或者经济利益的经济资源的流入。具有以下四层含义。

1. 开展业务及其他活动而取得。行政事业单位一般不从事物质资料的生产,其主要任务是在精神生产领域组织和开展各项业务及其他活动。由于其业务活动具有非生产性,因此,开展业务活动的资金耗费,主要是从财政部门取得财政拨款收入、从主管部门或上级单位获得上级补助收入；同时，还可以通过开展有偿服务活动和生产经营活动获得事业收入和经营收入，予以补偿。

2. 依法取得。即行政事业单位各项收入的取得必须符合国家有关法律、法规和规章制度的规定。

3. 通过多种形式、多种渠道取得。由于行政事业单位的改革，一部分行政事业单位走向了市场，其收入来源形式和渠道呈多元化趋势，除财政拨款收入、上级补助收入、附属单位上缴收入外，还有事业收入、经营收入、捐赠收入、利息收入、投资收益以及其他收入等。

4. 属非偿还性的资金。即行政事业单位取得各项收入后不需要偿还，可根据需要安排于业务活动及其他活动。若需要偿还，则应作为负债处理。

收入只有在经济利益或服务潜力很可能流入并导致事业单位资产增加或者负债减少，且经济利益或服务潜力的流入额能够可靠计量时才能予以确认。其中，财政拨款收入一般应当于发生财政直接支付或收到财政授权支付额度或者实际收到时予以确认；事业收入、经营收入一般应当于提供服务或发出商品，同时收讫价款或者取得收款权利时予以确认。

符合收入定义和收入确认条件的项目，应当列入收入支出（费用）表。

二、行政事业单位收入的分类

行政事业单位收入包括：

1. 财政拨款收入，是指行政事业单位从同级政府财政部门取得的各类财政拨款。

2. 事业收入，是事业单位开展专业业务活动及其辅助活动实现的收入，不包括从同级政府财政部门取得的各类财政拨款。

3. 上级补助收入，是指事业单位从主管部门和上级单位取得的非财政拨款收入。

4. 附属单位上缴收入，即事业单位取得的附属独立核算单位按照有关规定上缴的收入。

5. 经营收入，即事业单位在专业业务活动及其辅助活动之外开展非独立核算经营活动取得的收入。

6. 非同级财政拨款收入，是指行政事业单位从非同级政府财政部门取得的经费拨款，包括从同级政府其他部门取得的横向转拨财政款、从上级或下级政府财政部门取得的经费拨款等。

7. 投资收益，即事业单位股权投资和债券投资所实现的收益或发生的损失。

8. 捐赠收入，是指行政事业单位接受其他单位或者个人捐赠取得的收入。

9. 利息收入，是行政事业单位取得的银行存款利息收入。

10. 租金收入，是指行政事业单位经批准利用国有资产出租取得并按照规定纳入本单位预算管理的租金收入。

11. 其他收入,即本条上述规定范围以外的各项收入,包括现金盘盈收入、按照规定纳入单位预算管理的科技成果转化收入、行政单位收回已核销的其他应收款、无法偿付的应付及预收款项、置换换出资产评估增值等。

行政事业单位应当将各项收入全部纳入单位预算,统一核算、统一管理。对按照规定上缴国库或者财政专户的资金,应当按照国库集中收缴的有关规定及时足额上缴,不得隐瞒、滞留、截留、挪用和坐支。

三、行政事业单位收入的确认

行政事业单位应根据其业务的性质合理确认收入的实现。具体来讲:

1. 财政补助收入、上级补助收入以及行政事业单位开展专业业务活动和辅助活动所取得的收入,应当在收到款项时予以确认。
2. 经营收入应当在提供劳务或发出商品,同时收讫销售款或者取得索取销货款凭据时予以确认。
3. 对于长期项目,应当根据当年完成进度予以确认。
4. 其他收入以单位实际收到的数额予以确认。
5. 当事业单位取得的收入为非货币资金时,应根据有关凭证,在收到货物及凭据时予以确认;若没有凭证可供确认的,参照其市场价格确定。

第二节 财政拨款收入

一、财政拨款收入的概念

财政拨款收入是指行政事业单位从同级政府财政部门取得的各类财政拨款。

财政拨款收入按预算和计划领拨和使用。行政事业单位应根据上级主管部门或财政部门核定的用款计划,按国家规定的预算级次逐级领拨经费。拨入的经费应按预算规定的用途使用,未经同级财政部门批准,不得随意改变资金用途。

二、财政拨款收入的核算

(一) 科目设计

为了核算行政事业单位按照核定的预算和经费领报关系收到的由财政部门拨入的各类财政拨款,应设置"财政拨款收入"科目。本科目核算行政事业单位从同级财政部门取得的各类财政拨款。

同级政府财政部门预拨的下期预算款和没有纳入预算的暂付款项,以及采用实拨资金方式通过本单位转拨给下属单位的财政拨款,通过"其他应付款"科目核算,不通过本科目核算。

本科目可按照一般公共预算财政拨款、政府性基金预算财政拨款等拨款种类进行明细核算。

(二) 财政拨款收入的主要账务处理

1. 财政直接支付方式。财政直接支付方式下,根据收到的"财政直接支付入账通知书"及相关原始凭证,按照通知书中的直接支付入账金额,借记"库存物品""固定资产""业务活动费用""单位管理费用""应付职工薪酬"等科目,贷记本科目。涉及增值税业务的,相关账务处理参见"应交增值税"科目。

年末,根据本年度财政直接支付预算指标数与当年财政直接支付实际支付数的差额,借记"财政应返还额度——财政直接支付"科目,贷记本科目。

2. 财政授权支付方式。财政授权支付方式下,根据收到的"财政授权支付额度到账通知书",按照通知书中的授权支付额度,借记"零余额账户用款额度"科目,贷记本科目。

年末,本年度财政授权支付预算指标数大于零余额账户用款额度下达数的,根据未下达的用款额度,借记"财政应返还额度——财政授权支付"科目,贷记本科目。

【例5-1】某事业单位12月份发生如下业务。

①12月10日,采用财政直接支付方式购买办公用品一批,共计60 000元。

②12月11日,收到委托代理银行转来的《授权支付到账通知书》,通知已下达授权支付额度800 000元。

③12月16日,因质量问题,退回当月所购办公用品一批(以国库直接支付方式购买),共计50 000元。收到财政国库支付执行机构委托代理银行转来的《财政直接支付入账通知书》等凭证。

相关账务处理如下。

业务①:12月10日,收到财政国库支付执行机构委托代理银行转来的《财政直接支付入账通知书》时:

财务会计账务处理:

借:单位管理费用	60 000
贷:财政拨款收入	60 000

同时进行预算会计账务处理:

借:事业支出	60 000
贷:财政拨款预算收入	60 000

业务②:12月11日,收到委托代理银行转来的《授权支付到账通知书》时:

财务会计账务处理：
借：零余额账户用款额度　　　　　　　　　　800 000
　　贷：财政拨款收入　　　　　　　　　　　　　　800 000
同时进行预算会计账务处理：
借：资金结存——零余额账户用款额度　　　800 000
　　贷：财政拨款预算收入　　　　　　　　　　　　800 000

业务③：12月16日，收到财政国库支付执行机构委托代理银行转来的《财政直接支付入账通知书》等凭证时：

财务会计账务处理：
借：财政拨款收入　　　　　　　　　　　　50 000
　　贷：单位管理费用　　　　　　　　　　　　　　50 000
同时进行预算会计账务处理：
借：财政拨款预算收入　　　　　　　　　　50 000
　　贷：事业支出　　　　　　　　　　　　　　　　50 000

"财政拨款收入"与"财政拨款预算收入"科目主要账务处理汇总如表5-1所示。

表5-1　"财政拨款收入"与"财政拨款预算收入"科目主要账务处理汇总

		4001 财政拨款收入	6001 财政拨款预算收入
(1) 收到拨款	财政直接支付方式下	借：库存物品/固定资产/业务活动费用/单位管理费用/应付职工薪酬等 贷：财政拨款收入	借：行政支出/事业支出等 贷：财政拨款预算收入
	财政授权支付方式下	借：零余额账户用款额度 贷：财政拨款收入	借：资金结存——零余额账户用款额度 贷：财政拨款预算收入
	其他方式下	借：银行存款等 贷：财政拨款收入	借：资金结存——货币资金 贷：财政拨款预算收入
(2) 年末确认拨款差额	本年度财政直接支付预算指标与当年财政直接支付实际数的差额	借：财政应返还额度——财政直接支付 贷：财政拨款收入	借：资金结存——财政应返还额度 贷：财政拨款预算收入
	本年度财政授权支付预算指标数大于零余额账户用款额度下达数的差额	借：财政应返还额度——财政授权支付 贷：财政拨款收入	借：资金结存——财政应返还额度 贷：财政拨款预算收入

续表

		4001 财政拨款收入	6001 财政拨款预算收入
(3) 因差错更正或购货退回等发生的国库直接支付款项退回的	属于本年度支付的款项	借：财政拨款收入 　　贷：业务活动费用/库存物品等	借：财政拨款预算收入 　　贷：行政支出/事业支出等
	属于以前年度支付的款项（财政拨款结转资金）	借：财政应返还额度——财政直接支付 　　贷：以前年度盈余调整/库存物品等	借：资金结存——财政应返还额度 　　贷：财政拨款结转——年初余额调整
	属于以前年度支付的款项（财政拨款结余资金）		借：资金结存——财政应返还额度 　　贷：财政拨款结余——年初余额调整
(4)	期末/年末结转	借：财政拨款收入 　　贷：本期盈余	借：财政拨款预算收入 　　贷：财政拨款结转——本年收支结转

第三节 事业收入

一、事业收入的概念

事业收入是指事业单位开展各项专业活动及辅助活动所取得的收入。所谓专业活动，是指事业单位根据本单位专业特点所从事或开展的主要业务活动，也可以叫作主营业务。例如文化事业单位的演出活动、教育事业单位的教学活动、卫生事业单位的医疗保健活动等。辅助活动是指与专业活动相关、直接为专业活动服务的单位行政管理活动、后勤服务活动及其他有关活动。通过开展上述活动取得的收入，均作为事业收入处理。

二、事业收入的确认

不实行内部成本核算的事业单位其收支确认应以"收付实现制"为核算基础，即收入、支出的确认是实际收到、支付款项之时。

实行内部成本核算的事业单位其收支确认应以"权责发生制"为核算基础，即凡属于本期的收入，不管款项是否在本期收到，都作为本期收入。

三、事业收入的核算

（一）科目设置

事业单位应设置"事业收入"科目。本科目核算事业单位开展专业业务活动及其辅助活动实现的收入,不包括从同级政府财政部门取得的各类财政拨款。期末结转后,本科目应无余额。

本科目应当按照事业收入的类别、来源等进行明细核算。

对于因开展科研及其辅助活动从非同级政府财政部门取得的经费拨款,应当在本科目下单设"非同级财政拨款"明细科目进行核算。

(二)事业收入的主要账务处理

1. 采用财政专户返还方式管理的事业收入。

(1)实现应上缴财政专户的事业收入时,按照实际收到或应收的金额,借记"银行存款""应收账款"等科目,贷记"应缴财政款"科目。

(2)向财政专户上缴款项时,按照实际上缴的款项金额,借记"应缴财政款"科目,贷记"银行存款"等科目。

(3)收到从财政专户返还的事业收入时,按照实际收到的返还金额,借记"银行存款"等科目,贷记本科目。同时进行预算会计相应处理。

【例5-2】某学校3月10日收到采用财政专户返还方式管理的学杂费收入900 000元,当天上缴财政专户。3月20日,收到财政专户返还的学杂费收入360 000元。

3月10日,收到款项时:

借:银行存款　　　　　　　　　　　　　　　900 000
　　贷:应缴财政款　　　　　　　　　　　　　　　900 000

上缴财政专户时:

借:应缴财政款　　　　　　　　　　　　　　900 000
　　贷:银行存款　　　　　　　　　　　　　　　　900 000

3月20日,收到从财政专户返还的学杂费收入360 000元时:

借:银行存款　　　　　　　　　　　　　　　360 000
　　贷:事业收入　　　　　　　　　　　　　　　　360 000

同时进行预算会计账务处理:

借:资金结存——货币资金(银行存款)　　　　360 000
　　贷:事业预算收入　　　　　　　　　　　　　　360 000

2. 采用预收款方式确认的事业收入。

(1)实际收到预收款项时,按照收到的款项金额,借记"银行存款"等科目,贷记"预收账款"科目。同时进行预算会计相应处理。

(2)以合同完成进度确认事业收入时,按照基于合同完成进度计算的金额,借记"预收账款"科目,贷记本科目。

【例5-3】某事业单位收到采用预收款方式管理的产品销售款200 000元。

实际收到款项时:

借:银行存款　　　　　　　　　　　　　　　200 000
　　贷:预收账款　　　　　　　　　　　　　　　　200 000

同时进行预算会计账务处理：
借：资金结存——货币资金（银行存款） 200 000
　　贷：事业预算收入 200 000
年底按合同完工进度60%确认收入：
借：预收账款 120 000
　　贷：事业收入 120 000

3. 采用应收款方式确认的事业收入。

（1）根据合同完成进度计算本期应收的款项，借记"应收账款"科目，贷记本科目。

（2）实际收到款项时，借记"银行存款"等科目，贷记"应收账款"科目。同时进行预算会计相应处理。

【例5-4】某事业单位采用应收款方式核算事业收入。2月份履行某服务合同向A单位提供服务，当月合同完工进度40%，该合同总标的额为200 000元。款项暂未收到，暂不考虑税收影响。

月底记账确认收入时：
借：应收账款 80 000
　　贷：事业收入 80 000
3月份收到A单位支付的服务合同进度款80 000元时：
借：银行存款 80 000
　　贷：应收账款 80 000
同时进行预算会计账务处理：
借：资金结存——货币资金（银行存款） 80 000
　　贷：事业预算收入 80 000

4. 其他方式下确认的事业收入。其他方式下确认的事业收入，按照实际收到的金额，借记"银行存款""库存现金"等科目，贷记本科目。同时进行预算会计账务处理：借记"资金结存——货币资金（银行存款等）"科目，贷记"事业预算收入"。

上述2~4中涉及增值税业务的，相关账务处理参见"应交增值税"科目。

【例5-5】某单位4月发生以下业务。

①4月2日，单位财政专户收到A公司转来的一笔技术服务款项200 000元，发票和款项都已收到。

②4月5日，单位财政专户收到一笔非同级财政拨入的科研项目经费480 000元。

相关账务处理如下：
借：银行存款 200 000
　　贷：事业收入 200 000
同时进行预算会计账务处理：
借：资金结存——货币资金（银行存款） 200 000

　　　　贷：事业预算收入　　　　　　　　　　　　　　　　　200 000
　　4月5日账务处理如下：
　　　借：银行存款　　　　　　　　　　　　　　　　　　　480 000
　　　　贷：事业收入——非同级财政拨款　　　　　　　　　480 000
　　同时进行预算会计账务处理：
　　　借：资金结存——货币资金（银行存款）　　　　　　　480 000
　　　　贷：事业预算收入　　　　　　　　　　　　　　　　480 000

5. 期末结转。期末，将本科目本期发生额转入本期盈余，借记本科目，贷记"本期盈余"科目。

【例5-6】某事业单位12月底事业收入余额800 000元、事业预算收入余额800 000元，其中专项资金收入300 000元，非专项资金收入500 000元。
年末结转时：
　　借：事业收入　　　　　　　　　　　　　　　　　　　800 000
　　　贷：本期盈余　　　　　　　　　　　　　　　　　　800 000
同时进行预算会计账务处理：
　　借：事业预算收入——专项资金收入　　　　　　　　　300 000
　　　贷：非财政拨款结转——本年收支结转　　　　　　　300 000
　　借：事业预算收入——非专项资金收入　　　　　　　　500 000
　　　贷：其他结余　　　　　　　　　　　　　　　　　　500 000

"事业收入与事业预算收入"科目的上述主要账务处理汇总如表5-2所示。

表5-2　"事业收入与事业预算收入"科目主要账务处理汇总

			4101 事业收入	6101 事业预算收入
(1)	采用财政专户返还方式	实际收到或应收应上缴财政专户的事业收入时	借：银行存款/应收账款等 　贷：应缴财政款	—
		向财政专户上缴款项时	借：应缴财政款 　贷：银行存款等	—
		收到从财政专户返还的款项时	借：银行存款等 　贷：事业收入	借：资金结存——货币资金 　贷：事业预算收入
(2)	采用预收款方式	实际收到款项时	借：银行存款等 　贷：预收账款	借：资金结存——货币资金 　贷：事业预算收入
		按合同完成进度确认收入时	借：预收账款 　贷：事业收入	—

续表

		4101 事业收入	6101 事业预算收入
(3)	采用应收款方式	根据合同完成进度计算本期应收的款项	借：应收账款 贷：事业收入	—
		实际收到款项时	借：银行存款等 贷：应收账款	借：资金结存——货币资金 贷：事业预算收入
(4)	其他方式下		借：银行存款/库存现金等 贷：事业收入	借：资金结存——货币资金 贷：事业预算收入
(5)	期末/年末结转	专项资金收入	借：事业收入 贷：本期盈余	借：事业预算收入 贷：非财政拨款结转——本年收支结转
		非专项资金收入		借：事业预算收入 贷：其他结余

第四节　上级补助收入与附属单位上缴收入

一、上级补助收入的概念

上级补助收入是指事业单位从主管部门和上级单位取得的非财政补助收入。它是由事业单位的主管部门和上级单位用自身组织的收入或集中下级单位的收入拨给事业单位的非财政性资金。

二、上级补助收入的核算

（一）科目设置

事业单位应设置"上级补助收入"科目。本科目核算事业单位从主管部门和上级单位取得的非财政拨款收入。应当按照发放补助单位或补助项目等进行明细核算。期末结账后，本科目应无余额。

（二）上级补助收入的主要账务处理

1. 确认上级补助收入时，按照应收金额，借记"其他应收款""银行存款"等科目，贷记本科目。

实际收到应收的上级补助款时，按照实际收到的金额，借记"银行存款"等科目，贷记"其他应收款"科目。同时进行预算会计相应处理。

2. 期末,将本科目余额转入本期盈余,借记本科目,贷记"本期盈余"科目。

【例5-7】某事业单位收到上级单位拨来的弥补事业开支不足的非财政补助的专项资金收入200 000元,收到非专项资金收入300 000元。

财务会计账务处理:
借:银行存款　　　　　　　　　　　　　　　500 000
　　贷:上级补助收入　　　　　　　　　　　　　　500 000

同时进行预算会计账务处理:
借:资金结存——货币资金　　　　　　　　　500 000
　　贷:上级补助预算收入——专项资金收入　　　　200 000
　　　　　　　　　　　——非专项资金收入　　　　300 000

假设该事业单位除此笔业务外,没有收到上级单位的其他补助收入,年终时进行结转:

财务会计账务处理:
借:上级补助收入　　　　　　　　　　　　　500 000
　　贷:本期盈余　　　　　　　　　　　　　　　　500 000

同时进行预算会计账务处理:
借:上级补助预算收入——专项资金收入　　　200 000
　　贷:非财政拨款结转——本年收支结转　　　　　200 000
借:上级补助预算收入——非专项资金收入　　300 000
　　贷:其他结余　　　　　　　　　　　　　　　　300 000

"上级补助收入与上级补助预算收入"科目的上述主要账务处理汇总如表5-3所示。

表5-3　　"上级补助收入与上级补助预算收入"科目主要账务处理汇总

			4201 上级补助收入	6201 上级补助预算收入
(1)	日常核算	确认时,按照应收或实际收到的金额	借:其他应收款/银行存款等 　贷:上级补助收入	借:资金结存——货币资金(按照实际收到的金额) 　贷:上级补助预算收入
		收到应收的上级补助收入时	借:银行存款等 　贷:其他应收款	
(2)	期末/年末结转	专项资金收入	借:上级补助收入 　贷:本期盈余	借:上级补助预算收入 　贷:非财政拨款结转——本年收支结转
		非专项资金收入		借:上级补助预算收入 　贷:其他结余

三、附属单位上缴收入的概念

附属单位上缴收入是指事业单位收到附属独立核算单位按规定上缴的收入，包括附属的事业单位上缴的收入和利润等。附属独立核算的单位，一般是指有独立法人资格的单位。一般而言，附属事业单位与主体事业单位之间存在预算上的拨付关系及行政上的隶属关系。

四、附属单位上缴收入的核算

（一）科目设置

为了核算事业单位收到附属单位按规定缴来的款项，应设置"附属单位上缴收入"科目。本科目核算事业单位附属独立核算单位按照有关规定上缴的收入。本科目应当按照附属单位、缴款项目等进行明细核算。期末结转后，本科目应无余额。

（二）附属单位上缴收入的主要账务处理

1. 确认附属单位上缴收入时，按照应收或收到的金额，借记"其他应收款""银行存款"等科目，贷记本科目。

实际收到应收附属单位上缴款时，按照实际收到的金额，借记"银行存款"等科目，贷记"其他应收款"科目。同时进行预算会计相应处理。

2. 期末，将本科目本期发生额转入本期盈余，借记本科目，贷记"本期盈余"科目。

【例5-8】某事业单位发生如下业务。

①收到所属独立核算的A单位缴来的非专项资金分成收入200 000元。

财务会计账务处理：

借：银行存款　　　　　　　　　　　　　　　　　　200 000
　　贷：附属单位上缴收入——A单位　　　　　　　　　　200 000

同时进行预算会计账务处理：

借：资金结存——货币资金　　　　　　　　　　　　200 000
　　贷：附属单位上缴预算收入——非专项资金收入　　　200 000

②收到所属独立核算的B单位缴来的专项资金分成收入300 000元。

财务会计账务处理：

借：银行存款　　　　　　　　　　　　　　　　　　300 000
　　贷：附属单位上缴收入——B单位　　　　　　　　　　300 000

同时进行预算会计账务处理：

借：资金结存——货币资金　　　　　　　　　　　　300 000
　　贷：附属单位上缴预算收入——专项资金收入　　　　300 000

"附属单位上缴收入与附属单位上缴预算收入"科目的上述主要账务汇总如表 5-4 所示。

表 5-4　"附属单位上缴收入与附属单位上缴预算收入"科目主要账务汇总

		4301 附属单位上缴收入	6301 附属单位上缴预算收入
（1）	日常核算	确认时，按照应收或实际收到的金额	借：其他应收款/银行存款等 　贷：附属单位上缴收入	借：资金结存——货币资金（按照实际收到的金额） 　贷：附属单位上缴预算收入
		实际收到应收附属单位上缴收入款时	借：银行存款等 　贷：其他应收款	
（2）	期末/年末结转	专项资金收入	借：附属单位上缴收入 　贷：本期盈余	借：附属单位上缴预算收入 　贷：非财政拨款结转——本年收支结转
		非专项资金收入		借：附属单位上缴预算收入 　贷：其他结余

第五节　经 营 收 入

一、经营收入的概念

经营收入是指事业单位在专业业务活动及辅助活动之外开展非独立核算经营活动取得的收入。

二、经营收入的特征

事业单位经营收入具备以下两个基本特征。

1. 事业单位经营收入是经营活动取得的收入，而不是专业业务活动及辅助活动取得的收入。如事业单位对社会开展服务活动，利用营业场所对外服务取得的收入，属于开展经营活动取得的经营收入；而学校向学生收取的学费和杂费，则属于开展专业业务活动及其辅助活动取得的收入，只能作为事业收入，而不能作为经营收入。

2. 事业单位经营收入是非独立核算的经营活动取得的收入，而不是独立核算的经营业务取得的收入。例如，学校的校办企业，单独设置财会机构或配备财会人员，单独设置账簿，单独计算盈亏，属于独立核算的经营活动。校办企业将纯收入的一部分上缴学校，学校收到后应当作为附属单位缴款处理，不能作为经营收入处理。但对于财务上不实行独立核算而对社会服务取得的收入由学校集中进行会计核算，这部分收入应当作为经营收入处理。

三、经营收入的核算

(一) 科目设置

事业单位应设置"经营收入"总账科目。本科目核算事业单位在专业业务活动及其辅助活动之外开展非独立核算经营活动取得的收入。经营收入应当在提供服务或发出存货,同时收讫价款或者取得索取价款的凭据时,按照实际收到或应收的金额予以确认。

本科目应当按照经营活动类别、项目和收入来源等进行明细核算。期末结账后,本科目应无余额。

(二) 经营收入的主要账务处理

1. 实现经营收入时,按照确定的收入金额,借记"银行存款""应收账款""应收票据"等科目,贷记本科目。涉及增值税业务的,相关账务处理参见"应交增值税"科目。

2. 期末,将本科目本期发生额转入本期盈余,借记本科目,贷记"本期盈余"科目。

【例5-9】某事业单位,生产某种高新技术产品,对外销售产品100件,每件售价400元,购货单位以支票付款,该事业单位已将提货单和发票联交给购货单位。

借:银行存款　　　　　　　　　　　　　　　　　　40 000
　　贷:经营收入　　　　　　　　　　　　　　　　　　　40 000
同时进行预算会计账务处理:
借:资金结存——货币资金　　　　　　　　　　　　40 000
　　贷:经营预算收入　　　　　　　　　　　　　　　　　40 000

"经营收入与经营预算收入"科目的上述主要账务汇总如表5-5所示。

表5-5　　　　"经营收入与经营预算收入"科目主要账务汇总

		4401 经营收入	6401 经营预算收入
(1)	确认经营收入时	按照确定的收入金额	借:银行存款/应收账款/应收票据等 　贷:经营收入	借:资金结存——货币资金 　　(按照实际收到的金额) 　贷:经营预算收入
(2)	收到应收的款项时	按照实际收到的金额	借:银行存款等 　贷:应收账款/应收票据	
(3)	期末/年末结转		借:经营收入 　贷:本期盈余	借:经营预算收入 　贷:经营结余

第六节 非同级财政拨款收入

一、非同级财政拨款收入的概念

非同级财政拨款收入是指行政事业单位从非同级政府财政部门取得的经费拨款,包括从同级政府其他部门取得的横向转拨财政款、从上级或下级政府财政部门取得的经费拨款等。

二、非同级财政拨款收入的核算

(一) 科目设置

行政事业单位应设置"非同级财政拨款收入"总账科目。本科目核算单位从非同级政府财政部门取得的经费拨款,包括从同级政府其他部门取得的横向转拨财政款、从上级或下级政府财政部门取得的经费拨款等。期末结转后,本科目应无余额。

享受公费医疗待遇的单位从所在地公费医疗管理机构取得的公费医疗经费,应当在实际取得时计入非同级财政拨款收入(非同级财政拨款预算收入),在实际支用时计入相关费用(支出)。

事业单位因开展科研及其辅助活动从非同级政府财政部门取得的经费拨款,应当通过"事业收入——非同级财政拨款"科目核算,不通过本科目核算。

本科目应当按照本级横向转拨财政款和非本级财政拨款进行明细核算,并按照收入来源进行明细核算。

(二) 非同级财政拨款收入的主要账务处理

1. 确认非同级财政拨款收入时,按照应收或实际收到的金额,借记"其他应收款""银行存款"等科目,贷记本科目。

2. 期末,将本科目本期发生额转入本期盈余,借记本科目,贷记"本期盈余"科目。

【例5-10】某行政单位从非同级财政部门收到一笔拨款资金,其中专项财政拨款资金300 000元,非专项财政拨款资金400 000元。

财务会计账务处理:
借:银行存款 700 000
　　贷:非同级财政拨款收入 700 000
同时进行预算会计账务处理:

借：资金结存——货币资金　　　　　　　　　　　　700 000
　　贷：非同级财政拨款预算收入——专项资金收入　300 000
　　　　　　　　　　　　　　　　——非专项资金收入　400 000

"非同级财政拨款收入与非同级财政拨款预算收入"科目的上述主要账务处理汇总如表5-6所示。

表5-6　"非同级财政拨款收入与非同级财政拨款预算收入"科目主要账务处理汇总

			4601 非同级财政拨款收入	6601 非同级财政拨款预算收入
(1)	确认收入时	按照应收或实际收到的金额	借：其他应收款/银行存款等 　贷：非同级财政拨款收入	借：资金结存——货币资金（按照实际收到的金额） 　贷：非同级财政拨款预算收入
(2)	收到应收的款项时	按照实际收到的金额	借：银行存款 　贷：其他应收款	
(3)	期末/年末结转	专项资金	借：非同级财政拨款收入 　贷：本期盈余	借：非同级财政拨款预算收入 　贷：非财政拨款结转——本年收支结转
		非专项资金		借：非同级财政拨款预算收入 　贷：其他结余

第七节　投资收益

一、投资收益的概念

投资收益是事业单位进行股权投资和债券投资所实现的收入（所发生的损失为负数）。

这里的投资收益仅适用于事业单位在国家政策允许下的股权投资及债券投资活动，如以自有资金进行的相关投资。

【补充资料】

对外投资的管理政策

2012年11月29日，财政部印发《行政事业单位内部控制规范（试行）》。其中第四十五条规定：行政事业单位应当根据国家有关规定加强对对外投资的管理。

具体包括合理设置岗位，明确相关岗位的职责权限，确保对外投资的可行性研究与评估、对外投资决策与执行、对外投资处置的审批与执行等不相容岗位相互分离;单位对外投资,应当由单位领导班子集体研究决定;加强对投资项目的追踪管理,及时、全面、准确地记录对外投资的价值变动和投资收益情况;建立责任追究制度。对在对外投资中出现重大决策失误、未履行集体决策程序和不按规定执行对外投资业务的部门及人员,应当追究相应的责任。

2016年1月15日,财政部发布《关于进一步规范和加强行政事业单位国有资产管理的指导意见》(以下简称《意见》)。《意见》规定,各级行政单位不得利用国有资产对外担保,不得以任何形式利用占有、使用的国有资产进行对外投资。各级事业单位不得利用财政资金对外投资,不得买卖期货、股票,不得购买各种企业债券等。

二、投资收益的核算

(一)科目设置

事业单位应设置"投资收益"总账科目。本科目核算事业单位股权投资和债券投资所实现的收益或发生的损失。本科目应当按照投资的种类等进行明细核算。期末结转后,本科目应无余额。

(二)投资收益的主要账务处理

1. 收到短期投资持有期间的利息,按照实际收到的金额,借记"银行存款"科目,贷记"投资收益"科目。

2. 出售或到期收回短期债券本息,按照实际收到的金额,借记"银行存款"科目,按照出售或收回短期投资的成本,贷记"短期投资"科目,按照其差额,贷记或借记本科目。涉及增值税业务的,相关账务处理参见"应交增值税"科目。

3. 持有的分期付息、一次还本的长期债券投资,按期确认利息收入时,按照计算确定的应收未收利息,借记"应收利息"科目,贷记本科目;持有的到期一次还本付息的债券投资,按期确认利息收入时,按照计算确定的应收未收利息,借记"长期债券投资——应计利息"科目,贷记本科目。

4. 出售长期债券投资或到期收回长期债券投资本息,按照实际收到的金额,借记"银行存款"等科目,按照债券初始投资成本和已计未收利息金额,贷记"长期债券投资——成本、应计利息"科目[到期一次还本付息债券]或"长期债券投资""应收利息"科目[分期付息债券],按照其差额,贷记或借记本科目。涉及增值税业务的,相关账务处理参见"应交增值税"科目。

【例5-11】某事业单位发生以下业务。

①出售持有的6月期凭证式国债,购入成本200 000元,年利率6%,目前已持有3个月。出售价210 000元,款项已收到。

出售收到款项时:

财务会计账务处理:

借：银行存款 210 000
　　贷：短期投资 200 000
　　　　投资收益 10 000

同时进行预算会计账务处理：
借：资金结存——货币资金 210 000
　　贷：投资支出 200 000
　　　　投资预算收益 10 000

②月末对持有的2年期凭证式国债300 000元计息，年利率3%。

利息收入＝300 000×3%/12＝750

借：长期债券投资——应计利息 750
　　贷：投资收益 750

③上述持有的2年期凭证式国债300 000元已到期并收回本息。

财务会计账务处理：
借：银行存款 318 000
　　贷：长期债券投资——本金 300 000
　　　　　　　　　　——应计利息 18 000

同时进行预算会计账务处理：
借：资金结存——货币资金 318 000
　　贷：投资支出 300 000
　　　　投资预算收益 18 000

5. 采用成本法核算的长期股权投资持有期间，被投资单位宣告分派现金股利或利润时，按照宣告分派的现金股利或利润中属于单位应享有的份额，借记"应收股利"科目，贷记本科目。

采用权益法核算的长期股权投资持有期间，按照应享有或应分担的被投资单位实现的净损益的份额，借记或贷记"长期股权投资——损益调整"科目，贷记或借记本科目；被投资单位发生净亏损，但以后年度又实现净利润的，单位在其收益分享额弥补未确认的亏损分担额等后，恢复确认投资收益，借记"长期股权投资——损益调整"科目，贷记本科目。

6. 按照规定处置长期股权投资时有关投资收益的账务处理，参见"长期股权投资"科目。

7. 期末，将本科目本期发生额转入本期盈余，借记或贷记本科目，贷记或借记"本期盈余"科目。

【例5-12】某事业单位发生以下长期股权投资业务。

①对A公司长期股权投资占比10%，采用成本法核算。3月31日，A公司宣告分派上年度利润1 000 000元。4月15日，该单位收到A公司分派的利润。

②对B公司长期股权投资占比60%，采用权益法核算。本年度B公司共实现净收益800 000元。

财务会计账务处理：

①3月31日,A公司宣告分派利润时,该单位应确认投资收益:
1 000 000 × 10% = 100 000(元)

借:应收股利 100 000
　　贷:投资收益 100 000

4月15日,该单位实际收到分派的利润时:

借:银行存款 100 000
　　贷:应收股利 100 000

同时进行预算会计账务处理:

借:资金结存——货币资金 100 000
　　贷:投资预算收益 100 000

②本期B公司实现净收益800 000元。该单位按照应享有的份额确认投资收益:800 000 × 60% = 480 000(元)

借:长期股权投资——损益调整 480 000
　　贷:投资收益 480 000

收到被投资单位发放的现金股利120 000元:

借:银行存款 120 000
　　贷:应收股利 120 000

同时进行预算会计账务处理:

借:资金结存——货币资金 120 000
　　贷:投资预算收益 120 000

"投资收益"与"投资预算收益"科目的上述主要账务处理汇总如表5-7所示。

表5-7　　"投资收益"与"投资预算收益"科目主要账务处理汇总

		4602 投资收益	6602 投资预算收益
(1)	出售或到期收回短期债券本息	借:银行存款 　　投资收益(借差) 　贷:短期投资(成本) 　　投资收益(贷差)	借:资金结存——货币资金 　　(实际收到的款项) 　　投资预算收益(借差) 　贷:投资支出/其他结余 　　(投资成本) 　　投资预算收益(贷差)
(2)	持有的分期付息、一次还本的长期债券投资	确认应收未收利息	借:应收利息 　贷:投资收益	—
		实际收到利息时	借:银行存款 　贷:应收利息	借:资金结存——货币资金 　贷:投资预算收益
(3)	持有的一次还本付息的长期债券投资	计算确定的应收未收利息增加长期债券投资的账面余额	借:长期债券投资——应计利息 　贷:投资收益	—

续表

		4602 投资收益	6602 投资预算收益
(4)	出售长期债券投资或到期收回长期债券投资本息	借：银行存款 　　投资收益（借差） 贷：长期债券投资 　　应收利息 　　投资收益（贷差）	借：资金结存——货币资金 　　（实际收到的款项） 　　投资预算收益（借差） 贷：投资支出/其他结余 　　投资预算收益（贷差）
(5)	成本法下长期股权投资持有期间，被投资	按照宣告分派的利润或股利中属于单位应享有的份额	借：应收股利 贷：投资收益	—
	单位宣告分派利润或股利	取得分派的利润或股利，按照实际收到的金额	借：银行存款 贷：应收股利	借：资金结存——货币资金 贷：投资预算收益
(6)	采用权益法核算的长期股权投资持有期间	按照应享有或应分担的被投资单位实现的净损益的份额	借：长期股权投资——损益调整 贷：投资收益（被投资单位实现净利润） 借：投资收益（被投资单位发生净亏损） 贷：长期股权投资——损益调整	—
		收到被投资单位发放的现金股利	借：银行存款 贷：应收股利	借：资金结存——货币资金 贷：投资预算收益
		被投资单位发生净亏损，但以后年度又实现净利润的，按规定恢复确认投资收益	借：长期股权投资——损益调整 贷：投资收益	—
(7)	期末/年末结转	投资收益为贷方余额时	借：投资收益 贷：本期盈余	借：投资预算收益 贷：其他结余
		投资收益为借方余额时	借：本期盈余 贷：投资收益	借：其他结余 贷：投资预算收益

第八节　捐赠收入、利息收入与租金收入

一、捐赠收入的概念与核算

（一）概念

捐赠收入是指行政事业单位接受其他单位或者个人捐赠取得的收入。

(二) 科目设置

行政事业单位应设置"捐赠收入"总账科目。本科目核算单位接受其他单位或者个人捐赠取得的收入。本科目应当按照捐赠资产的用途和捐赠单位等进行明细核算。期末结转后,本科目应无余额。

(三) 捐赠收入的主要账务处理

1. 接受捐赠的货币资金,按照实际收到的金额,借记"银行存款""库存现金"等科目,贷记本科目。

2. 接受捐赠的存货、固定资产等非现金资产,按照确定的成本,借记"库存物品""固定资产"等科目,按照发生的相关税费、运输费等,贷记"银行存款"等科目,按照其差额,贷记本科目。

3. 接受捐赠的资产按照名义金额入账的,按照名义金额,借记"库存物品""固定资产"等科目,贷记本科目;同时,按照发生的相关税费、运输费等,借记"其他费用"科目,贷记"银行存款"等科目。

4. 期末,将本科目本期发生额转入本期盈余,借记本科目,贷记"本期盈余"科目。

【例5-13】某高校发生以下捐赠业务。

①接受校友捐赠900 000元人民币用于设立学生奖学金。

实际收到捐助款时:

借:银行存款	900 000
贷:捐赠收入——奖学金	900 000

同时进行预算会计账务处理:

借:资金结存——货币资金	900 000
贷:其他预算收入——捐赠收入(奖学金)	900 000

②接受某企业捐赠的一批电脑键盘,价值500 000元。为此用银行存款支付相关税费85 000元。

确定物品成本:500 000 + 85 000 = 585 000(元)

借:库存物品	585 000
贷:银行存款	85 000
捐赠收入	500 000

同时进行预算会计账务处理:

借:其他支出	85 000
贷:资金结存——货币资金	85 000

"捐赠收入"与"其他预算收入"科目的上述主要财务处理汇总如表5-8所示。

表5-8 "捐赠收入"与"其他预算收入"科目主要财务处理汇总

		4603 捐赠收入	6609 其他预算收入
(1)	接受捐赠的货币资金	按照实际收到的金额	借：银行存款/库存现金 贷：捐赠收入	借：资金结存——货币资金 贷：其他预算收入——捐赠收入
(2)	接受捐赠的存货、固定资产等	按照确定的成本	借：库存物品/固定资产等 贷：银行存款等（相关税费支出）捐赠收入	借：其他支出（支付的相关税费等） 贷：资金结存
		如按照名义金额入账	借：库存物品/固定资产等（名义金额） 贷：捐赠收入 借：其他费用 贷：银行存款等（相关税费支出）	借：其他支出（支付的相关税费等） 贷：资金结存
(3)	期末/年末结转	专项资金	借：捐赠收入 贷：本期盈余	借：其他预算收入——捐赠收入 贷：非财政拨款结转——本年收支结转
		非专项资金		借：其他预算收入——捐赠收入 贷：其他结余

二、利息收入的概念与核算

（一）概念

利息收入是行政事业单位将资金提供给银行或其他金融机构使用而取得的收入。

（二）科目设置

行政事业单位应设置"利息收入"总账科目。本科目核算行政事业单位取得的银行存款利息收入。期末结转后，本科目应无余额。

（三）利息收入的主要账务处理

1. 取得银行存款利息时，按照实际收到的金额，借记"银行存款"科目，贷记本科目。同时进行预算会计账务处理。

2. 期末，将本科目本期发生额转入本期盈余，借记本科目，贷记"本期盈余"科目。同时进行预算会计账务处理。

【例5-14】某事业单位在商业银行存入6 000 000元，年利率3%。利息按月支付。

每月实际收到利息时：

每月应收利息 = 6 000 000 × 3%/12 = 15 000（元）

借：银行存款   15 000

贷：利息收入　　　　　　　　　　　　　　　　　　　　　　　　15 000
同时进行预算会计账务处理：
　　借：资金结存——货币资金　　　　　　　　　　　　　　　　　　15 000
　　　　贷：其他预算收入——利息收入　　　　　　　　　　　　　　15 000
"利息收入"与"其他预算收入"科目的上述主要账务处理汇总如表5-9所示。

表5-9　"利息收入"与"其他预算收入"科目主要账务处理汇总

		4604 利息收入	6609 其他预算收入
(1)	确认银行存款利息收入	实际收到利息时	借：银行存款 　　贷：利息收入	借：资金结存——货币资金 　　贷：其他预算收入——利息收入
(2)	期末/年末结转		借：利息收入 　　贷：本期盈余	借：其他预算收入——利息收入 　　贷：其他结余

三、租金收入的概念与核算

(一) 概念

租金收入是指行政事业单位经批准利用国有资产出租取得并按照规定纳入本单位预算管理的租金收入。

(二) 科目设置

行政事业单位应设置"租金收入"总账科目。本科目核算单位经批准利用国有资产出租取得并按照规定纳入本单位预算管理的租金收入。

本科目应当按照出租国有资产类别和收入来源等进行明细核算。期末结转后，本科目应无余额。

(三) 租金收入的主要账务处理

1. 国有资产出租收入，应当在租赁期内各个期间按照直线法予以确认。
(1) 采用预收租金方式的，预收租金时，按照收到的金额，借记"银行存款"等科目，贷记"预收账款"科目；分期确认租金收入时，按照各期租金金额，借记"预收账款"科目，贷记本科目。

【例5-15】某事业单位将临街门面对外出租，每年租金120 000元，采用预收租金方式，年初一次性收取本年租金。

收到预付的租金时：
　　借：银行存款　　　　　　　　　　　　　　　　　　　　　　　　120 000

    贷：预收账款　　　　　　　　　　　　　　　120 000
同时进行预算会计账务处理：
    借：资金结存——货币资金　　　　　　　　　120 000
    贷：其他预算收入——租金收入　　　　　　　120 000
每月确认租金收入时：
    借：预收账款　　　　　　　　　　　　　　　10 000
    贷：租金收入　　　　　　　　　　　　　　　10 000

（2）采用后付租金方式的，每期确认租金收入时，按照各期租金金额，借记"应收账款"科目，贷记本科目；收到租金时，按照实际收到的金额，借记"银行存款"等科目，贷记"应收账款"科目。

【例 5 – 16】某事业单位 1 月 1 日出租一科研设备给 D 公司使用 1 年，每月租金 5 000 元。租金结算采用后付租金方式，在设备归还时一次性支付。

每月确认租金收入时：
    借：应收账款　　　　　　　　　　　　　　　5 000
    贷：租金收入　　　　　　　　　　　　　　　5 000
年底收到租金时：
    借：银行存款　　　　　　　　　　　　　　　60 000
    贷：应收账款　　　　　　　　　　　　　　　60 000
同时进行预算会计账务处理：
    借：资金结存——货币资金　　　　　　　　　60 000
    贷：其他预算收入——租金收入　　　　　　　60 000

（3）采用分期收取租金方式的，每期收取租金时，按照租金金额，借记"银行存款"等科目，贷记本科目。

涉及增值税业务的，相关账务处理参见"应交增值税"科目。

2. 期末，将本科目本期发生额转入本期盈余，借记本科目，贷记"本期盈余"科目。

"租金收入"与"其他预算收入"科目的上述主要账务处理汇总如表 5 – 10 所示。

表 5 – 10　　"租金收入"与"其他预算收入"科目主要账务处理汇总

			4605 租金收入	6609 其他预算收入
（1）	预收租金方式	收到预付的租金时	借：银行存款等 　　贷：预收账款	借：资金结存——货币资金 　　贷：其他预算收入——租金收入
		按照直线法分期 确认租金收入时	借：预收账款 　　贷：租金收入	—

续表

		4605 租金收入	6609 其他预算收入
(2) 后付租金方式	确认租金收入时	借：应收账款 贷：租金收入	—
	收到租金时	借：银行存款等 贷：应收账款	借：资金结存——货币资金 贷：其他预算收入——租金收入
(3) 分期收取租金	按期收取租金	借：银行存款等 贷：租金收入	借：资金结存——货币资金 贷：其他预算收入——租金收入
(4) 期末/年末结转		借：租金收入 贷：本期盈余	借：其他预算收入——租金收入 贷：其他结余

第九节 其 他 收 入

一、其他收入的概念

其他收入是指行政事业单位取得的除财政拨款收入、事业收入、上级补助收入、附属单位上缴收入、经营收入、非同级财政拨款收入、投资收益、捐赠收入、利息收入、租金收入以外的各项收入，包括现金盘盈收入、按照规定纳入单位预算管理的科技成果转化收入、行政单位收回已核销的其他应收款、无法偿付的应付及预收款项、置换换出资产评估增值、售房款及其利息收入等。

二、其他收入的核算

（一）科目设置

行政事业单位为了核算其他收入，应设置"其他收入"总账科目，本科目应当按照其他收入的类别、来源等进行明细核算。期末结转后，本科目应无余额。

（二）其他收入的主要账务处理

1. 现金盘盈收入。每日现金账款核对中发现的现金溢余，属于无法查明原因的部分，报经批准后，借记"待处理财产损溢"科目，贷记本科目。
2. 科技成果转化收入。单位科技成果转化所取得的收入，按照规定留归本单位的，按照所取得收入扣除相关费用之后的净收益，借记"银行存款"等科目，贷记本科目。
3. 收回已核销的其他应收款。行政单位已核销的其他应收款在以后期间收回的，按照实际收回的金额，借记"银行存款"等科目，贷记本科目。

4. 无法偿付的应付及预收款项。无法偿付或债权人豁免偿还的应付账款、预收账款、其他应付款及长期应付款,借记"应付账款""预收账款""其他应付款""长期应付款"等科目,贷记本科目。

5. 置换换出资产评估增值。资产置换过程中,换出资产评估增值的,按照评估价值高于资产账面价值或账面余额的金额,借记有关科目,贷记本科目。具体账务处理参见"库存物品"等科目。

以未入账的无形资产取得的长期股权投资,按照评估价值加相关税费作为投资成本,借记"长期股权投资"科目,按照发生的相关税费,贷记"银行存款""其他应交税费"等科目,按其差额,贷记本科目。

6. 售房款及其利息收入。中央级行政事业单位收到售房款项(售房收入扣除按标准计提的住宅专项维修资金)及其利息收入时,借记"银行存款"科目,贷记"其他收入"科目;同时在预算会计中借记"资金结存"科目,贷记"其他预算收入"科目。按规定使用售房款发放购房补贴的,计提购房补贴费用时,借记"业务活动费用""单位管理费用"等科目,贷记"应付职工薪酬"科目的相关明细科目;发放购房补贴时,借记"应付职工薪酬"科目的相关明细科目,贷记"银行存款"等科目,同时在预算会计中借记"行政支出""事业支出"等科目,贷记"资金结存"科目。

7. 其他。除了确认为上述以外的其他收入时,按照应收或实际收到的金额,借记"其他应收款""银行存款""库存现金"等科目,贷记本科目。涉及增值税业务的,相关账务处理参见"应交增值税"科目。

8. 期末,将本科目本期发生额转入本期盈余,借记本科目,贷记"本期盈余"科目。

【例 5-17】某事业单位发生以下业务。

① 对无法查明原因的盘盈现金 800 元,报请单位领导批准做转账处理。

借:待处理财产损溢　　　　　　　　　　　　　　　800
　　贷:其他收入——现金盘盈收入　　　　　　　　　　800

② 收到一笔科技成果转化收入 100 000 元。按规定留归本单位。

借:银行存款　　　　　　　　　　　　　　　　　100 000
　　贷:其他收入——科技成果转化收入　　　　　　100 000

同时进行预算会计账务处理:

借:资金结存——货币资金　　　　　　　　　　　100 000
　　贷:其他预算收入——租金收入　　　　　　　　100 000

③ 月底核销一笔无法偿付的应付款项 20 000 元。该笔业务系 3 年前发生,对方目前已破产解散。

借:其他应付款　　　　　　　　　　　　　　　　20 000
　　贷:其他收入　　　　　　　　　　　　　　　　20 000

"其他收入"与"其他预算收入"科目的上述主要账务处理汇总如表 5-11 所示。

表 5-11　"其他收入"与"其他预算收入"科目主要账务处理汇总

			4609 其他收入	6609 其他预算收入
(1)	现金盘盈收入	属于无法查明原因的部分，报经批准后	借：待处理财产损溢 　贷：其他收入	—
(2)	科技成果转化收入	按照规定留归本单位的	借：银行存款等 　贷：其他收入	借：资金结存——货币资金 　贷：其他预算收入
(3)	行政单位收回已核销的其他应收款	按照实际收回的金额	借：银行存款等 　贷：其他收入	借：资金结存——货币资金 　贷：其他预算收入
(4)	无法偿付的应付及预收款项		借：应付账款/预收账款/其他应付款/长期应付款 　贷：其他收入	—
(5)	置换换出资产评估增值	按照换出资产评估价值高于资产账面价值的金额	借：有关科目 　贷：其他收入	
(6)	其他情况	按照应收或实际收到的金额	借：其他应收款/银行存款/库存现金等 　贷：其他收入	借：资金结存——货币资金（按照实际收到的金额） 　贷：其他预算收入
(7)	期末/年末结转	专项资金	借：其他收入 　贷：本期盈余	借：其他预算收入 　贷：非财政拨款结转——本年收支结转
		非专项资金		借：其他预算收入 　贷：其他结余

思 考 题

1. 行政事业单位的收入包括哪些内容？
2. 什么是财政拨款收入和非同级财政拨款收入？两者有什么区别？
3. 什么是上级补助收入？它与财政拨款收入有什么区别？
4. 什么是事业收入？如何进行核算？
5. 什么是经营收入？它具有什么特征？
6. 什么是附属单位上缴收入？如何进行核算？
7. 投资收益如何进行核算？
8. 其他收入包括哪些内容？

第六章 行政事业单位的费用*

【本章预览】

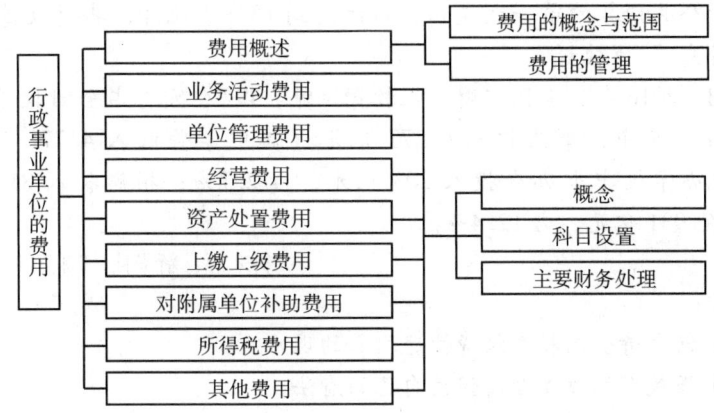

【学习目标】

1. 掌握行政事业单位费用的概念与种类
2. 掌握权责发生制确认费用的理念与方法
3. 掌握行政事业单位费用类各科目的核算方法
4. 弄清楚政府财务会计费用类科目与预算会计支出类科目的对应关系

【案例导入】

5年来全国教育经费总投入累计接近17万亿元

财政部部长肖捷12月23日表示，2012～2016年，全国教育经费总投入累计接近17万亿元，财政对教育投入不断加大，全国教育经费快速增长。

受国务院委托，财政部部长肖捷23日上午在向十二届全国人大常委会第三十一次会议作国务院关于国家财政教育资金分配和使用情况的报告时介绍，教育投入是支撑国家长远发展的基础性、战略性投资，是教育事业的物质基础，是公共财政的重要职能。

"中央财政和地方财政把教育摆在优先发展的战略位置，重点投入，优先保

---

* 本章所有涉及纳入部门预算管理现金收支的业务，均在采用财务会计核算的同时进行预算会计核算。

障,并强化资金使用管理,提高资金使用效益。"肖捷表示,2012~2016年,全国教育经费,包括财政性教育经费和非财政性教育经费,总投入累计接近17万亿元,其中2016年达到38 888亿元,是2012年的1.36倍,年均增长7.9%。

"国家财政性教育经费支出占国内生产总值比例一般不低于4%。"肖捷说,财政性教育经费居主导地位。2016年,全国财政性教育经费,主要包括一般公共预算和政府性基金预算安排的教育经费等,达31 396亿元,是2012年的1.36倍,年均增长7.9%,占全国教育经费总投入的80.7%,占GDP比例自2012年以来连续5年保持在4%以上(2016年达到4.22%)。

"全国一般公共预算安排的教育支出28 073亿元,是财政性教育经费的主渠道,是一般公共预算的第一大支出,占比达到15%。此外,非财政性教育经费成为重要补充。"肖捷说。

据介绍,2016年,全国非财政性教育经费7 492亿元,占全国教育经费总投入的19.3%,其中,事业收入6 277亿元(其中学费收入4 771亿元),占83.8%;民办学校中举办者投入203亿元,占2.7%;捐赠收入81亿元,占1.1%;其他931亿元,占12.4%。

(资料来源:新华社,2017年12月25日)

请思考:
1. 你如何看待全国教育经费快速增长的现象?
2. 对加强教育经费管理请谈谈自己的看法。

第一节 费用概述

一、行政事业单位会计费用的概念与内容

行政事业单位会计费用是指行政事业单位开展业务及其他活动发生的资金耗费和损失。具体包括:

1. 业务活动费用,即行政事业单位为实现其职能目标,依法履职或开展专业业务活动及其辅助活动所发生的各项费用。

2. 单位管理费用,即事业单位本级行政及后勤管理部门开展管理活动发生的各项费用,包括单位行政及后勤管理部门发生的人员经费、公用经费、资产折旧(摊销)等费用,以及由单位统一负担的离退休人员经费、工会经费、诉讼费、中介费等。

3. 经营费用,是事业单位在专业业务活动及其辅助活动之外开展非独立核算经营活动发生的各项费用。

4. 资产处置费用,是指单位经批准处置资产时发生的费用,包括转销的被处置资产价值,以及在处置过程中发生的相关费用或者处置收入小于相关费用形成的净支出。资产处置的形式按照规定包括无偿调拨、出售、出让、转让、置

换、对外捐赠、报废、毁损以及货币性资产损失核销等。

5. 上缴上级费用，是事业单位按照财政部门和主管部门的规定上缴上级单位款项发生的费用。

6. 对附属单位补助费用，是指事业单位用财政拨款收入之外的收入对附属单位补助发生的费用。

7. 所得税费用，是指有企业所得税缴纳义务的事业单位按规定缴纳企业所得税所形成的费用。

8. 其他费用，是指单位发生的除业务活动费用、单位管理费用、经营费用、资产处置费用、上缴上级费用、附属单位补助费用、所得税费用以外的各项费用，包括利息费用、坏账损失、罚没支出、现金资产捐赠支出以及相关税费、运输费等。

二、行政事业单位费用的管理

行政事业单位应当将各项支出全部纳入单位预算，建立健全支出管理制度。行政事业单位的支出应当严格执行国家有关财务规章制度规定的开支范围及开支标准；国家有关财务规章制度没有统一规定的，由行政事业单位规定，报主管部门和财政部门备案。行政事业单位的规定违反法律制度和国家政策的，主管部门和财政部门应当责令改正。事业单位在开展非独立核算经营活动中，应当正确归集实际发生的各项费用数；不能归集的，应当按照规定的比例合理分摊。经营支出应当与经营收入配比。

行政事业单位从财政部门和主管部门取得的有指定项目和用途的专项资金，应当专款专用、单独核算，并按照规定向财政部门或者主管部门报送专项资金使用情况；项目完成后，应当报送专项资金支出决算和使用效果的书面报告，接受财政部门或者主管部门的检查、验收。

行政事业单位应当加强经济核算，可以根据开展业务活动及其他活动的实际需要，实行内部成本核算办法。行政事业单位应当严格执行国库集中支付制度和政府采购制度等有关规定。

行政事业单位应当加强支出的绩效管理，提高资金使用的有效性。

行政事业单位应当依法加强各类票据管理，确保票据来源合法、内容真实、使用正确，不得使用虚假票据。

第二节 业务活动费用

一、业务活动费用的概念

业务活动费用是行政事业单位为实现其职能目标，依法履职或开展专业业务活动及其辅助活动所发生的各项费用，包括工资福利费用、商品和服务费用、对个人和家庭的补助费用、对企业补助费用、固定资产折旧费、无形资产摊销费、公共基础设施折旧（摊销）费、保障性住房折旧费等。

二、业务活动费用的核算

（一）科目设置

行政事业单位应设置"业务活动费用"科目。本科目核算单位为实现其职能目标，依法履职或开展专业业务活动及其辅助活动所发生的各项费用。本科目应当按照项目、服务或者业务类别、支付对象等进行明细核算。

为了满足成本核算需要，本科目下还可按照"工资福利费用""商品和服务费用""对个人和家庭的补助费用""对企业补助费用""固定资产折旧费""无形资产摊销费""公共基础设施折旧（摊销）费""保障性住房折旧费""计提专用基金"等成本项目设置明细科目，归集能够直接计入业务活动或采用一定方法计算后计入业务活动的费用。期末结转后，本科目应无余额。

（二）业务活动费用的主要账务处理

1. 为履职或开展业务活动人员计提的薪酬，按照计算确定的金额，借记本科目，贷记"应付职工薪酬"科目。

2. 为履职或开展业务活动发生的外部人员劳务费，按照计算确定的金额，借记本科目，按照代扣代缴个人所得税的金额，贷记"其他应交税费——应交个人所得税"科目，按照扣税后应付或实际支付的金额，贷记"其他应付款""财政拨款收入""零余额账户用款额度""银行存款"等科目。

3. 为履职或开展业务活动领用库存物品，以及动用发出相关政府储备物资，按照领用库存物品或发出相关政府储备物资的账面余额，借记本科目，贷记"库存物品""政府储备物资"科目。

4. 为履职或开展业务活动所使用的固定资产、无形资产以及为所控制的公共基础设施、保障性住房计提的折旧、摊销，按照计提金额，借记本科目，贷记"固定资产累计折旧""无形资产累计摊销""公共基础设施累计折旧（摊销）""保障性住房累计折旧"科目。

5. 为履职或开展业务活动发生的城市维护建设税、教育费附加、地方教育费附加、车船税、房产税、城镇土地使用税等，按照计算确定应缴纳的金额，借记本科目，贷记"其他应交税费"等科目。

6. 为履职或开展业务活动发生其他各项费用时，按照费用确认金额，借记本科目，贷记"财政拨款收入""零余额账户用款额度""银行存款""应付账款""其他应付款""其他应收款"等科目。

7. 按照规定从收入中提取专用基金并计入费用的，一般按照预算会计下基于预算收入计算提取的金额,借记本科目,贷记"专用基金"科目。国家另有规定的,从其规定。

8. 按照规定从财政科研项目中计提项目间接费用的,计提时按照计提的金额,借记"业务活动费用"科目,贷记"预提费用——项目间接费用"科目;预算会计不做处理。

按规定将计提的项目间接费用从本单位零余额账户划转到实有资金账户的,按照"零余额账户用款额度"科目中的向本单位实有资金账户划转资金部分进行账务处理。

使用计提的项目间接费用时,在财务会计下,按照实际支付的金额,借记"预提费用——项目间接费用"科目,贷记"银行存款""零余额账户用款额度""财政拨款收入"等科目。使用计提的项目间接费用购买固定资产、无形资产的,按照固定资产、无形资产的成本金额,借记"固定资产""无形资产"科目,贷记"银行存款""零余额账户用款额度""财政拨款收入"等科目;同时,按照相同的金额,借记"预提费用——项目间接费用"科目,贷记"累计盈余"科目。

同时,在预算会计下,按照实际支付的金额,借记"事业支出"等支出科目下的"财政拨款支出"明细科目,贷记"资金结存""财政拨款预算收入"科目。

9. 发生当年购货退回等业务,对于已计入本年业务活动费用的,按照收回或应收的金额,借记"财政拨款收入""零余额账户用款额度""银行存款""其他应收款"等科目,贷记本科目。

10. 期末,将本科目本期发生额转入本期盈余,借记"本期盈余"科目,贷记本科目。

【例6-1】某行政单位发生如下业务。

①计提本月职工薪酬980 000元,职工都属于财政编制内名额。应作如下会计分录。

借:业务活动费用　　　　　　　　　　　　　　980 000
　　贷:应付职工薪酬　　　　　　　　　　　　980 000

②实际支付给职工并代扣个人所得税28 000元,以财政授权支付方式通知银行付款。

借:应付职工薪酬　　　　　　　　　　　　　　980 000
　　贷:零余额账户用款额度　　　　　　　　　952 000
　　　　其他应交税费——应交个人所得税　　　28 000

同时进行预算会计账务处理:

借:行政支出　　　　　　　　　　　　　　　　952 000
　　贷:资金结存——零余额账户用款额度　　　952 000

③购买办公用品一批,价值68 000元,用财政授权方式支付,应作如下分录。

借：库存物品　　　　　　　　　　　　　　　　　　　　　　　　68 000
　　贷：零余额账户用款额度　　　　　　　　　　　　　　　　　　68 000
同时进行预算会计账务处理：
借：行政支出　　　　　　　　　　　　　　　　　　　　　　　　68 000
　　贷：资金结存——零余额账户用款额度　　　　　　　　　　　68 000

④开展专项业务活动，领用库存物品 20 000 元，动用政府储备物资 100 000 元。应作如下会计分录。
借：业务活动费用　　　　　　　　　　　　　　　　　　　　　120 000
　　贷：库存物品　　　　　　　　　　　　　　　　　　　　　　20 000
　　　　政府储备物资　　　　　　　　　　　　　　　　　　　100 000

【例 6-2】2018 年 6 月 30 日，某行政单位日常生活本月固定资产折旧 50 000 元。财会部门根据有关凭证，只作财务会计账务处理。
借：业务活动费用　　　　　　　　　　　　　　　　　　　　　50 000
　　贷：固定资产累计折旧　　　　　　　　　　　　　　　　　　50 000

"业务活动费用"及"行政支出/事业支出"的上述主要账务处理汇总如表 6-1 所示。

表 6-1　"业务活动费用"及"行政支出/事业支出"科目主要账务处理汇总

		5001 业务活动费用	7101 行政支出/7201 事业支出
(1) 为履职或开展业务活动人员计提并支付职工薪酬	计提时，按照计算的金额	借：业务活动费用 　　贷：应付职工薪酬	—
	实际支付给职工并代扣个人所得税时	借：应付职工薪酬 　　贷：财政拨款收入/零余额账户用款额度/银行存款等 　　　　其他应交税费——应交个人所得税	借：行政支出/事业支出（按照支付给个人部分） 　　贷：财政拨款预算收入/资金结存
	实际缴纳税款时	借：其他应交税费——应交个人所得税 　　贷：银行存款/零余额账户用款额度等	借：行政支出/事业支出（按照实际缴纳额） 　　贷：资金结存等
(2) 为履职或开展业务活动发生的外部人员劳务费	计提时，按照计算的金额	借：业务活动费用 　　贷：其他应付款	—
	实际支付并代扣个人所得税时	借：其他应付款 　　贷：财政拨款收入/零余额账户用款额度/银行存款等 　　　　其他应交税费——应交个人所得税	借：行政支出/事业支出（按照实际支付给个人部分） 　　贷：财政拨款预算收入/资金结存

续表

			5001 业务活动费用	7101 行政支出/7201 事业支出
(2)	为履职或开展业务活动发生的外部人员劳务费	实际缴纳税款时	借：其他应交税费——应交个人所得税 贷：银行存款/零余额账户用款额度等	借：行政支出/事业支出（按照实际缴纳额） 贷：资金结存等
(3)	为履职或开展业务活动发生的预付款项	预付账款 支付款项时	借：预付账款 贷：财政拨款收入/零余额账户用款额度/银行存款等	借：行政支出/事业支出 贷：财政拨款预算收入/资金结存
		预付账款 结算时	借：业务活动费用 贷：预付账款 财政拨款收入/零余额账户用款额度/银行存款等（补付金额）	借：行政支出/事业支出 贷：财政拨款预算收入/资金结存（补付金额）
		暂付款项 支付款项时	借：其他应收款 贷：银行存款等	—
		暂付款项 结算或报销时	借：业务活动费用 贷：其他应收款	借：行政支出/事业支出 贷：资金结存等
(4)	为履职或开展业务活动购买资产或支付在建工程款等	按照实际支付或应付的价款	借：库存物品/固定资产/无形资产/在建工程等 贷：财政拨款收入/零余额账户用款额度/银行存款/应付账款等	借：行政支出/事业支出（按照实际支付的金额） 贷：财政拨款预算收入/资金结存
(5)	为履职或开展业务活动领用库存物品	按照领用库存物品的成本	借：业务活动费用 贷：库存物品等	—
(6)	为履职或开展业务活动计提的固定资产、无形资产、公共基础设施、保障性住房的折旧（摊销）	按照计提的折旧、摊销额	借：业务活动费用 贷：固定资产累计折旧/无形资产累计摊销/公共基础设施累计折旧（摊销）/保障性住房累计折旧	—
(7)	为履职或开展业务活动发生应负担的税金及附加时	确认其他应交税费时	借：业务活动费用 贷：其他应交税费	
		支付其他应交税费时	借：其他应交税费 贷：银行存款等	借：行政支出/事业支出 贷：资金结存等

续表

		5001 业务活动费用	7101 行政支出/7201 事业支出
(8)	为履职或开展业务活动发生其他各项费用	借：业务活动费用 　贷：财政拨款收入/零余额账户用款额度/银行存款/应付账款/其他应付款等	借：行政支出/事业支出（按照实际支付的金额） 　贷：财政拨款预算收入/资金结存
(9)	计提专用基金	从收入中按照一定比例提取基金并计入费用	借：业务活动费用 　贷：专用基金	—
(10)	从财政科研项目中计提	从财政科研项目中计提项目间接费用时	借：业务活动费用 　贷：预提费用——项目间接费用	—
		使用计提的项目间接费用时	借：预提费用——项目间接费用 　贷：银行存款/零余额账户用款额度/财政拨款收入	借：事业支出 　（"财政拨款支出"明细） 　贷：资金结存/财政拨款预算收入
		使用计提的项目间接费用购买固定资产、无形资产的	借：固定资产/无形资产 　贷：银行存款/零余额账户用款额度/财政拨款收入 同时，按照相同金额： 借：预提费用——项目间接费用 　贷：累计盈余	借：事业支出 　（"财政拨款支出"明细） 　贷：资金结存/财政拨款预算收入
(11)	购货退回等	当年发生的	借：财政拨款收入/零余额账户用款额度/银行存款/应收账款等 　贷：库存物品/业务活动费用	借：财政拨款预算收入/资金结存 　贷：行政支出/事业支出
(12)	期末/年末结转		借：本期盈余 　贷：业务活动费用	借：财政拨款结转——本年收支结转（财政拨款支出） 　非财政拨款结转——本年收支结转（非同级财政专项资金支出） 　其他结余（非同级财政、非专项资金支出） 　贷：行政支出/事业支出

第三节 单位管理费用

一、单位管理费用的概念

单位管理费用是指事业单位本级行政及后勤管理部门开展管理活动发生的各项费用,包括单位行政及后勤管理部门发生的人员经费、公用经费、资产折旧(摊销)等费用,以及由单位统一负担的离退休人员经费、工会经费、诉讼费、中介费等。

二、单位管理费用的核算

(一) 科目设置

事业单位应设置"单位管理费用"科目。本科目核算事业单位本级行政及后勤管理部门开展管理活动发生的各项费用,包括单位行政及后勤管理部门发生的人员经费、公用经费、资产折旧(摊销)等费用,以及由单位统一负担的离退休人员经费、工会经费、诉讼费、中介费等。该科目适用于事业单位。

本科目应当按照项目、费用类别、支付对象等进行明细核算。

为了满足成本核算需要,本科目下还可按照"工资福利费用""商品和服务费用""对个人和家庭的补助费用""固定资产折旧费""无形资产摊销费"等成本项目设置明细科目,归集能够直接计入单位管理活动或采用一定方法计算后计入单位管理活动的费用。

(二) 单位管理费用的主要账务处理

1. 为管理活动人员计提的薪酬,按照计算确定的金额,借记本科目,贷记"应付职工薪酬"科目。

2. 为开展管理活动发生的外部人员劳务费,按照计算确定的费用金额,借记本科目,按照代扣代缴个人所得税的金额,贷记"其他应交税费——应交个人所得税"科目,按照扣税后应付或实际支付的金额,贷记"其他应付款""财政拨款收入""零余额账户用款额度""银行存款"等科目。

3. 开展管理活动内部领用库存物品,按照领用物品实际成本,借记本科目,贷记"库存物品"科目。

4. 为管理活动所使用固定资产、无形资产计提的折旧、摊销,按照应提折旧、摊销额,借记本科目,贷记"固定资产累计折旧""无形资产累计摊销"科目。

5. 为开展管理活动发生城市维护建设税、教育费附加、地方教育费附加、车船税、房产税、城镇土地使用税等，按照计算确定应缴纳的金额，借记本科目，贷记"其他应交税费"等科目。

6. 为开展管理活动发生的其他各项费用，按照费用确认金额，借记本科目，贷记"财政拨款收入""零余额账户用款额度""银行存款""其他应付款""其他应收款"等科目。

7. 按照规定从财政科研项目中计提项目管理费的，计提时按照计提的金额，借记"单位管理费用"等科目，贷记"预提费用——管理费"科目；预算会计不做处理。

按规定将计提的管理费从本单位零余额账户划转到实有资金账户的，按照"零余额账户用款额度"科目中的向本单位实有资金账户划转资金部分进行账务处理。

使用计提的管理费时，在财务会计下，按照实际支付的金额，借记"预提费用——管理费"科目，贷记"银行存款""零余额账户用款额度""财政拨款收入"等科目。使用计提的项目管理费购买固定资产、无形资产的，按照固定资产、无形资产的成本金额，借记"固定资产""无形资产"科目，贷记"银行存款""零余额账户用款额度""财政拨款收入"等科目；同时，按照相同的金额，借记"预提费用——管理费"科目，贷记"累计盈余"科目。

同时，在预算会计下，按照实际支付的金额，借记"事业支出"等支出科目下的"财政拨款支出"明细科目，贷记"资金结存""财政拨款预算收入"科目。

8. 发生当年购货退回等业务，对于已计入本年单位管理费用的，按照收回或应收的金额，借记"财政拨款收入""零余额账户用款额度""银行存款""其他应收款"等科目，贷记本科目。

9. 期末，将本科目本期发生额转入本期盈余，借记"本期盈余"科目，贷记本科目。

期末结转后，本科目应无余额。

【例6-3】某学校发生如下业务。

①计提本月职工薪酬1 800 000元，职工都属于财政编制内名额。

  借：单位管理行政管理工作的费用   1 800 000
    贷：应付职工薪酬   1 800 000

②实际支付给行政管理部门职工并代扣个人所得税48 000元，以财政授权支付方式通知银行付款。

  借：应付职工薪酬   1 800 000
    贷：零余额账户用款额度   1 752 000
      其他应交税费——应交个人所得税   48 000

同时进行预算会计账务处理：

  借：事业支出   1 752 000
    贷：资金结存——零余额账户用款额度 1 752 000

③实际缴纳税款时。
借：其他应交税费——应交个人所得税　　　　　48 000
　　贷：零余额账户用款额度　　　　　　　　　　　　　48 000
同时进行预算会计账务处理：
借：事业支出　　　　　　　　　　　　　　　　48 000
　　贷：资金结存——零余额账户用款额度　　　　　　　48 000

④购买办公用品一批，价值 68 000 元，用零余额账户额度支付。
借：库存物品　　　　　　　　　　　　　　　　68 000
　　贷：零余额账户用款额度　　　　　　　　　　　　　68 000
同时进行预算会计账务处理：
借：事业支出　　　　　　　　　　　　　　　　68 000
　　贷：资金结存——零余额账户用款额度　　　　　　　68 000

⑤以财政授权支付方式购入一批办公电脑，总计价款 400 000 元。
借：固定资产　　　　　　　　　　　　　　　　400 000
　　贷：零余额账户用款额度　　　　　　　　　　　　　400 000
同时进行预算会计账务处理：
借：事业支出　　　　　　　　　　　　　　　　400 000
　　贷：资金结存——零余额账户用款额度　　　　　　　400 000

⑥本期固定资产应计提折旧 500 000 元，应作如下分录。
借：单位管理费用　　　　　　　　　　　　　　500 000
　　贷：固定资产累计折旧　　　　　　　　　　　　　　500 000

"单位管理费用"与"事业支出"科目的上述主要账务处理汇总如表 6-2 所示。

表 6-2　　"单位管理费用"与"事业支出"科目主要账务处理汇总

			5101 单位管理费用	7201 事业支出
(1)	管理活动人员职工薪酬	计提时，按照计算的金额	借：单位管理费用 　　贷：应付职工薪酬	—
		实际支付给职工并代扣个人所得税时	借：应付职工薪酬 　　贷：财政拨款收入/零余额账户用款额度/银行存款等 　　　　其他应交税费——应交个人所得税	借：事业支出（按照支付给个人部分） 　　贷：财政拨款预算收入/资金结存
		实际缴纳税款时	借：其他应交税费——应交个人所得税 　　贷：银行存款/零余额账户用款额度等	借：事业支出（按照实际缴纳额） 　　贷：资金结存等

续表

			5101 单位管理费用	7201 事业支出
(2)	为开展管理活动发生的外部人员劳务费	计提时，按照计算的金额	借：单位管理费用 　　贷：其他应付款	—
		实际支付并代扣个人所得税时	借：其他应付款 　　贷：财政拨款收入/零余额账户用款额度/银行存款等 　　　　其他应交税费——应交个人所得税	借：事业支出（按照实际支付给个人部分） 　　贷：财政拨款预算收入/资金结存
		实际支付税款时	借：其他应交税费——应交个人所得税 　　贷：银行存款/零余额账户用款额度等	借：事业支出（按照实际缴纳额） 　　贷：资金结存等
(3)	开展管理活动发生的预付款项	预付账款 支付款项时	借：预付账款 　　贷：财政拨款收入/零余额账户用款额度/银行存款等	借：事业支出 　　贷：财政拨款预算收入/资金结存
		预付账款 结算时	借：单位管理费用 　　贷：预付账款 　　　　财政拨款收入/零余额账户用款额度/银行存款等（补付金额）	借：事业支出 　　贷：财政拨款预算收入/资金结存（补付金额）
		暂付款项 支付款项时	借：其他应收款 　　贷：银行存款等	—
		暂付款项 结算或报销时	借：单位管理费用 　　贷：其他应收款	借：事业支出 　　贷：资金结存等
(4)	发生的其他与管理活动相关的各项费用		借：单位管理费用 　　贷：财政拨款收入/零余额账户用款额度/银行存款/应付账款等	借：事业支出（按照实际支付的金额） 　　贷：财政拨款预算收入/资金结存
(5)	为开展管理活动购买资产或支付在建工程款	按照实际支付或应付的价款	借：库存物品/固定资产/无形资产在建工程等 　　贷：财政拨款收入/零余额账户用款额度/银行存款/应付账款等	借：事业支出（按照实际支付价款） 　　贷：财政拨款预算收入/资金结存
(6)	管理活动所用固定资产、无形资产计提的折旧、摊销	按照计提的折旧、摊销额	借：单位管理费用 　　贷：固定资产累计折旧/无形资产累计摊销	—
(7)	开展管理活动内部领用库存物品	按照库存物品的成本	借：单位管理费用 　　贷：库存物品	—

续表

		5101 单位管理费用	7201 事业支出
(8) 开展管理活动发生应负担的税金及附加时	按照计算确定应缴纳的金额	借：单位管理费用 　贷：其他应交税费	
	实际缴纳时	借：其他应交税费 　贷：银行存款等	借：事业支出 　贷：资金结存等
(9) 从财政科研项目中计提	从财政科研项目中计提项目管理费时	借：单位管理费用 　贷：预提费用——管理费	—
	使用计提的项目管理费时	借：预提费用——管理费 　贷：银行存款/零余额账户用款额度/财政拨款收入	借：事业支出 　（"财政拨款支出"明细） 　贷：资金结存/财政拨款预算收入
	使用计提的项目管理费购买固定资产、无形资产的	借：固定资产/无形资产 　贷：银行存款/零余额账户用款额度/财政拨款收入 同时，按照相同金额： 借：预提费用——管理费 　贷：累计盈余	借：事业支出 　（"财政拨款支出"明细） 　贷：资金结存/财政拨款预算收入
(10) 购货退回等	当年发生的	借：财政拨款收入/零余额账户用款额度/银行存款/应收账款等 　贷：库存物品/单位管理费用等	借：财政拨款预算收入/资金结存 　贷：事业支出
(11) 期末/年末结转		借：本期盈余 　贷：单位管理费用	借：财政拨款结转——本年收支结转（财政拨款支出） 　非财政拨款结转——本年收支结转（非财政专项资金支出） 　其他结余（非财政、非专项资金支出） 　贷：事业支出

第四节　经营费用

一、经营费用的概念

经营费用是事业单位在专业业务活动及其辅助活动之外开展非独立核算经营活动发生的各项费用。

二、经营费用的核算

(一) 科目设置

事业单位应设置"经营费用"总账科目。本科目核算事业单位在专业业务活动及其辅助活动之外开展非独立核算经营活动发生的各项费用。期末结转后,本科目应无余额。

本科目应当按照经营活动类别、项目、支付对象等进行明细核算。

为了满足成本核算需要,本科目下还可按照"工资福利费用""商品和服务费用""对个人和家庭的补助费用""固定资产折旧费""无形资产摊销费"等成本项目设置明细科目,归集能够直接计入单位经营活动或采用一定方法计算后计入单位经营活动的费用。

(二) 经营费用的主要账务处理

1. 为经营活动人员计提的薪酬,按照计算确定的金额,借记本科目,贷记"应付职工薪酬"科目。

2. 开展经营活动领用或发出库存物品,按照物品实际成本,借记本科目,贷记"库存物品"科目。

3. 为经营活动所使用固定资产、无形资产计提的折旧、摊销,按照应提折旧、摊销额,借记本科目,贷记"固定资产累计折旧""无形资产累计摊销"科目。

4. 开展经营活动发生城市维护建设税、教育费附加、地方教育费附加、车船税、房产税、城镇土地使用税等,按照计算确定应缴纳的金额,借记本科目,贷记"其他应交税费"等科目。

5. 发生与经营活动相关的其他各项费用时,按照费用确认金额,借记本科目,贷记"银行存款""其他应付款""其他应收款"等科目。涉及增值税业务的,相关账务处理参见"应交增值税"科目。

6. 发生当年购货退回等业务,对于已计入本年经营费用的,按照收回或应收的金额,借记"银行存款""其他应收款"等科目,贷记本科目。

7. 期末,将本科目本期发生额转入本期盈余,借记"本期盈余"科目,贷记本科目。

【例6-4】某事业单位非独立核算的附属工厂12月发生如下经营活动业务。

①计提应发放职工工资费用850 000元。

借:经营费用　　　　　　　　　　　　　　　　　　850 000
　　贷:应付职工薪酬　　　　　　　　　　　　　　　　　850 000

②以银行存款实际支付给职工并代扣个人所得税20 000元。

借:应付职工薪酬　　　　　　　　　　　　　　　　850 000
　　贷:银行存款　　　　　　　　　　　　　　　　　　830 000

| | | 其他应交税费——应交个人所得税 | 20 000 |

同时进行预算会计账务处理：
借：经营支出　　　　　　　　　　　　　　　　　830 000
　　贷：资金结存——货币资金（银行存款）　　　　830 000

③实际缴纳税款时：
借：其他应交税费——应交个人所得税　　　　　　20 000
　　贷：银行存款　　　　　　　　　　　　　　　　20 000

同时进行预算会计账务处理：
借：经营支出　　　　　　　　　　　　　　　　　20 000
　　贷：资金结存——货币资金　　　　　　　　　　20 000

④为开展生产经营活动购入一批材料，价款为98 000元。以银行存款支付。
借：库存物品　　　　　　　　　　　　　　　　　98 000
　　贷：银行存款　　　　　　　　　　　　　　　　98 000

同时进行预算会计账务处理：
借：经营支出　　　　　　　　　　　　　　　　　98 000
　　贷：资金结存——货币资金（银行存款）　　　　98 000

⑤因经营需要领用材料一批，价款为66 000元。
借：经营费用　　　　　　　　　　　　　　　　　66 000
　　贷：库存物品　　　　　　　　　　　　　　　　66 000

⑥月末，对经营活动用固定资产计提折旧28 000元，摊销无形资产16 000元。
借：经营费用　　　　　　　　　　　　　　　　　44 000
　　贷：固定资产累计折旧　　　　　　　　　　　　28 000
　　　　无形资产累计摊销　　　　　　　　　　　　16 000

"经营费用"与"经营支出"科目的上述主要账务处理汇总如表6-3所示。

表6-3　　"经营费用"与"经营支出"科目主要账务处理汇总

			5201 经营费用	7301 经营支出
(1)	为经营活动人员支付职工薪酬	计提时，按照计算的金额	借：经营费用 　　贷：应付职工薪酬	—
		实际支付给职工时	借：应付职工薪酬 　　贷：财政拨款收入/零余额账户用款额度/银行存款等 　　　　其他应交税费——应交个人所得税	借：经营支出（按照支付给个人部分） 　　贷：资金结存——货币资金
		实际支付税款时	借：其他应交税费——应交个人所得税 　　贷：银行存款等	借：经营支出（按照实际缴纳额） 　　贷：资金结存——货币资金

续表

			5201 经营费用	7301 经营支出
(2)	为开展经营活动购买资产或在建工程款	按照实际支付或应付的金额	借：库存物品/固定资产/无形资产/在建工程 贷：银行存款/应付账款等	借：经营支出 贷：资金结存——货币资金 （按照实际支付金额）
(3)	经营内部领用材料或出售发出物品等	按照实际成本	借：经营费用 贷：库存物品	—
(4)	开展经营活动发生的预付款项	预付时，按照预付的金额	借：预付账款 贷：银行存款等	借：经营支出 贷：资金结存——货币资金
		结算时	借：经营费用 贷：预付账款 银行存款等（补付金额）	借：经营支出 贷：资金结存——货币资金 （补付金额）
(5)	开展经营活动发生应负担的税金及附加时	按照计算确定的缴纳金额	借：经营费用 贷：其他应交税费	—
		实际缴纳时	借：其他应交税费 贷：银行存款等	借：经营支出 贷：资金结存——货币资金
(6)	开展经营活动发生的其他各项费用		借：经营费用 贷：银行存款/应付账款等	借：经营支出（按照实际支付的金额） 贷：资金结存——货币资金
(7)	经营用固定资产、无形资产计提的折旧、摊销	按照计提的折旧、摊销额	借：经营费用 贷：固定资产累计折旧/无形资产累计摊销	—
(8)	计提专用基金	按预算收入比例计提并列入费用	借：经营费用 贷：专用基金	—
(9)	购货退回等	当年发生的	借：银行存款/应收账款等 贷：库存物品/经营费用等	借：资金结存——货币资金（按照实际收到的金额） 贷：经营支出
(10)	期末/年末结转		借：本期盈余 贷：经营费用	借：经营结余 贷：经营支出

第五节 资产处置费用

一、资产处置费用的概念

资产处置费用是行政事业单位经批准处置资产时发生的费用,包括转销的被处置资产价值,以及在处置过程中发生的相关费用或者处置收入小于相关费用形成的净支出。

2015年12月23日,财政部印发《关于进一步规范和加强行政事业单位国有资产管理的指导意见》(以下简称《意见》)。《意见》从总体要求、管理职责、制度建设、管理环节、配套措施等方面,提出了新时期规范和加强行政事业单位国有资产管理的目标任务和主要举措。其中主要目标之一就是处置规范:有效遏制随意处置资产的行为,防止处置环节国有资产的流失;建立完善的资产处置交易平台和重大资产处置公示制度,引入市场机制,实现资产处置的公开化、透明化;规范资产处置收入管理。

二、资产处置费用的核算

(一) 科目设置

行政事业单位应设置"资产处置费用"总账科目。本科目核算单位经批准处置资产时发生的费用,包括转销的被处置资产价值,以及在处置过程中发生的相关费用或者处置收入小于相关费用形成的净支出。资产处置的形式按照规定包括无偿调拨、出售、出让、转让、置换、对外捐赠、报废、毁损以及货币性资产损失核销等。期末结转后,本科目应无余额。

单位在资产清查中查明的资产盘亏、毁损以及资产报废等,应当先通过"待处理财产损溢"科目进行核算,再将处理资产价值和处理净支出记入本科目。

短期投资、长期股权投资、长期债券投资的处置,按照相关资产科目的规定进行账务处理。

本科目应当按照处置资产的类别、资产处置的形式等进行明细核算。

(二) 资产处置费用的主要账务处理

1. 不通过"待处理财产损溢"科目核算的资产处置。

(1) 按照规定报经批准处置资产时,按照处置资产的账面价值,借记本科目[处置固定资产、无形资产、公共基础设施、保障性住房的,还应借记"固定资产累计折旧""无形资产累计摊销""公共基础设施累计折旧(摊销)""保障性住房累计折旧"科目],按照处置资产的账面余额,贷记"库存物品""固定资产""无形资产""公共基础设施""政府储备物资""文物文化资产""保障性住房""其他应收款""在建工程"等科目。

(2) 处置资产过程中仅发生相关费用的,按照实际发生金额,借记本科目,贷记"银行存款""库存现金"等科目。

(3) 处置资产过程中取得收入的,按照取得的价款,借记"库存现金""银行存款"等科目,按照处置资产过程中发生的相关费用,贷记"银行存款""库存现金"等科目,按照其差额,借记本科目或贷记"应缴财政款"等科目。

涉及增值税业务的,相关账务处理参见"应交增值税"科目。

【例6-5】某事业单位发生了以下资产处置业务。

①处置的资产:已报废的固定资产,账面余额500 000元,已计提累计折旧400 000元;已失效的无形资产,账面余额100 000元,累计摊销90 000元。

借:资产处置费用　　　　　　　　　　　　　　100 000
　　固定资产累计折旧　　　　　　　　　　　　400 000
　　　贷:固定资产　　　　　　　　　　　　　　　　500 000
借:资产处置费用　　　　　　　　　　　　　　 10 000
　　无形资产累计摊销　　　　　　　　　　　　 90 000
　　　贷:无形资产　　　　　　　　　　　　　　　　100 000

②上述资产处置共发生费用3 000元,以现金支付。

借:资产处置费用　　　　　　　　　　　　　　 3 000
　　　贷:库存现金　　　　　　　　　　　　　　　　 3 000

同时进行预算会计账务处理:

借:其他支出　　　　　　　　　　　　　　　　 3 000
　　　贷:资金结存　　　　　　　　　　　　　　　　 3 000

③对外捐赠一项文物文化资产,账面价值60 000元。捐赠过程发生相关费用1 000元,以银行存款支付。

借:资产处置费用　　　　　　　　　　　　　　 61 000
　　　贷:文物文化资产　　　　　　　　　　　　　　 60 000
　　　　　银行存款　　　　　　　　　　　　　　　　 1 000

同时进行预算会计账务处理:

借:其他支出　　　　　　　　　　　　　　　　 1 000
　　　贷:资金结存　　　　　　　　　　　　　　　　 1 000

2. 通过"待处理财产损溢"科目核算的资产处置。

(1) 单位账款核对中发现的现金短缺,属于无法查明原因的,报经批准核销时,借记本科目,贷记"待处理财产损溢"科目。

(2) 单位资产清查过程中盘亏或者毁损、报废的存货、固定资产、无形资产、公共基础设施、政府储备物资、文物文化资产、保障性住房等,报经批准处理时,按照处理资产价值,借记本科目,贷记"待处理财产损溢——待处理财产价值"科目。处理收支结清时,处理过程中所取得收入小于所发生相关费用的,按照相关费用减去处理收入后的净支出,借记本科目,贷记"待处理财产损溢——处理净收入"科目。

(3)期末,将本科目本期发生额转入本期盈余,借记"本期盈余"科目,贷记本科目。

【例6-6】某事业单位发生以下资产处置业务。

①现金盘点中发现现金短缺800元,无法查明原因。

经批准核销时:

借:资产处置费用　　　　　　　　　　　　　　　800
　　贷:待处理财产损溢　　　　　　　　　　　　　　　800

②资产清查中发现有毁损的存货一批,价值60 000元;报废的设备一批,价值200 000元,已累计计提折旧120 000元;清理中共收到处置收入的现金1 200元。处置过程中以银行存款支付了发生的相关费用3 000元。

资产清查后:

借:待处理财产损溢——待处理财产价值(存货)　　60 000
　　　　　　　　　　——待处理财产价值(固定资产)　80 000
　　固定资产累计折旧　　　　　　　　　　　　　　120 000
　　贷:存货　　　　　　　　　　　　　　　　　　　60 000
　　　　固定资产　　　　　　　　　　　　　　　　200 000

经批准处理时:

借:资产处置费用　　　　　　　　　　　　　　140 000
　　贷:待处理财产损溢——待处理财产价值(存货)　60 000
　　　　　　　　　　——待处理财产价值(固定资产)80 000
借:资产处置费用　　　　　　　　　　　　　　　1 800
　　库存现金　　　　　　　　　　　　　　　　　1 200
　　贷:银行存款　　　　　　　　　　　　　　　　3 000

同时进行预算会计账务处理:

借:其他支出　　　　　　　　　　　　　　　　　1 800
　　贷:资金结存　　　　　　　　　　　　　　　　1 800

【例6-7】某事业单位(为增值税小规模纳税人)对固定资产进行盘点时,发现丢失笔记本电脑一台,账面余额为12 000元,已提折旧2 000元,报经批准后应由单位职工张三赔偿5 000元,款项已收到,其他损失由单位承担。财会部门根据有关凭证,应做如下账务处理。

①固定资产转入待处置资产时:

借:待处理财产损溢——待处理财产价值　　　　　10 000
　　固定资产累计折旧　　　　　　　　　　　　　　2 000
　　贷:固定资产　　　　　　　　　　　　　　　　12 000

②收到张三赔偿款时:

借：库存现金　　　　　　　　　　　　　　　　　　　　　　　　5 000
　　贷：待处理财产损溢——处理净收入　　　　　　　　　　　　　　5 000
③固定资产报经批准予以核销时：
借：资产处置费用　　　　　　　　　　　　　　　　　　　　　10 000
　　贷：待处置资产损溢——待处理财产价值　　　　　　　　　　　10 000
借：待处理财产损溢——处理净收入　　　　　　　　　　　　　　5 000
　　贷：应缴财政款　　　　　　　　　　　　　　　　　　　　　　5 000
"资产处置费用"与"其他支出"科目的上述主要账务处理汇总如表6-4所示。

表6-4　　　"资产处置费用"与"其他支出"科目主要账务处理汇总

			5301 资产处置费用	其他支出
(1)	不通过"待处理财产损溢"科目核算的资产处置	转销被处置资产账面价值	借：资产处置费用 　　固定资产累计折旧/无形资产累计摊销/公共基础设施累计折旧（摊销）/保障性住房累计折旧 贷：库存物品/固定资产/无形资产/公共基础设施/政府储备物资/文物文化资产/保障性住房/在建工程等（账面余额）/其他应收款（行政单位）	—
		处置资产过程中仅发生相关费用的	借：资产处置费用 　　贷：银行存款/库存现金等	借：其他支出 　　贷：资金结存
		处置资产过程中取得收入的	借：库存现金/银行存款等（取得的价款） 　　贷：银行存款/库存现金等（支付的相关费用）应缴财政款	—
(2)	通过"待处理财产损溢"科目核算的资产处置	账款核对中发现的现金短缺，无法查明原因的，报经批准核销时	借：资产处置费用 　　贷：待处理财产损溢	—
		盘亏、毁损、报废的资产 经批准处理时	借：资产处置费用 　　贷：待处理财产损溢——待处理财产价值	—
		处理过程中所发生的费用大于所取得的收入	借：资产处置费用 　　贷：待处理财产损溢——处理净收入	借：其他支出（净支出） 　　贷：资金结存
(3)	期末结转		借：本期盈余 　　贷：资产处置费用	—

第六节　上缴上级费用与对附属单位补助费用

一、上缴上级费用的概念

上缴上级费用是指事业单位按照财政部门和主管部门的规定上缴上级单位款项发生的费用。

二、上缴上级费用的核算

（一）科目设置

事业单位应设置"上缴上级费用"总账科目，本科目核算事业单位按照财政部门和主管部门的规定上缴上级单位款项发生的费用。期末结转后，本科目应无余额。

本科目应当按照收缴款项单位、缴款项目等进行明细核算。

（二）上缴上级费用的主要账务处理

1. 单位发生上缴上级支出的，按照实际上缴的金额或者按照规定计算出应当上缴上级单位的金额，借记本科目，贷记"银行存款""其他应付款"等科目。

2. 期末，将本科目本期发生额转入本期盈余，借记"本期盈余"科目，贷记本科目。

【例6-8】某事业单位按规定上缴上级单位50 000元的费用。

借：上缴上级费用　　　　　　　　　　　　　　50 000
　　贷：银行存款　　　　　　　　　　　　　　　　50 000

同时进行预算会计账务处理：

借：上缴上级支出　　　　　　　　　　　　　　50 000
　　贷：资金结存——货币资金　　　　　　　　　　50 000

"上缴上级费用"与"上缴上级支出"科目的上述主要账务处理汇总如表6-5所示。

表6-5 "上缴上级费用"与"上缴上级支出"科目主要账务处理汇总

		5401 上缴上级费用	7401 上缴上级支出
(1)	按照实际上缴的金额或者按照规定计算出应当上缴的金额	借：上缴上级费用 　　贷：银行存款/其他应付款等	借：上缴上级支出（实际上缴的金额） 　　贷：资金结存——货币资金
(2)	实际上缴应缴的金额	借：其他应付款 　　贷：银行存款等	—
(3)	期末/年末结转	借：本期盈余 　　贷：上缴上级费用	借：其他结余 　　贷：上缴上级支出

三、对附属单位补助费用的概念

对附属单位补助费用是指事业单位用财政拨款收入之外的收入对附属单位补助发生的费用。

四、对附属单位补助费用的核算

（一）科目设置

事业单位应设置"对附属单位补助费用"科目。本科目核算事业单位用财政拨款收入之外的收入对附属单位补助发生的费用。期末结转后，本科目应无余额。

本科目应当按照接受补助单位、补助项目等进行明细核算。

（二）对附属单位补助费用的主要账务处理

1. 单位发生对附属单位补助支出的，按照实际补助的金额或者按照规定计算出应当对附属单位补助的金额，借记本科目，贷记"银行存款""其他应付款"等科目。

2. 期末，将本科目本期发生额转入本期盈余，借记"本期盈余"科目，贷记本科目。

【例6-9】某事业单位发生如下对附属单位补助费用业务。

①对附属A单位拨付补助款30 000元。

借：对附属单位补助费用——A单位　　　　　　　　　　30 000
　　贷：银行存款　　　　　　　　　　　　　　　　　　　　30 000

同时进行预算会计账务处理：

借：对附属单位补助支出　　　　　　　　　　　　　　　30 000
　　贷：资金结存——货币资金　　　　　　　　　　　　　　30 000

②年终结账时,"对附属单位补助费用"账户借方余额 120 000 元。

借:本期盈余　　　　　　　　　　　　　　　　120 000
　　贷:对附属单位补助费用　　　　　　　　　　　　　120 000

同时进行预算会计账务处理:

借:其他结余　　　　　　　　　　　　　　　　120 000
　　贷:对附属单位补助支出　　　　　　　　　　　　　120 000

"对附属单位补助费用"与"对附属单位补助支出"科目的上述主要账务处理汇总如表 6-6 所示。

表 6-6　　"对附属单位补助费用"与"对附属单位补助支出"科目主要账务处理汇总

		5501 对附属单位补助费用	7501 对附属单位补助支出
(1)	按照实际补助的金额或者按照规定计算出应当补助的金额	借:对附属单位补助费用 　贷:银行存款/其他应付款等	借:对附属单位补助支出（实际补助的金额） 　贷:资金结存——货币资金
(2)	实际支出应补助的金额	借:其他应付款 　贷:银行存款等	—
(3)	期末/年末结转	借:本期盈余 　贷:对附属单位补助费用	借:其他结余 　贷:对附属单位补助支出

第七节　所得税费用

一、所得税费用的概念

所得税费用是指有企业所得税缴纳义务的事业单位按规定缴纳企业所得税所形成的费用。

二、所得税费用的核算

(一) 科目设置

事业单位应设置"所得税费用"总账科目。本科目核算有企业所得税缴纳义务的事业单位按规定缴纳企业所得税所形成的费用。年末结转后,本科目应无余额。

（二）所得税费用的主要账务处理

1. 发生企业所得税纳税义务的，按照税法规定计算的应交税金数额，借记本科目，贷记"其他应交税费——单位应交所得税"科目。

实际缴纳时，按照缴纳金额，借记"其他应交税费——单位应交所得税"科目，贷记"银行存款"科目。

2. 年末，将本科目本年发生额转入本期盈余，借记"本期盈余"科目，贷记本科目。

【例6-10】某事业单位本年度共实现利润300 000元，所得税税率25%。

计算应交税金金额时：

借：所得税费用　　　　　　　　　　　　　　　　75 000
　　　贷：其他应交税费——单位应交所得税　　　　　　75 000

实际缴纳时：

借：其他应交税费——单位应交所得税　　　　　　75 000
　　　贷：银行存款　　　　　　　　　　　　　　　　75 000

同时进行预算会计账务处理：

借：非财政拨款结余——累计结余　　　　　　　　75 000
　　　贷：资金结存——货币资金　　　　　　　　　　75 000

【例6-11】某单位5月4日代扣代缴上月职工发生的个人所得税148 600元，以银行存款支付。

借：其他应交税费——个人应交所得税　　　　　148 600
　　　贷：银行存款　　　　　　　　　　　　　　　148 600

同时进行预算会计账务处理：

借：事业支出/行政支出　　　　　　　　　　　　148 600
　　　贷：资金结存——货币资金　　　　　　　　　148 600

"所得税费用"与"非财政拨款结余"科目的上述主要账务处理汇总如表6-7所示。

表6-7　"所得税费用"与"非财政拨款结余"科目主要账务处理汇总

		5801 所得税费用	8202 非财政拨款结余
(1)	发生企业所得税纳税义务	按照税法规定计算应交税金数额	借：所得税费用 　　贷：其他应交税费——单位应交所得税	—
(2)		实际缴纳时	借：其他应交税费——单位应交所得税 　　贷：银行存款等	借：非财政拨款结余——累计结余 　　贷：资金结存——货币资金
(3)	年末结转		借：本期盈余 　　贷：所得税费用	—

第八节 其他费用

一、其他费用的概念

其他费用是指行政事业单位发生的除业务活动费用、单位管理费用、经营费用、资产处置费用、上缴上级费用、附属单位补助费用、所得税费用以外的各项费用,包括利息费用、坏账损失、罚没支出、现金资产捐赠支出以及相关税费、运输费等。

二、其他费用的核算

(一)科目设置

行政事业单位应设置"其他费用"总账科目。本科目核算单位发生的除业务活动费用、单位管理费用、经营费用、资产处置费用、上缴上级费用、附属单位补助费用、所得税费用以外的各项费用,包括利息费用、坏账损失、罚没支出、现金资产捐赠支出以及相关税费、运输费等。期末结转后,本科目应无余额。

本科目应当按照其他费用的类别等进行明细核算。单位发生的利息费用较多的,可以单独设置"利息费用"科目。

(二)其他费用的主要账务处理

1. 利息费用。按期计算确认借款利息费用时,按照计算确定的金额,借记"在建工程"科目或本科目,贷记"应付利息""长期借款——应计利息"科目。

【例6-12】某事业单位支付短期借款利息20 000元。

借:其他费用——利息费用　　　　　　　　　　　20 000
　　贷:长期借款——应计利息　　　　　　　　　　　　20 000

2. 坏账损失。年末,事业单位按照规定对收回后不需上缴财政的应收账款和其他应收款计提坏账准备时,按照计提金额,借记本科目,贷记"坏账准备"科目;冲减多提的坏账准备时,按照冲减金额,借记"坏账准备"科目,贷记本科目。

3. 罚没支出。单位发生罚没支出的,按照实际缴纳或应当缴纳的金额,借记本科目,贷记"银行存款""库存现金""其他应付款"等科目。

4. 现金资产捐赠。单位对外捐赠现金资产的,按照实际捐赠的金额,借记本科目,贷记"银行存款""库存现金"等科目。

【例6-13】某事业单位向灾区捐赠80 000元。

借:其他费用　　　　　　　　　　　　　　　　　80 000

贷：银行存款　　　　　　　　　　　　　　　　　　　　　　80 000
　同时进行预算会计账务处理：
　借：其他支出　　　　　　　　　　　　　　　　　　　　　　　80 000
　　　贷：资金结存——货币资金（银行存款）　　　　　　　　　　80 000

5. 其他相关费用。单位接受捐赠（或无偿调入）以名义金额计量的存货、固定资产、无形资产，以及成本无法可靠取得的公共基础设施、文物文化资产等发生的相关税费、运输费等，按照实际支付的金额，借记本科目，贷记"财政拨款收入""零余额账户用款额度""银行存款""库存现金"等科目。

单位发生的与受托代理资产相关的税费、运输费、保管费等，按照实际支付或应付的金额，借记本科目，贷记"零余额账户用款额度""银行存款""库存现金""其他应付款"等科目。

6. 期末，将本科目本期发生额转入本期盈余，借记"本期盈余"科目，贷记本科目。

"其他费用"和"其他支出"科目的上述主要账务处理汇总如表6-8所示。

表6-8　"其他费用"和"其他支出"科目主要账务处理汇总

			5901 其他费用	7901 其他支出
(1)	利息费用	计算确定借款利息费用时	借：其他费用/在建工程 贷：应付利息/长期借款——应计利息	—
		实际支付利息时	借：应付利息等 贷：银行存款等	借：其他支出 贷：资金结存——货币资金
(2)	现金资产对外捐赠	按照实际捐赠的金额	借：其他费用 贷：银行存款/库存现金等	借：其他支出 贷：资金结存——货币资金
(3)	坏账损失	按照规定对应收账款和其他应收款计提坏账准备	借：其他费用 贷：坏账准备	—
		冲减多提的坏账准备时	借：坏账准备 贷：其他费用	—
(4)	罚没支出	按照实际发生金额	借：其他费用 贷：银行存款/库存现金/其他应付款	借：其他支出 贷：资金结存——货币资金 （实际支付金额）
(5)	其他相关税费、运输费等		借：其他费用 贷：零余额账户用款额度/银行存款等	借：其他支出 贷：资金结存

续表

		5901 其他费用	7901 其他支出
（6）	期末/年末结转	借：本期盈余 　贷：其他费用	借：其他结余（非财政、非专项资金支出） 　　非财政拨款结余——本年收支结转（非财政专项资金支出） 　贷：其他支出

思 考 题

1. 行政事业单位的费用包括哪些内容？哪些费用项目只适用于事业单位？
2. 什么是业务活动费用与单位管理费用？请阐述这两个科目的核算范围。
3. 什么是资产处置费用？如何进行核算？
4. 什么是上缴上级费用？什么是对附属单位补助费用？各自应怎样核算？
5. 其他费用包括哪些内容？

第七章 行政事业单位的净资产*

【本章预览】

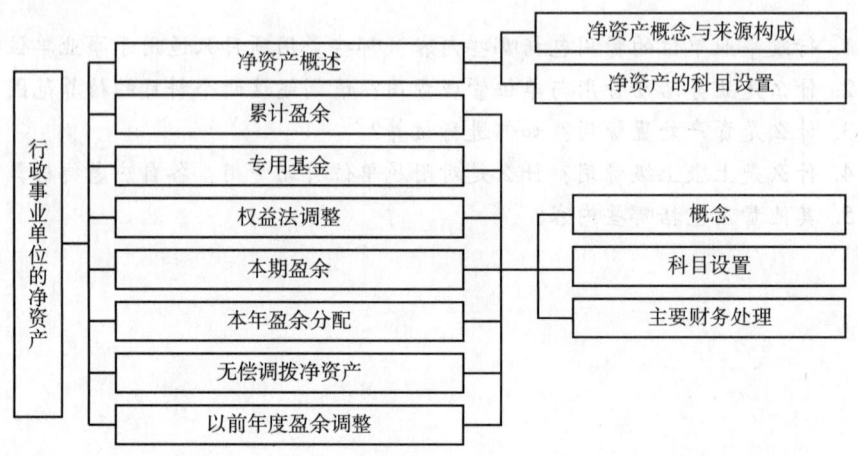

【学习目标】

1. 理解政府会计净资产的概念与来源构成
2. 掌握财务会计的净资产与预算会计结余要素的区别
3. 掌握净资产类科目与预算结余类科目的对应关系
4. 弄懂净资产各项目的核算方法

第一节 净资产概述

一、净资产的概念与来源构成

（一）概念

净资产是指政府会计主体资产扣除负债后的净额。因此，净资产金额取决于

---

* 本章所有涉及纳入部门预算管理现金收支的业务，均在采用财务会计核算的同时进行预算会计核算。

资产和负债的计量。

（二）来源构成

为了准确反映单位资产扣除负债之后的净资产状况，需要对净资产进行来源分析，政府会计主体净资产的主要来源为累计盈余、专用基金，其他来源为：权益法调整、无偿调拨净资产以及本期盈余、本年盈余分配、以前年度盈余调整等。

1. 累计盈余，是指单位历年实现的盈余扣除盈余分配后滚存的金额，以及因无偿调入、调出资产产生的净资产变动额。

2. 专用基金，是指事业单位按照规定提取或设置的具有专门用途的净资产，主要包括职工福利基金、科技成果转换基金等。

3. 权益法调整，是指事业单位持有的长期股权投资采用权益法核算时，按照被投资单位除净损益和利润分配以外的所有者权益变动份额调整长期股权投资账面余额而计入净资产的金额。

4. 本期盈余，是指单位本期各项收入、费用相抵后的余额。

5. 本年盈余分配，是指单位本年度盈余分配的情况和结果。

6. 无偿调拨净资产，是指单位无偿调入或调出非现金资产所引起的净资产变动金额。

7. 以前年度盈余调整，是指单位本年度发生的调整以前年度盈余的事项，包括本年度发生的重要前期差错更正涉及调整以前年度盈余的事项。

二、净资产的科目设置

2017年颁布的《政府会计制度》立足单位会计核算需要、借鉴国际公共部门会计准则相关规定，将净资产按照来源设置了会计科目。

净资产类会计科目名称与编号如表7-1所示。

表7-1 净资产类会计科目名称与编号

序号	科目编号	科目名称
1	3001	累计盈余
2	3101	专用基金（事业单位）
3	3201	权益法调整（事业单位）
4	3301	本期盈余
5	3302	本年盈余分配
6	3401	无偿调拨净资产
7	3501	以前年度盈余调整

第二节 累计盈余

一、累计盈余的概念

累计盈余是指单位历年实现的盈余扣除盈余分配后滚存的金额,以及因无偿调入、调出资产产生的净资产变动额。累计盈余还包括按照规定上缴、缴回、单位间调剂结转结余资金产生的净资产变动额,以及对以前年度盈余的调整金额。

二、累计盈余的核算

(一) 科目设置

单位应设置"累计盈余"科目,核算单位历年实现的盈余扣除盈余分配后滚存的金额,以及因无偿调入、调出资产产生的净资产变动额。按照规定上缴、缴回、单位间调剂结转结余资金产生的净资产变动额,以及对以前年度盈余的调整金额,也通过本科目核算。

本科目期末余额,反映单位未分配盈余(或未弥补亏损)的累计数以及截至上年年末无偿调拨净资产变动的累计数。

本科目年末余额,反映单位未分配盈余(或未弥补亏损)以及无偿调拨净资产变动的累计数。

(二) 累计盈余的主要账务处理

1. 年末,将"本年盈余分配"科目的余额转入累计盈余,借记或贷记"本年盈余分配"科目,贷记或借记"累计盈余"科目。

2. 年末,将"无偿调拨净资产"科目的余额转入累计盈余,借记或贷记"无偿调拨净资产"科目,贷记或借记"累计盈余"科目。

3. 按照规定上缴财政拨款结转结余、缴回非财政拨款结转资金、向其他单位调出财政拨款结转资金时,按照实际上缴、缴回、调出金额,借记"累计盈余"科目,贷记"财政应返还额度""零余额账户用款额度""银行存款"等科目。

按照规定从其他单位调入财政拨款结转资金时,按照实际调入金额,借记"零余额账户用款额度""银行存款"等科目,贷记"累计盈余"科目。

4. 将"以前年度盈余调整"科目的余额转入本科目,借记或贷记"以前年度盈余调整"科目,贷记或借记"累计盈余"科目。

5. 按照规定使用专用基金购置固定资产、无形资产的,按照固定资产、无形资产成本金额,借记"固定资产""无形资产"科目,贷记"银行存款"等科目;同时,按照专用基金使用金额,借记"专用基金"科目,贷记"累计盈余"科目。

【例7-1】年末,某市行政单位"本年盈余分配"科目有贷方余额260 000元、"无偿调拨净资产"科目有借方余额120 000元、"以前年度盈余调整"科目有贷方余额13 260元,转入"累计盈余"科目。

借:本年盈余分配 260 000
　　以前年度盈余调整 13 260
　　贷:无偿调拨净资产 120 000
　　　　累计盈余 153 260

【例7-2】某市行政单位收到一笔财政授权支付额度500 000元,为本级财政从其他单位调入给本单位的财政拨款结转资金。

借:零余额账户用款额度 500 000
　　贷:累计盈余 500 000

同时进行预算会计账务处理:

借:资金结存——零余额账户用款额度 500 000
　　贷:财政拨款结转——归集调入 500 000

【例7-3】某市行政单位按照规定上缴财政拨款结余资金40 000元,用零余额账户用款额度上缴。

借:累计盈余 40 000
　　贷:零余额账户用款额度 40 000

同时进行预算会计账务处理:

借:财政拨款结余——归集上缴 40 000
　　贷:资金结存——零余额账户用款额度 40 000

【例7-4】某高校动用职工福利基金购买福利设施一批,该福利设备作为固定资产入账,价值为40 000元。

借:固定资产 40 000
　　贷:银行存款 40 000
借:专用基金 40 000
　　贷:累计盈余 40 000

同时进行预算会计账务处理:

借:专用结余 40 000
　　贷:资金结存——货币资金 40 000

"累计盈余"科目的上述主要账务处理汇总如表7-2所示。

表7-2　　　　　　　　　"累计盈余"科目主要账务处理汇总

3001 累计盈余		财务会计	预算会计
(1)	年末，将"本年盈余分配"科目的余额转入累计盈余	借：本年盈余分配 　　贷：累计盈余 或做相反会计分录	—
(2)	年末，将"无偿调拨净资产"科目的余额转入累计盈余	借：无偿调拨净资产 　　贷：累计盈余 或做相反会计分录	—
(3)	将"以前年度盈余调整"科目的余额转入累计盈余	借：以前年度盈余调整 　　贷：累计盈余 或做相反会计分录	—
(4)	按照规定上缴财政拨款结转结余、缴回非财政拨款结转资金、向其他单位调出财政拨款结转资金时	借：累计盈余（按实际上缴、缴回、调出金额） 　　贷：财政应返还额度/零余额账户用款额度/银行存款等	参照"财政拨款结转""财政拨款结余""非财政拨款结转"等科目进行账务处理
(5)	按照规定从其他单位调入财政拨款结转资金时	借：零余额账户用款额度/银行存款等（按照实际调入金额） 　　贷：累计盈余	借：资金结存——零余额账户用款额度/货币资金 　　贷：财政拨款结转——归集调入
(6)	按照规定使用专用基金购置固定资产、无形资产的	借：固定资产/无形资产（按固定资产、无形资产成本金额） 　　贷：银行存款等 同时， 借：专用基金（按照专用基金使用金额） 　　贷：累计盈余	使用从收入中提取并列入费用的专用基金： 借：事业支出等 　　贷：资金结存 使用从非财政拨款结余或经营结余中提取的专用基金： 借：专用结余 　　贷：资金结存——货币资金

第三节　专用基金

一、专用基金的概念

专用基金是指事业单位按照规定提取或设置的具有专门用途的净资产，主要包括职工福利基金、科技成果转换基金等。

二、专用基金的核算

(一) 科目设置

事业单位应当设置"专用基金"科目，核算事业单位专用基金的取得和使用情况。事业单位从本年度非财政拨款结余或经营结余中提取专用基金的,在财务会计"专用基金"科目核算的同时,还应在预算会计"专用结余"科目进行核算。本科目应当按照专用基金的类别进行明细核算。

本科目期末贷方余额,反映事业单位累计提取或设置的尚未使用的专用基金。

(二) 专用基金的主要账务处理

1. 专用基金的取得。

(1) 事业单位根据有关规定从预算收入中提取专用基金并计入费用的,一般按照预算会计下基于预算收入计算提取的金额,借记"业务活动费用"等科目,贷记"专用基金"科目。

(2) 根据有关规定设置的其他专用基金,按照实际收取的基金金额,借记"银行存款"等科目,贷记"专用基金"科目。

(3) 年末,事业单位根据有关规定从本年度非财政拨款结余或经营结余中提取专用基金的,按照预算会计下计算的提取金额,在财务会计中借记"本年盈余分配"科目,贷记"专用基金"科目,同时在预算会计中借记"非财政拨款结余分配"科目,贷记"专用结余"科目。

2. 专用基金的使用。

(1) 事业单位依照规定使用提取的专用基金时,在财务会计中借记"专用基金"科目,贷记"银行存款"等科目,同时在预算会计中借记"专用结余"科目(使用从非财政拨款结余或经营结余中提取的专用基金)或"事业支出"等科目(使用从预算收入中提取并计入费用的专用基金),贷记"资金结存——货币资金"科目。

(2) 事业单位使用提取的专用基金购置固定资产、无形资产的,按照固定资产、无形资产成本金额,借记"固定资产""无形资产"科目,贷记"银行存款"等科目(预算会计账务处理同上);同时,按照专用基金使用金额,借记"专用基金"科目,贷记"累计盈余"科目。

【例7-5】某事业单位年末根据预算会计下结转结余金额,从本年度的非财政拨款结余中提取专用基金234 800元。

借:本年盈余分配　　　　　　　　　　　　　　234 800
　　贷:专用基金——非财政拨款结余　　　　　　　　234 800
同时进行预算会计账务处理:
借:非财政拨款结余分配　　　　　　　　　　　　234 800
　　贷:专用结余　　　　　　　　　　　　　　　　234 800

【例7-6】某公立医院按照一定比例从医疗收入中提取医疗风险基金16万元,并同步计入费用。

只需进行财务会计账务处理:
借:业务活动费用　　　　　　　　　　　　　　160 000

贷：专用基金　　　　　　　　　　　　　　　　　　　　　160 000

【例7-7】某事业单位用从收入中提取的专用基金购置一批材料，价款12 785元。

　　借：专用基金　　　　　　　　　　　　　　　　　　　　　12 785
　　　　贷：银行存款　　　　　　　　　　　　　　　　　　　　12 785
　　同时进行预算会计账务处理：
　　借：事业支出　　　　　　　　　　　　　　　　　　　　　　12 785
　　　　贷：资金结存　　　　　　　　　　　　　　　　　　　　12 785

"专用基金"科目的上述主要账务处理汇总如表7-3所示。

表7-3　　　　　　　　"专用基金"科目主要账务处理汇总

3101 专用基金	财务会计	预算会计
(1) 年末，按照规定从本年度非财政拨款结余或经营结余中提取专用基金的	借：本年盈余分配 　　贷：专用基金（按照预算会计下计算的提取金额）	借：非财政拨款结余分配 　　贷：专用结余
(2) 根据规定从收入中提取专用基金并计入费用的	借：业务活动费用等 　　贷：专用基金（一般按照预算收入计算提取的金额）	—
(3) 根据有关规定设置的其他专用基金时	借：银行存款等 　　贷：专用基金（按实际收到的基金金额）	—
(4) 按照规定使用专用基金时	借：专用基金 　　贷：银行存款等 如果购置固定资产、无形资产的， 借：固定资产/无形资产（按照固定资产、无形资产成本金额） 　　贷：银行存款等 同时， 借：专用基金（按照专用基金使用金额） 　　贷：累计盈余	使用从收入中提取并列入费用的专用基金： 借：事业支出等 　　贷：资金结存 使用从非财政拨款结余或经营结余中提取的专用基金： 借：专用结余 　　贷：资金结存——货币资金

第四节　权益法调整

一、权益法调整的概念

权益法调整是指事业单位持有的长期股权投资采用权益法核算时，按照被投资单位除净损益和利润分配以外的所有者权益变动份额，调整长期股权投资账面余额而计入净资产的金额。

二、权益法调整的核算

(一) 科目设置

事业单位应当设置"权益法调整"科目,本科目核算事业单位持有的长期股权投资采用权益法核算时,按照被投资单位除净损益和利润分配以外的所有者权益变动份额,调整长期股权投资账面余额而计入净资产的金额,且应当按照被投资单位进行明细核算。本科目期末余额,反映事业单位在被投资单位除净损益和利润分配以外的所有者权益变动中累计享有(或分担)的份额。

(二) 账务处理

1. 年末,按照被投资单位除净损益和利润分配以外的所有者权益变动应享有(或应分担)的份额,借记或贷记"长期股权投资——其他权益变动"科目,贷记或借记"权益法调整"科目。

2. 采用权益法核算的长期股权投资,因被投资单位除净损益和利润分配以外的所有者权益变动而将应享有(或应分担)的份额计入单位净资产的,处置长期股权投资时,按照原计入净资产的相应部分金额,借记或贷记"权益法调整"科目,贷记或借记"投资收益"科目。

【例7-8】某事业单位对A厂持股比例为40%,能够对A厂重大事项实施影响。2017年资产负债表日,A厂除净损益和利润分配以外的所有者权益变动的份额(增加)600万元。

该事业单位应享有的份额为600×40% = 240(万元)

借:长期股权投资——其他权益变动　　　　2 400 000
　　贷:权益法调整　　　　　　　　　　　　　　　　　　2 400 000

【例7-9】承【例7-8】,2018年3月,该事业单位将所持有的A厂的长期股权投资的一半份额予以处置。

借:权益法调整　　　　　　　　　　　　　1 200 000
　　贷:投资收益　　　　　　　　　　　　　　　　　　　1 200 000

"权益法调整"科目的上述主要账务处理汇总如表7-4所示。

表7-4　　　　　　　"权益法调整"科目主要账务处理汇总

	3201 权益法调整		财务会计	预算会计
(1)	资产负债表日	按照被投资单位除净损益和利润分配以外的所有者权益变动的份额(增加)	借:长期股权投资——其他权益变动 　　贷:权益法调整	—
		按照被投资单位除净损益和利润分配以外的所有者权益变动的份额(减少)	借:权益法调整 　　贷:长期股权投资——其他权益变动	—

续表

	3201 权益法调整		财务会计	预算会计
(2) 长期股权投资处置时	权益法调整科目为借方余额		借：投资收益 　贷：权益法调整 　　　（与所处置投资对应部分的金额）	—
	权益法调整科目为贷方余额		借：权益法调整 　　（与所处置投资对应部分的金额） 　贷：投资收益	—

第五节　本期盈余

一、本期盈余的概念

本期盈余是指行政事业单位本期各项收入与费用相抵后的余额。

二、本期盈余的核算

（一）科目设置

设置"本期盈余"会计科目，核算行政事业单位本期各项收入、费用相抵后的余额。本科目期末如为贷方余额，反映单位自年初至当期期末累计实现的盈余；如为借方余额，反映单位自年初至当期期末累计发生的亏损。年末结账后，本科目应无余额。

（二）账务处理

1. 期末，单位应当将各类收入科目的本期发生额转入本期盈余，借记"财政拨款收入""事业收入""上级补助收入""附属单位上缴收入""经营收入""非同级财政拨款收入""投资收益""捐赠收入""利息收入""租金收入""其他收入"科目，贷记"本期盈余"科目。将各类费用科目本期发生额转入本期盈余，借记"本期盈余"科目，贷记"业务活动费用""单位管理费用""经营费用""所得税费用""资产处理费用""上缴上级费用""对附属单位补助费用""其他费用"科目。

2. 年末，完成上述结转后，单位应当将"本期盈余"科目余额转入"本年盈余分配"科目，借记或贷记本科目，贷记或借记"本年盈余分配"科目。

【例7-10】201×年12月末，某市博物馆对其收入、费用类账户进行分析，数据显示各损益类账户金额中："事业收入"贷方余额134 000元、"财政拨款收入"贷方余额 678 500 元、"投资收益"贷方余额 120 000 元、"租金收入"贷方余额 235 000 元、"其他收入"贷方余额 19 846 元、"经营收入"贷方余额 48 780 元；同时，"业务活动费用"借方余额 123 450 元、"单位管理费用"借方余额 128 620 元、"所得税费用"借方余额 37 890 元、"其他费用"借方余额 15 276 元、"经营费用"借方余额 10 890 元。该市博物馆财务会计账务处理如下。

(1) 对收入类账户余额进行结转：

借：事业收入　　　　　　　　　　　　　　　　　134 000
　　财政拨款收入　　　　　　　　　　　　　　　678 500
　　投资收益　　　　　　　　　　　　　　　　　120 000
　　租金收入　　　　　　　　　　　　　　　　　235 000
　　其他收入　　　　　　　　　　　　　　　　　 19 846
　　经营收入　　　　　　　　　　　　　　　　　 48 780
　　贷：本期盈余　　　　　　　　　　　　　　　　　　 1 236 126

(2) 对费用类账户余额进行结转：

借：本期盈余　　　　　　　　　　　　　　　　　316 126
　　贷：业务活动费用　　　　　　　　　　　　　　　　123 450
　　　　单位管理费用　　　　　　　　　　　　　　　　128 620
　　　　所得税费用　　　　　　　　　　　　　　　　　 37 890
　　　　其他费用　　　　　　　　　　　　　　　　　　 15 276
　　　　经营费用　　　　　　　　　　　　　　　　　　 10 890

(3) 结转"本期盈余"：

"本期盈余"贷方余额 = 1 236 126 - 316 126 = 920 000（元）

借：本期盈余　　　　　　　　　　　　　　　　　920 000
　　贷：本年盈余分配　　　　　　　　　　　　　　　　920 000

"本期盈余"科目的上述主要账务处理汇总如表 7-5 所示。

表 7-5　　　　"本期盈余"科目主要账务处理汇总

3301 本期盈余		财务会计	预算会计
(1)	结转收入	借：财政拨款收入 　　事业收入 　　上级补助收入 　　附属单位上缴收入 　　经营收入 　　非同级财政拨款收入 　　投资收益 　　捐赠收入 　　利息收入 　　租金收入 　　其他收入 　　贷：本期盈余 （投资收益科目为发生额借方净额时，作相反会计分录）	—

续表

3301 本期盈余		财务会计	预算会计
(1)	结转费用	借：本期盈余 　　贷：业务活动费用 　　　　单位管理费用 　　　　经营费用 　　　　资产处置费用 　　　　上缴上级费用 　　　　对附属单位补助费用 　　　　所得税费用 　　　　其他费用	—
(2)	年末结转	本期盈余科目为贷方余额时 借：本期盈余　贷：本年盈余分配	—
		本期盈余科目为借方余额时 借：本年盈余分配　贷：本期盈余	—

第六节　本年盈余分配

一、本年盈余分配的概念

本年盈余分配是指单位本年度盈余分配的情况和结果。

二、本年盈余分配的核算

（一）科目设置

设置"本年盈余分配"会计科目，核算单位本年度盈余分配的情况和结果。年末结账后，本科目应无余额。

（二）本年盈余分配的主要账务处理

1. 年末，单位应当将"本期盈余"科目余额转入本科目，借记或贷记"本期盈余"科目，贷记或借记"本年盈余分配"科目。
2. 年末，按照有关规定从本年度非财政拨款结余或经营结余中提取专用基金的，按照预算会计下计算的提取金额，借记"本年盈余分配"科目，贷记"专用基金"科目。同时，进行预算会计账务处理，借记"非财政拨款结余分配"科目，贷记"专用结余"科目。
3. 年末，按照规定完成上述1、2 处理后，将本科目余额转入累计盈余，借记或贷记"本年盈余分配"科目，贷记或借记"累计盈余"科目。

【例7-11】某事业单位年末从本期盈余贷方余额转入本年盈余分配920 000元，按照有关规定提取专用基金92 000元。

将本期盈余贷方余额转入本年盈余分配时：

借：本期盈余　　　　　　　　　　　　　　　920 000
　　贷：本年盈余分配　　　　　　　　　　　　　　　920 000

按照有关规定提出专用基金时：

借：本年盈余分配　　　　　　　　　　　　　92 000
　　贷：专用基金　　　　　　　　　　　　　　　　　92 000

同时进行预算会计账务处理：

借：非财政拨款结余分配　　　　　　　　　　92 000
　　贷：专用结余　　　　　　　　　　　　　　　　　92 000

年末，将本年盈余分配科目余额转入累计盈余：

920 000 - 92 000 = 828 000（元）

借：本年盈余分配　　　　　　　　　　　　　828 000
　　贷：累计盈余　　　　　　　　　　　　　　　　　828 000

"本年盈余分配"科目的上述主要账务处理汇总如表7-6所示。

表7-6　　　　　"本年盈余分配"科目主要账务处理汇总

3302 本年盈余分配		财务会计	预算会计
(1) 年末，将本期盈余科目余额转入	本期盈余科目为贷方余额时	借：本期盈余 　　贷：本年盈余分配	—
	本期盈余科目为借方余额时	借：本年盈余分配 　　贷：本期盈余	—
(2) 年末，按照有关规定提取专用基金	按照预算会计下计算的提取金额	借：本年盈余分配 　　贷：专用基金	借：非财政拨款结余分配 　　贷：专用结余
(3) 年末，将本科目余额转入累计盈余	本科目为贷方余额时	借：本年盈余分配 　　贷：累计盈余	—
	本科目为借方余额时	借：累计盈余 　　贷：本年盈余分配	—

第七节　无偿调拨净资产

一、无偿调拨净资产的概念

无偿调拨净资产是指无偿调入或调出非现金资产所引起的净资产变动金额。按照行政事业单位资产管理相关规定，经批准政府单位之间可以无偿调拨资产。通常情况下调拨非现金资产不涉及资金业务,因此不需要进行预算会计核算(除非以现金支付相关费用等)。从本质上讲,无偿调拨净资产业务属于政府间净资产的变化,调入、调出方不确认相应的收入与费用。

二、无偿调拨净资产的核算

(一) 科目设置

行政事业单位应当设置"无偿调拨净资产"会计科目,核算无偿调入或调出非现金资产所引起的净资产变动金额。年末结账后,本科目应无余额。

(二) 无偿调拨净资产的主要账务处理

1. 按照规定取得无偿调入的非现金资产等,按照相关资产在调出方的账面价值加相关税费、运输费等确定的成本金额,借记"库存物品""长期股权投资""固定资产""无形资产""公共基础设施""政府储备物资""文物文化资产""保障性住房"等科目,按照调入过程中发生的归属于调入方的相关费用,贷记"零余额账户用款额度""银行存款"等科目,按照其差额,贷记"无偿调拨净资产"科目,同时在预算会计中按照调入方实际发生的费用金额,借记"其他支出"科目,贷记"资金结存"科目。

2. 按照规定经批准无偿调出非现金资产等,按照调出资产的账面余额或账面价值,借记"无偿调拨净资产"科目,按照相关资产已计提的累计折旧或累计摊销金额,借记"固定资产累计折旧""无形资产累计摊销""公共基础设施累计折旧(摊销)""保障性住房累计折旧"科目,按照调出资产的账面余额,贷记"库存物品""长期股权投资""固定资产""无形资产""公共基础设施""政府储备物资""文物文化资产""保障性住房"等科目。按照调出过程中发生的归属于调出方的相关费用,借记"资产处置费用"科目,贷记"零余额账户用款额度""银行存款"等科目,同时在预算会计中借记"其他支出"科目,贷记"资金结存"科目。

3. 年末,单位应将"无偿调拨净资产"科目余额转入累计盈余,借记或贷记"无偿调拨净资产"科目,贷记或借记"累计盈余"科目。

【例7-12】2×18年6月5日,某行政单位接受其他部门无偿调入物资一批,该批物资在调出方的账面价值为20 000元,经验收合格后入库。物资调入过程中该单位以银行存款支付了运输费1 000元。财会部门根据有关凭证,不考虑相关税费,其账务处理如下:

借:库存物品 21 000
　　贷:银行存款 1 000
　　　　无偿调拨净资产 20 000

同时进行预算会计账务处理:

借：其他支出 1 000
　　贷：资金结存——货币资金 1 000

【例7-13】2018年7月5日，某行政单位经批准对外无偿调出一套设备，该设备账面余额为100 000元，已计提折旧40 000元。设备调出过程中该单位以现金支付了运输费1 000元。财会部门根据有关凭证，不考虑相关税费，其账务处理如下：

借：无偿调拨净资产 60 000
　　固定资产累计折旧 40 000
　　贷：固定资产 100 000
借：资产处理费用 1 000
　　贷：库存现金 1 000

同时进行预算会计账务处理：

借：其他支出 1 000
　　贷：资金结存——货币资金 1 000

【例7-14】年末，该行政单位将其上述无偿调拨净资产的借方余额40 000元，转入"累计盈余"科目。其账务处理如下：

借：累计盈余 40 000
　　贷：无偿调拨净资产 40 000

"无偿调拨净资产"科目的上述主要账务处理汇总如表7-7所示。

表7-7　　　　　"无偿调拨净资产"科目主要账务处理汇总

3401 无偿调拨净资产		财务会计	预算会计
(1)	取得无偿调入的资产时	借：库存物品/固定资产/无形资产/长期股权投资/公共基础设施/政府储备物资/保障性住房等（按确定的成本） 贷：无偿调拨净资产（借贷差额） 　　零余额账户用款额度/银行存款等（发生的归属于调入方的相关费用）	借：其他支出（发生的归属于调入方的相关费用） 贷：资金结存等
(2)	经批准无偿调出资产时	借：无偿调拨净资产 　　固定资产累计折旧/无形资产累计摊销/公共基础设施累计折旧（摊销）/保障性住房累计折旧 　　(资产累计折旧金额) 　　贷：库存物品/固定资产/无形资产/长期股权投资/公共基础设施/政府储备物资等 　　(按调出资产的账面余额) 借：资产处置费用 　　贷：银行存款/零余额账户用款额度等（发生的归属于调出方的相关费用）	借：其他支出（发生的归属于调出方的相关费用） 贷：资金结存等

续表

3401 无偿调拨净资产			财务会计	预算会计
(3)	年末，将本科目余额转入累计盈余	本科目为贷方余额时	借：无偿调拨净资产 　　贷：累计盈余	—
		本科目为借方余额时	借：累计盈余 　　贷：无偿调拨净资产	—

第八节　以前年度盈余调整

一、以前年度盈余调整的概念

以前年度盈余调整是指单位本年度发生的调整以前年度盈余的事项，包括本年度发生的重要前期差错更正涉及调整以前年度盈余的事项。

二、以前年度盈余调整的核算

（一）科目设置

单位应当设置"以前年度盈余调整"科目，核算本年度发生的调整以前年度盈余的事项。本科目结转后应无余额。

（二）以前年度盈余调整的主要账务处理

1. 调整增加以前年度收入时，按照调整增加的金额，借记有关科目，贷记"以前年度盈余调整"科目。调整减少的，做相反会计分录。

2. 调整增加以前年度费用时，按照调整增加的金额，借记"以前年度盈余调整"科目，贷记有关科目。调整减少的，做相反会计分录。

3. 盘盈的各种非流动资产，报经批准后处理时，借记"待处理财产损溢"科目，贷记"以前年度盈余调整"科目。

4. 经上述调整后，应将本科目的余额转入累计盈余，借记或贷记"累计盈余"科目，贷记或借记"以前年度盈余调整"科目。

【例7-15】2018年1月25日，某事业单位收到退货一批（已验收入库），该批退货系2017年11月销售甲公司的某产品，销售收入为250万元，增值税销项税额42.5万元。结转的产品销售成本200万元，此项销售收入已在销售当月确认，款项至2018年1月25日尚未收到。2017年年末，该事业单位对该项应收甲公司的账款按账面余额的5%计提了坏账准备。2018年1月25日相关调整分录如下。

①调减以前年度收入：

借：以前年度盈余调整 2 500 000
　　应交税费——应交增值税（销项税额） 425 000
　　贷：应收账款 2 925 000

②货物入库，同时调减以前年度费用：

借：库存物品 2 000 000
　　贷：以前年度盈余调整 2 000 000

③调减以前年度计提的坏账准备：

借：坏账准备 146 250（2 925 000×5%）
　　贷：以前年度盈余调整 146 250

④调减报告年度应交所得税的金额。由于上述销售退回，该事业单位应调减报告年度应交所得税的金额为：

(250 - 200)×25% = 12.5（万元）

借：其他应交税费——单位应交所得税 125 000
　　贷：以前年度盈余调整 125 000

⑤结转以前年度盈余调整的余额：

借：累计盈余 228 750
　　贷：以前年度盈余调整 228 750

【例7-16】某行政单位年前以财政授权支付方式用财政拨款资金购买了一台办公设备50 000元。因该产品存在严重质量问题，经与卖家协商于今年1月8日全额退款、退货，款项已按原途径收回。其账务处理如下：

借：零余额账户用款额度 50 000
　　贷：以前年度盈余调整 50 000

同时进行预算会计账务处理：

借：资金结存——零余额账户用款额度 50 000
　　贷：非财政拨款结余——年初余额调整 50 000

【例7-17】某行政单位盘盈一台以前年度的办公电脑，账面余额3 000元，报经批准转销账务处理如下：

只需进行财务会计账务处理：

借：待处理财产损溢 3 000
　　贷：以前年度盈余调整 3 000

"以前年度盈余调整"科目的上述主要账务处理汇总如表7-8所示。

表7-8　　　　　"以前年度盈余调整"科目主要账务处理汇总

3501 以前年度盈余调整		财务会计	预算会计
(1) 调整以前年度收入	增加以前年度收入时	借：有关资产或负债科目 　贷：以前年度盈余调整	按照实际收到的金额 借：资金结存 　贷：财政拨款结转/财政拨款结余/非财政拨款结转/非财政拨款结余（年初余额调整）
	减少以前年度收入时	借：以前年度盈余调整 　贷：有关资产或负债科目	按照实际支付的金额 借：财政拨款结转/财政拨款结余/非财政拨款结转/非财政拨款结余（年初余额调整） 　贷：资金结存
(2) 调整以前年度费用	增加以前年度费用时	借：以前年度盈余调整 　贷：有关资产或负债科目	按照实际支付的金额 借：财政拨款结转/财政拨款结余/非财政拨款结转/非财政拨款结余（年初余额调整） 　贷：资金结存
	减少以前年度费用时	借：有关资产或负债科目 　贷：以前年度盈余调整	按照实际收到的金额 借：资金结存 　贷：财政拨款结转/财政拨款结余/非财政拨款结转/非财政拨款结余（年初余额调整）
(3) 盘盈非流动资产	报经批准处理时	借：待处理财产损溢 　贷：以前年度盈余调整	—
(4) 将本科目余额转入累计盈余	本科目为贷方余额时	借：以前年度盈余调整 　贷：累计盈余	—
	本科目为借方余额时	借：累计盈余 　贷：以前年度盈余调整	—

思 考 题

1. 行政事业单位会计的净资产科目包括哪些内容？
2. 行政事业单位经批准无偿调出资产时如何进行会计处理？
3. 行政事业单位的哪些净资产类科目的余额需转入累计盈余？
4. 行政事业单位本期盈余科目主要核算哪些内容？

第三篇

政府会计

——行政事业单位预算会计

第八章 行政事业单位的预算收入*

【本章预览】

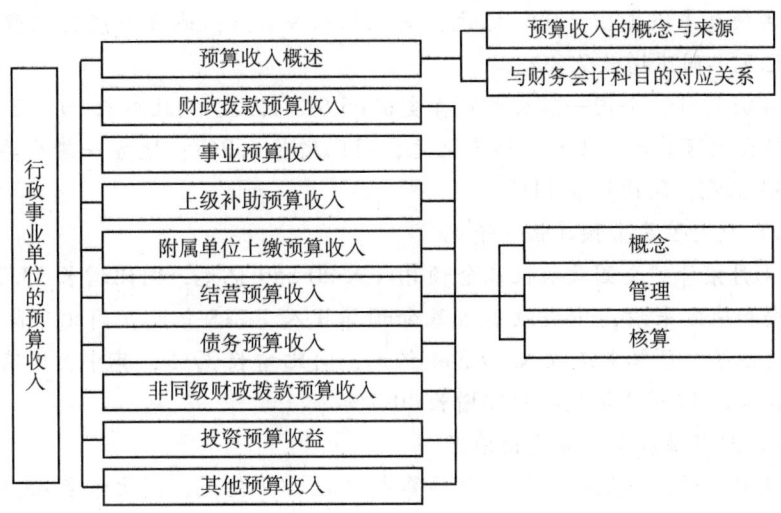

【学习目标】

1. 掌握行政事业单位预算收入的概念与种类
2. 掌握收付实现制确认预算收入的理念与方法
3. 掌握行政事业单位预算收入类各项目的核算方法
4. 弄清楚预算收入类科目与政府财务会计科目

【案例导入】

2018年4月全国财政收支情况

财政部于2018年5月14日公布了4月的财政收支情况。

（一）一般公共预算收入情况

4月，全国一般公共预算收入18 473亿元，同比增长11%。其中，中央一般

---

* 本章会计科目与财务会计的收入科目在业务处理上存在对应关系的，在进行业务核算时，需同时进行财务会计账务处理，具体可查阅财务会计相应章节的内容进行对照学习。

公共预算收入9 188亿元,同比增长12.5%;地方一般公共预算本级收入9 285亿元,同比增长9.5%。全国一般公共预算收入中的税收收入16 567亿元,同比增长14.6%;非税收入1 906亿元,同比下降12.9%。

1~4月累计,全国一般公共预算收入69 019亿元,同比增长12.9%。其中,中央一般公共预算收入33 230亿元,同比增长17.1%;地方一般公共预算本级收入35 789亿元,同比增长9.2%。全国一般公共预算收入中的税收收入60 898亿元,同比增长16.5%;非税收入8 121亿元,同比下降8.8%。

(二) 一般公共预算支出情况

4月,全国一般公共预算支出14 696亿元,同比增长8.2%。其中,中央一般公共预算本级支出2 927亿元,同比增长9.4%;地方一般公共预算支出11 769亿元,同比增长7.8%。

1~4月累计,全国一般公共预算支出65 693亿元,同比增长10.3%。其中,中央一般公共预算本级支出8 963亿元,同比增长6.2%;地方一般公共预算支出56 730亿元,同比增长11%。

(三) 政府性基金预算收入情况

1~4月累计,全国政府性基金预算收入20 559亿元,同比增长33.7%。分别从中央和地方来看,中央政府性基金预算收入1 215亿元,同比下降3.4%;地方政府性基金预算本级收入19 344亿元,同比增长37%,其中,国有土地使用权出让收入17 958亿元,同比增长40.7%。

(四) 政府性基金预算支出情况

1~4月累计,全国政府性基金预算支出16 207亿元,同比增长48.9%。分别从中央和地方来看,中央政府性基金预算本级支出183亿元,同比下降0.6%;地方政府性基金预算相关支出16 024亿元,同比增长49.8%,其中,国有土地使用权出让收入相关支出14 621亿元,同比增长53%。

(资料来源:财政部国库司,财政部网站,2018年5月14日)

请思考:

我国财政预算收入与支出的变动趋势,并分析原因。

第一节 预算收入概述

一、预算收入的概念与来源

行政事业单位预算收入是指会计主体在预算年度内依法取得的并纳入预算管理的现金流入。根据《政府会计准则——基本准则》和《政府会计制度》关于预算会计实行收付实现制的规定,行政事业单位预算收入的核算一律采用收付实现制,即以现金的实际收付为标志来确定本期预算收入的会计核算基础。凡在当期实际收到的现金收入,均应作为当期的预算收入;凡是不属于当期的现金收入,均不应当作为当期的预算收入。一般在实际收到时予以确认,以实际收到的金额予以计量。

政府会计分为预算会计和财务会计,并实行平行记账的制度。行政事业单位对于纳入部门预算管理的现金收支业务,在采用预算会计核算的同时应当进行财务会计核算;对于其他业务,仅需进行财务会计核算。

行政事业单位的预算收入可以根据收入来源渠道的不同分为财政拨款预算收入、事业预算收入、上级补助预算收入、附属单位上缴预算收入、经营预算收入、债务预算收入、非同级财政拨款预算收入、投资预算收益、其他预算收入等。每一种预算收入的详细内涵、核算范围、核算方法等见相关章节内容。

二、预算会计与财务会计收入类总账科目的对应关系

预算会计与财务会计在对同一经济业务或事项进行平行记账时,两个会计体系的总账科目间存在一定的对应关系,预算会计收入类科目与财务会计科目间的对应关系如图 8-1 所示。

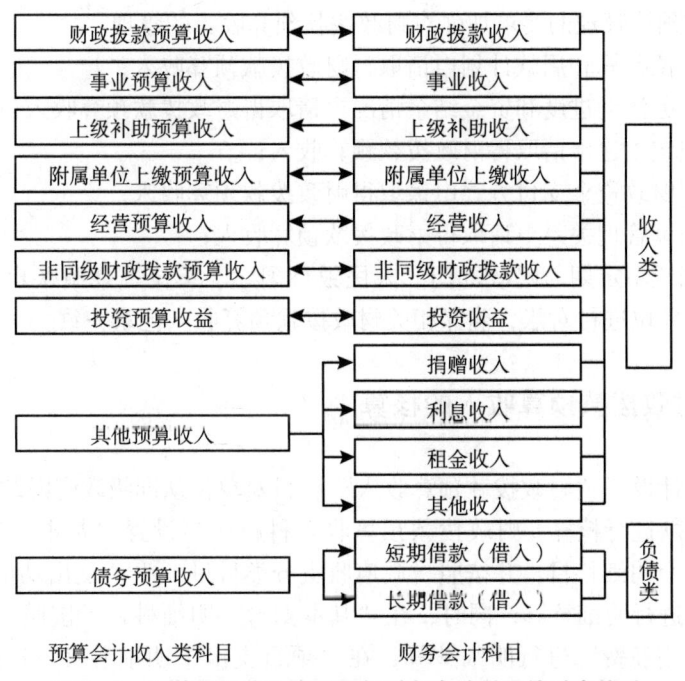

图 8-1 预算会计收入类科目与财务会计科目的对应关系

第二节　财政拨款预算收入

一、财政拨款预算收入的概念

财政拨款预算收入是指单位从同级政府财政部门取得的各类财政拨款，包括基本财政支出补助和项目支出补助。其中同级财政部门是指行政事业单位的预算管理部门，单位预算需要经过同级财政部门批准后才能开始执行。如市本级预算单位收到市财政核拨的财政预算资金、区本级预算单位收到区财政核拨的财政预算资金等。

二、财政拨款预算收入的管理

在现有财政体制下，财政拨款预算收入是行政事业单位最经常和最主要的经费来源，为单位的正常运转和稳步发展提供基本财力保障。因此，各单位必须严格按照财政预算管理的要求加强对财政拨款预算收入的管理。

1. 按单位预算和用款计划申请取得财政拨款预算收入；
2. 按业务活动进度和资金结余情况申请取得财政拨款预算收入；
3. 按规定用途申请取得财政拨款预算收入；
4. 按照财政资金支付方式申请取得财政拨款预算收入；
5. 按预算管理关系申请取得财政拨款预算收入；
6. 定期或不定期与财政部门、人民银行国库、单位零余额账户开户银行等相关部门或单位进行对账，确保相关财政拨款预算收入记录一致。

三、财政拨款预算收入的核算

预算会计设置"财政拨款预算收入"科目对单位从同级政府财政部门取得的各类财政拨款进行核算。财政拨款预算收入科目应当设置"基本支出"和"项目支出"两个明细科目，并按照《政府收支分类科目》中"支出功能分类科目"的项级科目进行明细核算；同时，在"基本支出"明细科目下按照"人员经费"和"日常公用经费"进行明细核算，在"项目支出"明细科目下按照具体项目进行明细核算。有一般公共预算财政拨款、政府性基金预算财政拨款等两种或两种以上财政拨款的单位，还应当按照财政拨款的预算种类或资金来源进行明细核算。

1. 财政直接支付方式下，单位根据收到的"财政直接支付入账通知书"及相关原始凭证，按照通知书中的直接支付金额，借记"行政支出""事业支出"

等科目，贷记本科目。

年末结转前，应根据本年度财政直接支付预算指标数与当年财政直接支付实际支出数的差额，借记"资金结存——财政应返还额度"科目，贷记本科目。年末结转后，财政拨款预算收入科目应无余额。经此账务处理后，最终使财政拨款预算收入的全年累计金额与预算指标数相一致。

【例8-1】3月5日，某市工商行政管理局采用财政直接支付方式购买办公用品一批，共计100 000元。该单位根据财政国库支付执行机构委托代理银行转来的《财政直接支付入账通知书》等记账凭证。

财务会计账务处理：
借：业务活动费用　　　　　　　　　　　　　　　　100 000
　　贷：财政拨款收入　　　　　　　　　　　　　　　　100 000
同时进行预算会计账务处理：
借：行政支出　　　　　　　　　　　　　　　　　　100 000
　　贷：财政拨款预算收入　　　　　　　　　　　　　　100 000

【例8-2】7月9日，某事业单位根据经过批准的部门预算和用款计划，向同级财政部门申请支付第三季度水费105 000元。7月19日，财政部门经审核后，以财政直接支付方式向自来水公司支付了该单位的水费105 000元。7月23日，该事业单位收到了"财政直接支付入账通知书"。该单位应做如下账务处理：

财务会计账务处理：
借：单位管理费用　　　　　　　　　　　　　　　　105 000
　　贷：财政拨款收入　　　　　　　　　　　　　　　　105 000
同时进行预算会计账务处理：
借：事业支出　　　　　　　　　　　　　　　　　　105 000
　　贷：财政拨款预算收入　　　　　　　　　　　　　　105 000

【例8-3】20×7年12月31日，某行政单位财政直接支付预算指标数与当年财政直接支付实际支出数之间的差额为100 000元。20×8年年初，财政部门恢复了该单位的财政直接支付额度。20×8年1月15日，该单位以财政直接支付方式购买一批办公用物资（属于20×7年预算指标数），支付给供应商50 000元价款。该行政单位应作如下账务处理。

①20×7年12月31日补记指标：
财务会计账务处理：
借：财政应返还额度——财政直接支付　　　　　　　100 000
　　贷：财政拨款收入　　　　　　　　　　　　　　　　100 000
同时进行预算会计账务处理：
借：资金结存——财政应返还额度　　　　　　　　　100 000
　　贷：财政拨款预算收入　　　　　　　　　　　　　　100 000

②20×8年1月15日，使用20×7年预算指标购买办公用品：
财务会计账务处理：

借：库存物品 50 000
　　贷：财政应返还额度——财政直接支付 50 000
同时进行预算会计账务处理：
借：行政支出 50 000
　　贷：资金结存——财政应返还额度 50 000

2. 财政授权支付方式下，单位根据收到的"财政授权支付额度到账通知书"，按照通知书中的授权支付额度，借记"资金结存——零余额账户用款额度"科目，贷记本科目。

【例8-4】3月10日，某市教育局收到委托代理银行转来的《授权支付到账通知书》，通知已下达授权支付额度800 000元。该单位根据该《授权支付到账通知书》等凭证填制记账凭证。该单位应作如下账务处理：

财务会计账务处理：
借：零余额账户用款额度 800 000
　　贷：财政拨款收入 800 000
同时进行预算会计账务处理：
借：资金结存——零余额账户用款额度 800 000
　　贷：财政拨款预算收入 800 000

年末结转前，单位本年度财政授权支付预算指标数大于零余额账户用款额度下达数的，按照两者差额，借记"资金结存——财政应返还额度"科目，贷记本科目。经此账务处理后，最终使财政拨款预算收入的全年累计金额与预算指标数相一致。

3. 其他方式下，单位按照本期预算收到财政拨款预算收入时，按照实际收到的金额，借记"资金结存——货币资金"科目，贷记本科目。

单位收到下期预算的财政预拨款，应当在下个预算期，按照预收的金额，借记"资金结存——货币资金"科目，贷记本科目。

【例8-5】3月20日，某县一偏僻小学收到县财政拨款50 000元，已收入银行账户。

财务会计账务处理：
借：银行存款 50 000
　　贷：财政拨款收入 50 000
同时进行预算会计账务处理：
借：资金结存——货币资金 50 000
　　贷：财政拨款预算收入 50 000

4. 因差错更正、购货退回等发生国库直接支付款项退回的。属于本年度支付的款项，按照退回金额，借记本科目，贷记"行政支出""事业支出"等科目。

【例8-6】12月1日，某事业单位因质量问题退回上月所购办公用品一批（以国库直接支付方式购买），退款50 000元。根据财政国库支付执行机构委托

代理银行转来的《财政直接支付入账通知书》等凭证填制记账凭证,并编制会计分录:

财务会计账务处理:
借:财政拨款收入　　　　　　　　　　　　50 000
　　贷:业务活动费用　　　　　　　　　　　　　　50 000
同时进行预算会计账务处理:
借:财政拨款预算收入　　　　　　　　　　50 000
　　贷:事业支出　　　　　　　　　　　　　　　　50 000

5. 年末结转。年末,将本科目本年发生额转入财政拨款结转科目,借记本科目,贷记"财政拨款结转——本年收支结转"科目。

第三节　事业预算收入

一、事业预算收入的概念

事业预算收入是指事业单位开展专业业务活动及其辅助活动取得的纳入预算管理的现金流入,也包括事业单位因开展与专业业务密切相关的科研及其辅助活动从非同级政府财政部门取得的经费拨款。由于不同行业的事业单位开展的专业业务活动及其辅助活动的具体内容不尽相同,因此,不同行业事业单位事业预算收入的种类也存在差异。

二、事业预算收入的管理

事业预算收入是事业单位主要的资金来源渠道之一,是事业单位开展专业业务活动及其辅助活动的财力补充和消耗直接补偿,也是事业单位的专业业务活动及其辅助活动具有社会公益性的重要表现。因此,事业单位必须加强对事业预算收入的管理。事业单位的各项事业收入应当全部纳入单位预算,统一核算、统一管理。

三、事业预算收入的核算

预算会计设置"事业预算收入"科目核算事业单位开展专业业务活动及其辅助活动取得的现金流入。事业预算收入科目应当按照事业预算收入类别、项目、来源、《政府收支分类科目》中"支出功能分类科目"相关科目等进行明细核算。对于因开展科研及其辅助活动从非同级政府财政部门取得的经费拨款,应当在本科目下单设"非同级财政拨款"明细科目进行明细核算;事业预算收入中如有专项资金收入，还应按照具体项目进行明细核算。

1. 采用财政专户返还方式管理的事业预算收入，收到从财政专户返还的事业预算收入时，按照实际收到的返还金额，借记"资金结存——货币资金"科目，贷记本科目。

【例8-7】H省某大学收到采用财政专户返还方式管理的学杂费收入1 000万元，其中，学费800万元，住宿费200万元。

财务会计账务处理：

借：银行存款　　　　　　　　　　　　　　　　10 000 000
　　贷：事业收入——学费　　　　　　　　　　　　8 000 000
　　　　　　　——住宿费　　　　　　　　　　　　2 000 000

同时进行预算会计账务处理：

借：资金结存——货币资金　　　　　　　　　　10 000 000
　　贷：事业预算收入——学费　　　　　　　　　　8 000 000
　　　　　　　　——住宿费　　　　　　　　　　　2 000 000

2. 收到其他事业预算收入时，按照实际收到的款项金额，借记"资金结存——货币资金"科目，贷记本科目。

3. 年末，将本科目本年发生额中的专项资金收入转入非财政拨款结转，借记本科目下各专项资金收入明细科目，贷记"非财政拨款结转——本年收支结转"科目；将本科目本年发生额中的非专项资金收入转入其他结余，借记本科目下各非专项资金收入明细科目，贷记"其他结余"科目。

第四节　上级补助预算收入

一、上级补助预算收入的概念

上级补助预算收入是指事业单位从主管部门和上级单位取得的非财政补助现金流入。与财政拨款预算收入不同，上级补助预算收入属于行政事业单位的非常规性收入，性质为非财政资金。财务会计意义上的上级补助收入需全部纳入单位预算管理，在预算会计中平行记入上级补助预算收入账户。

二、上级补助预算收入的核算

预算会计设置"上级补助预算收入"科目核算事业单位从主管部门和上级单位取得的非财政补助现金流入。上级补助预算收入科目应当按照发放补助单位、补助项目、《政府收支分类科目》中"支出功能分类科目"的相关科目等进行明细核算。上级补助预算收入中如有专项资金收入，还应按照具体项目进行明细核算。

1. 收到上级补助预算收入时，按照实际收到的金额，借记"资金结存——货币资金"科目，贷记本科目。

【例8-8】9月8日，某事业单位收到上级单位拨来的弥补事业开支不足的非财政补助专项资金收入500 000元，非专项资金收入300 000元。

财务会计账务处理：
借：银行存款　　　　　　　　　　　　　　　800 000
　　贷：上级补助收入——专项资金　　　　　　500 000
　　　　　　　　　　——非专项资金　　　　　300 000

同时进行预算会计账务处理：
借：资金结存——货币资金　　　　　　　　　800 000
　　贷：上级补助预算收入——专项资金　　　　500 000
　　　　　　　　　　　　——非专项资金　　　300 000

2. 年末，将本科目本年发生额中的专项资金收入转入非财政拨款结转，借记本科目下各专项资金收入明细科目，贷记"非财政拨款结转——本年收支结转"科目。

将本科目本年发生额中的非专项资金收入转入其他结余，借记本科目下各非专项资金收入明细科目，贷记"其他结余"科目。

年末结转后，上级补助预算收入科目应无余额。

第五节　附属单位上缴预算收入

一、附属单位上缴预算收入的概念

附属单位上缴预算收入是指事业单位取得附属独立核算单位根据有关规定上缴并纳入预算管理的现金流入。事业单位的附属独立核算单位可以是事业单位，也可以是企业。事业单位与其附属非独立核算的事业单位通常存在行政隶属关系和预算管理关系；与附属独立核算的企业通常不仅存在投资上的资金联系，而且存在有权任免其管理人员职务、支持或否决其决策等权力联系。事业单位的附属单位上缴收入包括附属的事业单位上缴的收入和附属的企业上缴的利润等。

二、附属单位上缴预算收入的核算

预算会计设置"附属单位上缴预算收入"科目核算事业单位取得附属独立核算单位根据有关规定上缴的现金流入。附属单位上缴预算收入科目应当按照附属单位、缴款项目、《政府收支分类科目》中"支出功能分类科目"的相关科目等进行明细核算。附属单位上缴预算收入中如有专项资金收入，还应按照具体项目进行明细核算。

1. 收到附属单位交来款项时，按照实际收到的金额，借记"资金结存——货币资金"科目，贷记本科目。

2. 年末，将本科目本年发生额中的专项资金收入转入非财政拨款结转，借记本科目下各专项资金收入明细科目，贷记"非财政拨款结转——本年收支结转"科目；将本科目本年发生额中的非专项资金收入转入其他结余，借记本科目下各非专项资金收入明细科目，贷记"其他结余"科目。

年末结转后，附属单位上缴预算收入科目应无余额。

第六节 经营预算收入

一、经营预算收入的概念

经营预算收入是指事业单位在专业业务活动及其辅助活动之外，开展非独立核算经营活动取得的现金流入。事业单位的销售收入、经营服务收入、租赁收入和其他经营收入等应当全部纳入单位预算，实行统一核算和管理。

二、经营预算收入的核算

预算会计设置"经营预算收入"科目核算事业单位在专业业务活动及其辅助活动之外，开展非独立核算经营活动取得的现金流入。经营预算收入科目应当按照经营活动类别、项目、《政府收支分类科目》中"支出功能分类科目"的相关科目等进行明细核算。

年末结转后，经营预算收入科目应无余额。

1. 收到经营预算收入时，按照实际收到的金额，借记"资金结存——货币资金"科目，贷记本科目。

2. 年末，将本科目本年发生额转入经营结余，借记本科目，贷记"经营结余"科目。

【例8-9】某事业单位（为增值税一般纳税人）对外开展经营活动，开具的增值税专用发票上注明的劳务收入为200 000元，增值税税额为12 000元，款项已存入银行。财会部门根据有关凭证应作如下账务处理。

①收到劳务收入时：

财务会计账务处理：

借：银行存款　　　　　　　　　　　　　　　　　　　　　212 000
　　贷：经营收入　　　　　　　　　　　　　　　　　　　　　200 000

应交增值税——应交税金（销项税额）　　　　　　　12 000
同时进行预算会计账务处理：
借：资金结存——货币资金　　　　　　　　　　　212 000
　　贷：经营预算收入　　　　　　　　　　　　　　　　212 000
②实际缴纳增值税时：
财务会计账务处理：
借：应交增值税——应交税金（已交税金）　　　　12 000
　　贷：银行存款　　　　　　　　　　　　　　　　　　12 000
同时进行预算会计账务处理：
借：经营预算支出　　　　　　　　　　　　　　　12 000
　　贷：资金结存——货币资金　　　　　　　　　　　　12 000

第七节　债务预算收入

一、债务预算收入的概念

债务预算收入是指事业单位按照规定从银行和其他金融机构等借入的、纳入部门预算管理的、不以财政资金作为偿还来源的债务本金。事业单位为弥补收支缺口，促进业务顺利开展，经业务主管部门批准或审核备案，从金融机构取得的借款必须纳入单位预算，明确使用计划和开支范围，严格履行还本付息计划。

二、债务预算收入的核算

预算会计设置"债务预算收入"科目核算事业单位按照规定从银行和其他金融机构等借入的、纳入部门预算管理的、不以财政资金作为偿还来源的债务本金。债务预算收入科目应当按照贷款单位、贷款种类、《政府收支分类科目》中"支出功能分类科目"的相关科目等进行明细核算。债务预算收入中如有专项资金收入，还应按照具体项目进行明细核算。

1. 借入各项短期或长期借款时，按照实际借入的金额，借记"资金结存——货币资金"科目，贷记本科目。

【例8-10】年初，为弥补图书馆建设资金不足，某大学经教育、财政等相关业务主管部门备案，向国家开发银行举借3年期的专项资金贷款5 000万元，另向工商银行取得期限3个月流动资金贷款3 000万元。

财务会计账务处理：
借：银行存款　　　　　　　　　　　　　　　80 000 000

>   贷：长期借款——国开行——本金　　　　　　　　　 50 000 000
>   短期借款——工商银行　　　　　　　　　　　　 30 000 000

同时进行预算会计账务处理：
借：资金结存——货币资金　　　　　　　　　　　　　　 80 000 000
　　贷：债务预算收入——专项资金　　　　　　　　　　　 50 000 000
　　　　　　　　　　——非专项资金　　　　　　　　　　 30 000 000

2. 年末，将本科目本年发生额中的专项资金收入转入非财政拨款结转，借记本科目下各专项资金收入明细科目，贷记"非财政拨款结转——本年收支结转"科目；将本科目本年发生额中的非专项资金收入转入其他结余，借记本科目下各非专项资金收入明细科目，贷记"其他结余"科目。

年末结转后，债务预算收入科目应无余额。

【例8-11】承〖例8-10〗，年末该大学将债务预算收入予以结转。
只作预算会计账务处理：
借：债务预算收入——专项资金　　　　　　　　　　　　 50 000 000
　　　　　　　　——非专项资金　　　　　　　　　　　 30 000 000
　　贷：非财政拨款结转——本年收支结转　　　　　　　 50 000 000
　　　　其他结余　　　　　　　　　　　　　　　　　　 30 000 000

第八节　非同级财政拨款预算收入

一、非同级财政拨款预算收入的概念

非同级财政拨款预算收入是指单位从非同级政府财政部门取得的财政拨款，包括本级横向转拨财政款和非本级财政拨款，但不包括对于因开展科研及其辅助活动从非同级政府财政部门取得的经费拨款。

二、非同级财政拨款预算收入的核算

预算会计对其设置"非同级财政拨款预算收入"科目核算单位从非同级政府财政部门取得的财政拨款，包括本级横向转拨财政款和非本级财政拨款。对于因开展科研及其辅助活动从非同级政府财政部门取得的经费拨款，应当通过"事业预算收入——非同级财政拨款"科目进行核算，不通过本科目核算。

非同级财政拨款预算收入科目应当按照非同级财政拨款预算收入的类别、来源、《政府收支分类科目》中"支出功能分类科目"的相关科目等进行明细核算。非同级财政拨款预算收入中如有专项资金收入，还应按照具体项目进行明细核算。

1. 取得非同级财政拨款预算收入时，按照实际收到的金额，借记"资金结存——货币资金"科目，贷记本科目。

【例8-12】某省属大学1月收到农业农村部拨来的一笔中西部高校基础能力建设配套资金1亿元，编制会计分录：

财务会计账务处理：

借：银行存款　　　　　　　　　　　　　　　100 000 000
　　贷：非同级财政拨款收入——专项资金　　　　100 000 000

同时进行预算会计账务处理：

借：资金结存——货币资金　　　　　　　　　100 000 000
　　贷：非同级财政拨款预算收入——专项资金　　100 000 000

【例8-13】承〖例8-12〗，该大学1~12月陆续收到所在市、区教育局拨付的支持地区高校发展一般性支持资金5 000万元，编制会计分录：

财务会计账务处理：

借：银行存款　　　　　　　　　　　　　　　50 000 000
　　贷：非同级财政拨款收入——非专项资金　　　50 000 000

同时进行预算会计账务处理：

借：资金结存——货币资金　　　　　　　　　50 000 000
　　贷：非同级财政拨款预算收入——非专项资金　50 000 000

2. 年末，将本科目本年发生额中的专项资金收入转入非财政拨款结转，借记本科目下各专项资金收入明细科目，贷记"非财政拨款结转——本年收支结转"科目；将本科目本年发生额中的非专项资金收入转入其他结余，借记本科目下各非专项资金收入明细科目，贷记"其他结余"科目。

年末结转后，"非同级财政拨款预算收入"科目应无余额。

第九节　投资预算收益

一、投资预算收益的概念

投资预算收益是指事业单位取得的按照规定纳入部门预算管理的属于投资收益性质的现金流入，包括股权投资收益、出售或收回债券投资所取得的收益和债券投资利息收入。

二、投资预算收益的核算

预算会计设置"投资预算收益"科目核算事业单位取得的按照规定纳入部门预算管理的属于投资收益性质的现金流入，包括股权投资收益、出售或收回债券投资所取得的收益和债券投资利息收入。

投资预算收益科目应当按照《政府收支分类科目》中"支出功能分类科目"的相关科目等进行明细核算。

1. 出售或到期收回本年度取得的短期、长期债券,按照实际取得的价款或实际收到的本息金额,借记"资金结存——货币资金"科目,按照取得债券时"投资支出"科目的发生额,贷记"投资支出"科目,按照其差额,贷记或借记本科目。

【例8-14】11月30日,某事业单位出售其持有的9个月期凭证式国债,购入成本为500 000元,年利率4%。取得售价515 000元,编制如下会计分录:

财务会计账务处理:

借:银行存款　　　　　　　　　　　　　　　　515 000
　　贷:短期投资(成本)　　　　　　　　　　　500 000
　　　　投资收益(贷差)　　　　　　　　　　　 15 000

同时进行预算会计账务处理:

借:资金结存——货币资金　　　　　　　　　　515 000
　　贷:投资支出(投资成本)　　　　　　　　　500 000
　　　　投资预算收益　　　　　　　　　　　　 15 000

出售或到期收回以前年度取得的短期、长期债券,按照实际取得的价款或实际收到的本息金额,借记"资金结存——货币资金"科目,按照取得债券时"投资支出"科目的发生额,贷记"其他结余"科目,按照其差额,贷记或借记本科目。

出售、转让以货币资金取得的长期股权投资的,其账务处理参照出售或到期收回债券投资。

【例8-15】承〖例8-14〗,假如该国债为事业单位上年度买入,取得售价为490 000元,其他条件不变,则编制如下会计分录:

财务会计账务处理:

借:银行存款　　　　　　　　　　　　　　　　490 000
　　投资收益　　　　　　　　　　　　　　　　 10 000
　　贷:短期投资　　　　　　　　　　　　　　 500 000

同时进行预算会计账务处理:

借:资金结存——货币资金　　　　　　　　　　490 000
　　投资预算收益　　　　　　　　　　　　　　 10 000
　　贷:其他结余(投资成本)　　　　　　　　　500 000

2. 持有的短期投资以及分期付息、一次还本的长期债券投资收到利息时,按照实际收到的金额,借记"资金结存——货币资金"科目,贷记本科目。

3. 持有长期股权投资取得被投资单位分派的现金股利或利润时,按照实际收到的金额,借记"资金结存——货币资金"科目,贷记本科目。

4. 出售、转让以非货币性资产取得的长期股权投资时,按照实际取得的价款扣减支付的相关费用和应缴财政款后的余额（按照规定纳入单位预算管理的），借记"资金结存——货币资金"科目，贷记本科目。

5. 年末，将本科目本年发生额转入其他结余，借记或贷记本科目，贷记或借记"其他结余"科目。年末结转后，投资预算收益科目应无余额。

第十节 其他预算收入

一、其他预算收入的概念

其他预算收入是指单位除财政拨款预算收入、事业预算收入、上级补助预算收入、附属单位上缴预算收入、经营预算收入、债务预算收入、非同级财政拨款预算收入、投资预算收益之外的纳入部门预算管理的现金流入，包括捐赠预算收入、利息预算收入、租金预算收入、现金盘盈收入等。

二、其他预算收入的核算

预算会计设置"其他预算收入"科目对捐赠预算收入、利息预算收入、租金预算收入、现金盘盈收入等进行核算。其他预算收入科目应当按照其他收入类别、《政府收支分类科目》中"支出功能分类科目"的相关科目等进行明细核算。其他预算收入中如有专项资金收入，还应按照具体项目进行明细核算。

单位发生的捐赠预算收入、利息预算收入、租金预算收入金额较大或业务较多的，可单独设置"捐赠预算收入""利息预算收入""租金预算收入"等科目。

1. 接受捐赠现金资产、收到银行存款利息、收到资产承租人支付的租金时，按照实际收到的金额，借记"资金结存——货币资金"科目，贷记本科目。

【例 8-16】某大学一百周年校庆共收到校友及社会各方面现金捐赠 1 亿元。
财务会计账务处理：
借：银行存款　　　　　　　　　　　　　　　100 000 000
　　贷：捐赠收入　　　　　　　　　　　　　　　100 000 000
同时进行预算会计账务处理：
借：资金结存——货币资金　　　　　　　　　100 000 000
　　贷：其他预算收入——捐赠收入　　　　　　　100 000 000

2. 每日现金账款核对中如发现现金溢余，按照溢余的现金金额，借记"资金结存——货币资金"科目，贷记本科目。经核实，属于应支付给有关个人和单位的部分，按照实际支付的金额，借记本科目，贷记"资金结存——货币资金"科目。

【例 8-17】某县财政局的财务室出纳经现金盘点发现现金溢余 3 000 元，经核实属于职工张某报账时少领款项。张某因出差在外，3 日后才来财务室将少领款项取走。

①财务发现现金溢余时：

财务会计账务处理：

借：库存现金　　　　　　　　　　　　　　　　3 000
　　贷：待处理财产损溢　　　　　　　　　　　　　　3 000

同时进行预算会计账务处理：

借：资金结存——货币资金　　　　　　　　　　3 000
　　贷：其他预算收入　　　　　　　　　　　　　　　3 000

②3 日后，张某取走款项时：

财务会计账务处理：

借：待处理财产损溢　　　　　　　　　　　　　3 000
　　贷：库存现金　　　　　　　　　　　　　　　　　3 000

同时进行预算会计账务处理：

借：其他预算收入　　　　　　　　　　　　　　3 000
　　贷：资金结存——货币资金　　　　　　　　　　　3 000

3. 收到其他预算收入时，按照收到的金额，借记"资金结存——货币资金"科目，贷记本科目。

4. 年末，将本科目本年发生额中的专项资金收入转入非财政拨款结转，借记本科目下各专项资金收入明细科目，贷记"非财政拨款结转——本年收支结转"科目；将本科目本年发生额中的非专项资金收入转入其他结余，借记本科目下各非专项资金收入明细科目，贷记"其他结余"科目。年末结转后，其他预算收入科目应无余额。

思 考 题

1. 预算收入的确认原则是什么？
2. 财政拨款预算收入的地位是怎样的？
3. 事业预算收入包括哪些种类，具体内容是什么？
4. 事业单位的各种收入为什么都要纳入预算？
5. 债务预算收入与负债有什么关系？
6. 上级补助预算收入与非同级财政拨款预算收入有何区别？

第九章 行政事业单位的预算支出*

【本章预览】

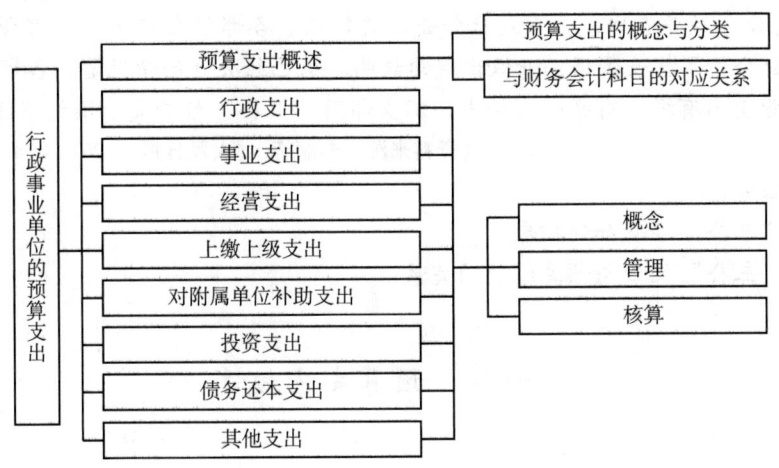

【学习目标】

1. 掌握行政事业单位预算支出的概念与种类
2. 掌握收付实现制确认预算支出的理念与方法
3. 掌握行政事业单位预算支出类各科目的核算方法
4. 弄清楚预算支出类科目与政府财务会计科目的对应关系

【案例导入】

中央各部门公开2018年的预算

4月13日，中央各部门将2018年的预算集中向社会公开。为使公众找得到、看得懂、能监督，今年中央各部门的部门预算除在本部门网站公开外，继续在财政部门户网站设立的"中央预决算公开平台"集中公开。

预算公开的内容与2017年基本一致。公开的主要内容包括收支总表、收入

---

* 本章会计科目与财务会计在业务处理上存在对应关系的，在进行业务核算时，需同时进行财务会计账务处理，具体可查阅财务会计相应章节的内容进行对照学习。

总表、支出总表、财政拨款收支总表、一般公共预算支出表、一般公共预算基本支出表、一般公共预算"三公"经费支出表、政府性基金预算支出表等8张报表，反映部门收支总体情况和财政拨款收支情况。各部门在公开预算报表的同时，还要对机关运行经费、政府采购、国有资产占有使用、预算绩效等重要事项进行说明。

"今年中央部门预算公开的一大亮点，是绩效管理的分量加重了。"中国财政科学研究院副院长白景明表示，《政府工作报告》强调，全面实施绩效管理，使财政资金花得其所、用得安全。今年中央各部门预算中，对支出项目"绩效目标"的公开力度加大了。

"三公"经费支出，一直是社会关注的热点。各部门在"三公"经费支出表中向社会公开了相关数据，并做出解释说明。从已经公开的情况看，各部门"三公"经费支出有增、有减、有持平，不少部门"三公"经费支出继续下降。

(资料来源：李丽辉，《人民日报》，2018年4月16日)

请思考：
1. "三公"经费如何控制？
2. "三公"经费与预算绩效的关系。

第一节　预算支出概述

一、预算支出的概念与分类

行政事业单位预算支出是指会计主体在预算年度内依法发生并纳入预算管理的现金流出。根据《政府会计准则——基本准则》和《政府会计制度》关于预算会计实行收付实现制的规定，行政事业单位的预算支出的核算一律采用收付实现制，即以现金的实际付出为标志来确定本期预算支出的会计核算基础。凡在当期实际付出的现金支出，均应作为当期的预算支出；凡是不属于当期的现金支出，均不应当作为当期的预算支出。一般在实际支付时予以确认，以实际支付的金额予以计量。

行政事业单位的预算支出可以根据支出性质不同分为行政支出、事业支出、经营支出、上缴上级支出、对附属单位补助支出、投资支出、债务还本支出、其他支出等。每一种预算支出的详细内涵、核算范围、核算方法等见相关章节内容。

二、预算支出与财务会计科目的对应关系

因预算会计收付实现的确认基础与财务会计权责发生制的确认基础，导致预算会计支出类科目不仅与财务会计科目的费用类科目间存在一定的对应关系，还

与财务会计资产与负债类科目间存在着对应关系，具体的对应关系如图9-1所示。

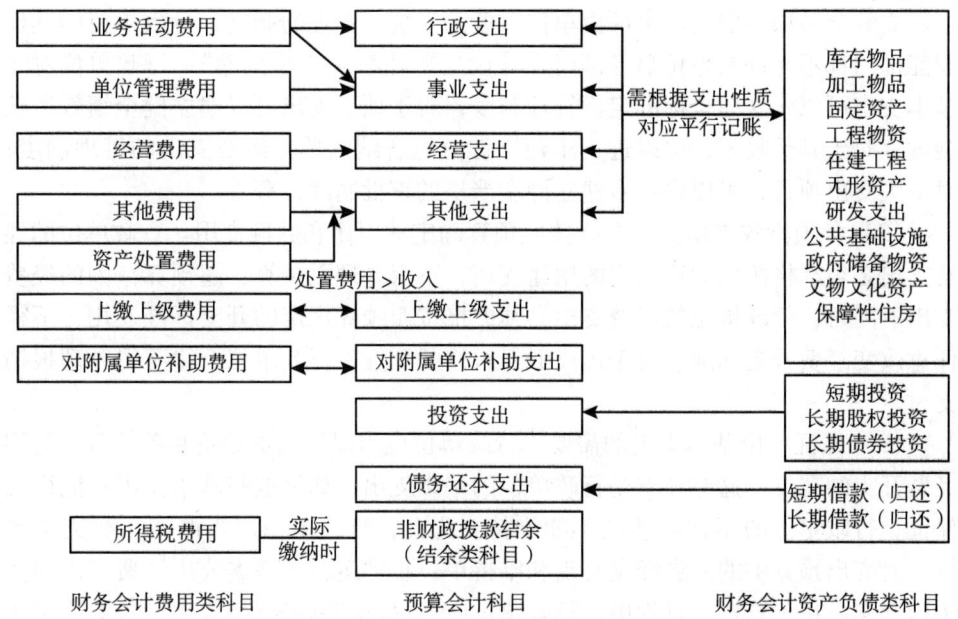

图9-1 预算会计的预算支出类科目与财务会计相关科目的对应关系

第二节 行政支出

一、行政支出的概念

行政支出是指行政单位履行其职责实际发生的各项现金流出形成的基本支出和项目支出。其中，基本支出是指为保障行政机构正常运转和完成日常工作任务发生的支出；项目支出是指为完成特定的工作任务，在基本支出之外发生的支出。

行政支出是行政单位为实现国家管理职能、完成行政任务所必须发生的各项资金耗费，是行政单位组织和领导经济、政治、文化、社会和生态等各项建设，促进社会全面发展的资金保证，其经济性质属于非生产性支出。

二、行政支出的管理

行政支出管理是行政单位预算管理的一项重要内容，也是财政部门或上级主管部门考核行政单位预算执行情况的重要方面。行政单位必须严格按照有关规定，采取切实可行的办法加强对行政支出的管理。

（1）建立健全经费支出的内部管理制度。行政单位应当建立健全一系列经费支出的内部管理制度，对各项经费支出实施严格的制度管理。例如，行政单位应当建立健全各项经费支出全部由单位财务部门统一管理的制度，行政单位的其他职能部门都不允许在单位财务部门之外设立账外账或"小金库"；行政单位对于基本支出可以建立健全标准定额管理制度，对于项目支出可以建立健全绩效考核制度；对于其他收入，可以进一步建立健全综合纳入单位经费支出的管理制度；对重大支出项目，可以进一步建立健全严格的审批制度，等等。

（2）各项行政支出必须严格按照预算确定的用途和数额支用。行政单位的经费支出必须严格按照预算规定的用途支用，不得办理无预算、超预算范围的经费支出。同时，行政单位的经费支出必须严格按照预算规定的开支标准支用，不得任意改变经费开支标准。对于违反财经纪律的开支，行政单位一律不得办理报销支付。

（3）保证单位基本支出的需要。行政单位应当保证人员经费和单位日常公用经费开支的需要。这些开支是行政单位的基本支出，如果这些基本支出不能得到保证，行政单位的正常运转就不能维持。为此，行政单位应当严格执行支出预算，对支出预算中的人员经费支出和维持单位正常运转的基本公用经费支出切实予以落实。在预算执行过程中，行政单位应当尽量控制和压减大型设备的购置和大型会议的召开等方面开支，以努力保证人员经费支出和基本公用经费支出对资金的需要。

（4）注重经费支出绩效。行政单位在办理经费支出时必须注意勤俭节约，既要考虑保证行政任务的顺利完成，又要考虑合理节约地使用各项资金，努力使行政单位的每一笔经费支出都能够达到其应有的效果。

（5）对经费支出的薄弱环节实施重点管理。行政单位应采用积极有效的措施，对诸如人员经费、"三公经费"、会议费等经费支出的薄弱环节实施重点管理。在人员经费管理方面，行政单位应当严格执行编制主管部门核定的人员编制数，不能突破。在"三公经费"管理方面，行政单位应当严格按照经批准的预算开支，不得超预算或无预算安排"三公经费"支出。对于因公出国出境事务，应实行先行审批制度，并实行任务与经费联动审批；对于公务用车购置和运行费用，要严格公务用车编制管理，不得超标准购车，并实行统一保险、定点加油和定点维修制度，严禁公车私用；对于公务接待事务，应当严格规范，减少接待次数，简化接待程序和内容，严格执行公务接待开支标准，执行定点接待、公务卡结算等具体要求。在会议费管理方面，行政单位应当建立健全会议的审批制度，坚持务实、节约、高效的原则，严格控制会议数量、会期和参加会议的人数，尽可能减少会议费支出。

（6）严格项目支出的管理。行政单位的项目支出应当保证专款专用，不得任意改变项目内容或扩大使用范围。行政单位应当为每一专项工作或特定任务单独建账，以单独反映该专项工作或特定任务的资金到位、使用进度和完成结算等情况。对于项目资金的使用及其效益、项目进度及其完成等情况,行政单位应当加强监督,实行绩效考评。

三、行政支出的核算

预算会计设置"行政支出"科目对行政单位履行其职责时实际发生的各项现金流出进行核算。行政支出科目应当分别按照"财政拨款支出""非财政专项资金支出""其他资金支出""基本支出""项目支出"等进行明细核算,并按照《政府收支分类科目》中"支出功能分类科目"的项级科目进行明细核算;"基本支出""项目支出"明细科目下应当按照《政府收支分类科目》中"部门预算支出经济分类科目"的款级科目进行明细核算,同时在"项目支出"明细科目下按照具体项目进行明细核算。

有一般公共预算财政拨款、政府性基金预算财政拨款等两种或两种以上财政拨款的行政单位,还应当在"财政拨款支出"明细科目下按照财政拨款的种类进行明细核算。

对于预付款项,可通过在本科目下设置"待处理"明细科目进行核算,待确认具体支出项目后再转入本科目下相关明细科目。年末结账前,应将本科目"待处理"明细科目余额全部转入本科目下相关明细科目。

1. 支付单位职工薪酬时,按照实际支付的金额,借记本科目,贷记"财政拨款预算收入""资金结存"科目。按照规定代扣代缴个人所得税以及代扣代缴或为职工缴纳职工社会保险费、住房公积金等时,按照实际缴纳的金额,借记本科目,贷记"财政拨款预算收入""资金结存"科目。

【例9-1】5月10日,某市税务局实际发放在职职工工资226 588元,并代扣个人所得税15 974元,5月14日向当地指定税务局缴纳职工个人所得税。工资及个人所得税均以财政直接支付方式支付。

财务会计账务处理:
借:应付职工薪酬　　　　　　　　　　　　　　　242 562
　　贷:财政拨款收入　　　　　　　　　　　　　　　226 588
　　　　其他应交税费——应交个人所得税　　　　　　15 974
同时进行预算会计账务处理:
借:行政支出(按照支付给个人部分)　　　　　　　226 588
　　贷:财政拨款预算收入　　　　　　　　　　　　　226 588
借:行政支出(按照实际缴纳额)　　　　　　　　　　15 974
　　贷:财政拨款预算收入　　　　　　　　　　　　　15 974

2. 支付外部人员劳务费按照实际支付给外部人员个人的金额,借记本科目,贷记"财政拨款预算收入""资金结存"科目。按照规定代扣代缴个人所得税时,按照实际缴纳的金额,借记本科目,贷记"财政拨款预算收入""资金结存"科目。

3. 为购买存货、固定资产、无形资产等以及在建工程支付相关款项时，按照实际支付的金额，借记本科目，贷记"财政拨款预算收入""资金结存"科目。

【例9-2】7月9日，某省政府给机关办公楼采购办公设备一批，设备价值100万元，增值税13万元，通过财政直接支付方式付款。

财务会计账务处理：

借：固定资产　　　　　　　　　　　　　　1 130 000
　　贷：财政拨款收入　　　　　　　　　　　　1 130 000

同时进行预算会计账务处理：

借：行政支出　　　　　　　　　　　　　　1 130 000
　　贷：财政拨款预算收入　　　　　　　　　　1 130 000

4. 发生预付账款时，按照实际支付的金额，借记本科目，贷记"财政拨款预算收入""资金结存"科目。

对于暂付款项，在支付款项时可不做预算会计账务处理，待结算或报销时，按照结算或报销的金额，借记本科目，贷记"资金结存"科目。

5. 发生其他各项支出时，按照实际支付的金额，借记本科目，贷记"财政拨款预算收入""资金结存"科目。

6. 因购货退回等发生款项退回，或者发生差错更正的，属于当年支出收回的，按照收回或更正金额，借记"财政拨款预算收入""资金结存"科目，贷记本科目。

【例9-3】承【例9-2】，7月29日，因该批设备存在质量问题发生退货，省政府收到公司全额退款。

财务会计账务处理：

借：银行存款等　　　　　　　　　　　　　1 170 000
　　贷：固定资产　　　　　　　　　　　　　　1 170 000

同时进行预算会计账务处理：

借：资金结存　　　　　　　　　　　　　　1 170 000
　　贷：行政支出　　　　　　　　　　　　　　1 170 000

7. 年末，将本科目本年发生额中的财政拨款支出转入财政拨款结转，借记"财政拨款结转——本年收支结转"科目，贷记本科目下各财政拨款支出明细科目；将本科目本年发生额中的非财政专项资金支出转入非财政拨款结转，借记"非财政拨款结转——本年收支结转"科目，贷记本科目下各非财政专项资金支出明细科目；将本科目本年发生额中的其他资金支出（非财政非专项资金支出）转入其他结余，借记"其他结余"科目，贷记本科目下其他资金支出明细科目。

年末结转后，行政支出科目应无余额。

第三节　事　业　支　出

一、事业支出的概念

事业支出是指事业单位开展专业业务活动及其辅助活动实际发生的各项现金流出形成的基本支出和项目支出。其中，基本支出是指为保障单位正常运转和完成日常工作任务发生的支出，包括人员经费支出和日常公用经费支出；项目支出是指为完成特定工作任务和事业发展目标，在基本支出之外发生的支出。事业支出是事业单位统筹使用各项事业活动收入发生的支出，是事业单位最主要的支出。

二、事业支出的管理

事业支出管理是事业单位预算管理的重要内容。事业单位应当按照预算管理要求，以及相应事业单位行业财务管理制度、内部控制制度等相关制度的要求，建立健全事业支出管理制度，采取切实可行的办法，加强对事业支出的管理。

（1）严格执行预算管理规定。事业单位应当严格执行国家部门预算管理规定，科学编制并细化单位支出预算，确保预算执行的刚性；国家有关预算制度没有统一规定的，由事业单位自行规定，并报主管部门和财政部门备案。事业单位的规定违反法律制度和国家政策的，由主管部门和财政部门责令改正。

（2）保证基本支出。事业单位应当确保基本支出的发生，以及事业单位的正常运转和完成日常工作任务。基本支出与项目支出不能相互混淆，基本支出中的人员经费和日常公用经费也不能相互混用。事业单位不可以将日常公用经费用于职工福利支出，也不可以将人员经费用于日常公用开支。

（3）专项资金专款专用。事业单位从财政部门和主管部门取得的有指定项目和用途的专项资金，应当专款专用、单独核算，不得挤占和挪用，并按照规定向财政部门或者主管部门报送专项资金使用情况；项目完成后，应当报送专项资金支出决算和使用效果的书面报告，接受财政部门或者主管部门的检查、验收。

（4）按实际发生数列支。事业支出应当按照实际发生数列支，不得虚列虚报，不得以计划数或预算数代替实际发生数。

（5）严格执行国库集中支付制度和政府采购制度。事业单位应当严格执行国库集中支付制度和政府采购制度等有关规定，加强对财政补助资金收支的管理，依法进行政府采购活动。

（6）加强支出绩效管理。事业单位应当加强支出的绩效管理，提高资金使用的有效性。事业单位的项目支出通常需要进行绩效评价。事业单位整体的预算执行情况一般也需要进行绩效评价。事业单位应当按照财政部门和主管部门制定的有关支出绩效评价办法,开展支出绩效评价工作,加强支出绩效管理。

(7) 加强票据管理。事业单位应当依法加强各类票据管理,确保票据来源合法、内容真实、使用正确,不得使用虚假票据。

三、事业支出的核算

预算会计设置"事业支出"科目对事业单位开展专业业务活动及其辅助活动实际发生的各项现金流出进行核算。年末结转后,本科目应无余额。

单位发生教育、科研、医疗、行政管理、后勤保障等活动的,可在本科目下设置相应的明细科目进行核算,或单设"教育支出""科研支出""医疗支出""行政管理支出""后勤保障支出"等一级会计科目进行核算。

事业支出科目应当分别按照"财政拨款支出""非财政专项资金支出""其他资金支出""基本支出""项目支出"等进行明细核算,并按照《政府收支分类科目》中"支出功能分类科目"的相关科目进行明细核算;"基本支出""项目支出"明细科目下应当按照《政府收支分类科目》中"部门预算支出经济分类科目"的款级科目进行明细核算,同时在"项目支出"明细科目下按照具体项目进行明细核算。

有一般公共预算财政拨款、政府性基金预算财政拨款等两种或两种以上财政拨款的事业单位,还应当在"财政拨款支出"明细科目下按照财政拨款的种类进行明细核算。

对于预付款项,可通过在本科目下设置"待处理"明细科目进行明细核算,待确认具体支出项目后再转入本科目下相关明细科目。年末结账前,应将本科目"待处理"明细科目余额全部转入本科目下相关明细科目。

1. 支付单位职工(经营部门职工除外)薪酬向单位职工个人支付薪酬时,按照实际支付的数额,借记本科目,贷记"财政拨款预算收入""资金结存"科目。按照规定代扣代缴个人所得税以及代扣代缴或为职工缴纳职工社会保险费、住房公积金等时,按照实际缴纳的金额,借记本科目,贷记"财政拨款预算收入""资金结存"科目。

【例9-4】20×7年5月,某大学为教职员工发放基本工资600 000元,各类津贴300 000元,按规定应代扣代缴个人所得税30 000元,该单位以国库授权支付方式支付薪酬并上缴代扣的个人所得税。财会部门根据有关凭证,应作如下账务处理。

①计算应付职工薪酬。

只作财务会计账务处理:

借:业务活动费用   900 000
  贷:应付职工薪酬   900 000

②代扣个人所得税。

只作财务会计账务处理：
借：应付职工薪酬　　　　　　　　　　　　　　　　30 000
　　贷：其他应交税费——应交个人所得税　　　　　　　30 000
③实际支付职工薪酬时：
财务会计账务处理：
借：应付职工薪酬　　　　　　　　　　　　　　　　870 000
　　贷：零余额账户用款额度　　　　　　　　　　　　　870 000
同时进行预算会计账务处理：
借：事业支出　　　　　　　　　　　　　　　　　　870 000
　　贷：资金结存——零余额账户用款额度　　　　　　　870 000
④上缴代扣个人所得税时：
财务会计账务处理：
借：其他应交税费——应交个人所得税　　　　　　　30 000
　　贷：零余额账户用款额度　　　　　　　　　　　　　30 000
同时进行预算会计账务处理：
借：事业支出　　　　　　　　　　　　　　　　　　30 000
　　贷：资金结存——零余额账户用款额度　　　　　　　30 000

2. 为专业业务活动及其辅助活动支付外部人员劳务费按照实际支付给外部人员个人的金额，借记本科目，贷记"财政拨款预算收入""资金结存"科目。在按照规定代扣代缴个人所得税时，按照实际缴纳的金额，借记本科目，贷记"财政拨款预算收入""资金结存"科目。

3. 开展专业业务活动及其辅助活动过程中为购买存货、固定资产、无形资产等以及在建工程支付相关款项时，按照实际支付的金额，借记本科目，贷记"财政拨款预算收入""资金结存"科目。

【例9-5】20×8年7月18日，某事业单位（为增值税一般纳税人）经批准购入一台设备，取得的增值税专用发票上注明的设备价款为8 000 000元，增值税税额为1 040 000元，该单位以银行存款支付了相关款项。财会部门根据有关凭证，应做如下账务处理。

20×7年7月18日购入设备时：
财务会计账务处理：
借：固定资产　　　　　　　　　　　　　　　　　　8 000 000
　　应交增值税——应交税金（进项税额）　　　　　624 000
　　　　　　　　——待抵扣进项税额　　　　　　　　416 000
　　贷：银行存款　　　　　　　　　　　　　　　　　　9 040 000
同时进行预算会计账务处理：
借：事业支出　　　　　　　　　　　　　　　　　　9 040 000
　　贷：资金结存——货币资金　　　　　　　　　　　　9 040 000

【例9-6】20×7年3月5日，某事业单位购入物资一批，取得的增值税专用发票上注明的物资价款为 23 400 元。款项尚未支付，当日收到物资，经验收合格后入库。3 月 10 日，该单位以银行存款支付了价款 23 400 元。财会部门根据有关凭证，应做如下账务处理。

①20×7 年 3 月 5 日购入物资时：

只作财务会计账务处理：

借：库存物品   23 400
　　贷：应付账款   23 400

②20×7 年 3 月 10 日支付价款时：

财务会计账务处理：

借：应付账款   23 400
　　贷：银行存款   23 400

同时进行预算会计账务处理：

借：事业支出   23 400
　　贷：资金结存——货币资金   23 400

4. 开展专业业务活动及其辅助活动过程中发生预付账款时，按照实际支付的金额，借记本科目，贷记"财政拨款预算收入""资金结存"科目。

对于暂付款项，在支付款项时可不做预算会计账务处理，待结算或报销时，按照结算或报销的金额，借记本科目，贷记"资金结存"科目。

5. 开展专业业务活动及其辅助活动过程中缴纳的相关税费以及发生的其他各项支出，按照实际支付的金额，借记本科目，贷记"财政拨款预算收入""资金结存"科目。

6. 开展专业业务活动及其辅助活动过程中因购货退回等发生款项退回，或者发生差错更正的，属于当年支出收回的，按照收回或更正金额，借记"财政拨款预算收入""资金结存"科目，贷记本科目。

7. 年末，将本科目本年发生额中的财政拨款支出转入财政拨款结转，借记"财政拨款结转——本年收支结转"科目，贷记本科目下各财政拨款支出明细科目；将本科目本年发生额中的非财政专项资金支出转入非财政拨款结转，借记"非财政拨款结转——本年收支结转"科目，贷记本科目下各非财政专项资金支出明细科目；将本科目本年发生额中的其他资金支出（非财政非专项资金支出）转入其他结余，借记"其他结余"科目，贷记本科目下其他资金支出明细科目。

第四节 经营支出

一、经营支出的概念

经营支出是指事业单位在专业业务活动及其辅助活动之外开展非独立核算经

营活动实际发生的各项现金流出。

二、经营支出的核算

预算会计设置"经营支出"科目对事业单位在专业业务活动及其辅助活动之外开展非独立核算经营活动实际发生的各项现金流出进行核算。经营支出科目应当按照经营活动类别、项目、《政府收支分类科目》中"支出功能分类科目"的项级科目和"部门预算支出经济分类科目"的款级科目等进行明细核算。

对于预付款项，可通过在本科目下设置"待处理"明细科目进行明细核算，待确认具体支出项目后再转入本科目下相关明细科目。年末结账前，应将本科目"待处理"明细科目余额全部转入本科目下相关明细科目。

1. 支付经营部门职工薪酬向职工个人支付薪酬时，按照实际的金额，借记本科目，贷记"资金结存"科目。按照规定代扣代缴个人所得税以及代扣代缴或为职工缴纳职工社会保险费、住房公积金时，按照实际缴纳的金额，借记本科目，贷记"资金结存"科目。

2. 为经营活动支付外部人员劳务费按照实际支付给外部人员个人的金额，借记本科目，贷记"资金结存"科目。

按照规定代扣代缴个人所得税时，按照实际缴纳的金额，借记本科目，贷记"资金结存"科目。

3. 开展经营活动过程中为购买存货、固定资产、无形资产等以及在建工程支付相关款项时，按照实际支付的金额，借记本科目，贷记"资金结存"科目。

4. 开展经营活动过程中发生预付账款时，按照实际支付的金额，借记本科目，贷记"资金结存"科目。对于暂付款项，在支付款项时可不做预算会计账务处理，待结算或报销时，按照结算或报销的金额，借记本科目，贷记"资金结存"科目。

5. 因开展经营活动缴纳的相关税费以及发生的其他各项支出，按照实际支付的金额，借记本科目，贷记"资金结存"科目。

6. 开展经营活动中因购货退回等发生款项退回，或者发生差错更正的，属于当年支出收回的，按照收回或更正金额，借记"资金结存"科目，贷记本科目。

7. 年末，将本科目本年发生额转入经营结余，借记"经营结余"科目，贷记本科目。年末结转后，经营支出科目应无余额。

【例9-7】某事业单位下属非独立核算的附属经营中心12月发生如下经营活动业务。

①计提应发放职工工资费用850 000元。

只作财务会计账务处理：

借：经营费用 850 000
　　贷：应付职工薪酬 850 000

②以银行存款实际支付给职工并代扣个人所得税 20 000 元。

财务会计账务处理：

借：应付职工薪酬 830 000
　　贷：银行存款等 830 000

同时进行预算会计账务处理：

借：经营支出 830 000
　　贷：资金结存 830 000

③实际缴纳税款 20 000 元。

财务会计账务处理：

借：其他应交税费——应交个人所得税 20 000
　　贷：银行存款等 20 000

同时进行预算会计账务处理：

借：经营支出 20 000
　　贷：资金结存 20 000

④为开展生产经营活动购入一批材料，价款为 98 000 元。以银行存款支付。

财务会计账务处理：

借：库存物品 98 000
　　贷：银行存款 98 000

同时进行预算会计账务处理：

借：经营支出 98 000
　　贷：资金结存 98 000

⑤因经营需要领用材料一批，价款为 66 000 元。

只作财务会计账务处理：

借：经营费用 66 000
　　贷：库存物品 66 000

⑥月末，计算缴纳本月应交的城建税及附加为 5 600 元。

只作财务会计账务处理：

借：经营费用 5 600
　　贷：其他应交税费 5 600

⑦月末，对经营活动用固定资产计提折旧 28 000 元，摊销无形资产 16 000 元。

只作财务会计账务处理：

借：经营费用 44 000
　　贷：固定资产累计折旧 28 000
　　　　无形资产累计摊销 16 000

⑧因质量问题，退回今年上月购入并领用的一批原材料，价款为 32 000 元，目前尚未收到。

只作财务会计账务处理：
借：应收账款　　　　　　　　　　　　　　　　32 000
　　贷：库存物品　　　　　　　　　　　　　　　　32 000

第五节　上缴上级支出

一、上缴上级支出的概念

上缴上级支出是指事业单位按照财政部门和主管部门的规定上缴上级单位款项发生的现金流出。事业单位向上级单位上缴的款项属于非财政资金，相应资金通常是事业单位自身取得的事业收入、经营收入和其他收入等。事业单位应当按照财政部门和主管部门的规定，对于取得的有关于业务活动收入或其他收入，按照规定的标准或比例上缴上级单位。事业单位不可以使用其自身取得的财政补助收入用作上缴上级支出。上缴上级支出与附属单位上缴预算收入在上下级单位间的业务内容上形成对应关系。

二、上缴上级支出的核算

预算会计设置"上缴上级支出"科目对事业单位按照财政部门和主管部门的规定上缴上级单位款项发生的现金流出进行核算。上缴上级支出科目应当按照收缴款项单位、缴款项目、《政府收支分类科目》中"支出功能分类科目"的项级科目和"部门预算支出经济分类科目"的款级科目等进行明细核算。

1. 按照规定将款项上缴上级单位的，按照实际上缴的金额，借记本科目，贷记"资金结存"科目。

【例9-8】某公立职业学校按照规定定额上缴上级业务主管部门5万元。
财务会计账务处理：
借：上缴上级费用　　　　　　　　　　　　　　50 000
　　贷：银行存款等　　　　　　　　　　　　　　50 000
同时进行预算会计账务处理：
借：上缴上级支出（实际上缴的金额）　　　　　50 000
　　贷：资金结存——货币资金　　　　　　　　　50 000

2. 年末，将本科目本年发生额转入其他结余，借记"其他结余"科目，贷记本科目。年末结转后，上缴上级支出科目应无余额。

第六节 对附属单位补助支出

一、对附属单位补助支出的概念

对附属单位补助支出是指事业单位用财政拨款预算收入之外的收入对附属单位补助发生的现金流出。事业单位对附属单位的补助款项属于非财政资金，通常是事业单位自身取得的事业收入、经营收入和其他收入，或者是事业单位从其他附属单位取得的附属单位上缴收入等。事业单位使用自有资金对附属单位进行补助，是为了支持附属单位事业的更好发展。事业单位不可以将其自身取得的财政补助收入拨付给附属单位，作为对附属单位的补助。对附属单位补助支出与上级补助预算收入在上下级单位间的业务内容上形成对应关系。

二、对附属单位补助支出的核算

预算会计设置"对附属单位补助支出"科目对事业单位用财政拨款预算收入之外的收入对附属单位补助发生的现金流出进行核算。对附属单位补助支出科目应当按照接受补助单位、补助项目、《政府收支分类科目》中"支出功能分类科目"的项级科目和"部门预算支出经济分类科目"的款级科目等进行明细核算。

1. 发生对附属单位补助支出的，按照实际补助的金额，借记本科目，贷记"资金结存"科目。

【例9-9】某市中心医院对附属的某县医疗机构补助10万元。

财务会计账务处理：

借：对附属单位补助费用——某县医疗机构　　100 000
　　贷：银行存款等　　　　　　　　　　　　　　　100 000

同时进行预算会计账务处理：

借：对附属单位补助支出（实际补助的金额）　100 000
　　贷：资金结存——货币资金　　　　　　　　　　100 000

2. 年末，将本科目本年发生额转入其他结余，借记"其他结余"科目，贷记本科目。年末结转后，对附属单位补助支出科目应无余额。

第七节 投 资 支 出

一、投资支出的概念

投资支出是指事业单位以货币资金对外投资发生的现金流出。事业单位应该在严格遵守国家法律、行政法规,以及财政部门、业务主管部门关于对外投资的有关规定的前提下,本着国有资产保值增值的原则,从历年结余资金中安排投资支出,投资对象仅限于各种期限的国家债券。

二、投资支出的核算

预算会计设置"投资支出"科目对事业单位以货币资金对外投资发生的现金流出进行核算。投资支出科目应当按照投资类型、投资对象、《政府收支分类科目》中"支出功能分类科目"的项级科目和"部门预算支出经济分类科目"的款级科目等进行明细核算。

1. 以货币资金对外投资时,按照投资金额和所支付的相关税费金额的合计数,借记本科目,贷记"资金结存"科目。

2. 出售、对外转让或到期收回本年度以货币资金取得的对外投资的,如果按规定将投资收益纳入单位预算,按照实际收到的金额,借记"资金结存"科目,按照取得投资时"投资支出"科目的发生额,贷记本科目,按照其差额,贷记或借记"投资预算收益"科目;如果按规定将投资收益上缴财政的,按照取得投资时"投资支出"科目的发生额,借记"资金结存"科目,贷记本科目。

出售、对外转让或到期收回以前年度以货币资金取得的对外投资的,如果按规定将投资收益纳入单位预算,按照实际收到的金额,借记"资金结存"科目,按照取得投资时"投资支出"科目的发生额,贷记"其他结余"科目,按照其差额,贷记或借记"投资预算收益"科目;如果按规定将投资收益上缴财政的,按照取得投资时"投资支出"科目的发生额,借记"资金结存"科目,贷记"其他结余"科目。

3. 年末,将本科目本年发生额转入其他结余,借记"其他结余"科目,贷记本科目。年末结转后,投资支出科目应无余额。

【例 9-10】 2×07 年 7 月 1 日,某事业单位以银行存款购入五年期国债 100 000 元,年利率为 3%,按年分期付息,到期还本,付息日为每年 7 月 1 日,最后一年偿还本金并付最后一次利息。财会部门根据有关凭证应做如下账务处理。

① 2×07 年 7 月 1 日购入国债时:

财务会计账务处理:

借:长期债券投资 100 000
    贷:银行存款 100 000
同时进行预算会计账务处理:
借:投资支出 100 000
    贷:资金结存——货币资金 100 000
②年末结转时,只作预算会计账务处理:
借:其他结余 100 000
    贷:投资支出 1 000 000
③2×08~2×12年,每年计提债券利息时:
只作财务会计账务处理:
借:应收利息 3 000
    贷:投资收益 3 000
每年7月1日实际收到利息时:
财务会计账务处理:
借:银行存款 3 000
    贷:应收利息 3 000
同时进行预算会计账务处理:
借:资金结存——货币资金 3 000
    贷:投资预算收益 3 000
④2×21年7月1日,收回债券本息时:
财务会计账务处理:
借:银行存款 103 000
    贷:长期债券投资 100 000
        投资收益 3 000
同时进行预算会计账务处理:
借:资金结存——货币资金 103 000
    贷:其他结余 100 000
        投资预算收益 3 000

第八节 债务还本支出

一、债务还本支出的概念

债务还本支出是指事业单位偿还自身承担的纳入预算管理的,从金融机构举借的债务本金的现金流出。事业单位应加强债务还本付息管理,将还本付息支出纳入单位预算统一管理,还本支出的资金来源必须符合财政预算的相关规定,不得用财政拨款预算收入资金偿还债务。

二、债务还本支出的核算

预算会计设置"债务还本支出"科目对事业单位偿还自身承担的纳入预算管理的,从金融机构举借的债务本金的现金流出进行核算。债务还本支出科目应当按照贷款单位、贷款种类、《政府收支分类科目》中"支出功能分类科目"的项级科目和"部门预算支出经济分类科目"的款级科目等进行明细核算。

1. 偿还各项短期或长期借款时,按照偿还的借款本金,借记本科目,贷记"资金结存"科目。

【例9-11】某事业单位一短期借款到期,归还建设银行贷款本金200万元,利息5万元。

财务会计账务处理:

借:短期借款——本金	2 000 000
应付利息	50 000
贷:银行存款	2 050 000

同时进行预算会计账务处理:

借:债务还本支出——银行贷款	2 000 000
其他支出——利息	50 000
贷:资金结存——货币资金	205 000

2. 年末,将本科目本年发生额转入其他结余,借记"其他结余"科目,贷记本科目。年末结转后,本科目应无余额。

第九节　其他支出

一、其他支出的概念

其他支出是指单位除行政支出、事业支出、经营支出、上缴上级支出、对附属单位补助支出、投资支出、债务还本支出以外的各项现金流出,主要包括利息支出、对外捐赠现金支出、现金盘亏损失、接受捐赠(调入)和对外捐赠(调出)非现金资产发生的税费支出、资产置换过程中发生的相关税费支出、罚没支出等。

二、其他支出的核算

预算会计设置"其他支出"科目对上述内容进行核算。其他支出科目应当按照其他支出的类别,"财政拨款支出""非财政专项资金支出"和"其他资金支出",《政府收支分类科目》中"支出功能分类科目"的项级科目和"部门预算支出经济分类科目"的款级科目等进行明细核算。其他支出中如有专项资金支出，还应按照具体项目进行明细核算。

有一般公共预算财政拨款、政府性基金预算财政拨款等两种或两种以上财政拨款的事业单位，还应当在"财政拨款支出"明细科目下按照财政拨款的种类进行明细核算。单位发生利息支出、捐赠支出等其他支出金额较大或业务较多的，可单独设置"利息支出""捐赠支出"等科目。

1. 利息支出。支付银行借款利息时，按照实际支付金额，借记本科目，贷记"资金结存"科目。

2. 对外捐赠现金资产。对外捐赠现金资产时，按照捐赠金额，借记本科目，贷记"资金结存——货币资金"科目。

3. 现金盘亏损失。每日现金账款核对中如发现现金短缺，按照短缺的现金金额，借记本科目，贷记"资金结存——货币资金"科目。经核实，属于应当由有关人员赔偿的，按照收到的赔偿金额，借记"资金结存——货币资金"科目，贷记本科目。

4. 接受捐赠（无偿调入）和对外捐赠（无偿调出）非现金资产发生的税费支出。接受捐赠（无偿调入）非现金资产发生的归属于捐入方（调入方）的相关税费、运输费等，以及对外捐赠（无偿调出）非现金资产发生的归属于捐出方（调出方）的相关税费、运输费等，按照实际支付金额，借记本科目，贷记"资金结存"科目。

5. 资产置换过程中发生的相关税费支出。资产置换过程中发生的相关税费，按照实际支付金额，借记本科目，贷记"资金结存"科目。

6. 其他支出。发生罚没等其他支出时，按照实际支出金额，借记本科目，贷记"资金结存"科目。

7. 年末，将本科目本年发生额中的财政拨款支出转入财政拨款结转，借记"财政拨款结转——本年收支结转"科目，贷记本科目下各财政拨款支出明细科目；将本科目本年发生额中的非财政专项资金支出转入非财政拨款结转，借记"非财政拨款结转——本年收支结转"科目，贷记本科目下各非财政专项资金支出明细科目；将本科目本年发生额中的其他资金支出（非财政非专项资金支出）转入其他结余，借记"其他结余"科目，贷记本科目下各其他资金支出明细科目。

年末结转后，其他支出科目应无余额。

【例9-12】12月6日，某广播电视事业单位以银行存款支付一笔短期银行借款利息5 600元，支出渠道为非专项资金，适用的政府支出功能分类科目为"文化体育与传媒支出——广播影视——广播"。月末计提时：

只作财务会计账务处理：
借：其他费用——利息　　　　　　　　　　　　　5 600
　　贷：应付利息　　　　　　　　　　　　　　　　　　5 600
实际支付利息时：

财务会计账务处理：
借：应付利息　　　　　　　　　　　　　　　　　　　　　　5 600
　　贷：银行存款　　　　　　　　　　　　　　　　　　　　　　5 600
同时进行预算会计账务处理：
借：其他支出　　　　　　　　　　　　　　　　　　　　　　5 600
　　贷：资金结存——货币资金　　　　　　　　　　　　　　　5 600

【例9-13】12月8日，某广播电视事业单位对外捐赠一笔款项20 000元，以援助受灾地区救灾，款项以银行存款支付，适用的政府支出功能科目为"文化体育与传媒支出—广播影视—电视"。

财务会计账务处理：
借：其他费用——捐赠　　　　　　　　　　　　　　　　　　20 000
　　贷：银行存款　　　　　　　　　　　　　　　　　　　　　20 000
同时进行预算会计账务处理：
借：其他支出　　　　　　　　　　　　　　　　　　　　　　20 000
　　贷：资金结存——货币资金　　　　　　　　　　　　　　　20 000

【例9-14】12月16日，某广播电视事业单位后勤运输部门报销车辆违章罚款费，根据单位规定车辆违章当事人只可报销罚款总金额的60%，其余40%由个人承担。当月共产生罚款金额1 200元。

财务会计账务处理：
借：其他费用——罚没支出　　　　　　　　　　　　　　　　720
　　贷：库存现金　　　　　　　　　　　　　　　　　　　　　720
同时进行预算会计账务处理：
借：其他支出　　　　　　　　　　　　　　　　　　　　　　720
　　贷：资金结存　　　　　　　　　　　　　　　　　　　　　720

【例9-15】12月25日，某广播电视事业单位的后勤管理部门支付由单位统一承担的物业管理费30 000元，款项以银行存款支付，单位预算中属于基本支出预算，使用的资金性质为非专项事业收入资金，即其他资金。

财务会计账务处理：
借：其他费用——物业费　　　　　　　　　　　　　　　　　30 000
　　贷：银行存款　　　　　　　　　　　　　　　　　　　　　30 000
同时进行预算会计账务处理：
借：其他支出　　　　　　　　　　　　　　　　　　　　　　30 000
　　贷：资金结存——货币资金　　　　　　　　　　　　　　　30 000

【例9-16】12月30日，某广播电视事业单位按照应收款项余额百分比法计提坏账准备，年底经计算应补提坏账准备金5万元。

只作财务会计账务处理：
借：其他费用——坏账损失　　　　　　　　　　　　　　　　50 000
　　贷：坏账准备　　　　　　　　　　　　　　　　　　　　　50 000

思 考 题

1. 预算支出的确认原则是什么?
2. 行政支出与事业支出有何区别?
3. 事业支出如何管理?
4. 投资支出与投资的关系是什么?
5. 债务还本支出与负债有什么关系?
6. 预算支出与预算收入有什么相关性?

第十章 行政事业单位的预算结余

【本章预览】

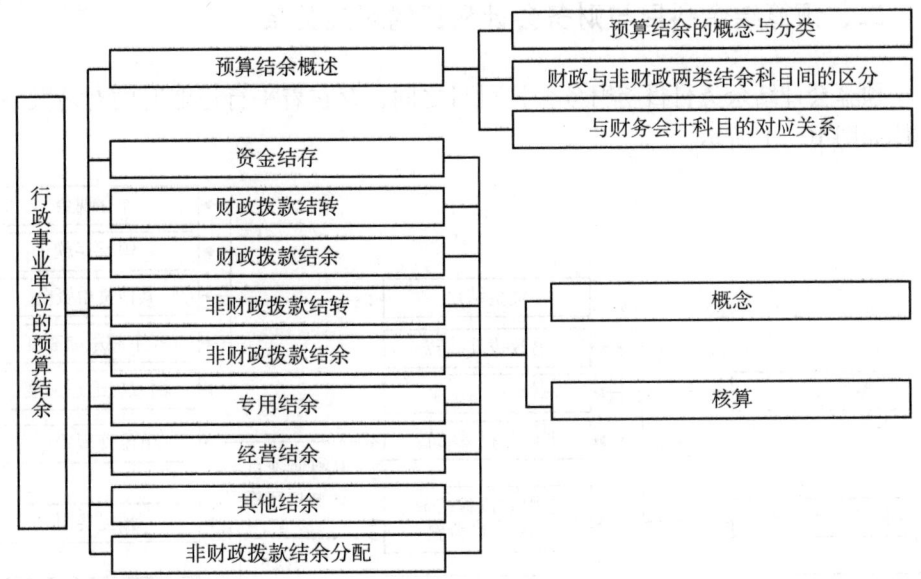

【学习目标】
1. 掌握预算结余的概念、内容及科目设置
2. 清楚财政拨款结转结余与非财政拨款结转结余之间的区别
3. 了解预算结余类科目与财务会计科目间的对应关系
4. 能正确运用预算结余类科目进行平行记账和年终结转

第一节 预算结余概述

一、预算结余的概念与分类

结余是指政府会计主体预算年度内预算收入扣除预算支出后的资金余额,以及历年滚存的资金余额。预算结余主要包括结余资金和结转资金。结余资金是指年度预算执行终了,预算收入实际完成数扣除预算支出和结转资金后剩余的资金,根据资金的性质可分为财政拨款结余资金和非财政拨款结余资金两类。结转资金是指预

算安排项目的支出年终尚未执行完毕或者因故未执行,且下年需要按原用途继续使用的资金,根据资金的性质可分为财政拨款结转资金和非财政拨款结转资金。此外,预算结余还包括资金结存、专用结余、经营结余、其他结余和非财政拨款结余分配等。

单位应当严格区分财政拨款结转结余和非财政拨款结转结余。财政拨款结转结余不参与事业单位的结余分配,单独设置"财政拨款结转"和"财政拨款结余"科目核算。非财政拨款结转结余通过设置"非财政拨款结转""非财政拨款结余""专用结余""经营结余""非财政拨款结余分配"等科目核算。

二、预算结余科目与财务会计科目的对应关系

预算会计结余类科目与财务会计科目之间,存在着平行记账时的对应关系,具体如图10-1所示。

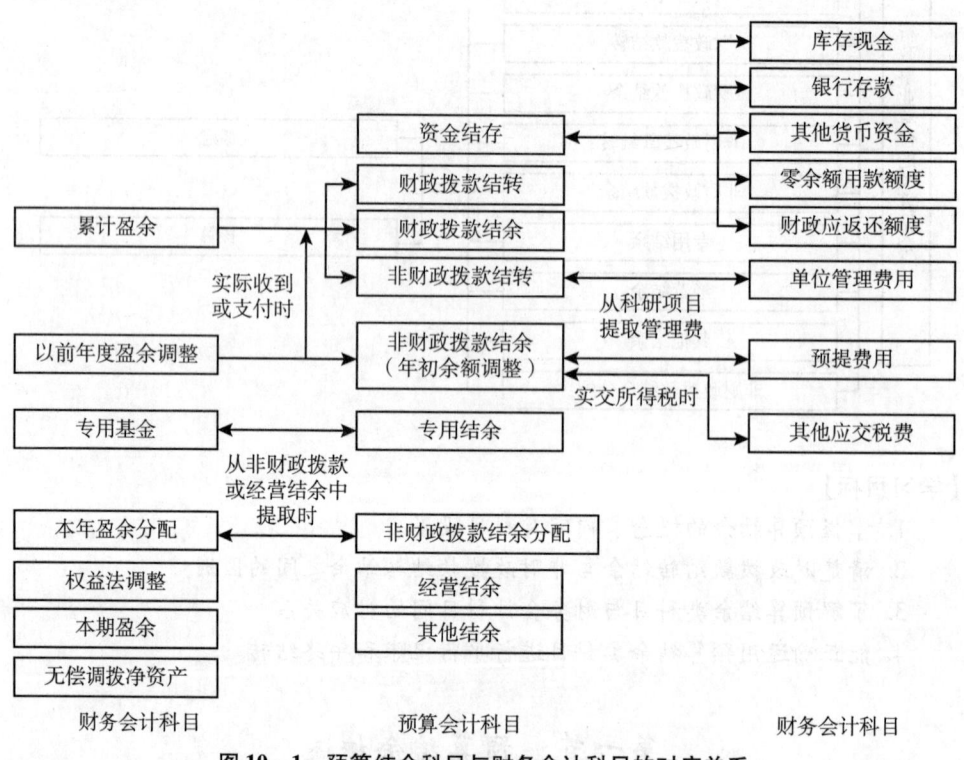

图 10-1 预算结余科目与财务会计科目的对应关系

第二节 资金结存

一、资金结存的概念

资金结存是指为反映单位纳入部门预算管理的资金的流入、流出、调整和滚

存等情况,预算会计对其设置"资金结存"科目进行核算。需要注意的是,资金结存科目并非实质结存类科目,而是政府会计在复式记账法下所创建的一个与预算结余类科目所复式和平衡对应的科目,资金结存自身并没有别的独立的经济含义。

二、资金结存的核算

(一) 资金结存的科目设置

预算会计设置"资金结存"总账科目,并在资金结存科目下设置下列明细科目进行明细核算。

1. 零余额账户用款额度。本明细科目核算实行国库集中支付的单位根据财政部门批复的用款计划收到和支用的零余额账户用款额度。年末结账后,本明细科目应无余额。

2. 货币资金。本明细科目核算单位以库存现金、银行存款、其他货币资金形态存在的资金。本明细科目年末余额在借方,反映单位尚未使用的货币资金。

3. 财政应返还额度。本明细科目核算实行国库集中支付的单位可以使用的以前年度财政直接支付资金额度和财政应返还的财政授权支付资金额度。本明细科目下可设置"财政直接支付""财政授权支付"两个明细科目进行明细核算。本明细科目年末借方余额,反映单位应收财政返还的资金额度。

(二) 资金结存的账务处理

1. 财政授权支付方式下,单位根据代理银行转来的财政授权支付额度到账通知书,按照通知书中的授权支付额度,借记本科目(零余额账户用款额度),贷记"财政拨款预算收入"科目。

【例10-1】2018年3月,某科研所根据经过批准的部门预算和用款计划,向同级财政部门申请财政授权支付用款额度180 000元。4月6日,财政部门经审核后,以财政授权支付方式下达了170 000元用款额度。4月8日,该科研所收到了代理银行转来的"授权支付到账通知书"。该科研所应做如下账务处理:

财务会计账务处理:
借:零余额账户用款额度　　　　　　　　　　170 000
　　贷:财政拨款收入　　　　　　　　　　　　　170 000
同时进行预算会计账务处理:
借:资金结存——零余额账户用款额度　　　　170 000
　　贷:财政拨款预算收入　　　　　　　　　　　170 000

以国库集中支付以外的其他支付方式取得预算收入时,按照实际收到的金额,借记本科目(货币资金),贷记"财政拨款预算收入""事业预算收入""经营预算收入"等科目。

【例10-2】某县一农村初级中学收到县财政拨付的农村义务教育经费保障经费50万元,资金通过银行账户收讫。

财务会计账务处理:

借:银行存款　　　　　　　　　　　　　　　　500 000
　　贷:财政拨款收入　　　　　　　　　　　　　　500 000

同时进行预算会计账务处理:

借:资金结存——货币资金　　　　　　　　　　500 000
　　贷:财政拨款预算收入　　　　　　　　　　　　500 000

2. 财政授权支付方式下,发生相关支出时,按照实际支付的金额,借记"行政支出""事业支出"等科目,贷记本科目(零余额账户用款额度)。

【例10-3】某县统计局报销副局长等一行3人北京出差经费共2万元,以授权支付方式付款。

财务会计账务处理:

借:业务活动费用　　　　　　　　　　　　　　20 000
　　贷:零余额账户用款额度　　　　　　　　　　　20 000

同时进行预算会计账务处理:

借:行政支出　　　　　　　　　　　　　　　　20 000
　　贷:资金结存——零余额账户用款额度　　　　　20 000

从零余额账户提取现金时,借记本科目(货币资金),贷记本科目(零余额账户用款额度)。退回现金时,做相反会计分录。

使用以前年度财政直接支付额度发生支出时,按照实际支付金额,借记"行政支出""事业支出"等科目,贷记本科目(财政应返还额度)。

国库集中支付以外的其他支付方式下,发生相关支出时,按照实际支付的金额,借记"事业支出""经营支出"等科目,贷记本科目(货币资金)。

【例10-4】3月5日,某事业单位补发去年年终奖5万元,用去年未使用完的财政直接支付额度进行支付。

财务会计账务处理:

借:应付职工薪酬　　　　　　　　　　　　　　50 000
　　贷:财政应返还额度　　　　　　　　　　　　　50 000

同时进行预算会计账务处理:

借:事业支出　　　　　　　　　　　　　　　　50 000
　　贷:资金结存——财政应返还额度　　　　　　　50 000

3. 按照规定上缴财政拨款结转结余资金或注销财政拨款结转结余资金额度的,按照实际上缴资金数额或注销的资金额度数额,借记"财政拨款结转——归集上缴"或"财政拨款结余——归集上缴"科目,贷记本科目(财政应返还额度、零余额账户用款额度、货币资金)。

按规定向原资金拨入单位缴回非财政拨款结转资金的,按照实际缴回资金数额,借记"非财政拨款结转——缴回资金"科目,贷记本科目(货币资金)。

收到从其他单位调入的财政拨款结转资金的，按照实际调入资金数额，借记本科目（财政应返还额度、零余额账户用款额度、货币资金），贷记"财政拨款结转——归集调入"科目。

【例 10-5】某高校一科研项目历经三年的精心研究，已经圆满完成计划研究任务达成目标，各项开支也已结束，对应的项目经费尚余下 3 万元未使用完毕。按规定该高校需将该结余经费上缴省财政部门。

财务会计账务处理：
借：累计盈余　　　　　　　　　　　　　　　　30 000
　　贷：零余额账户用款额度　　　　　　　　　　　　30 000
同时进行预算会计账务处理：
借：财政拨款结转——归集上缴　　　　　　　　30 000
　　贷：资金结存——零余额账户用款额度　　　　　　30 000

【例 10-6】某高校按合同约定，将市双创投资中心拨入的支持该校毕业生就业创业工作专项经费结余资金 2 万元原路转回。

财务会计账务处理：
借：累计盈余　　　　　　　　　　　　　　　　20 000
　　贷：银行存款　　　　　　　　　　　　　　　　　20 000
同时进行预算会计账务处理：
借：非财政拨款结转——缴回资金　　　　　　　20 000
　　贷：资金结存——货币资金　　　　　　　　　　　20 000

4. 按照规定使用专用基金时，按照实际支付金额，借记"专用结余"科目（从非财政拨款结转中提取的专用基金）或"事业支出"等科目（从预算收入中计提的专用基金），贷记本科目（货币资金）。

【例 10-7】10 月 9 日，某事业单位动用从结余分配中提取的职工福利基金，给单位全体 70 岁以上退休职工人均发放重阳节节日慰问金 200 元，共计 6 000 元。

财务会计账务处理：
借：专用基金　　　　　　　　　　　　　　　　6 000
　　贷：银行存款等　　　　　　　　　　　　　　　　6 000
同时进行预算会计账务处理：
借：专用结余　　　　　　　　　　　　　　　　6 000
　　贷：资金结存——货币资金　　　　　　　　　　　6 000

5. 因购货退回、发生差错更正等退回国库直接支付、授权支付款项，或者收回货币资金的，属于本年度支付的，借记"财政拨款预算收入"科目或本科目（零余额账户用款额度、货币资金），贷记相关支出科目。

属于以前年度支付的，借记本科目（财政应返还额度、零余额账户用款额度、货币资金），贷记"财政拨款结转""财政拨款结余""非财政拨款结转""非财政拨款结余"科目。

6. 有企业所得税缴纳义务的事业单位缴纳所得税时，按照实际缴纳金额，借记"非财政拨款结余——累计结余"科目,贷记本科目(货币资金)。

7. 年末,根据本年度财政直接支付预算指标数与当年财政直接支付实际支出数的差额,借记本科目(财政应返还额度),贷记"财政拨款预算收入"科目。

年末,单位依据授权支付代理银行提供的对账单作注销额度的相关账务处理,借记本科目(财政应返还额度),贷记本科目(零余额账户用款额度);本年度财政授权支付预算指标数大于零余额账户用款额度下达数的,根据未下达的用款额度,借记本科目(财政应返还额度),贷记"财政拨款预算收入"科目。

下年初,单位依据代理银行提供的额度恢复到账通知书作恢复额度的相关账务处理,借记本科目(零余额账户用款额度),贷记本科目(财政应返还额度)。单位收到财政部门批复的上年末未下达零余额账户用款额度的,借记本科目(零余额账户用款额度),贷记本科目(财政应返还额度)。

【例10-8】12月31日,某事业单位经与代理银行提供的对账单核对无误后,将150 000元零余额账户用款额度予以注销。另外,本年度财政授权支付预算指标数大于零余额账户用款额度下达数,未下达的用款额度为200 000元。20×8年,该单位收到代理银行提供的额度恢复到账通知书及财政部门批复的上年末未下达零余额账户用款额度。该事业单位应做如下账务处理。

①注销额度:

财务会计账务处理:

借:财政应返还额度——财政授权支付　　　　　　　　　150 000
　　贷:零余额账户用款额度　　　　　　　　　　　　　　　　150 000

同时进行预算会计账务处理:

借:资金结存——财政应返还额度　　　　　　　　　　　150 000
　　贷:资金结存——零余额账户用款额度　　　　　　　　　　150 000

②补记指标数:

财务会计账务处理:

借:财政应返还额度——财政授权支付　　　　　　　　　200 000
　　贷:财政拨款收入　　　　　　　　　　　　　　　　　　　200 000

同时进行预算会计账务处理:

借:资金结存——财政应返还额度　　　　　　　　　　　200 000
　　贷:财政拨款预算收入　　　　　　　　　　　　　　　　　200 000

③恢复额度:

财务会计账务处理:

借:零余额账户用款额度　　　　　　　　　　　　　　　150 000
　　贷:财政应返还额度——财政授权支付　　　　　　　　　　150 000

同时进行预算会计账务处理:

借:资金结存——零余额账户用款额度　　　　　　　　　150 000
　　贷:资金结存——财政应返还额度　　　　　　　　　　　　150 000

④收到财政部门批复的上年末未下达的额度:

财务会计账务处理：
借：零余额账户用款额度　　　　　　　　　　　200 000
　　贷：财政应返还额度——财政授权支付　　　　　　　200 000
同时进行预算会计账务处理：
借：资金结存——零余额账户用款额度　　　　　200 000
　　贷：资金结存——财政应返还额度　　　　　　　　　200 000
"资金结存"科目的上述主要账务处理汇总如表10-1所示。

表10-1　　　　　　　　"资金结存"科目主要账务处理汇总

8001 资金结存		财务会计	预算会计
(1) 取得预算收入	财政授权支付方式下	借：零余额账户用款额度 　　贷：财政拨款收入	借：资金结存——零余额账户用款额度 　　贷：财政拨款预算收入
	国库集中支付以外的其他支付方式下	借：银行存款 　　贷：财政拨款收入/事业收入/经营收入等	借：资金结存——货币资金 　　贷：财政拨款预算收入/事业预算收入/经营预算收入等
	从零余额账户提取现金	借：库存现金 　　贷：零余额账户用款额度	借：资金结存——货币资金 　　贷：资金结存——零余额账户用款额度
(2) 发生预算支出时	财政授权支付方式下	借：业务活动费用/单位管理费用/库存物品/固定资产等 　　贷：零余额账户用款额度	借：行政支出/事业支出等 　　贷：资金结存——零余额账户用款额度
	使用以前年度财政直接支付额度	借：业务活动费用/单位管理费用/库存物品/固定资产等 　　贷：财政应返还额度	借：行政支出/事业支出等 　　贷：资金结存——财政应返还额度
	国库集中支付以外的其他方式下	借：业务活动费用/单位管理费用/库存物品/固定资产等 　　贷：银行存款/库存现金等	借：事业支出/经营支出等 　　贷：资金结存——货币资金
(3) 按照规定使用提取的专用基金	一般情况下	借：专用基金 　　贷：银行存款等	使用从非财政拨款结余或经营结余中计提的专用基金 借：专用结余 　　贷：资金结存——货币资金使用 从收入中计提并计入费用的专用基金 借：事业支出等 　　贷：资金结存——货币资金
	购买固定资产、无形资产等	借：固定资产/无形资产等 　　贷：银行存款等 借：专用基金 　　贷：累计盈余	

续表

	8001 资金结存	财务会计	预算会计
(4) 预算结转结余调整	按照规定上缴财政拨款结转结余资金或注销财政拨款结转结余额度的	借：累计盈余 贷：财政应返还额度/零余额账户用款额度/银行存款	借：财政拨款结转——归集上缴/财政拨款结余——归集上缴 贷：资金结存——财政应返还额度/零余额账户用款额度/货币资金
	按照规定缴回非财政拨款结转资金的	借：累计盈余 贷：银行存款	借：非财政拨款结转——缴回资金 贷：资金结存——货币资金
	收到调入的财政拨款结转资金的	借：财政应返还额度/零余额账户用款额度/银行存款 贷：累计盈余	借：资金结存——财政应返还额度/零余额账户用款额度/货币资金 贷：财政拨款结转——归集调入
(5) 因购货退回、发生差错更正等退回国库直接支付、授权支付款项，或者收回货币资金的	属于本年度的	借：财政拨款收入/零余额账户用款额度/银行存款等 贷：业务活动费用/库存物品等	借：财政拨款预算收入/资金结存——零余额账户用款额度、货币资金 贷：行政支出/事业支出等
	属于以前年度的	借：财政应返还额度/零余额账户用款额度/银行存款等 贷：以前年度盈余调整	借：资金结存——财政应返还额度/零余额账户用款额度/货币资金 贷：财政拨款结转/财政拨款结余/非财政拨款结转/非财政拨款结余（年初余额调整）
(6)	有企业所得税缴纳义务的事业单位实际缴纳企业所得税时	借：其他应交税费——单位应交所得税 贷：银行存款等	借：非财政拨款结余——累计结余 贷：资金结存——货币资金
(7) 年末确认未下达的财政用款额度	财政直接支付方式	借：财政应返还额度——财政直接支付 贷：财政拨款收入	借：资金结存——财政应返还额度 贷：财政拨款预算收入
	财政授权支付方式	借：财政应返还额度——财政授权支付 贷：财政拨款收入	

续表

8001 资金结存		财务会计	预算会计
(8)	年末注销零余额账户用款额度	借：财政应返还额度——财政授权支付 贷：零余额账户用款额度	借：资金结存——财政应返还额度 贷：资金结存——零余额账户用款额度
	下年初，恢复零余额账户用款额度或收到上年末未下达的零余额账户用款额度的	借：零余额账户用款额度 贷：财政应返还额度——财政授权支付	借：资金结存——零余额账户用款额度 贷：资金结存——财政应返还额度

第三节 财政拨款结转

一、财政拨款结转的概念

财政拨款结转反映单位取得的同级财政拨款结转资金的调整、结转和滚存情况。财政拨款结转资金，是指当年支出预算已执行但尚未完成，或因故未执行，下年需按原用途继续使用的财政拨款资金。

二、财政拨款结转的核算

（一）财政拨款结转的科目设置

预算会计设置"财政拨款结转"总账科目，并在财政拨款结转科目下设置下列明细科目进行明细核算。

1. 年初余额调整。与会计差错更正、以前年度支出收回相关的明细科目"年初余额调整"：本明细科目核算因发生会计差错更正、以前年度支出收回等原因，需要调整财政拨款结转的金额。年末结账后，本明细科目应无余额。

2. 与财政拨款调拨业务相关的明细科目。

（1）归集调入。本明细科目核算按照规定从其他单位调入财政拨款结转资金时，实际调增的额度数额或调入的资金数额。

（2）归集调出。本明细科目核算按照规定向其他单位调出财政拨款结转资金时，实际调减的额度数额或调出的资金数额。

（3）归集上缴。本明细科目核算按照规定上缴财政拨款结转资金时，实际核销的额度数额或上缴的资金数额。

（4）单位内部调剂。本明细科目核算经财政部门批准对财政拨款结余资金改变用途，调整用于本单位其他未完成项目等的调整金额。

3. 与年末财政拨款结转业务相关的明细科目。

（1）本年收支结转。本明细科目核算单位本年度财政拨款收支相抵后的余额。年末结账后，本明细科目应无余额。

（2）累计结转。本明细科目核算单位滚存的财政拨款结转资金。本明细科目年末贷方余额，反映单位财政拨款滚存的结转资金数额。

本科目还应当设置"基本支出结转""项目支出结转"两个明细科目，并在"基本支出结转"明细科目下按照"人员经费""日常公用经费"进行明细核算，在"项目支出结转"明细科目下按照具体项目进行明细核算；同时，本科目还应按照《政府收支分类科目》中"支出功能分类科目"的相关科目进行明细核算。

有一般公共预算财政拨款、政府性基金预算财政拨款等两种或两种以上财政拨款的，还应当在本科目下按照财政拨款的种类进行明细核算。

（二）财政拨款结转的主要账务处理

1. 与会计差错更正、以前年度支出收回相关的账务处理。

（1）因发生会计差错更正退回以前年度国库直接支付、授权支付款项或财政性货币资金，或者因发生会计差错更正增加以前年度国库直接支付、授权支付支出或财政性货币资金支出，属于以前年度财政拨款结转资金的，借记或贷记"资金结存——财政应返还额度、零余额账户用款额度、货币资金"科目，贷记或借记本科目（年初余额调整）。

【例10-9】1月25日，某行政单位发现去年11月2日一笔支付给某公司的货款账务处理有错误。该笔货款实际金额为5 000元，财务误列行政支出——财政拨款50 000元，并以财政直接支付方式付款50 000元。现将货款予以追回并进行账务更正。

财务会计账务处理：

借：财政应返还额度　　　　　　　　　　　　　　　　　45 000
　　贷：以前年度盈余调整　　　　　　　　　　　　　　45 000

同时进行预算会计账务处理：

借：资金结存——财政应返还额度　　　　　　　　　　　45 000
　　贷：财政拨款结转——年初余额调整　　　　　　　　45 000

（2）因购货退回、预付款项收回等发生以前年度支出又收回国库直接支付、授权支付款项或收回财政性货币资金，属于以前年度财政拨款结转资金的，借记"资金结存——财政应返还额度、零余额账户用款额度、货币资金"科目，贷记本科目（年初余额调整）。

【例10-10】某高校为采购办公设备一批已于去年12月预付给供应商5万元，支付方式为授权支付，并列作事业支出——财政拨款。2月10日，供应商以货源不足无法及时供应为由将预付款全额退回，该高校作如下预算会计账务处理：

财务会计账务处理：

借：零余额账户用款额度 50 000
　　贷：以前年度盈余调整 50 000
同时进行预算会计账务处理：
借：资金结存——零余额账户用款额度 50 000
　　贷：财政拨款结转——年初余额调整 50 000

2. 与财政拨款结转结余资金调整业务相关的账务处理。

（1）按照规定从其他单位调入财政拨款结转资金的，按照实际调增的额度数额或调入的资金数额，借记"资金结存——财政应返还额度、零余额账户用款额度、货币资金"科目，贷记本科目（归集调入）。

【例10-11】某行政单位收到一笔财政授权支付额度6万元，为本级财政从其他单位调入给本单位的财政拨款结转资金。

财务会计账务处理：
借：零余额账户用款额度 60 000
　　贷：累计盈余 60 000
同时进行预算会计账务处理：
借：资金结存——零余额账户用款额度 60 000
　　贷：财政拨款结转——归集调入 60 000

（2）按照规定向其他单位调出财政拨款结转资金的，按照实际调减的额度数额或调出的资金数额，借记本科目（归集调出），贷记"资金结存——财政应返还额度、零余额账户用款额度、货币资金"科目。

【例10-12】承〖例10-11〗，对应的调出单位则应编制如下分录：

财务会计账务处理：
借：累计盈余 60 000
　　贷：零余额账户用款额度 60 000
同时进行预算会计账务处理：
借：财政拨款结转——归集调出 60 000
　　贷：资金结存——零余额账户用款额度 60 000

（3）按照规定上缴财政拨款结转资金或注销财政拨款结转资金额度的，按照实际上缴资金数额或注销的资金额度数额，借记本科目（归集上缴），贷记"资金结存——财政应返还额度、零余额账户用款额度、货币资金"科目。

【例10-13】某县税务局根据规定将一笔财政拨款结转资金10 000元上缴给县财政局，资金的支付方式为财政直接支付。

财务会计账务处理：
借：累计盈余 10 000
　　贷：财政应返还额度 10 000
同时进行预算会计账务处理：
借：财政拨款结转——归集上缴 10 000
　　贷：资金结存——财政应返还额度 10 000

(4) 经财政部门批准对财政拨款结余资金改变用途,调整用于本单位基本支出或其他未完成项目支出的,按照批准调剂的金额,借记"财政拨款结余——单位内部调剂"科目,贷记本科目(单位内部调剂)。

3. 与年末财政拨款结转和结余业务相关的账务处理。

(1) 年末,将财政拨款预算收入本年发生额转入本科目,借记"财政拨款预算收入"科目,贷记本科目(本年收支结转);将各项支出中财政拨款支出本年发生额转入本科目,借记本科目(本年收支结转),贷记各项支出(财政拨款支出)科目。

【例10-14】20×7年12月31日,财政部门拨付某事业单位基本支出补助4 000 000元、项目补助1 000 000元,"事业支出"科目下"财政拨款支出(基本支出)""财政拨款支出(项目支出)"明细科目的当期发生额分别为4 000 000元和800 000元。年末该事业单位将本月财政拨款收入和支出结转,应做如下账务处理(只作预算会计账务处理)。

①结转财政拨款收入:

借:财政拨款预算收入——基本支出　　　　　　　4 000 000
　　　　　　　　　　——项目支出　　　　　　　1 000 000
　　贷:财政拨款结转——本年收支结转——基本支出结转　4 000 000
　　　　　　　　　　　　　　　　　　——项目支出结转　1 000 000

②结转财政拨款支出:

借:财政拨款结转——本年收支结转——基本支出结转　4 000 000
　　　　　　　　　　　　　　　　——项目支出结转　　800 000
　　贷:事业支出——财政拨款支出(基本支出)　　　　4 000 000
　　　　　　　——财政拨款支出(项目支出)　　　　　　800 000

(2) 年末冲销有关明细科目余额。将本科目(本年收支结转、年初余额调整、归集调入、归集调出、归集上缴、单位内部调剂)余额转入本科目(累计结转)。结转后,本科目除"累计结转"明细科目外,其他明细科目应无余额。

【例10-15】某事业单位进行年终结账,其中财政拨款结转各明细账余额情况:年初余额调整贷方90 000元,本年收支结转贷方200 000元,单位内部调剂贷方150 000元,归集上缴借方10 000元,归集调出借方50 000元(只作预算会计账务处理)。

借:财政拨款结转——年初余额调整　　　　　　　90 000
　　　　　　　　——本年收支结转　　　　　　200 000
　　　　　　　　——单位内部调剂　　　　　　150 000
　　贷:财政拨款结转——累计结转　　　　　　　440 000
借:财政拨款结转——累计结转　　　　　　　　　60 000
　　贷:财政拨款结转——归集上缴　　　　　　　10 000
　　　　　　　　　　——归集调出　　　　　　　50 000

(3) 年末完成上述结转后,应当对财政拨款结转各明细项目执行情况进行分析，按照有关规定将符合财政拨款结余性质的项目余额转入财政拨款结余，借记本科目（累计结转），贷记"财政拨款结余——结转转入"科目。

"财政拨款结转"科目的上述主要账务处理汇总如表10-2所示。

表10-2　　　　　　"财政拨款结转"科目主要账务处理汇总

			累计盈余	8101 财政拨款结转
(1)	因会计差错更正、购货退回、预付款项收回等发生以前年度调整事项	调整增加相关资产	借：零余额账户用款额度/银行存款等 贷：以前年度盈余调整	借：资金结存——零余额账户用款额度/货币资金等 贷：财政拨款结转——年初余额调整
		因会计差错更正调整减少相关资产	借：以前年度盈余调整 贷：零余额账户用款额度/银行存款等	借：财政拨款结转——年初余额调整 贷：资金结存——零余额账户用款额度/货币资金等
(2)	从其他单位调入财政拨款结转资金	按照实际调增的额度数额或调入的资金数额	借：财政应返款额度/零余额账户用款额度/银行存款 贷：累计盈余	借：资金结存——财政应返还额度/零余额账户用款额度/货币资金 贷：财政拨款结转——归集调入
(3)	向其他单位调出财政拨款结转资金	按照实际调减的额度数额或调减的资金数额	借：累计盈余 贷：财政应返还额度/零余额账户用款额度/银行存款	借：财政拨款结转——归集调出 贷：资金结存——财政应返还额度/零余额账户用款额度/货币资金
(4)	按照规定上缴财政拨款结转资金或注销财政拨款结转额度	按照实际上缴资金数额或注销的资金额度	借：累计盈余 贷：财政应返还额度/零余额账户用款额度/银行存款	借：财政拨款结转——归集上缴 贷：资金结存——财政应返还额度/零余额账户用款额度/货币资金
(5)	单位内部调剂财政拨款结余资金	按照调整的金额	—	借：财政拨款结余——单位内部调剂 贷：财政拨款结转——单位内部调剂
(6)	年末结转	结转财政拨款预算收入	—	借：财政拨款预算收入 贷：财政拨款结转——本年收支结转
		结转财政拨款预算支出	—	借：财政拨款结转——本年收支结转 贷：行政支出/事业支出等（财政拨款支出部分）

续表

		累计盈余	8101 财政拨款结转
(7)	年末冲销本科目有关明细科目余额	—	借：财政拨款结转——年初余额调整（该明细科目为贷方余额时）/归集调入/单位内部调剂/本年收支结转（该明细科目为贷方余额时） 贷：财政拨款结转——累计结转 借：财政拨款结转——累计结转 贷：财政拨款结转——归集上缴/年初余额调整（该明细科目为借方余额时）/归集调出/本年收支结转（该明细科目为借方余额时）
(8)	转入财政拨款结余	按照有关规定将符合财政拨款结余性质的项目余额转入财政拨款结余	—	借：财政拨款结转——累计结转 贷：财政拨款结转——结转转入

第四节 财政拨款结余

一、财政拨款结余的概念

财政拨款结余反映单位取得的同级财政拨款项目支出结余资金的调整、结转和滚存情况。财政拨款结余资金是指年度预算执行终了，预算收入实际完成数扣除预算支出和结转资金后剩余的资金。

二、财政拨款结余的核算

（一）财政拨款结余的科目设置

预算会计设置"财政拨款结余"总账科目，并在财政拨款结余科目下设置下列明细科目进行明细核算。

1. 年初余额调整。与会计差错更正、以前年度支出收回相关的明细科目"年初余额调整"：本明细科目核算因发生会计差错更正、以前年度支出收回等原因，需要调整财政拨款结余的金额。年末结账后，本明细科目应无余额。

2. 与财政拨款结余资金调整业务相关的明细科目。

（1）归集上缴。本明细科目核算按照规定上缴财政拨款结余资金时，实际核销的额度数额或上缴的资金数额。年末结账后，本明细科目应无余额。

（2）单位内部调剂。本明细科目核算经财政部门批准对财政拨款结余资金改变用途，调整用于本单位其他未完成项目等的调整金额。年末结账后，本明细科目应无余额。

3. 与年末财政拨款结余业务相关的明细科目。

（1）结转转入。本明细科目核算单位按照规定转入财政拨款结余的财政拨款结转资金。年末结账后，本明细科目应无余额。

（2）累计结余。本明细科目核算单位滚存的财政拨款结余资金。本明细科目年末贷方余额，反映单位财政拨款滚存的结余资金数本科目还应当按照具体项目、《政府收支分类科目》中"支出功能分类科目"的相关科目等进行明细核算。有一般公共预算财政拨款、政府性基金预算财政拨款等两种或两种以上财政拨款的，还应当在本科目下按照财政拨款的种类进行明细核算。

（二）财政拨款结余的主要账务处理

1. 与会计差错更正、以前年度支出收回相关的账务处理。

（1）因发生会计差错更正退回以前年度国库直接支付、授权支付款项或财政性货币资金，或者因发生会计差错更正增加以前年度国库直接支付、授权支付支出或财政性货币资金支出，属于以前年度财政拨款结余资金的，借记或贷记"资金结存——财政应返还额度、零余额账户用款额度、货币资金"科目，贷记或借记本科目（年初余额调整）。

（2）因购货退回、预付款项收回等发生以前年度支出又收回国库直接支付、授权支付款项或收回财政性货币资金，属于以前年度财政拨款结余资金的，借记"资金结存——财政应返还额度、零余额账户用款额度、货币资金"科目，贷记本科目（年初余额调整）。

2. 与财政拨款结余资金调整业务相关的账务处理。

（1）经财政部门批准对财政拨款结余资金改变用途，调整用于本单位基本支出或其他未完成项目支出的，按照批准调剂的金额，借记本科目（单位内部调剂），贷记"财政拨款结转——单位内部调剂"科目。

（2）按照规定上缴财政拨款结余资金或注销财政拨款结余资金额度的，按照实际上缴资金数额或注销的资金额度数额，借记本科目（归集上缴），贷记"资金结存——财政应返还额度、零余额账户用款额度、货币资金"科目。

3. 与年末财政拨款结转和结余业务相关的账务处理。

（1）年末，对财政拨款结转各明细项目执行情况进行分析，按照有关规定将符合财政拨款结余性质的项目余额转入财政拨款结余，借记"财政拨款结转——累计结转"科目，贷记本科目（结转转入）。

(2) 年末冲销有关明细科目余额。将本科目（年初余额调整、归集上缴、单位内部调剂、结转转入）余额转入本科目（累计结余）。结转后，本科目除"累计结余"明细科目外，其他明细科目应无余额。

【例10-16】年末，某事业单位完成财政拨款收支结转后，对财政拨款各明细项目进行分析，按照有关规定将某项目结余资金45 000元转入财政拨款结余，该单位只需进行预算会计账务处理。

  借：财政拨款结转——累计结转——项目支出结转 45 000
    贷：财政拨款结余——结转转入   45 000

"财政拨款结余"科目的上述主要账务处理汇总如表10-3所示。

表10-3   "财政拨款结余"科目主要账务处理汇总

8102 财政拨款结余		财务会计	预算会计
(1) 因购货退回、会计差错更正等发生以前年度调整事项	调整增加相关资产	借：零余额账户用款额度/银行存款等 贷：以前年度盈余调整	借：资金结存——零余额账户用款额度/货币资金等 贷：财政拨款结余——年初余额调整
	因会计差错更正调整减少相关资产	借：以前年度盈余调整 贷：零余额账户用款额度/银行存款等	借：财政拨款结余——年初余额调整 贷：资金结存——零余额账户用款额度/货币资金等
(2) 按照规定上缴财政拨款结余资金或注销财政拨款结余额度	按照实际上缴资金数额或注销的资金额度	借：累计盈余 贷：财政应返还额度/零余额账户用款额度/银行存款	借：财政拨款结余——归集上缴 贷：资金结存——财政应返还额度/零余额账户用款额度/货币资金
(3) 单位内部调剂财政拨款结余资金	按照调整的金额	—	借：财政拨款结余——单位内部调剂 贷：财政拨款结余——单位内部调剂
(4) 年末，转入财政拨款结余	按照有关规定将符合财政拨款结余性质的项目余额转入财政拨款结余	—	借：财政拨款结转——累计结转 贷：财政拨款结余——结转转入
(5) 年末冲销本科目有关明细科目余额		—	借：财政拨款结余——年初余额调整（该明细科目为贷方余额时） 贷：财政拨款结余——累计结余 借：财政拨款结余——累计结余 贷：财政拨款结余——年初余额调整（该明细科目为借方余额时） ——归集上缴 ——单位内部调剂 借：财政拨款结余——结转转入 贷：财政拨款结余——累计结余

第五节 非财政拨款结转

一、非财政拨款结转的概念

非财政拨款结转反映单位除财政拨款收支、经营收支以外各非同级财政拨款专项资金的调整、结转和滚存情况。

二、非财政拨款结转的核算

(一) 非财政拨款结转的科目设置

预算会计设置"非财政拨款结转"总账科目,并在非财政拨款结转科目下设置下列明细科目进行明细核算。

1. 年初余额调整。本明细科目核算因发生会计差错更正、以前年度支出收回等原因,需要调整非财政拨款结转的资金。年末结账后,本明细科目应无余额。

2. 缴回资金。本明细科目核算按照规定缴回非财政拨款结转资金时,实际缴回的资金数额。年末结账后,本明细科目应无余额。

3. 项目间接费用或管理费。本明细科目核算单位取得的科研项目预算收入中,按照规定计提项目间接费用或管理费的数额。年末结账后,本明细科目应无余额。

4. 本年收支结转。本明细科目核算单位本年度非同级财政拨款专项收支相抵后的余额。年末结账后,本明细科目应无余额。

5. 累计结转。本明细科目核算单位滚存的非同级财政拨款专项结转资金。本明细科目年末贷方余额,反映单位非同级财政拨款滚存的专项结转资金数额。

本科目还应当按照具体项目、《政府收支分类科目》中"支出功能分类科目"的相关科目等进行明细核算。

(二) 非财政拨款结转的主要账务处理

1. 按照规定从科研项目预算收入中提取项目管理费或间接费时,按照提取金额,借记本科目(项目间接费用或管理费),贷记"非财政拨款结余——项目间接费用或管理费"科目。

【例10-17】某高校根据学校规定,从刚到账的某教授负责的××科研项目预算收入中按5%的比例提取项目管理费,金额5 000元。

财务会计账务处理如下:

借:单位管理费用　　　　　　　　　　　　　　5 000

贷：预提费用——项目间接费用或管理费　　　　　　　　　5 000
　　借：非财政拨款结转——项目间接费用或管理费　　　　　　5 000
　　　　贷：非财政拨款结余——项目间接费用或管理费　　　　　5 000

2. 因会计差错更正收到或支出非同级财政拨款货币资金，属于非财政拨款结转资金的，按照收到或支出的金额，借记或贷记"资金结存——货币资金"科目，贷记或借记本科目（年初余额调整）。

因收回以前年度支出等收到非同级财政拨款货币资金，属于非财政拨款结转资金的，按照收到的金额，借记"资金结存——货币资金"科目，贷记本科目（年初余额调整）。

【例10-18】2月25日，某行政单位发现去年12月2日一笔支付给某公司的货款账务处理有错误。该笔货款实际金额为5 000元，财务误列行政支出——非财政拨款50 000元，并以银行存款支付50 000元。现将货款予以追回并进行账务更正。

　　财务会计账务处理：
　　借：银行存款等　　　　　　　　　　　　　　　　　　　45 000
　　　　贷：以前年度盈余调整　　　　　　　　　　　　　　　45 000
　　同时进行预算会计账务处理：
　　借：资金结存——货币资金　　　　　　　　　　　　　　45 000
　　　　贷：非财政拨款结转——年初余额调整　　　　　　　　45 000

3. 按照规定缴回非财政拨款结转资金的，按照实际缴回资金数额，借记本科目（缴回资金），贷记"资金结存——货币资金"科目。

【例10-19】某高校按合同约定，将市双创投资中心拨入的支持该校毕业生就业创业工作专项经费结余资金2万元原路转回。

　　财务会计账务处理：
　　借：累计盈余　　　　　　　　　　　　　　　　　　　　20 000
　　　　贷：银行存款等　　　　　　　　　　　　　　　　　　20 000
　　同时进行预算会计账务处理：
　　借：非财政拨款结转——缴回资金　　　　　　　　　　　20 000
　　　　贷：资金结存——货币资金　　　　　　　　　　　　　20 000

4. 年末，将事业预算收入、上级补助预算收入、附属单位上缴预算收入、非同级财政拨款预算收入、债务预算收入、其他预算收入本年发生额中的专项资金收入转入本科目，借记"事业预算收入""上级补助预算收入""附属单位上缴预算收入""非同级财政拨款预算收入""债务预算收入""其他预算收入"科目下各专项资金收入明细科目，贷记本科目（本年收支结转）；将行政支出、事业支出、其他支出本年发生额中的非财政拨款专项资金支出转入本科目，借记本科目（本年收支结转），贷记"行政支出""事业支出""其他支出"科目下各非财政拨款专项资金支出明细科目。

【例10-20】年终结账时，某部属院校账上涉及非财政拨款专项资金的各收入明细账余额情况：事业预算收入——A 专项资金 100 万元，上级补助预算收入——B 专项资金 90 万元，附属单位上缴预算收入——C 专项资金 80 万元，非同级财政拨款预算收入——D 专项资金 70 万元，债务预算收入——E 专项资金 60 万元。涉及非财政拨款专项资金的各项支出明细账余额情况：事业支出——专项资金 260 万元，其他支出——专项资金 50 万元（只作预算会计账务处理）。

借：事业预算收入——A 专项资金　　　　　　　　1 000 000
　　上级补助预算收入——B 专项资金　　　　　　　900 000
　　附属单位上缴预算收入——C 专项资金　　　　　800 000
　　非同级财政拨款预算收入——D 专项资金　　　　700 000
　　债务预算收入——E 专项资金　　　　　　　　　600 000
　　贷：非财政拨款结转——本年收支结转　　　　4 000 000

同时，

借：非财政拨款结转——本年收支结转　　　　　　3 100 000
　　贷：事业支出——专项资金　　　　　　　　　2 600 000
　　　　其他支出——专项资金　　　　　　　　　　500 000

5. 年末冲销有关明细科目余额。将本科目（年初余额调整、项目间接费用或管理费、缴回资金、本年收支结转）余额转入本科目（累计结转）。结转后，本科目除"累计结转"明细科目外，其他明细科目应无余额。

6. 年末完成上述结转后，应当对非财政拨款专项结转资金各项目情况进行分析，将留归本单位使用的非财政拨款专项（项目已完成）剩余资金转入非财政拨款结余，借记本科目（累计结转），贷记"非财政拨款结余——结转转入"科目。

非财政拨款结转科目年末贷方余额，反映单位滚存的非同级财政拨款专项结转资金数额。

【例 10 - 21】20×7 年 1 月，某事业单位启动一项科研项目。当年收到上级主管部门拨付的非财政专项资金 5 000 000 元，为该项目发生事业支出 4 800 000 元。20×7 年 12 月，项目结项，经上级主管部门批准，该项目的结余资金留归事业单位使用。该事业单位应做如下账务处理。

①收到上级主管部门拨付款项时：

财务会计账务处理：

借：银行存款　　　　　　　　　　　　　　　　　5 000 000
　　贷：事业收入　　　　　　　　　　　　　　　5 000 000

同时进行预算会计账务处理：

借：资金结存——货币资金　　　　　　　　　　　5 000 000
　　贷：事业预算收入　　　　　　　　　　　　　5 000 000

②发生业务活动费用（事业支出）时：

财务会计账务处理：

借：业务活动费用　　　　　　　　　　　　　　　4 800 000
　　贷：银行存款　　　　　　　　　　　　　　　4 800 000

同时进行预算会计账务处理：
借：事业支出 4 800 000
　　贷：资金结存——货币资金 4 800 000
③年末结转上级补助预算收入中该科研专项资金收入：
（以下只作预算会计账务处理）
借：事业预算收入 5 000 000
　　贷：非财政拨款结转——本年收支结转 5 000 000
④年末结转事业支出中该科研专项支出：
借：非财政拨款结转——本年收支结转 4 800 000
　　贷：事业支出——非财政专项资金支出 4 800 000
⑤经批准确定结余资金留归本单位使用时：
借：非财政拨款结转——累计结转 200 000
　　贷：非财政拨款结余——结转转入 200 000

"非财政拨款结转"科目的上述主要账务处理汇总如表10-4所示。

表10-4　　　"非财政拨款结转"科目主要账务处理汇总

8201 非财政拨款结转		财务会计	预算会计
(1)	按照规定从科研项目预算收入中提取项目管理费或间接费	借：单位管理费用 　贷：预提费用——项目间接费用或管理费	借：非财政拨款结转——间接费用或管理费 　贷：非财政拨款结余——项目间接费用或管理费
(2)	因购货退回、会计差错更正等发生以前年度调整事项	调整增加相关资产：借：银行存款等 　贷：以前年度盈余调整	借：资金结存——货币资金 　贷：非财政拨款结转——年初余额调整
		调整减少相关资产：借：以前年度盈余调整 　贷：银行存款等	借：非财政拨款结转——年初余额调整 　贷：资金结存——货币资金
(3)	按照规定缴回非财政拨款结转资金	按照实际缴回资金：借：累计盈余 　贷：银行存款等	借：非财政拨款结转——缴回资金 　贷：资金结存——货币资金
(4)	年末结转	结转非财政拨款专项收入	—	借：事业预算收入/上级补助预算收入/附属单位上缴预算收入/非同级财政拨款预算收入/债务预算收入/其他预算收入 　贷：非财政拨款结转——本年收支结转
		结转非财政拨款专项支出	—	借：非财政拨款结转——本年收支结转 　贷：行政支出/事业支出/其他支出

续表

8201 非财政拨款结转		财务会计	预算会计
(5)	年末冲销本科目相关明细科目余额	—	借：非财政拨款结转——年初余额调整（该明细科目为贷方余额时）——本年收支结转（该明细科目为贷方余额时） 　贷：非财政拨款结转——累计结转 借：非财政拨款结转——累计结转 　贷：非财政拨款结转——年初余额调整（该明细科目为借方余额时） 　　——缴回资金 　　——项目间接费用或管理费 　　——本年收支结转（该明细科目为借方余额时）
(6)	将留归本单位使用的非财政拨款专项剩余资金转入非财政拨款结余	—	借：非财政拨款结转——累计结转 　贷：非财政拨款结转——结转转入

第六节 非财政拨款结余

一、非财政拨款结余的概念

非财政拨款结余是指单位历年滚存的非限定用途的非同级财政拨款结余资金，主要为非财政拨款结余扣除结余分配后滚存的金额。

二、非财政拨款结余的核算

（一）非财政拨款结余的科目设置

预算会计设置"非财政拨款结余"总账科目，并在非财政拨款结余科目下设置明细科目进行明细核算。

1. 年初余额调整。本明细科目核算因发生会计差错更正、以前年度支出收回等原因，需要调整非财政拨款结余的资金。年末结账后，本明细科目应无余额。

2. 项目间接费用或管理费。本明细科目核算单位取得的科研项目预算收入中，按照规定计提的项目间接费用或管理费数额。年末结账后，本明细科目应无余额。

3. 结转转入。本明细科目核算按照规定留归单位使用，由单位统筹调配，纳入单位非财政拨款结余的非同级财政拨款专项剩余资金。年末结账后，本明细科目应无余额。

4. 累计结余。本明细科目核算单位历年滚存的非同级财政拨款、非专项结余资金。本明细科目年末贷方余额，反映单位非同级财政拨款滚存的非专项结余资金数额。本科目还应当按照《政府收支分类科目》中"支出功能分类科目"的相关科目进行明细核算。

（二）非财政拨款结余的主要账务处理

1. 按照规定从科研项目预算收入中提取项目管理费或间接费时，借记"非财政拨款结转——项目间接费用或管理费"科目，贷记本科目（项目间接费用或管理费）。

【例10-22】某省农科院根据单位规定，从刚到账的某研究员负责的Y科研项目预算收入中按3%的比例提取间接费，金额30 000元。

财务会计账务处理：
借：单位管理费用　　　　　　　　　　　　　　　30 000
　　贷：预提费用——项目间接费用　　　　　　　　　　30 000
同时进行预算会计账务处理：
借：非财政拨款结转——项目间接费用　　　　　　30 000
　　贷：非财政拨款结余——项目间接费用　　　　　　　30 000

2. 有企业所得税缴纳义务的事业单位实际缴纳企业所得税时，按照缴纳金额，借记本科目（累计结余），贷记"资金结存——货币资金"科目。

【例10-23】6月12日，某文化事业单位依法缴纳上月企业所得税200 000元，以银行存款支付。

财务会计账务处理：
借：其他应交税费——单位应交所得税　　　　　　200 000
　　贷：银行存款等　　　　　　　　　　　　　　　　　200 000
同时进行预算会计账务处理：
借：非财政拨款结余——累计结余　　　　　　　　200 000
　　贷：资金结存——货币资金　　　　　　　　　　　　200 000

3. 因会计差错更正收到或支出非同级财政拨款货币资金，属于非财政拨款结余资金的，按照收到或支出的金额，借记或贷记"资金结存——货币资金"科目，贷记或借记本科目（年初余额调整）。

因收回以前年度支出等收到非同级财政拨款货币资金，属于非财政拨款结余资金的，按照收到的金额，借记"资金结存——货币资金"科目，贷记本科目（年初余额调整）。

4. 年末，将留归本单位使用的非财政拨款专项（项目已完成）剩余资金转入本科目，借记"非财政拨款结转——累计结转"科目，贷记本科目（结转转入）。

【例10-24】某事业单位年初获得一笔非财政拨款专项资金50万元，经过3

个多月的建设,该项目已经成功完成并达到预期目标。经清理账上尚余下3.5万元,该项目建设已无其他必要支出。拨款单位决定将专项资金剩余部分留给事业单位自主使用(只作预算会计账务处理)。

借:非财政拨款结转——累计结转　　　　　　　　　35 000
　　贷:非财政拨款结余——结转转入　　　　　　　　　　　35 000

5. 年末冲销有关明细科目余额。将本科目(年初余额调整、项目间接费用或管理费、结转转入)余额结转入本科目(累计结转)。结转后,本科目除"累计结余"明细科目外,其他明细科目应无余额。

6. 年末,事业单位将"非财政拨款结余分配"科目余额转入非财政拨款结余。"非财政拨款结余分配"科目为借方余额的,借记本科目(累计结余),贷记"非财政拨款结余分配"科目;"非财政拨款结余分配"科目为贷方余额的,借记"非财政拨款结余分配"科目,贷记本科目(累计结余)。

年末,行政单位将"其他结余"科目余额转入非财政拨款结余。"其他结余"科目为借方余额的,借记本科目(累计结余),贷记"其他结余"科目;"其他结余"科目为贷方余额的,借记"其他结余"科目,贷记本科目(累计结余)。

"非财政拨款结余"科目的上述主要账务处理汇总如表10-5所示。

表10-5　　　　　　"非财政拨款结余"科目主要账务处理汇总

8202非财政拨款结余		财务会计	预算会计
(1)	按照规定从科研项目预算收入中提取项目管理费或间接费	借:单位管理费用 　贷:预提费用——项目间接费用或管理费	借:非财政拨款结转——项目间接费用或管理费 　贷:非财政拨款结余——项目间接费用或管理费
(2)	实际缴纳企业所得税	借:其他应交税费——单位应交所得税 　贷:银行存款等	借:非财政拨款结余——累计结余 　贷:资金结存——货币资金
(3)	因购货退回、会计差错更正等发生以前年序调整事项	调整增加相关资产	借:银行存款等 　贷:以前年度盈余调整	借:资金结存——货币资金 　贷:非财政拨款结余——年初余额调整
		调整减少相关资产	借:以前年度盈余调整 　贷:银行存款等	借:非财政拨款结余——年初余额调整 　贷:资金结存——货币资金
(4)	将留归本单位使用的非财政拨款专项剩余资金转入非财政拨款结余		—	借:非财政拨款结转——累计结转 　贷:非财政拨款结余——结转转入

8202 非财政拨款结余		财务会计	预算会计
(5)	年末冲销本科目相关明细科目余额	—	借：非财政拨款结余——年初余额调整（该明细科目为贷方余额时） 　　——项目间接费用或管理费 　　——结转转入 　贷：非财政拨款结余——累计结余 借：非财政拨款结余——累计结余 　贷：非财政拨款结余——年初余额调整（该明细科目为借方余额时）——缴回资金
(6) 年末结转	非财政拨款结余分配为贷方余额	—	借：非财政拨款结余分配 　贷：非财政拨款结余——累计结余
	非财政拨款结余分配为借方余额	—	借：非财政拨款结余——累计结余 　贷：非财政拨款结余分配

第七节 专用结余

一、专用结余的概念

专用结余是指事业单位按照规定从非财政拨款结余中提取的，具有专门用途的资金的变动和滚存情况。

二、专用结余的核算

预算会计设置"专用结余"科目对事业单位按照规定从非财政拨款结余中提取的，具有专门用途的资金的变动和滚存情况进行核算。专用结余科目应当按照专用结余的类别进行明细核算。

专用结余科目年末贷方余额，反映事业单位从非同级财政拨款结余中提取的专用基金的累计滚存数额。

1. 根据有关规定从本年度非财政拨款结余或经营结余中提取基金的，按照提取金额，借记"非财政拨款结余分配"科目，贷记本科目。

【例10-25】某事业单位从非财政拨款结余中提取 5 万元补充到职工福利金中。

财务会计账务处理：

借：本年盈余分配　　　　　　　　　　　　　　　　　　　　50 000

	贷：专用基金	50 000

同时进行预算会计账务处理：

	借：非财政拨款结余分配	50 000
	贷：专用结余——职工福利基金	50 000

2. 根据规定使用从非财政拨款结余或经营结余中提取的专用基金时，按照使用金额，借记本科目，贷记"资金结存——货币资金"科目。

【例10-26】某事业单位动用从结余分配中提取的房屋修购基金向某建筑公司支付单位房屋屋顶防漏维修费，金额16万元。

财务会计账务处理：

	借：专用基金	160 000
	贷：银行存款等	160 000

同时进行预算会计账务处理：

	借：专用结余	160 000
	贷：资金结存——货币资金	160 000

"专用结余"科目的上述主要账务处理汇总如表10-6所示。

表10-6　　"专用结余"科目主要账务处理汇总

8301 专用结余		财务会计	预算会计
(1)	计提专用基金	从预算收入中按照一定比例提取基金并计入费用	借：业务活动费用等 　　贷：专用基金	—
		从本年度非财政拨款结余或经营结余中提取基金	借：本年盈余分配 　　贷：专用基金	借：非财政拨款结余分配 　　贷：专用结余
		根据有关规定设置的其他专用基金	借：银行存款等 　　贷：专用基金	—
(2)	按照规定使用提取的专用基金		借：专用基金 　　贷：银行存款等 使用专用基金购置固定资产、无形资产的 借：固定资产/无形资产 　　贷：银行存款等 借：专用基金 　　贷：累计盈余	使用从非财政拨款结余或经营结余中提取的基金 借：专用结余 　　贷：资金结存　货币资金 使用从预算收入中提取并计入费用的基金 借：事业支出等 　　贷：资金结存——货币资金

第八节 经营结余

一、经营结余的概念

经营结余是指事业单位本年度经营活动收支相抵后余额弥补以前年度经营亏损后的余额。

二、经营结余的核算

预算会计设置"经营结余"科目对进行事业单位本年度经营活动收支相抵后余额弥补以前年度经营亏损后的余额核算。经营结余科目可以按照经营活动类别进行明细核算。年末结账后，经营结余科目一般无余额；如为借方余额，反映事业单位累计发生的经营亏损。

1. 年末，将经营预算收入本年发生额转入本科目，借记"经营预算收入"科目，贷记本科目。将经营支出本年发生额转入本科目，借记本科目，贷记"经营支出"科目。

【例10-27】某市林业局财务显示，其下属唯一非独立核算经营中心全年实现经营收入30万元，累计发生经营支出10万元，年终予以结转（只作预算会计账务处理）。

借：经营预算收入　　　　　　　　　　　　　300 000
　　贷：经营结余　　　　　　　　　　　　　　　　300 000
借：经营结余　　　　　　　　　　　　　　　100 000
　　贷：经营支出　　　　　　　　　　　　　　　　100 000

2. 年末，完成上述结转后，如本科目为贷方余额，将本科目贷方余额转入"非财政拨款结余分配"科目，借记本科目，贷记"非财政拨款结余分配"科目；如本科目为借方余额，为经营亏损，不予结转。

【例10-28】承〖例10-27〗，年末，该林业局结转经营结余（只作预算会计账务处理）。

借：经营结余　　　　　　　　　　　　　　　200 000
　　贷：非财政拨款结余分配　　　　　　　　　　　200 000

【例10-29】20×7年12月，某事业单位对其收支科目进行分析，事业预算收入和上级补助预算收入本年发生额中的非专项资金收入分别为1 000 000元、200 000元，事业支出和其他支出本年发生额中的非财政、非专项资金支出分别为800 000元、100 000元，对附属单位补助支出本年发生额为200 000元。经营预算收入本年发生额为94 000元，经营支出本年发生额为64 000元。年末，该事业单位只作如下预算会计账务处理。

①结转本年非财政、非专项资金预算收入：
借：事业预算收入   1 000 000
    上级补助预算收入   200 000
    贷：其他结余   1 200 000
②结转本年非财政、非专项资金支出：
借：其他结余   1 100 000
    贷：事业支出——其他资金支出   800 000
        其他支出   100 000
        对附属单位补助支出   200 000
③结转本年经营预算收入：
借：经营预算收入   94 000
    贷：经营结余   94 000
④结转本年经营支出：
借：经营结余   64 000
    贷：经营支出   64 000

"经营结余"科目的上述主要账务处理汇总如表10-7所示。

表10-7　　　　　　　"经营结余"科目主要账务处理汇总

8401 经营结余		财务会计	预算会计
(1)	年末经营收支结转	—	借：经营预算收入 　　贷：经营结余 借：经营结余 　　贷：经营支出
(2)	年末转入结余分配	—	借：经营结余 　　贷：非财政拨款结余分配 年末结余在借方，则不予结转

第九节　其他结余

一、其他结余的概念

其他结余是指单位本年度除财政拨款收支、非同级财政专项资金收支和经营收支以外各项收支相抵后的余额。

二、其他结余的核算

预算会计设置"其他结余"科目进行核算。

1. 年末，将事业预算收入、上级补助预算收入、附属单位上缴预算收入、非同级财政拨款预算收入、债务预算收入、其他预算收入本年发生额中的非专项资金收入以及投资预算收益本年发生额转入本科目，借记"事业预算收入""上级补助预算收入""附属单位上缴预算收入""非同级财政拨款预算收入""债务预算收入""其他预算收入"科目下各非专项资金收入明细科目和"投资预算收益"科目，贷记本科目（"投资预算收益"科目本年发生额为借方净额时，借记本科目，贷记"投资预算收益"科目）；将行政支出、事业支出、其他支出本年发生额中的非同级财政、非专项资金支出，以及上缴上级支出、对附属单位补助支出、投资支出、债务还本支出本年发生额转入本科目，借记本科目，贷记"行政支出""事业支出""其他支出"科目下各非同级财政、非专项资金支出明细科目和"上缴上级支出""对附属单位补助支出""投资支出""债务还本支出"科目。

2. 年末，完成上述结转后，行政单位将本科目余额转入"非财政拨款结余——累计结余"科目；事业单位将本科目余额转入"非财政拨款结余分配"科目。当本科目为贷方余额时，借记本科目，贷记"非财政拨款结余——累计结余"或"非财政拨款结余分配"科目；当本科目为借方余额时，借记"非财政拨款结余——累计结余"或"非财政拨款结余分配"科目，贷记本科目。

年末结账后，其他结余科目应无余额。

【例10-30】20×7年年终结账时，某事业单位当年经营结余的贷方余额为30 000元，其他结余的贷方余额为40 000元。该事业单位按照有关规定提取职工福利基金10 000元。该事业单位应做如下账务处理。

①结转其他结余时，只作预算会计账务处理：

借：其他结余 40 000
　　贷：非财政拨款结余分配 40 000

②结转经营结余时，只作预算会计账务处理：

借：经营结余 30 000
　　贷：非财政拨款结余分配 30 000

③提取专用基金，平行记账：

财务会计账务处理：

借：本年盈余分配 10 000
　　贷：专用基金——职工福利基金 10 000

同时进行预算会计账务处理：

借：非财政拨款结余分配 10 000
　　贷：专用结余——职工福利基金 10 000

④将"非财政拨款结余分配"的余额转入非财政拨款结余时，只作预算会计账务处理：

借：非财政拨款结余分配 60 000
　　贷：非财政拨款结余 60 000

"其他结余"科目的上述主要账务处理汇总如表10-8所示。

表10-8　　　　"其他结余"科目主要账务处理汇总

8501 其他结余		财务会计	预算会计
(1) 年末	结转预算收入（除财政拨款收入、非同级财政专项收入、经营收入以外）	—	借：事业预算收入/上级补助预算收入/附属单位上缴预算收入/非同级财政拨款预算收入/债务预算收入/其他预算收入（非专项资金收入部分）投资预算收益（为贷方余额时） 贷：其他结余 借：其他结余 贷：投资预算收益（为借方余额时）
	结转预算支出（除同级财政拨款支出、非同级财政专项支出、经营支出以外）	—	借：其他结余 贷：行政支出/事业支出/其他支出（非财政、非专项资金支出部分）上缴上级支出/对附属单位补助支出/投资支出/债务还本支出
(2) 行政单位转入非财政拨款结余	其他结余为贷方余额	—	借：其他结余 贷：非财政拨款结余——累计结余
	其他结余为借方余额	—	借：非财政拨款结余——累计结余 贷：其他结余
(3) 事业单位年末转入结余分配	其他结余为贷方余额	—	借：其他结余 贷：非财政拨款结余分配
	其他结余为借方余额	—	借：非财政拨款结余分配 贷：其他结余

第十节　非财政拨款结余分配

一、非财政拨款结余分配的概念

非财政拨款结余分配是指事业单位本年度非财政拨款结余分配的情况和结果。预算会计对其设置"非财政拨款结余分配"科目进行核算。年末结账后，非财政拨款结余分配科目应无余额。

二、非财政拨款结余分配的核算

政府会计设置"非财政拨款结余分配"科目核算事业单位本年度非财政拨款结余分配情况和结果。

1. 年末，将"其他结余"科目余额转入本科目，当"其他结余"科目为贷方余额时，借记"其他结余"科目，贷记本科目；当"其他结余"科目为借方余额时，借记本科目，贷记"其他结余"科目。

年末，将"经营结余"科目贷方余额转入本科目，借记"经营结余"科目，贷记本科目。

2. 根据有关规定提取专用基金的，按照提取的金额，借记本科目，贷记"专用结余"科目。

3. 年末，按照规定完成上述1至2处理后，将本科目余额转入非财政拨款结余。当本科目为借方余额时，借记"非财政拨款结余——累计结余"科目，贷记本科目。

当本科目为贷方余额时，借记本科目，贷记"非财政拨款结余——累计结余"科目。

【例10-31】年末，某事业单位有关科目余额情况为：其他结余贷方3万元，经营结余贷方10万元，从非财政拨款结余中提取职工福利基金2.6万元，未分配结余进行年终转账。

借：其他结余　　　　　　　　　　　　　　　　30 000
　　经营结余　　　　　　　　　　　　　　　　100 000
　贷：非财政拨款结余分配　　　　　　　　　　　　　130 000

从非财政拨款结余中提取职工福利基金时，平行记账：

借：本年盈余分配　　　　　　　　　　　　　　26 000
　贷：专用基金　　　　　　　　　　　　　　　　　　26 000

同时进行预算会计账务处理：

借：非财政拨款结余分配　　　　　　　　　　　26 000
　贷：专用结余——职工福利基金　　　　　　　　　　26 000
借：非财政拨款结余分配　　　104 000（13-2.6=10.4万）
　贷：非财政拨款结余——累计结余　　　　　　　　　104 000

"非财政拨款结余分配"科目的上述主要账务处理汇总如表10-9所示。

表10-9　　　　"非财政拨款结余分配"科目主要账务处理汇总

8701非财政拨款结余分配		财务会计	预算会计
(1) 事业单位年末结余转入	其他结余为借方余额时	—	借：非财政拨款结余分配 　贷：其他结余
	其他结余为贷方余额时	—	借：其他结余 　贷：非财政拨款结余分配
	经营结余为贷方余额时	—	借：经营结余 　贷：非财政拨款结余分配

续表

8701 非财政拨款结余分配		财务会计	预算会计
(2)	计提专用基金	从非财政拨款结余中提取	借：本年盈余分配 　　贷：专用基金	借：非财政拨款结余分配 　　贷：专用结余
(3)	事业单位转入非财政拨款结余	非财政拨款结余分配为贷方余额	—	借：非财政拨款结余分配 　　贷：非财政拨款结余——累计结余
		非财政拨款结余分配为借方余额	—	借：非财政拨款结余——累计结余 　　贷：非财政拨款结余分配

思 考 题

1. 如何理解资金结存？
2. 为什么要区分结余和结转资金？
3. 财政拨款结转与财政拨款结余有何联系与区别？
4. 非财政拨款结余分配科目应如何使用？
5. 行政事业单位的预算结余与企业会计的利润有何不同？

第四篇

政 府 会 计

——行政事业单位财务报表与
　预算会计报表、新旧制度
　衔接及会计调整

第十一章 行政事业单位财务报表与预算会计报表

【本章预览】

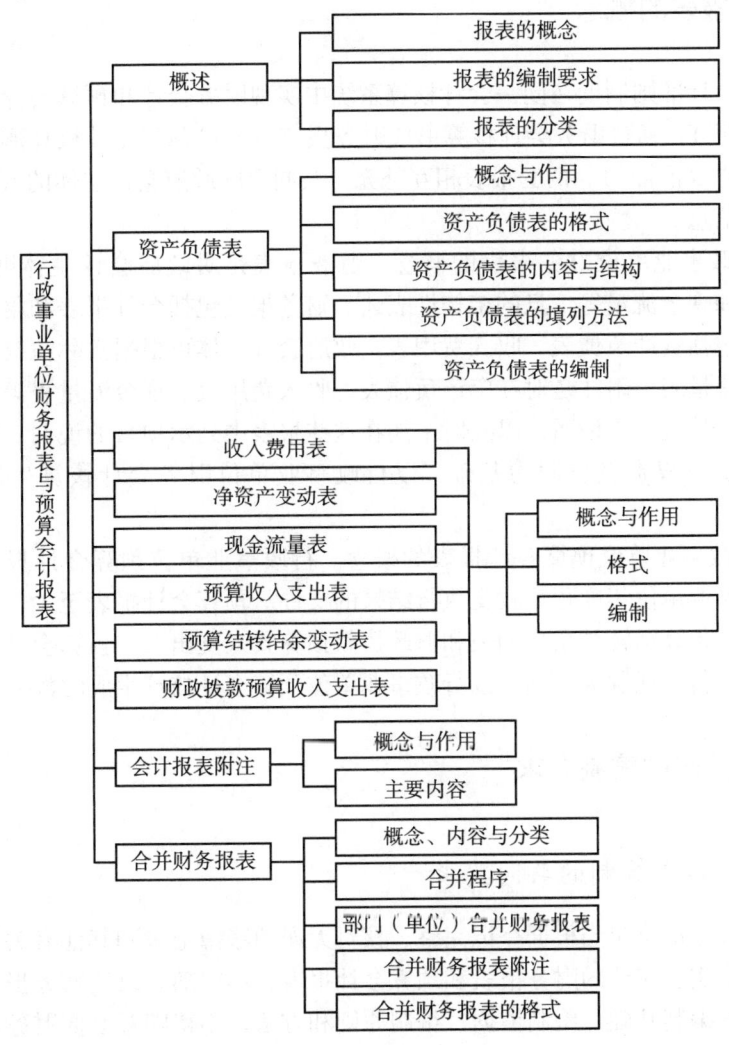

【学习目标】
1. 了解行政事业单位财务报表与预算会计报表的主要内容
2. 理解财务报表与预算会计报表的编制要求

3. 掌握政府财务信息公开的政策规定
4. 掌握财务报表与预算会计报表的编制方法
5. 理解行政事业单位财务报表附注披露的要求
6. 掌握部门（单位）合并财务报表的编制方法

第一节 报表概述

一、报表的概念

政府会计准则制度在同一会计核算系统中实现财务会计和预算会计双重功能（"双功能"），通过财务会计核算形成财务报表，通过预算会计核算形成预算会计报表（"双报告"），两套报表相互补充，共同反映政府会计主体的预算执行信息和财务信息。

1. 行政事业单位财务报表的概念。财务报表是对政府会计主体财务状况、运行情况和现金流量等信息的结构性表述。财务报表包括会计报表和附注。会计报表至少包括资产负债表、收入费用表。政府会计主体可根据实际情况自行选择编制现金流量表。附注是对在资产负债表、收入费用表、现金流量表等报表中列示项目所作的进一步说明，以及对未能在这些报表中列示项目的说明。财务报表的编制主要以权责发生制为基础，以行政事业单位财务会计核算生成的数据为准。

2. 行政事业单位预算会计报表的概念。行政事业单位预算会计报表是综合反映行政事业单位年度预算收支执行结果的文件。预算会计报表至少包括预算收入支出表、预算结转结余变动表和财政拨款预算收入支出表。预算会计报表的编制主要以收付实现制为基础，以行政事业单位预算会计核算生成的数据为准。

二、报表的编制要求

（一）报表编制的共同要求

行政事业单位应当根据登记完整、核对无误的账簿记录和其他有关资料，编制并提供真实、完整的财务报表和预算会计报表，不得随意改变财务报表和预算会计报表的编制基础、编制依据、编制原则和方法，不得随意改变财务报表和预算会计报表有关数据的会计口径。

编制财务报表和预算会计报表应做到数字真实、计算准确、内容完整、编报及时，并由单位负责人和主管会计工作的负责人、会计机构负责人（会计主管人员）签名并盖章。

(二) 财务报表编制的要求

1. 编制财务报表的前提。政府会计主体应当以持续运行为前提,根据实际发生的经济业务或事项,按照政府会计准则制度的规定对相关会计要素进行确认和计量,在此基础上编制财务报表。政府会计主体不应以附注披露代替确认和计量,也不能通过充分披露相关会计政策而纠正不恰当的确认和计量。

如果按照政府会计准则制度规定披露的信息不足以让财务报表使用者了解特定经济业务或事项对政府会计主体财务状况和运行情况的影响时,政府会计主体还应当披露其他必要的相关信息。

2. 编制财务报表的基础。除现金流量表以收付实现制为基础编制外,政府会计主体应当以权责发生制为基础编制财务报表。

3. 编制财务报表项目需前后一致。财务报表项目的列报应当在各个会计期间保持一致,不得随意变更,但政府会计准则制度和财政部发布的其他有关规定(以下简称政府会计准则制度等)要求变更财务报表项目的除外。

4. 编制财务报表单独列报项目的规定。性质或功能不同的项目,应当在财务报表中单独列报,但不具有重要性的项目除外。性质或功能类似的项目,其所属类别具有重要性的,应当按其类别在财务报表中单独列报。

某些项目的重要性程度不足以在资产负债表、收入费用表等报表中单独列示,但对理解报表具有重要性的,应当在附注中单独披露。

5. 重要性的判断。财务报表某些项目的省略、错报等,能够合理预期将影响报表主要使用者据此作出决策的,该项目具有重要性。

重要性应当根据政府会计主体所处的具体环境,从项目的性质和金额两方面予以判断。关于各项目重要性的判断标准一经确定,不得随意变更。判断项目性质的重要性,应当考虑该项目在性质上是否显著影响政府会计主体的财务状况和运行情况等因素;判断项目金额的重要性,应当考虑该项目金额占资产总额、负债总额、净资产总额、收入总额、费用总额、盈余总额等直接相关项目金额的比重或所属报表单列项目金额的比重。

6. 编制财务报表的抵销规定。财务报表中的资产项目和负债项目的金额、收入项目和费用项目的金额不得相互抵销,但其他政府会计准则制度另有规定的除外。

资产或负债项目按扣除备抵项目后的净额列示,不属于抵销。

7. 财务报表的披露规定。当期财务报表的列报,至少应当提供所有列报项目上一个可比会计期间的比较数据,以及与理解当期财务报表相关的说明,但其他政府会计准则制度等另有规定的除外。

8. 编制财务报表的表头内容。政府会计主体应当至少在财务报表的显著位置披露下列各项:(1) 编报主体的名称;(2) 报告日或财务报表涵盖的会计期间;(3) 人民币金额单位;(4) 财务报表是合并财务报表的,应当予以标明。

9. 编制财务报表的期间。政府会计主体至少应当按年编制财务报表。

年度财务报表涵盖的期间短于一年的，应当披露年度财务报表的涵盖期间、短于一年的原因以及报表数据不具可比性的事实。

三、报表的分类

（一）按编制的时间不同分类

按报表编制期，分为月报和年报。

（二）按反映的经济内容不同分类

按报表反映的内容，分为财务报表和预算会计报表。财务报表一般包括资产负债表、收入费用表、净资产变动表、现金流量表和附注。预算会计报表一般包括预算收入支出表、预算结转结余变动表和财政拨款预算收入支出表。

行政事业单位会计报表的编号、报表名称及编制期如表11-1所示。

表11-1　　　　　　　　　　行政事业单位会计报表

编号	报表名称	编制期
财务报表		
会政财01表	资产负债表	月度、年度
会政财02表	收入费用表	月度、年度
会政财03表	净资产变动表	年度
会政财04表	现金流量表	年度
	附注	年度
预算会计报表		
会政预01表	预算收入支出表	年度
会政预02表	预算结转结余变动表	年度
会政预03表	财政拨款预算收入支出表	年度

第二节　资产负债表

一、资产负债表的概念与作用

资产负债表是反映行政事业单位在某一特定日期财务状况的报表。其中，财务状况是指行政事业单位在某一特定日期全部资产、负债和净资产的情况的数额及其结构和相互关系。按照规定，行政事业单位的资产负债表应当至少按照年度编制。

行政事业单位资产负债表的作用主要表现在以下三个方面。

1. 可以提供某一特定日期资产总额及其构成情况的信息。例如，可以提供某一特定日期资产总额、流动资产总额、固定资产、无形资产、公共基础设施、政府储备物资、文物文化资产等、保障性住房及长期股权投资、长期债券投资、受托代理资产等信息。

2. 可以提供某一特定日期负债总额及其构成情况的信息。例如，可以提供某一特定日期负债总额、流动负债总额、长期应付款数额、预计负债等信息。

3. 可以提供某一特定日期净资产总额及其构成情况的信息。例如，可以提供某一特定日期净资产总额、累计盈余和本期盈余的数额和受托代理负债等信息。

二、资产负债表的格式

资产负债表的格式如表 11-2 所示。

表 11-2　　　　　　　　　资产负债表　　　　　　　　　会政财 01 表

编制单位：　　　　　　　　　____年___月___日　　　　　　　　　单位：元

资产	期末余额	年初余额	负债和净资产	期末余额	年初余额
流动资产：			流动负债：		
货币资金			短期借款		
短期投资			应交增值税		
财政应返还额度			其他应交税费		
应收票据			应缴财政款		
应收账款净额			应付职工薪酬		
预付账款			应付票据		
应收股利			应付账款		
应收利息			应付政府补贴款		
其他应收款净额			应付利息		
存货			预收账款		
待摊费用			其他应付款		
一年内到期的非流动资产			预提费用		
其他流动资产			一年内到期的非流动负债		

续表

资产	期末余额	年初余额	负债和净资产	期末余额	年初余额
流动资产合计			其他流动负债		
非流动资产:			流动负债合计		
长期股权投资			非流动负债:		
长期债券投资			长期借款		
固定资产原值			长期应付款		
减：固定资产累计折旧			预计负债		
固定资产净值			其他非流动负债		
工程物资			非流动负债合计		
在建工程			受托代理负债		
无形资产原值			负债合计		
减：无形资产累计摊销					
无形资产净值					
研发支出					
公共基础设施原值					
减：公共基础设施累计折旧（摊销）					
公共基础设施净值					
政府储备物资					
文物文化资产					
保障性住房原值					
减：保障性住房累计折旧			净资产:		
保障性住房净值			累计盈余		
长期待摊费用			专用基金		
待处理财产损溢			权益法调整		
其他非流动资产			无偿调拨净资产*		—
非流动资产合计			本期盈余*		—
受托代理资产			净资产合计		
资产总计			负债和净资产总计		

注："*"标识项目为月报项目，年报中不需列示。

三、资产负债表项目的内容与结构

（一）资产负债表的内容

资产负债表需要反映行政事业单位在某一特定日期全部资产、负债和净资产的情况,其内容由资产、负债、所有者权益三部分构成,各部分的组成项目按照一定的标准加以分类,从而形成各项目在内容上的有机联系,以满足信息使用者的需要。

1. 资产项目。资产项目反映政府会计主体在某一特定日期控制的经济资源。资产项目按其流动性的大小划分为流动资产和非流动资产,及受托代理资产。符合下列条件之一的资产划归为流动资产:预计将在一年内被耗用或变现,主要是为组织运营而持有,自资产负债表日起一年内用于交换其他资产或清偿负债的能力不受限制的现金或现金等价物。流动资产单独列的项目主要包括:货币资金、短期投资、财政应返还额度、应收票据、应收账款净额、预付账款、应收股利、应收利息、其他应收款净额、存货、待摊费用、其他流动资产。资产负债日,对非流动资产进行分析,判断其中将于一年内到期的非流动资产,填列进流动资产的"一年内到期的非流动资产"项目内。流动资产以外的资产归类为非流动资产。非流动资产列示的项目主要包括:长期股权投资、长期债券投资、固定资产净值(固定资产原值-固定资产累计折旧)、工程物资、在建工程、无形资产净值(无形资产原值-无形资产累计摊销)、研发支出、公共基础设施净值〔公共基础设施原值-公共基础设施累计折旧(摊销)〕、政府储备物资、文物文化资产、保障性住房净值(保障性住房原值-保障性住房累计折旧)、长期待摊费用、待处理财产损溢及其他非流动资产。

2. 负债项目。负债项目反映政府会计主体在某一特定日期所承担的现时义务。负债项目按其偿还期限的长短分为流动负债和非流动负债及受托代理负债。符合下列条件之一的负债归类为流动负债:预计在一年内清偿,主要为业务的运营而承担,自资产负债表日起一年内到期应予以清偿,政府会计主体无权自主地将清偿推迟至资产负债日后超过一年才予以清偿的。但,如果因正常的业务运营而产生的负债,比如:应付账款、应付职工薪酬等即使超过一年才予以清偿的,仍划分为流动负债。流动负债单独列示的项目主要包括:短期借款、应交增值税、其他应交税费、应缴财政款、应付职工薪酬、应付票据、应付账款、应付政府补贴款、应付利息、预收账款、其他应付款、预提费用、其他流动负债,对非流动负债中将于一年内到期清偿的分析填列至"一年内到期的非流动负债"项目内。流动负债以外的归类为非流动负债,主要包括:长期借款、长期应付款、预计负债、其他非流动负债。

3. 净资产项目。净资产项目是反映本级政府对政府会计主体资产的剩余索取权。主要包括:累计盈余、专用基金、权益法调整、无偿调拨净资产、本期盈余等。

(二) 资产负债表的结构

政府会计的资产负债表是根据资产、负债和净资产之间的相互关系,按照一定的分类标准和顺序,将政府会计主体在一定日期的资产、负债和净资产项目予以适当排列,按照一定的要求编制而成的。资产负债表的结构建立于"资产=负债+净资产"会计等式基础之上。

政府会计的资产负债表采用账户式结构，报表分为左右两边，左方列示资产各项目，反映全部资产的分布及存在形式，右方列示负债和净资产项目，反映全部负债和净资产的内容及构成情况，左右双方平衡。

四、资产负债表的填列方法

1. 直接填列法，即直接根据总账科目的余额填列。例如，短期投资、财政应返还额度、长期股权投资、固定资产原值、短期借款、应付票据、应付职工薪酬等项目，应根据相关总账科目的余额直接填列。

2. 计算填列法，即根据几个总账科目的余额计算填列。例如，"货币资金"项目应当根据库存现金、银行存款、零余额账户用款额度、其他货币资金等科目期末余额的计算填列。

3. 分析填列法，即根据总账科目和明细科目的余额分析计算填列。例如，"长期债券投资"项目应当根据"长期债券投资"总账科目余额，再减去所属相关明细科目中将于一年内到期的部分填列；"长期借款"项目应当根据"长期借款"总账科目余额，扣除"长期借款"科目所属明细科目中将于一年内到期的部分填列；"长期应付款"项目应当根据"长期应付款"总账科目余额，减去所属相关明细科目中将一年内到期的部分填列。

五、资产负债表的编制

（一）"年初余额"栏的填列

资产负债表中的"年初余额"栏内各项数字，应当根据上年年末资产负债表"期末余额"栏内数字填列。如果本年度资产负债表规定的项目的名称和内容同上年度不一致，应当对上年年末资产负债表项目的名称和数字按照本年度的规定进行调整，将调整后的数字填入本表"年初余额"栏内。

如果本年度单位发生了因前期差错更正、会计政策变更等调整以前年度盈余的事项，还应当对"年初余额"栏中的有关项目金额进行相应调整。

（二）"期末余额"栏的填列

资产负债表中的"期末余额"栏内各项数字，应根据有关账户的期末余额填列。但这些数据从账簿系统进入报表系统，由账户数据转化为报表的项目数据，有的无须再作加工，而有的还必须经过合并、分析或调整计算。资产负债表中"期末余额"栏各项目的内容和填列方法如下：

1. 资产类项目的填列。

(1)"货币资金"项目，反映单位期末库存现金、银行存款、零余额账户用款额度、其他货币资金的合计数。本项目应当根据"库存现金""银行存款""零余额账户用款额度""其他货币资金"科目的期末余额的合计数填列；若单位存在通过"库存现金""银行存款"科目核算的受托代理资产还应当按照前述合计数扣减"库存现金""银行存款"科目下"受托代理资产"明细科目的期末余额后的金额填列。

(2)"短期投资"项目，反映事业单位期末持有的短期投资账面余额。本项目应当根据"短期投资"科目的期末余额填列。

(3)"财政应返还额度"项目，反映单位期末财政应返还额度的金额。本项目应当根据"财政应返还额度"科目的期末余额填列。

(4)"应收票据"项目，反映事业单位期末持有的应收票据的票面金额。本项目应当根据"应收票据"科目的期末余额填列。

(5)"应收账款净额"项目，反映单位期末尚未收回的应收账款减去已计提的坏账准备后的净额。本项目应当根据"应收账款"科目的期末余额，减去"坏账准备"科目中对应收账款计提的坏账准备的期末余额后的金额填列。

(6)"预付账款"项目，反映单位期末预付给商品或者劳务供应单位的款项。本项目应当根据"预付账款"科目的期末余额填列。

(7)"应收股利"项目，反映事业单位期末因股权投资而应收取的现金股利或应当分得的利润。本项目应当根据"应收股利"科目的期末余额填列。

(8)"应收利息"项目，反映事业单位期末因债券投资等而应收取的利息。事业单位购入的到期一次还本付息的长期债券投资持有期间应收的利息，不包括在本项目内。本项目应当根据"应收利息"科目的期末余额填列。

(9)"其他应收款净额"项目，反映单位期末尚未收回的其他应收款减去已计提的坏账准备后的净额。本项目应当根据"其他应收款"科目的期末余额减去"坏账准备"科目中对其他应收款计提的坏账准备的期末余额后的金额填列。

(10)"存货"项目，反映单位期末存储的存货的实际成本。本项目应当根据"在途物品""库存物品""加工物品"科目的期末余额的合计数填列。

(11)"待摊费用"项目，反映单位期末已经支出，但应当由本期和以后各期负担的分摊期在1年以内（含1年）的各项费用。本项目应当根据"待摊费用"科目的期末余额填列。

(12)"一年内到期的非流动资产"项目，反映单位期末非流动资产项目中将在1年内（含1年）到期的金额，如事业单位将在1年内（含1年）到期的长期债券投资金额。本项目应当根据"长期债券投资"等科目的明细科目的期末余额分析填列。

(13)"其他流动资产"项目，反映单位期末除本表中上述各项之外的其他流动资产的合计金额。本项目应当根据有关科目期末余额的合计数填列。

(14)"流动资产合计"项目，反映单位期末流动资产的合计数。本项目应当根据本表中"货币资金""短期投资""财政应返还额度""应收票据""应收账款净额""预付账款""应收股利""应收利息""其他应收款净额""存货""待摊费用""一年内到期的非流动资产""其他流动资产"项目金额的合计数填列。

(15)"长期股权投资"项目，反映事业单位期末持有的长期股权投资的账面余额。本项目应当根据"长期股权投资"科目的期末余额填列。

(16)"长期债券投资"项目，反映事业单位期末持有的长期债券投资的账面余额。本项目应当根据"长期债券投资"科目的期末余额减去其中将于1年内（含1年）到期的长期债券投资余额后的金额填列。

(17)"固定资产原值"项目，反映单位期末固定资产的原值。本项目应当根据"固定资产"科目的期末余额填列。

"固定资产累计折旧"项目，反映单位期末固定资产已计提的累计折旧金额。本项目应当根据"固定资产累计折旧"科目的期末余额填列。

"固定资产净值"项目，反映单位期末固定资产的账面价值。本项目应当根据"固定资产"科目期末余额减去"固定资产累计折旧"科目期末余额后的金额填列。

(18)"工程物资"项目，反映单位期末为在建工程准备的各种物资的实际成本。本项目应当根据"工程物资"科目的期末余额填列。

(19)"在建工程"项目，反映单位期末所有的建设项目工程的实际成本。本项目应当根据"在建工程"科目的期末余额填列。

(20)"无形资产原值"项目，反映单位期末无形资产的原值。本项目应当根据"无形资产"科目的期末余额填列。

"无形资产累计摊销"项目，反映单位期末无形资产已计提的累计摊销金额。本项目应当根据"无形资产累计摊销"科目的期末余额填列。

"无形资产净值"项目，反映单位期末无形资产的账面价值。本项目应当根据"无形资产"科目期末余额减去"无形资产累计摊销"科目期末余额后的金额填列。

(21)"研发支出"项目，反映单位期末正在进行的无形资产开发项目开发阶段发生的累计支出数。本项目应当根据"研发支出"科目的期末余额填列。

(22)"公共基础设施原值"项目，反映单位期末控制的公共基础设施的原值。本项目应当根据"公共基础设施"科目的期末余额填列。

"公共基础设施累计折旧（摊销）"项目，反映单位期末控制的公共基础设施已计提的累计折旧和累计摊销金额。本项目应当根据"公共基础设施累计折旧（摊销）"科目的期末余额填列。

"公共基础设施净值"项目，反映单位期末控制的公共基础设施的账面价值。本项目应当根据"公共基础设施"科目期末余额减去"公共基础设施累计折旧（摊销）"科目期末余额后的金额填列。

(23)"政府储备物资"项目，反映单位期末控制的政府储备物资的实际成本。本项目应当根据"政府储备物资"科目的期末余额填列。

（24）"文物文化资产"项目，反映单位期末控制的文物文化资产的成本。本项目应当根据"文物文化资产"科目的期末余额填列。

（25）"保障性住房原值"项目，反映单位期末控制的保障性住房的原值。本项目应当根据"保障性住房"科目的期末余额填列。

"保障性住房累计折旧"项目，反映单位期末控制的保障性住房已计提的累计折旧金额。本项目应当根据"保障性住房累计折旧"科目的期末余额填列。

"保障性住房净值"项目，反映单位期末控制的保障性住房的账面价值。本项目应当根据"保障性住房"科目期末余额减去"保障性住房累计折旧"科目期末余额后的金额填列。

（26）"长期待摊费用"项目，反映单位期末已经支出，但应由本期和以后各期负担的分摊期限在1年以上（不含1年）的各项费用。本项目应当根据"长期待摊费用"科目的期末余额填列。

（27）"待处理财产损溢"项目，反映单位期末尚未处理完毕的各种资产的净损失或净溢余。本项目应当根据"待处理财产损溢"科目的期末借方余额填列；如"待处理财产损溢"科目期末为贷方余额，以"-"号填列。

（28）"其他非流动资产"项目，反映单位期末除本表中上述各项之外的其他非流动资产的合计数。本项目应当根据有关科目的期末余额合计数填列。

（29）"非流动资产合计"项目，反映单位期末非流动资产的合计数。本项目应当根据本表中"长期股权投资""长期债券投资""固定资产净值""工程物资""在建工程""无形资产净值""研发支出""公共基础设施净值""政府储备物资""文物文化资产""保障性住房净值""长期待摊费用""待处理财产损溢""其他非流动资产"项目金额的合计数填列。

（30）"受托代理资产"项目，反映单位期末受托代理资产的价值。本项目应当根据"受托代理资产"科目的期末余额与"库存现金""银行存款"科目下"受托代理资产"明细科目的期末余额的合计数填列。

（31）"资产总计"项目，反映单位期末资产的合计数。本项目应当根据本表中"流动资产合计""非流动资产合计""受托代理资产"项目金额的合计数填列。

2. 负债类项目的填列。

（32）"短期借款"项目，反映事业单位期末短期借款的余额。本项目应当根据"短期借款"科目的期末余额填列。

（33）"应交增值税"项目，反映单位期末应缴未缴的增值税税额。本项目应当根据"应交增值税"科目的期末余额填列；如"应交增值税"科目期末为借方余额，以"-"号填列。

（34）"其他应交税费"项目，反映单位期末应缴未缴的除增值税以外的税费金额。本项目应当根据"其他应交税费"科目的期末余额填列；如"其他应交税费"科目期末为借方余额，以"-"号填列。

(35)"应缴财政款"项目,反映单位期末应当上缴财政但尚未缴纳的款项。本项目应当根据"应缴财政款"科目的期末余额填列。

(36)"应付职工薪酬"项目,反映单位期末按有关规定应付给职工及为职工支付的各种薪酬。本项目应当根据"应付职工薪酬"科目的期末余额填列。

(37)"应付票据"项目,反映事业单位期末应付票据的金额。本项目应当根据"应付票据"科目的期末余额填列。

(38)"应付账款"项目,反映单位期末应当支付但尚未支付的偿还期限在1年以内(含1年)的应付账款的金额。本项目应当根据"应付账款"科目的期末余额填列。

(39)"应付政府补贴款"项目,反映负责发放政府补贴的行政单位期末按照规定应当支付给政府补贴接受者的各种政府补贴款余额。本项目应当根据"应付政府补贴款"科目的期末余额填列。

(40)"应付利息"项目,反映事业单位期末按照合同约定应支付的借款利息。事业单位到期一次还本付息的长期借款利息不包括在本项目内。本项目应当根据"应付利息"科目的期末余额填列。

(41)"预收账款"项目,反映事业单位期末预先收取但尚未确认收入和实际结算的款项余额。本项目应当根据"预收账款"科目的期末余额填列。

(42)"其他应付款"项目,反映单位期末其他各项偿还期限在1年内(含1年)的应付及暂收款项余额。本项目应当根据"其他应付款"科目的期末余额填列。

(43)"预提费用"项目,反映单位期末已预先提取的已经发生但尚未支付的各项费用。本项目应当根据"预提费用"科目的期末余额填列。

(44)"一年内到期的非流动负债"项目,反映单位期末将于1年内(含1年)偿还的非流动负债的余额。本项目应当根据"长期应付款""长期借款"等科目的明细科目的期末余额分析填列。

(45)"其他流动负债"项目,反映单位期末除本表中上述各项之外的其他流动负债的合计数。本项目应当根据有关科目的期末余额的合计数填列。

(46)"流动负债合计"项目,反映单位期末流动负债合计数。本项目应当根据本表"短期借款""应交增值税""其他应交税费""应缴财政款""应付职工薪酬""应付票据""应付账款""应付政府补贴款""应付利息""预收账款""其他应付款""预提费用""一年内到期的非流动负债""其他流动负债"项目金额的合计数填列。

(47)"长期借款"项目,反映事业单位期末长期借款的余额。本项目应当根据"长期借款"科目的期末余额减去其中将于1年内(含1年)到期的长期借款余额后的金额填列。

(48)"长期应付款"项目,反映单位期末长期应付款的余额。本项目应当根据"长期应付款"科目的期末余额减去其中将于1年内(含1年)到期的长期应付余额后的金额填列。

(49)"预计负债"项目,反映单位期末已确认但尚未偿付的预计负债的余额。本项目应当根据"预计负债"科目的期末余额填列。

(50)"其他非流动负债"项目,反映单位期末除本表中上述各项之外的其他非流动负债的合计数。本项目应当根据有关科目的期末余额合计数填列。

(51)"非流动负债合计"项目,反映单位期末非流动负债合计数。本项目应当根据本表中"长期借款""长期应付款""预计负债""其他非流动负债"项目金额的合计数填列。

(52)"受托代理负债"项目,反映单位期末受托代理负债的金额。本项目应当根据"受托代理负债"科目的期末余额填列。

(53)"负债合计"项目,反映单位期末负债的合计数。本项目应当根据本表中"流动负债合计""非流动负债合计""受托代理负债"项目金额的合计数填列。

3. 净资产类项目的填列。

(54)"累计盈余"项目,反映单位期末未分配盈余(或未弥补亏损)以及无偿调拨净资产变动的累计数。本项目应当根据"累计盈余"科目的期末余额填列。

(55)"专用基金"项目,反映事业单位期末累计提取或设置但尚未使用的专用基金余额。本项目应当根据"专用基金"科目的期末余额填列。

(56)"权益法调整"项目,反映事业单位期末在被投资单位除净损益和利润分配以外的所有者权益变动中累积享有的份额。本项目应当根据"权益法调整"科目的期末余额填列。如"权益法调整"科目期末为借方余额,以"-"号填列。

(57)"无偿调拨净资产"项目,反映单位本年度截至报告期期末无偿调入的非现金资产价值扣减无偿调出的非现金资产价值后的净值。本项目仅在月度报表中列示,年度报表中不列示。月度报表中本项目应当根据"无偿调拨净资产"科目的期末余额填列;"无偿调拨净资产"科目期末为借方余额时,以"-"号填列。

(58)"本期盈余"项目,反映单位本年度截至报告期期末实现的累计盈余或亏损。本项目仅在月度报表中列示,年度报表中不列示。月度报表中本项目应当根据"本期盈余"科目的期末余额填列;"本期盈余"科目期末为借方余额时,以"-"号填列。

(59)"净资产合计"项目,反映单位期末净资产合计数。本项目应当根据本表中"累计盈余""专用基金""权益法调整""无偿调拨净资产"[月度报表]、"本期盈余"[月度报表]项目金额的合计数填列。

(60)"负债和净资产总计"项目,应当按照本表中"负债合计""净资产合计"项目金额的合计数填列。

第三节 收入费用表

一、收入费用表的概念与作用

收入费用表是反映行政事业单位在一定会计期间运行情况的报表。即：反映行政事业单位在某一会计期间内发生的收入、费用及当期盈余情况。

收入费用表的的作用主要表现在以下三个方面。

1. 可以提供某一会计期间收入总额及其构成情况的信息。例如，可以提供某一会计期间的收入合计、财政拨款收入、事业收入投资收益等信息。

2. 可以提供某一会计期间费用总额及其构成情况的信息。例如，可以提供某一会计期间费用合计、业务活动费用、单位管理费用、经营费用等信息。

3. 可以提供某一会计期间本期盈余信息。

二、收入费用表的格式

收入费用表如表11-3所示

表11-3　　　　　　　　　　收入费用表　　　　　　　　会政财02表

编制单位：　　　　　　　　　　　___年___月　　　　　　　　　　　　单位：元

项目	本月数	本年累计数
一、本期收入		
（一）财政拨款收入		
其中：政府性基金收入		
（二）事业收入		
（三）上级补助收入		
（四）附属单位上缴收入		
（五）经营收入		
（六）非同级财政拨款收入		
（七）投资收益		
（八）捐赠收入		
（九）利息收入		
（十）租金收入		
（十一）其他收入		

续表

项目	本月数	本年累计数
二、本期费用		
（一）业务活动费用		
（二）单位管理费用		
（三）经营费用		
（四）资产处置费用		
（五）上缴上级费用		
（六）对附属单位补助费用		
（七）所得税费用		
（八）其他费用		
三、本期盈余		

三、收入费用表的编制

（一）"本年累计数"栏的填列

收入费用表中的"本年累计数"栏反映各项目自年初至报告期期末的累计实际发生数。编制年度收入费用表时，应当将本栏改为"上年数"，反映上年度各项目的实际发生数，"上年数"栏应当根据上年年度收入费用表中"本年数"栏内所列数字填列。

如果本年度收入费用表规定的项目的名称和内容同上年度不一致，应当对上年度收入费用表项目的名称和数字按照本年度的规定进行调整，将调整后的金额填入本年度收入费用表的"上年数"栏内。

如果本年度单位发生了因前期差错更正、会计政策变更等调整以前年度盈余的事项，还应当对年度收入费用表中"上年数"栏中的有关项目金额进行相应调整。

（二）"本月数"栏的填列

"本月数"栏反映各项目的本月实际发生数。编制年度收入费用表时，应当将本栏改为"本年数"，反映本年度各项目的实际发生数。各项目的具体填列方法如下。

1. 本期收入类项目的填列。

（1）"本期收入"项目，反映单位本期收入总额。本项目应当根据本表中"财政拨款收入""事业收入""上级补助收入""附属单位上缴收入""经营收入""非同级财政拨款收入""投资收益""捐赠收入""利息收入""租金收入""其他收入"项目金额的合计数填列。

(2)"财政拨款收入"项目,反映单位本期从同级政府财政部门取得的各类财政拨款。本项目应当根据"财政拨款收入"科目的本期发生额填列。

"政府性基金收入"项目,反映单位本期取得的财政拨款收入中属于政府性基金预算拨款的金额。本项目应当根据"财政拨款收入"相关明细科目的本期发生额填列。

(3)"事业收入"项目,反映事业单位本期开展专业业务活动及其辅助活动实现的收入。本项目应当根据"事业收入"科目的本期发生额填列。

(4)"上级补助收入"项目,反映事业单位本期从主管部门和上级单位收到或应收的非财政拨款收入。本项目应当根据"上级补助收入"科目的本期发生额填列。

(5)"附属单位上缴收入"项目,反映事业单位本期收到或应收的独立核算的附属单位按照有关规定上缴的收入。本项目应当根据"附属单位上缴收入"科目的本期发生额填列。

(6)"经营收入"项目,反映事业单位本期在专业业务活动及其辅助活动之外开展非独立核算经营活动实现的收入。本项目应当根据"经营收入"科目的本期发生额填列。

(7)"非同级财政拨款收入"项目,反映单位本期从非同级政府财政部门取得的财政拨款,不包括事业单位因开展科研及其辅助活动从非同级财政部门取得的经费拨款。本项目应当根据"非同级财政拨款收入"科目的本期发生额填列。

(8)"投资收益"项目,反映事业单位本期股权投资和债券投资所实现的收益或发生的损失。本项目应当根据"投资收益"科目的本期发生额填列;如为投资净损失,以"-"号填列。

(9)"捐赠收入"项目,反映单位本期接受捐赠取得的收入。本项目应当根据"捐赠收入"科目的本期发生额填列。

(10)"利息收入"项目,反映单位本期取得的银行存款利息收入。本项目应当根据"利息收入"科目的本期发生额填列。

(11)"租金收入"项目,反映单位本期经批准利用国有资产出租取得并按规定纳入本单位预算管理的租金收入。本项目应当根据"租金收入"科目的本期发生额填列。

(12)"其他收入"项目,反映单位本期取得的除以上收入项目外的其他收入的总额。本项目应当根据"其他收入"科目的本期发生额填列。

2. 本期费用类项目的填列。

(13)"本期费用"项目,反映单位本期费用总额。本项目应当根据本表中"业务活动费用""单位管理费用""经营费用""资产处置费用""上缴上级费用""对附属单位补助费用""所得税费用"和"其他费用"项目金额的合计数填列。

(14)"业务活动费用"项目,反映单位本期为实现其职能目标,依法履职或开展专业业务活动及其辅助活动所发生的各项费用。本项目应当根据"业务活动费用"科目本期发生额填列。

(15)"单位管理费用"项目,反映事业单位本期本级行政及后勤管理部门开展管理活动发生的各项费用,以及由单位统一负担的离退休人员经费、工会经费、诉讼费、中介费等。本项目应当根据"单位管理费用"科目的本期发生额填列。

(16)"经营费用"项目,反映事业单位本期在专业业务活动及其辅助活动之外开展非独立核算经营活动发生的各项费用。本项目应当根据"经营费用"科目的本期发生额填列。

(17)"资产处置费用"项目,反映单位本期经批准处置资产时转销的资产价值以及在处置过程中发生的相关费用或者处置收入小于处置费用形成的净支出。本项目应当根据"资产处置费用"科目的本期发生额填列。

(18)"上缴上级费用"项目,反映事业单位按照规定上缴上级单位款项发生的费用。本项目应当根据"上缴上级费用"科目的本期发生额填列。

(19)"对附属单位补助费用"项目,反映事业单位用财政拨款收入之外的收入对附属单位补助发生的费用。本项目应当根据"对附属单位补助费用"科目的本期发生额填列。

(20)"所得税费用"项目,反映有企业所得税缴纳义务的事业单位本期计算应交纳的企业所得税。本项目应当根据"所得税费用"科目的本期发生额填列。

(21)"其他费用"项目,反映单位本期发生的除以上费用项目外的其他费用的总额。本项目应当根据"其他费用"科目的本期发生额填列。

3. 本期盈余类项目的填列。

(22)"本期盈余"项目,反映单位本期收入扣除本期费用后的净额。本项目应当根据本表中"本期收入"项目金额减去"本期费用"项目金额后的金额填列;如为负数,以"-"号填列。

第四节 净资产变动表

一、净资产变动表的概念与作用

净资产变动表反映了行政事业单位在某一会计年度内净资产项目的变动情况。净资产变动表所提供的信息,有助于报表信息使用者了解该单位在一定时期内净资产的变动与变动构成,有助于更全面的绩效考核。

二、净资产变动表的格式

净资产变动表如表11-4所示。

表 11-4　　　　　　　　　　　　净资产变动表　　　　　　　　　　会政财 03 表

编制单位：　　　　　　　　　　　　　　　　年　　　　　　　　　　　　　　　　单位：元

项目	本年数				上年数			
	累计盈余	专用基金	权益法调整	净资产合计	累计盈余	专用基金	权益法调整	净资产合计
一、上年年末余额								
二、以前年度盈余调整（减少以"-"号填列）		—	—			—	—	
三、本年年初余额								
四、本年变动金额（减少以"-"号填列）								
（一）本年盈余		—	—			—	—	
（二）无偿调拨净资产			—				—	
（三）归集调整预算结转结余			—				—	
（四）提取或设置专用基金			—				—	
其中：从预算收入中提取	—		—		—		—	
从预算结余中提取			—				—	
设置的专用基金	—		—		—		—	
（五）使用专用基金			—				—	
（六）权益法调整	—	—			—	—		
五、本年年末余额								

注："—"标识单元格不需填列。

三、净资产变动表的编制

（一）"上年数"栏项目的填列方法

本表"上年数"栏反映上年度各项目的实际变动数，应当根据上年度净资产变动表中"本年数"栏内所列数字填列。

如果上年度净资产变动表规定的项目的名称和内容与本年度不一致，应对上年度净资产变动表项目名称和数字按照本年度的规定进行调整，将调整后的金额填入本年度净资产变动表"上年数"栏内。

（二）"本年数"栏各项目的填列方法

本表"本年数"栏反映本年度各项目的实际变动数。

1. "上年年末余额"行，反映单位净资产各项目上年年末的余额。

本行各项目应当根据"累计盈余""专用基金""权益法调整"科目上年年

末余额填列。

2. "以前年度盈余调整"行,反映单位本年度调整以前年度盈余的事项对累计盈余进行调整的金额。本行"累计盈余"项目应当根据本年度"以前年度盈余调整"科目转入"累计盈余"科目的金额填列;如调整减少累计盈余,以"-"号填列。

3. "本年年初余额"行,反映经过以前年度盈余调整后,单位净资产各项目的本年年初余额。本行"累计盈余""专用基金""权益法调整"项目应当根据其各自在"上年年末余额"和"以前年度盈余调整"行对应项目金额的合计数填列。

4. "本年变动金额"行,反映单位净资产各项目本年变动总金额。本行"累计盈余""专用基金""权益法调整"项目应当根据其各自在"本年盈余""无偿调拨净资产""归集调整预算结转结余""提取或设置专用基金""使用专用基金""权益法调整"行对应项目金额的合计数填列。

5. "本年盈余"行,反映单位本年发生的收入、费用对净资产的影响。本行"累计盈余"项目应当根据年末由"本期盈余"科目转入"本年盈余分配"科目的金额填列;如转入时借记"本年盈余分配"科目,则以"-"号填列。

6. "无偿调拨净资产"行,反映单位本年无偿调入、调出非现金资产事项对净资产的影响。本行"累计盈余"项目应当根据年末由"无偿调拨净资产"科目转入"累计盈余"科目的金额填列;如转入时借记"累计盈余"科目,则以"-"号填列。

7. "归集调整预算结转结余"行,反映单位本年财政拨款结转结余资金归集调入、归集上缴或调出,以及非财政拨款结转资金缴回对净资产的影响。本行"累计盈余"项目应当根据"累计盈余"科目明细账记录分析填列;如归集调整减少预算结转结余,则以"-"号填列。

8. "提取或设置专用基金"行,反映单位本年提取或设置专用基金对净资产的影响。本行"累计盈余"项目应当根据"从预算结余中提取"行"累计盈余"项目的金额填列。本行"专用基金"项目应当根据"从预算收入中提取""从预算结余中提取""设置的专用基金"行"专用基金"项目金额的合计数填列。

"从预算收入中提取"行,反映单位本年从预算收入中提取专用基金对净资产的影响。本行"专用基金"项目应当通过对"专用基金"科目明细账记录的分析,根据本年按有关规定从预算收入中提取基金的金额填列。

"从预算结余中提取"行,反映单位本年根据有关规定从本年度非财政拨款结余或经营结余中提取专用基金对净资产的影响。本行"累计盈余""专用基金"项目应当通过对"专用基金"科目明细账记录的分析,根据本年按有关规定从本年度非财政拨款结余或经营结余中提取专用基金的金额填列;本行"累计盈余"项目以"-"号填列。

"设置的专用基金"行,反映单位本年根据有关规定设置的其他专用基金对净资产的影响。本行"专用基金"项目应当通过对"专用基金"科目明细账记录的分析,根据本年按有关规定设置的其他专用基金的金额填列。

9. "使用专用基金"行,反映单位本年按规定使用专用基金对净资产的影响。本行"累计盈余""专用基金"项目应当通过对"专用基金"科目明细账记录的分析,根据本年按规定使用专用基金的金额填列;本行"专用基金"项目以"-"号填列。

10. "权益法调整"行,反映单位本年按照被投资单位除净损益和利润分配以外的所有者权益变动份额而调整长期股权投资账面余额对净资产的影响。本行"权益法调整"项目应当根据"权益法调整"科目本年发生额填列;若本年净发生额为借方时,以"-"号填列。

11. "本年年末余额"行,反映单位本年各净资产项目的年末余额。本行"累计盈余""专用基金""权益法调整"项目应当根据其各自在"本年年初余额""本年变动金额"行对应项目金额的合计数填列。

12. 本表各行"净资产合计"项目,应当根据所在行"累计盈余""专用基金""权益法调整"项目金额的合计数填列。

第五节 现金流量表

一、现金流量表的概念与作用

现金流量表是反映行政事业单位在一定会计期间现金及现金等价物流入和流出情况的报表。

现金流量表是指行政事业单位编制的在某一会计年度内按照日常活动、投资活动、筹资活动的现金流量,分别反映现金流入和流出的信息的报表。本表所指的现金流量,是指现金的流入和流出。

本表所指的现金,是指单位的库存现金以及其他可以随时用于支付的款项,包括库存现金、可以随时用于支付的银行存款、其他货币资金、零余额账户用款额度、财政应返还额度,以及通过财政直接支付方式支付的款项。

二、现金流量表的格式

现金流量表如表 11-5 所示。

表 11-5　　　　　　　　　　现金流量表　　　　　　　　　会政财 04 表

编制单位:　　　　　　　　　　　_____年　　　　　　　　　　单位:元

项目	本年金额	上年金额
一、日常活动产生的现金流量:		

续表

项目	本年金额	上年金额
财政基本支出拨款收到的现金		
财政非资本性项目拨款收到的现金		
事业活动收到的除财政拨款以外的现金		
收到的其他与日常活动有关的现金		
日常活动的现金流入小计		
购买商品、接受劳务支付的现金		
支付给职工以及为职工支付的现金		
支付的各项税费		
支付的其他与日常活动有关的现金		
日常活动的现金流出小计		
日常活动产生的现金流量净额		
二、投资活动产生的现金流量：		
收回投资收到的现金		
取得投资收益收到的现金		
处置固定资产、无形资产、公共基础设施等收回的现金净额		
收到的其他与投资活动有关的现金		
投资活动的现金流入小计		
购建固定资产、无形资产、公共基础设施等支付的现金		
对外投资支付的现金		
上缴处置固定资产、无形资产、公共基础设施等净收入支付的现金		
支付的其他与投资活动有关的现金		
投资活动的现金流出小计		
投资活动产生的现金流量净额		
三、筹资活动产生的现金流量：		
财政资本性项目拨款收到的现金		
取得借款收到的现金		
收到的其他与筹资活动有关的现金		
筹资活动的现金流入小计		
偿还借款支付的现金		
偿付利息支付的现金		
支付的其他与筹资活动有关的现金		
筹资活动的现金流出小计		
筹资活动产生的现金流量净额		

续表

项目	本年金额	上年金额
四、汇率变动对现金的影响额		
五、现金净增加额		

三、现金流量表的编制

（一）现金流量"上年金额"的填列

本表"上年金额"栏反映各项目的上年实际发生数，应当根据上年现金流量表中"本年金额"栏内所列数字填列。

（二）"本年金额"栏各项目的填列方法

1. 日常活动产生的现金流量。

（1）"财政基本支出拨款收到的现金"项目，反映单位本年接受财政基本支出拨款取得的现金。本项目应当根据"零余额账户用款额度""财政拨款收入""银行存款"等科目及其所属明细科目的记录分析填列。

（2）"财政非资本性项目拨款收到的现金"项目，反映单位本年接受除用于购建固定资产、无形资产、公共基础设施等资本性项目以外的财政项目拨款取得的现金。本项目应当根据"银行存款""零余额账户用款额度""财政拨款收入"等科目及其所属明细科目的记录分析填列。

（3）"事业活动收到的除财政拨款以外的现金"项目，反映事业单位本年开展专业业务活动及其辅助活动取得的除财政拨款以外的现金。本项目应当根据"库存现金""银行存款""其他货币资金""应收账款""应收票据""预收账款""事业收入"等科目所属明细科目的记录分析填列。

（4）"收到的其他与日常活动有关的现金"项目，反映单位本年收到的除以上项目之外的与日常活动有关的现金。本项目应当根据"库存现金""银行存款""其他货币资金""上级补助收入""附属单位上缴收入""经营收入""非同级财政拨款收入""捐赠收入""利息收入""租金收入""其他收入"等科目及其所属明细科目的记录分析填列。

（5）"日常活动的现金流入小计"项目，反映单位本年日常活动产生的现金流入的合计数。本项目应当根据本表中"财政基本支出拨款收到的现金""财政非资本性项目拨款收到的现金""事业活动收到的除财政拨款以外的现金""收到的其他与日常活动有关的现金"项目金额的合计数填列。

（6）"购买商品、接受劳务支付的现金"项目，反映单位本年在日常活动中用于购买商品、接受劳务支付的现金。本项目应当根据"库存现金""银行存款""财政拨款收入""零余额账户用款额度""预付账款""在途物品""库存物品""应付账款""应付票据""业务活动费用""单位管理费用""经营费用"等科目及其所属明细科目的记录分析填列。

（7）"支付给职工以及为职工支付的现金"项目，反映单位本年支付给职工以及为职工支付的现金。本项目应当根据"库存现金""银行存款""零余额账户用款额度""财政拨款收入""应付职工薪酬""业务活动费用""单位管理费用""经营费用"等科目及其所属明细科目的记录分析填列。

（8）"支付的各项税费"项目，反映单位本年用于缴纳日常活动相关税费而支付的现金。本项目应当根据"库存现金""银行存款""零余额账户用款额度""应交增值税""其他应交税费""业务活动费用""单位管理费用""经营费用""所得税费用"等科目及其所属明细科目的记录分析填列。

（9）"支付的其他与日常活动有关的现金"项目，反映单位本年支付的除上述项目之外与日常活动有关的现金。本项目应当根据"库存现金""银行存款""零余额账户用款额度""财政拨款收入""其他应付款""业务活动费用""单位管理费用""经营费用""其他费用"等科目及其所属明细科目的记录分析填列。

（10）"日常活动的现金流出小计"项目，反映单位本年日常活动产生的现金流出的合计数。本项目应当根据本表中"购买商品、接受劳务支付的现金""支付给职工以及为职工支付的现金""支付的各项税费""支付的其他与日常活动有关的现金"项目金额的合计数填列。

（11）"日常活动产生的现金流量净额"项目，应当按照本表中"日常活动的现金流入小计"项目金额减去"日常活动的现金流出小计"项目金额后的金额填列；如为负数，以"-"号填列。

2. 投资活动产生的现金流量。

（12）"收回投资收到的现金"项目，反映单位本年出售、转让或者收回投资收到的现金。本项目应该根据"库存现金""银行存款""短期投资""长期股权投资""长期债券投资"等科目的记录分析填列。

（13）"取得投资收益收到的现金"项目，反映单位本年因对外投资而收到被投资单位分配的股利或利润，以及收到投资利息而取得的现金。本项目应当根据"库存现金""银行存款""应收股利""应收利息""投资收益"等科目的记录分析填列。

（14）"处置固定资产、无形资产、公共基础设施等收回的现金净额"项目，反映单位本年处置固定资产、无形资产、公共基础设施等非流动资产所取得的现金，减去为处置这些资产而支付的有关费用之后的净额。由于自然灾害所造成的固定资产等长期资产损失而收到的保险赔款收入，也在本项目反映。本项目应当根据"库存现金""银行存款""待处理财产损溢"等科目的记录分析填列。

（15）"收到的其他与投资活动有关的现金"项目，反映单位本年收到的除上述项目之外与投资活动有关的现金。对于金额较大的现金流入，应当单列项目反映。本项目应当根据"库存现金""银行存款"等有关科目的记录分析填列。

(16)"投资活动的现金流入小计"项目,反映单位本年投资活动产生的现金流入的合计数。本项目应当根据本表中"收回投资收到的现金""取得投资收益收到的现金""处置固定资产、无形资产、公共基础设施等收回的现金净额""收到的其他与投资活动有关的现金"项目金额的合计数填列。

(17)"购建固定资产、无形资产、公共基础设施等支付的现金"项目,反映单位本年购买和建造固定资产、无形资产、公共基础设施等非流动资产所支付的现金;融资租入固定资产支付的租赁费不在本项目反映,在筹资活动的现金流量中反映。本项目应当根据"库存现金""银行存款""固定资产""工程物资""在建工程""无形资产""研发支出""公共基础设施""保障性住房"等科目的记录分析填列。

(18)"对外投资支付的现金"项目,反映单位本年为取得短期投资、长期股权投资、长期债券投资而支付的现金。本项目应当根据"库存现金""银行存款""短期投资""长期股权投资""长期债券投资"等科目的记录分析填列。

(19)"上缴处置固定资产、无形资产、公共基础设施等净收入支付的现金"项目,反映本年单位将处置固定资产、无形资产、公共基础设施等非流动资产所收回的现金净额予以上缴财政所支付的现金。本项目应当根据"库存现金""银行存款""应缴财政款"等科目的记录分析填列。

(20)"支付的其他与投资活动有关的现金"项目,反映单位本年支付的除上述项目之外与投资活动有关的现金。对于金额较大的现金流出,应当单列项目反映。本项目应当根据"库存现金""银行存款"等有关科目的记录分析填列。

(21)"投资活动的现金流出小计"项目,反映单位本年投资活动产生的现金流出的合计数。本项目应当根据本表中"购建固定资产、无形资产、公共基础设施等支付的现金""对外投资支付的现金""上缴处置固定资产、无形资产、公共基础设施等净收入支付的现金""支付的其他与投资活动有关的现金"项目金额的合计数填列。

(22)"投资活动产生的现金流量净额"项目,应当按照本表中"投资活动的现金流入小计"项目金额减去"投资活动的现金流出小计"项目金额后的金额填列;如为负数,以"-"号填列。

3. 筹资活动产生的现金流量。

(23)"财政资本性项目拨款收到的现金"项目,反映单位本年接受用于购建固定资产、无形资产、公共基础设施等资本性项目的财政项目拨款取得的现金。本项目应当根据"银行存款""零余额账户用款额度""财政拨款收入"等科目及其所属明细科目的记录分析填列。

(24)"取得借款收到的现金"项目,反映事业单位本年举借短期、长期借款所收到的现金。本项目应当根据"库存现金""银行存款""短期借款""长期借款"等科目记录分析填列。

(25)"收到的其他与筹资活动有关的现金"项目,反映单位本年收到的除上述项目之外与筹资活动有关的现金。对于金额较大的现金流入,应当单列项目反映。本项目应当根据"库存现金""银行存款"等有关科目的记录分析填列。

（26）"筹资活动的现金流入小计"项目，反映单位本年筹资活动产生的现金流入的合计数。本项目应当根据本表中"财政资本性项目拨款收到的现金""取得借款收到的现金""收到的其他与筹资活动有关的现金"项目金额的合计数填列。

（27）"偿还借款支付的现金"项目，反映事业单位本年偿还借款本金所支付的现金。本项目应当根据"库存现金""银行存款""短期借款""长期借款"等科目的记录分析填列。

（28）"偿付利息支付的现金"项目，反映事业单位本年支付的借款利息等。本项目应当根据"库存现金""银行存款""应付利息""长期借款"等科目的记录分析填列。

（29）"支付的其他与筹资活动有关的现金"项目，反映单位本年支付的除上述项目之外与筹资活动有关的现金，如融资租入固定资产所支付的租赁费。本项目应当根据"库存现金""银行存款""长期应付款"等科目的记录分析填列。

（30）"筹资活动的现金流出小计"项目，反映单位本年筹资活动产生的现金流出的合计数。本项目应当根据本表中"偿还借款支付的现金""偿付利息支付的现金""支付的其他与筹资活动有关的现金"项目金额的合计数填列。

（31）"筹资活动产生的现金流量净额"项目，应当按照本表中"筹资活动的现金流入小计"项目金额减去"筹资活动的现金流出小计"金额后的金额填列；如为负数，以"-"号填列。

4. "汇率变动对现金的影响额"项目，反映单位本年外币现金流量折算为人民币时，所采用的现金流量发生日的汇率折算的人民币金额与外币现金流量净额按期末汇率折算的人民币金额之间的差额。

5. "现金净增加额"项目，反映单位本年现金变动的净额。本项目应当根据本表中"日常活动产生的现金流量净额""投资活动产生的现金流量净额""筹资活动产生的现金流量净额"和"汇率变动对现金的影响额"项目金额的合计数填列；如为负数，以"-"号填列。

第六节　会计报表附注

一、附注的概念与作用

附注是行政事业单位对在会计报表中列示的项目所作的进一步说明，以及对未能在会计报表中列示项目的说明。附注是财务报表的重要组成部分。凡对报表使用者的决策有重要影响的会计信息，不论政府会计制度是否有明确规定，单位均应当充分披露。

二、会计报表附注的主要内容

附注主要包括下列内容。

（一）单位的基本情况

单位应当简要披露其基本情况，包括单位主要职能、主要业务活动、所在地、预算管理关系等。

（二）会计报表编制基础

（三）遵循政府会计准则、制度的声明

（四）重要会计政策和会计估计

单位应当采用与其业务特点相适应的具体会计政策，并充分披露报告期内采用的重要会计政策和会计估计。主要包括以下内容：

1. 会计期间。
2. 记账本位币，外币折算汇率。
3. 坏账准备的计提方法。
4. 存货类别、发出存货的计价方法、存货的盘存制度，以及低值易耗品和包装物的摊销方法。
5. 长期股权投资的核算方法。
6. 固定资产分类、折旧方法、折旧年限和年折旧率；融资租入固定资产的计价和折旧方法。
7. 无形资产的计价方法；使用寿命有限的无形资产，其使用寿命估计情况；使用寿命不确定的无形资产，其使用寿命不确定的判断依据；单位内部研究开发项目划分研究阶段和开发阶段的具体标准。
8. 公共基础设施的分类、折旧（摊销）方法、折旧（摊销）年限，以及其确定依据。
9. 政府储备物资分类，以及确定其发出成本所采用的方法。
10. 保障性住房的分类、折旧方法、折旧年限。
11. 其他重要的会计政策和会计估计。
12. 本期发生重要会计政策和会计估计变更的，变更的内容和原因、受其重要影响的报表项目名称和金额、相关审批程序，以及会计估计变更开始适用的时点。

（五）会计报表重要项目说明

单位应当按照资产负债表和收入费用表项目列示顺序，采用文字和数据描述相结合的方式披露重要项目的明细信息。报表重要项目的明细金额合计，应当与

报表项目金额相衔接。报表重要项目说明应包括但不限于下列内容。

1. 货币资金的披露格式如表11-6所示。

表11-6　　　　　　　　　货币资金的披露格式

项目	期末余额	年初余额
库存现金		
其中：受托代理资产		
银行存款		
其中：受托代理资产		
其他货币资金		
零余额账户用款额度		
财政应返还额度		
合计		

2. 应收账款按照债务人类别披露的格式如表11-7所示。

表11-7　　　　　　　应收账款按照债务人类别披露的格式

债务人类别	期末余额	年初余额
政府会计主体：		
部门内部单位		
单位1		
……		
部门外同级政府单位		
单位1		
……		
部门外非同级政府单位		
单位1		
……		
其他单位		
单位1		
……		
合计		

注：（1）"部门内部单位"是指纳入单位所属部门财务报告合并范围的单位（下同）。
（2）有应收票据、预付账款、其他应收款的，可比照应收账款进行披露。

3. 存货的披露格式如表11-8所示。

表 11-8　　　　　　　　　　　　存货的披露格式

存货种类	期末余额	年初余额
1.		
……		
合计		

4. 其他流动资产的披露格式如表 11-9 所示。

表 11-9　　　　　　　　　　　其他流动资产的披露格式

项目	期末余额	年初余额
1.		
……		
合计		

注：有长期待摊费用、其他非流动资产的，可比照其他流动资产进行披露。

5. 长期投资。

（1）长期债券投资的披露格式如表 11-10 所示。

表 11-10　　　　　　　　　　长期债券投资的披露格式

债券发行主体	年初余额	本期增加额	本期减少额	期末余额
1.				
……				
合计				

注：有短期投资的，可比照长期债券投资进行披露。

（2）长期股权投资的披露格式如表 11-11 所示。

表 11-11　　　　　　　　　　长期股权投资的披露格式

被投资单位	核算方法	年初余额	本期增加额	本期减少额	期末余额
1.					
……					
合计					

（3）当期发生的重大投资净损益项目、金额及原因。

6. 固定资产。

（1）固定资产的披露格式如表 11-12 所示。

表 11 – 12　　　　　　　　　　固定资产的披露格式

项目	年初余额	本期增加额	本期减少额	期末余额
一、原值合计				
其中：房屋及构筑物				
通用设备				
专用设备				
文物和陈列品				
图书、档案				
家具、用具、装具及动植物				
二、累计折旧合计				
其中：房屋及构筑物				
通用设备				
专用设备				
家具、用具、装具				
三、账面价值合计				
其中：房屋及构筑物				
通用设备				
专用设备				
文物和陈列品				
图书、档案				
家具、用具、装具及动植物				

（2）已提取折旧的固定资产名称、数量等情况。

（3）出租、出借固定资产以及固定资产对外投资等情况。

7. 在建工程的披露格式如表 11 – 13 所示。

表 11 – 13　　　　　　　　　　在建工程的披露格式

项目	年初余额	本期增加额	本期减少额	期末余额
1.				
……				
合计				

8. 无形资产。

（1）各类无形资产的披露格式如表 11 – 14 所示。

表 11-14　　　　　　　　　　各类无形资产的披露格式

项目	年初余额	本期增加额	本期减少额	期末余额
一、原值合计				
1.				
……				
二、累计摊销合计				
1.				
……				
三、账面价值合计				
1.				
……				

(2) 计入当期损益的研发支出金额、确认为无形资产的研发支出金额。

(3) 无形资产出售、对外投资等处置情况。

9. 公共基础设施。

(1) 公共基础设施的披露格式如表 11-15 所示。

表 11-15　　　　　　　　　　公共基础设施的披露格式

项目	年初余额	本期增加额	本期减少额	期末余额
原值合计				
市政基础设施				
1.				
……				
交通基础设施				
1.				
……				
水利基础设施				
1.				
……				
其他				
……				
累计折旧合计				
市政基础设施				
1.				
……				

续表

项目	年初余额	本期增加额	本期减少额	期末余额
交通基础设施				
1.				
……				
水利基础设施				
1.				
……				
其他				
……				
账面价值合计				
市政基础设施				
1.				
……				
交通基础设施				
1.				
……				
水利基础设施				
1.				
……				
其他				
……				

（2）确认为公共基础设施的单独计价入账的土地使用权的账面额、累计摊销额及变动情况。

（3）已提取折旧继续使用的公共基础设施的名称、数量等。

10. 政府储备物资的披露格式如表 11-16 所示。

表 11-16　　　　　　　　政府储备物资的披露格式

物资类别	年初余额	本期增加额	本期减少额	期末余额
1.				
……				
合计				

注：如单位有因动用而发出需要收回或者预期可能收回，但期末尚未收回的政府储备物资，应当单独披露其期末账面余额。

11. 受托代理资产的披露格式如表 11-17 所示。

表 11-17　　　　　　　　　受托代理资产的披露格式

资产类别	年初余额	本期增加额	本期减少额	期末余额
货币资金				
受托转赠物资				
受托存储保管物资				
罚没物资				
其他				
合计				

12. 应付账款按照债权人类别披露的格式如表 11-18 所示。

表 11-18　　　　　　　　　应付账款按照债权人类别披露的格式

债权人类别	期末余额	年初余额
政府会计主体：		
部门内部单位		
单位 1		
……		
部门外同级政府单位		
单位 1		
……		
部门外非同级政府单位		
单位 1		
……		
其他单位		
单位 1		
……		
合计		

注：有应付票据、预收账款、其他应付款、长期应付款的，可比照应付账款进行披露。

13. 其他流动负债的披露格式如表 11-19 所示。

表 11-19　　　　　　　　　其他流动负债的披露格式

项目	期末余额	年初余额
1.		
……		
合计		

注：有预计负债、其他非流动负债的，可比照其他流动负债进行披露。

14. 长期借款。

（1）长期借款按照债权人披露的格式如表 11-20 所示。

表 11-20　　　　　　　长期借款按照债权人披露的格式

债权人	期末余额	年初余额
1.		
……		
合计		

注：有短期借款的，可比照长期借款进行披露。

（2）单位有基建借款的，应当分基建项目披露长期借款年初数、本年变动数、年末数及到期期限。

15. 事业收入按照收入来源的披露格式如表 11-21 所示。

表 11-21　　　　　　　事业收入按照收入来源的披露格式

收入来源	本期发生额	上期发生额
来自财政专户管理资金		
本部门内部单位		
单位1		
……		
本部门以外同级政府单位		
单位1		
……		
本部门以外非同级政府单位		
单位1		
……		

续表

收入来源	本期发生额	上期发生额
其他单位		
单位1		
……		
合计		

16. 非同级财政拨款收入按收入来源的披露格式如表11-22所示。

表11-22　　　　非同级财政拨款收入按收入来源的披露格式

收入来源	本期发生额	上期发生额
本部门以外同级政府单位		
单位1		
……		
本部门以外非同级政府单位		
单位1		
……		
合计		

17. 其他收入按照收入来源的披露格式如表11-23所示。

表11-23　　　　其他收入按照收入来源的披露格式

收入来源	本期发生额	上期发生额
本部门内部单位		
单位1		
……		
本部门以外同级政府单位		
单位1		
……		
本部门以外非同级政府单位		
单位1		
……		
其他		
单位1		
……		
合计		

18. 业务活动费用。

（1）按经济分类的披露格式如表 11-24 所示。

表 11-24　　　　　　　　按经济分类的披露格式

项目	本期发生额	上期发生额
工资福利费用		
商品和服务费用		
对个人和家庭的补助费用		
对企业补助费用		
固定资产折旧费		
无形资产摊销费		
公共基础设施折旧（摊销）费		
保障性住房折旧费		
计提专用基金		
……		
合计		

注：有单位管理费用、经营费用的，可比照（业务活动费用）此表进行披露。

（2）按支付对象的披露格式如表 11-25 所示。

表 11-25　　　　　　　　按支付对象的披露格式

支付对象	本期发生额	上期发生额
本部门内部单位		
单位1		
……		
本部门以外同级政府单位		
单位1		
……		
其他		
单位1		
……		
合计		

注：有单位管理费用、经营费用的，可比照（业务活动费用）此表进行披露。

19. 其他费用按照类别披露的格式如表 11-26 所示。

表 11-26　　　　　　　　其他费用按照类别披露的格式

费用类别	本期发生额	上期发生额
利息费用		
坏账损失		
罚没支出		
……		
合计		

20. 本期费用按照经济分类的披露格式如表 11-27 所示。

表 11-27　　　　　　　本期费用按照经济分类的披露格式

项目	本年数	上年数
工资福利费用		
商品和服务费用		
对个人和家庭的补助费用		
对企业补助费用		
固定资产折旧费		
无形资产摊销费		
公共基础设施折旧（摊销）费		
保障性住房折旧费		
计提专用基金		
所得税费用		
资产处置费用		
上缴上级费用		
对附属单位补助费用		
其他费用		
本期费用合计		

注：单位在按照本制度规定编制收入费用表的基础上，可以根据需要按照此表披露的内容编制收入费用表。

单位按照上述格式分类对应收款项、应付款项、有关收入和费用进行具体披露时，应当遵循重要性原则。单位对重要性的判断，应当依据《政府会计准则第 9 号——财务报表编制和列报》，并考虑满足编制合并财务报表的信息需要，即相关合并主体能够基于单位所披露的信息，抵销合并主体与被合并主体之间、被合并主体相互之间发生的债权债务、收入费用等内部业务或事项对财务报表的影响。

(六) 本年盈余与预算结余的差异情况说明

为了反映单位财务会计和预算会计因核算基础和核算范围不同所产生的本年盈余数与本年预算结余数之间的差异,单位应当按照重要性原则,对本年度发生的各类影响收入(预算收入)和费用(预算支出)的业务进行适度归并和分析,披露将年度预算收入支出表中"本年预算收支差额"调节为年度收入费用表中"本期盈余"的信息。有关披露格式如表11-28所示。

表11-28

项目	金额
一、本年预算结余(本年预算收支差额)	
二、差异调节	—
(一)重要事项的差异	
加:1. 当期确认为收入但没有确认为预算收入	
(1) 应收款项、预收账款确认的收入	
(2) 接受非货币性资产捐赠确认的收入	
2. 当期确认为预算支出但没有确认为费用	
(1) 支付应付款项、预付账款的支出	
(2) 为取得存货、政府储备物资等计入物资成本的支出	
(3) 为购建固定资产等的资本性支出	
(4) 偿还借款本息支出	
减:1. 当期确认为预算收入但没有确认为收入	
(1) 收到应收款项、预收账款确认的预算收入	
(2) 取得借款确认的预算收入	
2. 当期确认为费用但没有确认为预算支出	
(1) 发出存货、政府储备物资等确认的费用	
(2) 计提的折旧费用和摊销费用	
(3) 确认的资产处置费用(处置资产价值)	
(4) 应付款项、预付账款确认的费用	
(二)其他事项差异	
三、本年盈余(本年收入与费用的差额)	

(七) 其他重要事项说明

1. 资产负债表日存在的重要或有事项说明。没有重要或有事项的,也应说明。
2. 以名义金额计量的资产名称、数量等情况,以及以名义金额计量理由的说明。

3. 通过债务资金形成的固定资产、公共基础设施、保障性住房等资产的账面价值、使用情况、收益情况及与此相关的债务偿还情况等的说明。

4. 重要资产置换、无偿调入（出）、捐入（出）、报废、重大毁损等情况的说明。

5. 事业单位将单位内部独立核算单位的会计信息纳入本单位财务报表情况的说明。

6. 政府会计具体准则中要求附注披露的其他内容。

7. 有助于理解和分析单位财务报表需要说明的其他事项。

第七节 预算收入支出表

一、预算收入支出表的概念与作用

预算收入支出表反映单位在某一会计年度内各项预算收入、预算支出和预算收支差额的情况。

预算收入支出表的作用主要表现在以下三个方面。

1. 可以提供某一会计期间单位预算收入各项目的实际到位金额及收入来源构成的信息，有助于信息使用者掌握各单位预算资金到位情况。

2. 可以提供某一会计期间预算支出总额及其构成情况的信息，有助于信息使用各方了解预算资金使用的进度等情况。

3. 可以提供某一会计期间本期预算收支差额的信息，有助于汇总掌握预算资金执行情况。

二、预算收入支出表的格式

预算收入支出表的格式如表 11-29 所示。

表 11-29 预算收入支出表 会政预 01 表

编制单位：　　　　　　　　　　　____年　　　　　　　　　　单位：元

项目	本年数	上年数
一、本年预算收入		
（一）财政拨款预算收入		
其中：政府性基金收入		
（二）事业预算收入		
（三）上级补助预算收入		

续表

项目	本年数	上年数
（四）附属单位上缴预算收入		
（五）经营预算收入		
（六）债务预算收入		
（七）非同级财政拨款预算收入		
（八）投资预算收益		
（九）其他预算收入		
其中：利息预算收入		
捐赠预算收入		
租金预算收入		
二、本年预算支出		
（一）行政支出		
（二）事业支出		
（三）经营支出		
（四）上缴上级支出		
（五）对附属单位补助支出		
（六）投资支出		
（七）债务还本支出		
（八）其他支出		
其中：利息支出		
捐赠支出		
三、本年预算收支差额		

三、预算收入支出表的编制

（一）"上年数"栏项目的填列

"上年数"栏反映各项目上年度的实际发生数，应当根据上年度预算收入支出表中"本年数"栏内所列数字填列。

如果本年度预算收入支出表规定的项目的名称和内容同上年度不一致，应当对上年度预算收入支出表项目的名称和数字按照本年度的规定进行调整，将调整后金额填入本年度预算收入支出表的"上年数"栏。

（二）"本年数"栏各项目的填列方法

"本年数"栏反映各项目的本年实际发生数。

1. 本年预算收入。

(1)"本年预算收入"项目,反映单位本年预算收入总额。本项目应当根据本表中"财政拨款预算收入""事业预算收入""上级补助预算收入""附属单位上缴预算收入""经营预算收入""债务预算收入""非同级财政拨款预算收入""投资预算收益""其他预算收入"项目金额的合计数填列。

(2)"财政拨款预算收入"项目,反映单位本年从同级政府财政部门取得的各类财政拨款。本项目应当根据"财政拨款预算收入"科目的本年发生额填列。"政府性基金收入"项目,反映单位本年取得的财政拨款收入中属于政府性基金预算拨款的金额。本项目应当根据"财政拨款预算收入"相关明细科目的本年发生额填列。

(3)"事业预算收入"项目,反映事业单位本年开展专业业务活动及其辅助活动取得的预算收入。本项目应当根据"事业预算收入"科目的本年发生额填列。

(4)"上级补助预算收入"项目,反映事业单位本年从主管部门和上级单位取得的非财政补助预算收入。本项目应当根据"上级补助预算收入"科目的本年发生额填列。

(5)"附属单位上缴预算收入"项目,反映事业单位本年收到的独立核算的附属单位按照有关规定上缴的预算收入。本项目应当根据"附属单位上缴预算收入"科目的本年发生额填列。

(6)"经营预算收入"项目,反映事业单位本年在专业业务活动及其辅助活动之外开展非独立核算经营活动取得的预算收入。本项目应当根据"经营预算收入"科目的本年发生额填列。

(7)"债务预算收入"项目,反映事业单位本年按照规定从金融机构等借入的、纳入部门预算管理的债务预算收入。本项目应当根据"债务预算收入"的本年发生额填列。

(8)"非同级财政拨款预算收入"项目,反映单位本年从非同级政府财政部门取得的财政拨款。本项目应当根据"非同级财政拨款预算收入"科目的本年发生额填列。

(9)"投资预算收益"项目,反映事业单位本年取得的按规定纳入单位预算管理的投资收益。本项目应当根据"投资预算收益"科目的本年发生额填列。

(10)"其他预算收入"项目,反映单位本年取得的除上述收入以外的纳入单位预算管理的各项预算收入。本项目应当根据"其他预算收入"科目的本年发生额填列。

"利息预算收入"项目,反映单位本年取得的利息预算收入。本项目应当根据"其他预算收入"科目的明细记录分析填列。单位单设"利息预算收入"科目的,应当根据"利息预算收入"科目的本年发生额填列。

"捐赠预算收入"项目,反映单位本年取得的捐赠预算收入。本项目应当根据"其他预算收入"科目明细账记录分析填列。单位单设"捐赠预算收入"科目的,应当根据"捐赠预算收入"科目的本年发生额填列。

"租金预算收入"项目,反映单位本年取得的租金预算收入。本项目应当根据"其他预算收入"科目明细账记录分析填列。单位单设"租金预算收入"科目,应当根据"租金预算收入"科目的本年发生额填列。

2. 本年预算支出。

(11)"本年预算支出"项目,反映单位本年预算支出总额。本项目应当根据本表中"行政支出""事业支出""经营支出""上缴上级支出""对附属单位补助支出""投资支出""债务还本支出"和"其他支出"项目金额的合计数填列。

(12)"行政支出"项目,反映行政单位本年履行职责实际发生的支出。本项目应当根据"行政支出"科目的本年发生额填列。

(13)"事业支出"项目,反映事业单位本年开展专业业务活动及其辅助活动发生的支出。本项目应当根据"事业支出"科目的本年发生额填列。

(14)"经营支出"项目,反映事业单位本年在专业业务活动及其辅助活动之外开展非独立核算经营活动发生的支出。本项目应当根据"经营支出"科目的本年发生额填列。

(15)"上缴上级支出"项目,反映事业单位本年按照财政部门和主管部门的规定上缴上级单位的支出。本项目应当根据"上缴上级支出"科目的本年发生额填列。

(16)"对附属单位补助支出"项目,反映事业单位本年用财政拨款收入之外的收入对附属单位补助发生的支出。本项目应当根据"对附属单位补助支出"科目的本年发生额填列。

(17)"投资支出"项目,反映事业单位本年以货币资金对外投资发生的支出。本项目应当根据"投资支出"科目的本年发生额填列。

(18)"债务还本支出"项目,反映事业单位本年偿还自身承担的纳入预算管理的从金融机构举借的债务本金的支出。本项目应当根据"债务还本支出"科目的本年发生额填列。

(19)"其他支出"项目,反映单位本年除以上支出以外的各项支出。本项目应当根据"其他支出"科目的本年发生额填列。

"利息支出"项目,反映单位本年发生的利息支出。本项目应当根据"其他支出"科目明细账记录分析填列。单位单设"利息支出"科目的,应当根据"利息支出"科目的本年发生额填列。

"捐赠支出"项目,反映单位本年发生的捐赠支出。本项目应当根据"其他支出"科目明细账记录分析填列。单位单设"捐赠支出"科目的,应当根据"捐赠支出"科目的本年发生额填列。

3. 本年预算收支差额。

(20)"本年预算收支差额"项目,反映单位本年各项预算收支相抵后的差额。本项目应当根据本表中"本期预算收入"项目金额减去"本期预算支出"项目金额后的金额填列;如相减后金额为负数,以"-"号填列。

第八节 预算结转结余变动表

一、预算结转结余变动表的概念与作用

预算结转结余变动表反映单位在某一会计年度内预算结转结余的变动情况。预算结转结余变动表所提供的信息，有助于报表信息使用者了解该单位在一定时期内预算结余的变动与变动构成，有助于更具体地评价预算的执行情况与更全面的绩效考核。

二、预算结转结余变动表的格式

预算结转结余变动表的格式如表 11-30 所示。

表 11-30　　　　　　　　预算结转结余变动表　　　　　　　　会政预02表

编制单位：　　　　　　　　　　　____年　　　　　　　　　　　单位：元

项目	本年数	上年数
一、年初预算结转结余		
（一）财政拨款结转结余		
（二）其他资金结转结余		
二、年初余额调整（减少以"-"号填列）		
（一）财政拨款结转结余		
（二）其他资金结转结余		
三、本年变动金额（减少以"-"号填列）		
（一）财政拨款结转结余		
1. 本年收支差额		
2. 归集调入		
3. 归集上缴或调出		
（二）其他资金结转结余		
1. 本年收支差额		
2. 缴回资金		
3. 使用专用结余		
4. 支付所得税		

续表

项目	本年数	上年数
四、年末预算结转结余		
（一）财政拨款结转结余		
1. 财政拨款结转		
2. 财政拨款结余		
（二）其他资金结转结余		
1. 非财政拨款结转		
2. 非财政拨款结余		
3. 专用结余		
4. 经营结余（如有余额，以"-"号填列）		

三、预算结转结余变动表的编制

预算结转结余变动表中"年末预算结转结余"项目金额等于"年初预算结转结余""年初余额调整""本年变动金额"三个项目的合计数。

（一）"上年数"栏项目的填列

"上年数"栏反映各项目的上年实际发生数，应当根据上年度预算结转结余变动表中"本年数"栏内所列数字填列。

如果本年度预算结转结余变动表规定的项目的名称和内容同上年度不一致，应当对上年度预算结转结余变动表项目的名称和数字按照本年度的规定进行调整，将调整后金额填入本年度预算结转结余变动表的"上年数"栏。

（二）"本年数"栏各项目的内容和填列方法

1. "年初预算结转结余"项目，反映单位本年预算结转结余的年初余额。本项目应当根据本项目下"财政拨款结转结余""其他资金结转结余"项目金额的合计数填列。

（1）"财政拨款结转结余"项目，反映单位本年财政拨款结转结余资金的年初余额。本项目应当根据"财政拨款结转""财政拨款结余"科目本年年初余额合计数填列。

（2）"其他资金结转结余"项目，反映单位本年其他资金结转结余的年初余额。本项目应当根据"非财政拨款结转""非财政拨款结余""专用结余""经营结余"科目本年年初余额的合计数填列。

2. "年初余额调整"项目，反映单位本年预算结转结余年初余额调整的金额。本项目应当根据本项目下"财政拨款结转结余""其他资金结转结余"项目金额的合计数填列。

(1)"财政拨款结转结余"项目,反映单位本年财政拨款结转结余资金的年初余额调整金额。本项目应当根据"财政拨款结转""财政拨款结余"科目下"年初余额调整"明细科目的本年发生额的合计数填列;如调整减少年初财政拨款结转结余,以"-"号填列。

(2)"其他资金结转结余"项目,反映单位本年其他资金结转结余的年初余额调整金额。本项目应当根据"非财政拨款结转""非财政拨款结余"科目下"年初余额调整"明细科目的本年发生额的合计数填列;如调整减少年初其他资金结转结余,以"-"号填列。

3."本年变动金额"项目,反映单位本年预算结转结余变动的金额。本项目应当根据本项目下"财政拨款结转结余""其他资金结转结余"项目金额的合计数填列。

(1)"财政拨款结转结余"项目,反映单位本年财政拨款结转结余资金的变动。本项目应当根据本项目下"本年收支差额""归集调入""归集上缴或调出"项目金额的合计数填列。

①"本年收支差额"项目,反映单位本年财政拨款资金收支相抵后的差额。本项目应当根据"财政拨款结转"科目下"本年收支结转"明细科目本年转入的预算收入与预算支出的差额填列;差额为负数的,以"-"号填列。

②"归集调入"项目,反映单位本年按照规定从其他单位归集调入的财政拨款结转资金。本项目应当根据"财政拨款结转"科目下"归集调入"明细科目的本年发生额填列。

③"归集上缴或调出"项目,反映单位本年按照规定上缴的财政拨款结转结余资金及按照规定向其他单位调出的财政拨款结转资金。本项目应当根据"财政拨款结转""财政拨款结余"科目下"归集上缴"明细科目,以及"财政拨款结转"科目下"归集调出"明细科目本年发生额的合计数填列,以"-"号填列。

(2)"其他资金结转结余"项目,反映单位本年其他资金结转结余的变动。本项目应当根据本项目下"本年收支差额""缴回资金""使用专用结余""支付所得税"项目金额的合计数填列。

①"本年收支差额"项目,反映单位本年除财政拨款外的其他资金收支相抵后的差额。本项目应当根据"非财政拨款结转"科目下"本年收支结转"明细科目、"其他结余"科目、"经营结余"科目本年转入的预算收入与预算支出的差额的合计数填列;如为负数,以"-"号填列。

②"缴回资金"项目,反映单位本年按照规定缴回的非财政拨款结转资金。本项目应当根据"非财政拨款结转"科目下"缴回资金"明细科目本年发生额的合计数填列,以"-"号填列。

③"使用专用结余"项目,反映本年事业单位根据规定使用从非财政拨款结余或经营结余中提取的专用基金的金额。本项目应当根据"专用结余"科目明细账中本年使用专用结余业务的发生额填列,以"-"号填列。

④"支付所得税"项目,反映有企业所得税缴纳义务的事业单位本年实际缴

纳的企业所得税金额。本项目应当根据"非财政拨款结余"明细账中本年实际缴纳企业所得税业务的发生额填列,以"-"号填列。

4."年末预算结转结余"项目,反映单位本年预算结转结余的年末余额。本项目应当根据本项目下"财政拨款结转结余""其他资金结转结余"项目金额的合计数填列。

(1)"财政拨款结转结余"项目,反映单位本年财政拨款结转结余的年末余额。本项目应当根据本项目下"财政拨款结转""财政拨款结余"项目金额的合计数填列。

本项目下"财政拨款结转""财政拨款结余"项目,应当分别根据"财政拨款结转""财政拨款结余"科目的本年年末余额填列。

(2)"其他资金结转结余"项目,反映单位本年其他资金结转结余的年末余额。本项目应当根据本项目下"非财政拨款结转""非财政拨款结余""专用结余""经营结余"项目金额的合计数填列。

本项目下"非财政拨款结转""非财政拨款结余""专用结余""经营结余"项目,应当分别根据"非财政拨款结转""非财政拨款结余""专用结余""经营结余"科目的本年年末余额填列。

第九节　财政拨款预算收入支出表

一、财政拨款预算收入支出表的概念与作用

财政拨款预算收入支出表是反映单位本年财政拨款预算资金收入、支出及相关变动的具体情况的报表。

二、财政拨款预算收入支出表的格式

财政拨款预算收入支出表的格式如表11-31所示。

三、财政拨款预算收入支出表的编制

(一)本表"项目"栏内各项目的设置

本表"项目"栏内各项目,应当根据单位取得的财政拨款种类分项设置。其中"项目支出"项目下,根据每个项目设置;单位取得除一般公共财政预算拨款和政府性基金预算拨款以外的其他财政拨款的,应当按照财政拨款种类增加相应的资金项目及其明细项目。

表 11-31 财政拨款预算收入支出表

编制单位：   年   会政预03表
单位：元

项目	年初财政拨款结转结余		调整年初财政拨款结转结余	本年归集调入	本年归集或调出上缴或调出	单位内部调剂		本年财政拨款收入	本年财政拨款支出	年末财政拨款结转结余	
	结转	结余				结转	结余			结转	结余
一、一般公共预算财政拨款											
（一）基本支出											
1. 人员经费											
2. 日常公用经费											
（二）项目支出											
1. ××项目											
2. ××项目											
……											
二、政府性基金预算财政拨款											
（一）基本支出											
1. 人员经费											
2. 日常公用经费											
（二）项目支出											
1. ××项目											
2. ××项目											
……											
总计											

(二) 本表各栏及其对应项目的内容和填列方法

1. "年初财政拨款结转结余"栏中各项目，反映单位年初各项财政拨结转结余的金额。各项目应当根据"财政拨款结转""财政拨款结余"及其明细科目的年初余额填列。本栏中各项目的数额应当与上年度财政拨款预算收入支出表中"年末财政拨款结转结余"栏中各项目的数额相等。

2. "调整年初财政拨款结转结余"栏中各项目，反映单位对年初财政拨款结转结余的调整金额。各项目应当根据"财政拨款结转""财政拨款结余"科目下"年初余额调整"明细科目及其所属明细科目的本年发生额填列；如调整减少年初财政拨款结转结余，以"－"号填列。

3. "本年归集调入"栏中各项目，反映单位本年按规定从其他单位调入的财政拨款结转资金金额。各项目应当根据"财政拨款结转"科目下"归集调入"明细科目及其所属明细科目的本年发生额填列。

4. "本年归集上缴或调出"栏中各项目，反映单位本年按规定实际上缴的财政拨款结转结余资金，及按照规定向其他单位调出的财政拨款结转资金金额。各项目应当根据"财政拨款结转""财政拨款结余"科目下"归集上缴"科目和"财政拨款结转"科目下"归集调出"明细科目，及其所属明细科目的本年发生额填列，以"－"号填列。

5. "单位内部调剂"栏中各项目，反映单位本年财政拨款结转结余资金在单位内部不同项目等之间的调剂金额。各项目应当根据"财政拨款结转"和"财政拨款结余"科目下的"单位内部调剂"明细科目及其所属明细科目的本年发生额填列；对单位内部调剂减少的财政拨款结转金额，以"－"号填列。

6. "本年财政拨款收入"栏中各项目，反映单位本年从同级财政部门取得的各类财政预算拨款金额。各项目应当根据"财政拨款预算收入"科目及其所属明细科目的本年发生额填列。

7. "本年财政拨款支出"栏中各项目，反映单位本年发生的财政拨款支出金额。各项目应当根据"行政支出""事业支出"等科目及其所属明细科本年发生额中的财政拨款支出数的合计数填列。

8. "年末财政拨款结转结余"栏中各项目，反映单位年末财政拨款结转结余的金额。各项目应当根据"财政拨款结转""财政拨款结余"科目及其所属明细科目的年末余额填列。

第十节 合并财务报表

一、合并财务报表的概念、内容与分类

1. 合并财务报表的概念。合并财务报表，是指反映合并主体和其全部被合

并主体形成的报告主体整体财务状况与运行情况的财务报表。

合并主体，是指有一个或一个以上被合并主体的政府会计主体。合并主体通常也是合并财务报表的编制主体。

被合并主体，是指符合《政府会计准则第9号——财务报表编制和列报》规定的纳入合并主体合并范围的会计主体。

2. 合并财务报表的内容。合并财务报表至少包括合并资产负债表、合并收入费用表与附注等组成部分。

3. 合并财务报表的分类。合并财务报表按照合并级次分为部门（单位）合并财务报表、本级政府合并财务报表和行政区政府合并财务报表。

二、合并程序

（一）编制合并财务报表的基础

合并财务报表应当以合并主体和其被合并主体的财务报表为基础，根据其他有关资料加以编制。

合并财务报表应当以权责发生制为基础编制。合并主体和其合并范围内被合并主体个别财务报表应当采用权责发生制基础编制，按规定未采用权责发生制基础编制的，应当先调整为权责发生制基础的财务报表，再由合并主体进行合并。

编制合并财务报表时，应当将合并主体和其全部被合并主体视为一个会计主体，遵循政府会计准则制度规定的统一的会计政策。合并范围内合并主体、被合并主体个别财务报表未遵循政府会计准则制度规定的统一会计政策的，应当先调整为遵循政府会计准则制度规定的统一会计政策的财务报表，再由合并主体进行合并。

（二）编制合并财务报表的程序

1. 按规定对需要进行调整的个别财务报表进行调整，以调整后的个别财务报表作为编制合并财务报表的基础。

2. 将合并主体和被合并主体个别财务报表中的资产、负债、净资产、收入和费用项目进行逐项合并。

3. 抵销合并主体和被合并主体之间、被合并主体相互之间发生的债权债务、收入费用等内部业务或事项对财务报表的影响。

（三）合并主体划转的调整

对于在报告期内因划转而纳入合并范围的被合并主体，合并主体应当将其报告期内的收入、费用项目金额包括在本期合并收入费用表的本期数中，合并资产负债表的期初数不作调整。

对于在报告期内因划转而不再纳入合并范围的被合并主体，其报告期内的收入、费用项目金额不包括在本期合并收入费用表的本期数中，合并资产负债表的期初数不作调整。

合并主体应当确保划转双方的会计处理协调一致，确保不重复、不遗漏，并在合并财务报表附注中对划转情况及其影响进行充分披露。

（四）合并主体撤销的处理

在报告期内，被合并主体撤销的，其期初资产、负债和净资产项目金额应当包括在合并资产负债表的期初数中，其期初至撤销日的收入、费用项目金额应当包括在本期合并收入费用表的本期数中，其期初至撤销日的收入、费用项目金额所引起的净资产变动金额应当包括在合并资产负债表的期末数中。

（五）被合并主体应提供的资料

在编制合并财务报表时，被合并主体除了应当向合并主体提供财务报表外，还应当提供下列有关资料。

1. 采用的与政府会计准则制度规定的统一的会计政策不一致的会计政策及其影响金额。

2. 其与合并主体、其他被合并主体之间发生的所有内部业务或事项的相关资料。

3. 编制合并财务报表所需要的其他资料。

三、部门（单位）合并财务报表

（一）部门（单位）合并财务报表的内涵

部门（单位）合并财务报表，是指以政府部门（单位）本级作为合并主体，将部门（单位）本级及其合并范围内全部被合并主体的财务报表进行合并后形成的，反映部门（单位）整体财务状况与运行情况的财务报表。部门（单位）合并财务报表是政府部门财务报告的主要组成部分。

（二）部门（单位）合并财务报表的范围

1. 部门（单位）合并财务报表的合并范围确定的一般原则：

部门（单位）合并财务报表的合并范围一般应当以财政预算拨款关系为基础予以确定。有下级预算单位的部门（单位）为合并主体，其下级预算单位为被合并主体。合并主体应当将其全部被合并主体纳入合并财务报表的合并范围。

通常情况下，纳入本部门预决算管理的行政事业单位和社会组织（包括社会团体、基金会和社会服务机构，下同）都应当纳入本部门（单位）合并财务报表范围。

2. 除满足一般原则的会计主体外，以下会计主体也应当纳入部门（单位）

合并财务报表范围：

(1) 部门（单位）所属的未纳入部门预决算管理的事业单位。

(2) 部门（单位）所属的纳入企业财务管理体系执行企业类会计准则制度的事业单位。

(3) 财政部规定的应当纳入部门（单位）合并财务报表范围的其他会计主体。

3. 以下会计主体不纳入部门（单位）合并财务报表范围：

(1) 部门（单位）所属的企业，以及所属企业下属的事业单位。

(2) 与行政机关脱钩的行业协会商会。

(3) 部门（单位）财务部门按规定单独建账核算的会计主体，如工会经费、党费、团费和土地储备资金、住房公积金等资金（基金）会计主体。

(4) 挂靠部门（单位）的没有财政预算拨款关系的社会组织以及非法人性质的学术团体、研究会等。

(三) 部门（单位）合并财务报表的主体

部门（单位）合并资产负债表应当以部门（单位）本级和其被合并主体符合要求的个别资产负债表或合并资产负债表为基础，在抵销内部业务或事项对合并资产负债表的影响后，由部门（单位）本级合并编制。

(四) 编制部门（单位）合并资产负债表

1. 部门（单位）合并资产负债表的抵销。编制部门（单位）合并资产负债表时，需要抵销的内部业务或事项包括：

(1) 部门（单位）本级和其被合并主体之间、被合并主体相互之间的债权（含应收款项坏账准备，后同）、债务项目；

(2) 部门（单位）本级和其被合并主体之间、被合并主体相互之间其他业务或事项对部门（单位）合并资产负债表的影响。

2. 部门（单位）合并资产负债表的列示。

(1) 资产类项目的列示。资产类至少应当单独列示反映：货币资金、短期投资、财政应返还额度、应收票据、应收账款净额、预付账款、应收股利、应收利息、其他应收款净额、存货、待摊费用、一年内到期的非流动资产等流动资产项目及流动资产合计；长期股权投资、长期债券投资、固定资产净值、工程物资、在建工程、无形资产净值、研发支出、公共基础设施净值、政府储备物资、文化文物资产、保障性住房净值、长期待摊费用、待处理财产损溢、受托代理资产等非流动资产项目及其合计；资产的总计。

(2) 负债类项目的列示。负债类至少应当单独列示反映：短期借款、应交增值税、其他应交税费、应缴财政款、应付职工薪酬、应付票据、应付账款、应付政府补贴款、应付利息、预收款项、其他应付款、预提费用、一年内到期的非流动负债等流动负债项目及其合计；长期借款、长期应付款、预计负债、受托代理负债等非流动负债项目及其合计；负债的总计。

（3）净资产类的列示。净资产类至少应当单独列示反映：累计盈余、专用基金、权益法调整等净资产项目及其总计。

（五）编制部门（单位）合并收入费用表

1. 部门（单位）合并收入费用表的抵销。部门（单位）合并收入费用表应当以部门（单位）本级和其被合并主体符合要求的个别收入费用表或合并收入费用表为基础，在抵销内部业务或事项对合并收入费用表的影响后，由部门（单位）本级合并编制。

编制部门（单位）合并收入费用表时，需要抵销的内部业务或事项包括部门（单位）本级和其被合并主体之间、被合并主体相互之间的收入、费用项目。

2. 部门（单位）合并收入费用表的列示。部门（单位）合并收入费用表中的收入，应当按照收入来源进行分类列示。

（1）收入类项目的列示。收入类至少应当单独列示反映：财政拨款收入、事业收入、经营收入、非同级财政拨款收入、投资收益、捐赠收入、利息收入、租金收入等收入类项目及收入的合计。

（2）费用类项目的列示。费用类至少应当单独列示反映：工资福利费用、商品和服务费用、对个人和家庭补助费用、对企事业单位补贴费用、固定资产折旧费用、无形资产摊销费用、公共基础设施折旧（摊销）费用、保障性住房折旧费用、计提专用基金、所得税费用、资产处置费用等费用类项目及费用的合计。部门（单位）合并收入费用表中的费用，应当按照费用的性质进行分类列示。

（3）盈余的列示。部门（单位）合并收入费用表应当列示本期盈余项目。

本期盈余，是指部门（单位）某一会计期间收入合计金额减去费用合计金额后的差额。

四、合并财务报表的附注

合并财务报表附注一般应当披露下列信息：
1. 合并财务报表的编制基础。
2. 遵循政府会计准则制度的声明。
3. 合并财务报表的合并主体、被合并主体清单。
4. 合并主体、被合并主体个别财务报表所采用的编制基础，所采用的与政府会计准则制度规定不一致的会计政策，编制合并财务报表时的调整情况及其影响。
5. 本期增加、减少被合并主体的基本情况及影响。
6. 合并财务报表重要项目明细信息及说明。
7. 未在合并财务报表中列示但对报告主体财务状况和运行情况有重大影响的事项的说明。
8. 需要说明的其他事项。

五、合并财务报表的格式

（一）部门（单位）合并资产负债表的格式

具体如表 11-32 所示。

表 11-32　　　　　　　部门（单位）合并资产负债表

编制单位：　　　　　　　　　　　年　　月　　日　　　　　　　　　　　单位：元

资产	期末余额	年初余额	负债和净资产	期末余额	年初余额
流动资产：			流动负债：		
货币资金			短期借款		
短期投资			应交增值税		
财政应返还额度			其他应交税费		
应收票据			应缴财政款		
应收账款净额			应付职工薪酬		
预付账款			应付票据		
应收股利			应付账款		
应收利息			应付政府补贴款		
其他应收款净额			应付利息		
存货			预收账款		
待摊费用			其他应付款		
一年内到期的非流动资产			预提费用		
其他流动资产			一年内到期的非流动负债		
流动资产合计			其他流动负债		
非流动资产：			流动负债合计		
长期股权投资			非流动负债：		
长期债券投资			长期借款		
固定资产原值			长期应付款		
减：固定资产累计折旧			预计负债		
固定资产净值			其他非流动负债		
工程物资			非流动负债合计		
在建工程			受托代理负债		
无形资产原值			负债合计		
减：无形资产累计摊销					

续表

资产	期末余额	年初余额	负债和净资产	期末余额	年初余额
无形资产净值					
研发支出					
公共基础设施原值					
减：公共基础设施累计折旧（摊销）					
公共基础设施净值					
政府储备物资					
文物文化资产					
保障性住房原值					
减：保障性住房累计折旧			净资产：		
保障性住房净值			累计盈余		
长期待摊费用			专用基金		
待处理财产损溢			权益法调整		
其他非流动资产					
非流动资产合计					
受托代理资产			净资产合计		
资产总计			负债和净资产总计		

（二）部门（单位）合并收入费用表的格式

具体如表 11-33 所示。

表 11-33 　　　　　部门（单位）合并收入费用表

编制单位：　　　　　　　　　　　　年　　　　　　　　　　　　单位：元

项目	本年数	上年数
一、本期收入		
（一）财政拨款收入		
（二）事业收入		
其中：非同级财政拨款收入		
（三）上级补助收入*		
（四）附属单位上缴收入*		
（五）经营收入		
（六）非同级财政拨款收入		

续表

项目	本年数	上年数
（七）投资收益		
（八）捐赠收入		
（九）利息收入		
（十）租金收入		
（十一）其他收入		
二、本期费用		
（一）工资福利费用		
（二）商品和服务费用		
（三）对个人和家庭补助费用		
（四）对企事业单位补贴费用		
（五）固定资产折旧费用		
（六）无形资产摊销费用		
（七）公共基础设施折旧（摊销）费用		
（八）保障性住房折旧费用		
（九）计提专用基金		
（十）所得税费用		
（十一）资产处置费用		
（十二）上缴上级费用*		
（十三）对附属单位补助费用*		
（十四）其他费用		
三、本期盈余		

注：（1）本表中"本期费用"各项目应当根据个别财务报表附注中"本期费用按经济分类的披露格式"所提供的信息合并填列。（2）编制部门（单位）合并收入费用表时，标*项目原则上应抵销完毕，金额为零。

第十二章 会计调整

【本章预览】

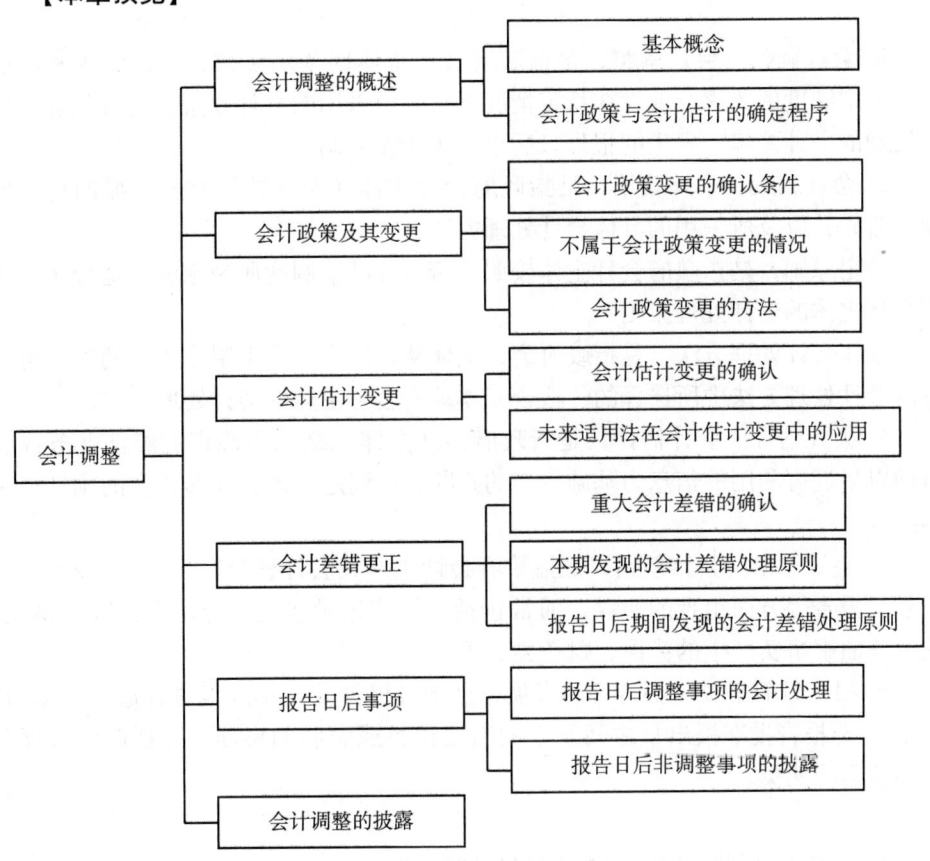

【学习目标】
1. 理解会计调整的含义和内容
2. 了解各种会计调整的处理方法的异同和适用范围
3. 掌握会计政策变更与会计估计变更的含义与处理方法的差异
4. 掌握追溯调整法与未来适用法在处理会计政策变更和会计估计变更过程中的应用
5. 掌握会计差错的处理原则
6. 掌握报告日后调整事项的会计处理

第一节 会计调整概述

一些特定情况的发生将会影响政府会计主体已经对外报出信息的可靠性、相关性与决策有用性,则需要对此进行调整。

一、基本概念

1. 会计调整。会计调整,是指政府会计主体因按照法律、行政法规和政府会计准则制度的要求,或者在特定情况下对其原采用的会计政策、会计估计,以及发现的会计差错、发生的报告日后事项等所作的调整。

2. 会计政策。会计政策,是指政府会计主体在会计核算时所遵循的特定原则、基础,以及所采用的具体会计处理方法。

特定原则,是指政府会计主体按照政府会计准则制度所制定的、适合于本政府会计主体的会计处理原则。

具体会计处理方法,是指政府会计主体从政府会计准则制度规定的诸多可选择的会计处理方法中所选择的、适合于本政府会计主体的会计处理方法。

3. 会计估计。会计估计,是指政府会计主体对结果不确定的经济业务或者事项以最近可利用的信息为基础所作的判断,如固定资产、无形资产的预计使用年限等。

4. 会计差错。会计差错,是指政府会计主体在会计核算时,在确认、计量、记录、报告等方面出现的错误,通常包括计算或记录错误、应用会计政策错误、疏忽或曲解事实产生的错误、财务舞弊等。

5. 报告日后事项。报告日后事项,是指自报告日(年度报告日通常为 12 月 31 日)至报告批准报出日之间发生的需要调整或说明的事项,包括调整事项和非调整事项两类。

二、会计政策与会计估计的确定程序

政府会计主体应当结合自身实际情况,确定自身具体的会计政策和会计估计,并履行自身内部报批程序;法律、行政法规等规定应当报送有关方面批准或备案的,从其规定。

政府会计主体的会计政策和会计估计一经确定,不得随意变更。如需变更,应重新报批,并按会计调整的规定处理。

第二节 会计政策及其变更

政府会计主体应当对相同或者相似的经济业务或者事项采用相同的会计政策进行会计处理。但是,其他政府会计准则制度另有规定的除外。

一、会计政策变更的确认条件

政府会计主体采用的会计政策,在每一会计期间和前后各期应当保持一致。

但满足下列条件之一的,可以变更会计政策:(1)法律、行政法规或者政府会计准则制度等要求变更;(2)会计政策变更能够提供有关政府会计主体财务状况、运行情况等更可靠、更相关的会计信息。

二、不属于会计政策变更的情况

1. 本期发生的经济业务或者事项与以前相比具有本质差别而采用新的会计政策。
2. 对初次发生的或者不重要的经济业务或者事项采用新的会计政策。

三、会计政策变更的方法

1. 追溯调整法。追溯调整法,是指对某项经济业务或者事项变更会计政策时,视同该项经济业务或者事项初次发生时即采用变更后的会计政策,并以此对财务报表相关项目进行调整的方法。

政府会计主体应当按照政府会计准则制度规定对会计政策变更进行处理。政府会计准则制度对会计政策变更未作出规定的,通常情况下,政府会计主体应当采用追溯调整法进行处理。

采用追溯调整法时,政府会计主体应当将会计政策变更的累积影响调整最早前期有关净资产项目的期初余额,其他相关项目的期初数也应一并调整;涉及收入、费用等项目的,应当将会计政策变更的影响调整受影响期间的各个相关项目。

会计政策变更的累积影响,是指按照变更后的会计政策对以前各期追溯计算的最早前期各个受影响的净资产项目以及其他相关项目的期初应有金额与现有金额之间的差额;会计政策变更的影响,是指按照变更后的会计政策对以前各期追溯计算的各个受影响的项目变更后的金额与现有金额之间的差额。

政府会计主体按规定编制比较财务报表的,对于比较财务报表可比期间的会计政策变更影响,应当调整各该期间的收入或者费用以及其他相关项目,视同该政策在比较财务报表期间一直采用。对于比较财务报表可比期间以前的会计政策变更的累积影响,政府会计主体应当调整比较财务报表最早期间所涉及的期初净资产各项目,财务报表其他相关项目的期初数也应一并调整。

2. 未来适用法。未来适用法,是指将变更后的会计政策应用于变更当期及以后各期发生的经济业务或者事项,或者在会计估计变更当期和未来期间确认会计估计变更的影响的方法。

会计政策变更的影响或者累积影响不能合理确定的,政府会计主体应当采用未来适用法对会计政策变更进行处理。

采用未来适用法时,政府会计主体不需要计算会计政策变更产生的影响或者累积影响,也无需调整财务报表相关项目的期初数和比较财务报表相关项目的金额。

第三节 会计估计变更

一、会计估计变更的确认

政府会计主体据以进行估计的基础发生了变化,或者由于取得新信息、积累更多经验以及后来的发展变化,可能需要对会计估计进行修订。会计估计变更应以掌握的新情况和新进展等真实、可靠的信息为依据。

二、未来适用法在会计估计变更中的应用

政府会计主体应当对会计估计变更采用未来适用法处理。

会计估计变更时,政府会计主体不需要追溯计算前期产生的影响或者累积影响,但应当对变更当期和未来期间发生的经济业务或者事项采用新的会计估计进行处理。

会计估计变更仅影响变更当期的,其影响应当在变更当期予以确认;会计估计变更既影响变更当期又影响未来期间的,其影响应当在变更当期和未来期间分别予以确认。

政府会计主体对某项变更难以区分为会计政策变更或者会计估计变更的,应当按照会计估计变更的处理方法进行处理。

第四节 会计差错更正

一、重大会计差错的确认

重大会计差错,是指政府会计主体发现的使本期编制的报表不再具有可靠性

的会计差错,一般是指差错的性质比较严重或者差错的金额比较大。该差错会影响报表使用者对政府会计主体过去、现在或者未来的情况作出评价或者预测,则认为性质比较严重,如未遵循政府会计准则制度、财务舞弊等原因产生的差错。通常情况下,导致差错的经济业务或者事项对报表某一具体项目的影响或者累积影响金额占该类经济业务或者事项对报表同一项目的影响金额的10%及以上,则认为金额比较大。

政府会计主体滥用会计政策、会计估计及其变更,属于重大会计差错。

二、本期发现的会计差错处理原则

政府会计主体在本报告期发现的会计差错,应当按照以下原则处理。

1. 本期发现的与本期相关的会计差错,应当调整本期报表(包括财务报表和预算会计报表,下同)相关项目。

2. 本期发现的与前期相关的重大会计差错,如影响收入、费用或者预算收支的,应当将其对收入、费用或者预算收支的影响或者累积影响调整发现当期期初的相关净资产项目或者预算结转结余,并调整其他相关项目的期初数;如不影响收入、费用或者预算收支的,应当调整发现当期相关项目的期初数。经上述调整后,视同该差错在差错发生的期间已经得到更正。

与前期相关的重大会计差错的影响或者累积影响不能合理确定的,政府会计主体可比照以下非重大会计差错的规定进行处理。

3. 本期发现的与前期相关的非重大会计差错,应当将其影响数调整相关项目的本期数。

三、报告日后期间发现的会计差错处理原则

政府会计主体在报告日至报告批准报出日之间发现的报告期以前期间的重大会计差错,应当视同本期发现的与前期相关的重大会计差错按规定进行处理。

政府会计主体在报告日至报告批准报出日之间发现的报告期间的会计差错及报告期以前期间的非重大会计差错,应当按照报告日后事项中的调整事项进行处理。

政府会计主体按规定编制比较财务报表的,对于比较财务报表期间的重大会计差错,应当调整各该期间的收入或者费用以及其他相关项目;对于比较财务报表期间以前的重大会计差错,应当调整比较财务报表最早期间所涉及的各项净资产项目的期初余额,财务报表其他相关项目的金额也应一并调整。

对于比较财务报表期间和以前的非重大会计差错,以及影响或者累积影响不能合理确定的重大会计差错,应当调整相关项目的本期数。

第五节 报告日后事项

一、报告日后调整事项的会计处理

报告日以后获得新的或者进一步的证据,有助于对报告日存在状况的有关金额作出重新估计,应当作为调整事项,据此对报告日的报表进行调整。调整事项包括已证实资产发生了减损、已确定获得或者支付的赔偿、财务舞弊或者差错等。

报告日以后发生的调整事项,应当如同报告所属期间发生的事项一样进行会计处理,对报告日已编制的报表相关项目的期末数或者本期数作相应的调整,并对当期编制的报表相关项目的期初数或者上期数进行调整。

二、报告日后非调整事项的披露

报告日以后才发生或者存在的事项,不影响报告日的存在状况,但如不加以说明,将会影响报告使用者作出正确估计和决策,这类事项应当作为非调整事项,在财务报表附注中予以披露,如自然灾害导致的资产损失、外汇汇率发生重大变化等。

第六节 会计调整的披露

政府会计主体在财务报表附注中应当披露以下内容。

1. 会计政策变更的内容和理由、会计政策变更的影响,以及影响或者累积影响不能合理确定的理由。

2. 会计估计变更的内容和理由、会计估计变更对当期和未来期间的影响数。

3. 重大会计差错的内容和重大会计差错的更正方法、金额,以及与前期相关的重大会计差错影响或者累积影响不能合理确定的理由。

4. 与报告日后事项有关的下列信息。

(1)财务报告的批准报出者和批准报出日。

(2)每项重要的报告日后非调整事项的内容,及其估计对政府会计主体财务状况、运行情况的影响;无法作出估计的,应当说明其原因。

政府会计主体在以后的会计期间不需要重复披露在以前期间的财务报表附注中已披露的会计政策变更、会计估计变更和会计差错更正的信息。

思 考 题

1. 分析会计调整是否会影响会计信息的可靠性与相关性。
2. 简要说明会计政策变更的含义与确认条件。
3. 分析追溯调整法与未来适用法的区别。
4. 分析重大会计差错的判断与会计差错的处理原则。
5. 简要说明报告日后调整事项的会计处理。

参 考 文 献

1. 中国注册会计师协会. 会计 [M]. 北京：中国财政经济出版社，2019.
2. 曾尚梅，袁继安. 政府与非营利组织会计（第3版）[M]. 上海：复旦大学出版社，2017.
3. 赵建勇. 政府与非营利组织会计（第三版）[M]. 北京：中国人民大学出版社，2017.
4. 陆志平. 政府会计 [M]. 昆明：云南大学出版社，2018.
5. 《中华人民共和国预算法（2014年修正）》.
6. 《国务院关于深化预算管理制度改革的决定》.
7. 《权责发生制政府综合财务报告制度改革方案》.
8. 《政府会计准则——基本准则》.
9. 《政府会计准则第1号——存货具体准则》.
10. 《政府会计准则第2号——投资具体准则》.
11. 《政府会计准则第3号——固定资产具体准则》.
12. 《政府会计准则第4号——无形资产具体准则》.
13. 《政府会计准则第5号——公共基础设施具体准则》.
14. 《政府会计准则第6号——政府储备物资具体准则》.
15. 《政府会计准则第7号——会计调整》.
16. 《政府会计准则第8号——负债》.
17. 《政府会计准则第9号——财务报表编制和列报》.
18. 《政府会计准则制度解释第1号》.
19. 《政府会计准则制度解释第2号》.
20. 《政府会计制度——行政事业单位会计科目和会计报表》.
21. 《〈政府会计制度——行政事业单位会计科目和会计报表〉与〈行政单位会计制度〉有关衔接问题的处理规定》.
22. 《〈政府会计制度——行政事业单位会计科目和会计报表〉与〈事业单位会计制度〉有关衔接问题的处理规定》.

敬 告 读 者

为了帮助广大师生和其他学习者更好地使用、理解、巩固教材的内容，本教材提供课件和习题，读者可关注微信公众号"会计与财税"浏览课件。

如有任何疑问，请与我们联系。

QQ：16678722

邮箱：esp_bj@163.com

教师服务 QQ 群：606331294

读者交流 QQ 群：391238470

经济科学出版社
2020 年 8 月

会计与财税　　教师服务 QQ 群　　读者交流 QQ 群　　经科在线学堂